TITLE

Recentes Recherches en
Archeologie Gallo-Romaine et
Paleochretienne sur Lyon et
sa Région / Walker

AUTHOR

203137

DC / 63 / .R4 / 1981

DATE LOANED	BORROWER'S NAME	DATE RETURNED

DATE LOANED	BORROWER'S NAME	DATE RETURNED

Récentes recherches en archéologie gallo-romaine et paléochrétienne sur Lyon et sa région

volume sous la direction de

Stephen Walker

BAR International Series 108
1981

B.A.R.

B.A.R., 122 Banbury Road, Oxford OX2 7BP, England

GENERAL EDITORS

A. R. Hands, B.Sc., M.A., D.Phil.
D. R. Walker, M.A.

B.A.R. S108, 1981, "Récentes recherches en archéologie gallo-romaine et paléochrétienne de Lyon."

© The Individual Authors, 1981.

Price £12·00 post free throughout the world. Payments made in currency other than sterling must be calculated at the current rate of exchange and an extra 10% added to cover the cost of bank charges. Cheques should be made payable to British Archaeological Reports and sent to the above address.

ISBN 0 86054 126 6

BAR publishes monographs and collections of papers on all aspects of archaeology and on related subjects such as anthropology, classical and medieval history and numismatics.

BAR publishes BAR International Series which is concerned with world archaeology and BAR British Series which covers the British Isles.

For details of all BAR publications in print please write to the above address. Information on new titles is sent regularly on request, with no obligation to purchase.

Volumes are distributed direct from the publishers. All BAR prices are inclusive of postage by surface mail anywhere in the world.

Printed in Great Britain

TABLE DES MATIERES

FIGURES

Pages

LISTE DES AUTEURS

Armand Desbat   : Attaché de recherche au Centre National de
                           la Recherche Scientifique.

Jean-François Reynaud   : Maître-Assistant à l'Université de Lyon II.

Robert Turcan   : Professeur des Antiquités Nationales à
                           l'Université de Lyon III.

Jean-Pierre Vallat   : Chercheur à l'Ecole Française de Rome.

Stephen Walker   : Chercheur (boursier du gouvernement fran-
                           çais) à l'Université de Lyon III.

PREFACE

L'importance archéologique de Lyon, capitale des Trois Gaules, est évidente et reconnue depuis longtemps : la richesse des anciennes publications sur l'archéologie lyonnaise le prouve amplement. Cette importance m'avait beaucoup frappé lors de mon arrivée à Lyon en 1978, mais j'avais été tout autant frappé par le manque de publication sur les découvertes archéologiques récentes de Lyon et de sa région. Il n'y avait, en effet, aucune synthèse véritablement scientifique, ou peu s'en fallait. La publication des découvertes archéologiques se réduisait presque uniquement aux brèves informations archéologiques de la revue Gallia, et à quelques articles dans les périodiques régionaux. Les rares essais de synthèse des dernières décennies relevaient plutôt de la vulgarisation et manquaient de données utilisables sur la stratigraphie et les phases d'occupation des sites. De plus, elles s'intéressaient surtout aux grands édifices publics et il n'y était que rarement question d'architecture et de vie domestiques.

Il y a peu d'années encore, l'archéologie lyonnaise traversait une crise grave où les destructions semblaient ne jamais devoir s'arrêter. De cette période, datent pourtant des découvertes importantes, remettant souvent en question bien des théories admises, découvertes que ce volume voudrait faire connaître. Par la même occasion, nous comptons exposer la situation de l'archéologie à Lyon, interroger sur son devenir. Surtout, nous espérons que ce volume présentera une synthèse des connaissances actuelles sur Lyon antique, et qu'il aidera peut-être à définir certaines priorités archéologiques pour demain.

Il est à regretter que certains archéologues lyonnais n'aient pas cru bon de contribuer à cet ouvrage, qui se voudrait une synthèse de tous les travaux actuels.

La dactylographie a été assurée en France par plusieurs personnes, ce qui explique les différences de dactylographie.

Je tiens à remercier ici toux ceux qui ont collaboré à ce volume ou qui ont contribué à sa réalisation. Je relèverai parmi ces nombreuses collaborations :

le Groupe Lyonnais de Recherche en Archéologie Gallo-Romaine qui a bien voulu contribuer aux frais de dactylographie,

Monsieur Armand Desbat, Chercheur au CNRS,

Monsieur Maurice Picon, Responsable du Laboratoire de Céramologie (URA n°3 du CRA) qui a bien voulu corriger plusieurs manuscrits et rendre le français plus digeste,

le service de dactylographie du Centre de Recherches

Archéologiques à Valbone qui s'est chargé de la dactylographie de l'article de J.-P. Vallat,

        Melle Geneviève Villemagne qui a bien voulu se charger de la dactylographie de plusieurs manuscrits,

        le Service Scientifique de l'Ambassade de France à Londres (Bureau des Echanges et des Bourses, dirigé par Melle F. Vernotte) qui m'a accordé une bourse de recherche de trois ans à l'Université de Lyon III,

        MM. A. Hands et D. Walker de B A R qui ont témoigné de tant de patience.

        Enfin j'ai contracté une très grande dette de reconnaissance à l'égard de Virginie, notamment pour sa patience et ses encouragements prodigués tout au long de ce travail.

                                        Stephen Walker B.A. HONS
                                        Lyon 1980

INTRODUCTION A L'ARCHEOLOGIE LYONNAISE

Stephen Walker

L'importance archéologique de Lyon, et surtout de Lugdunum sur la colline de Fourvière, n'est plus à démontrer ; le titre du livre d'Amable Audin (1965 et 1979) n'est-il-pas "Lyon, miroir de Rome dans les Gaules" ?

Au début de ce siècle, le travail de ces grands archéologues que furent Fabia et Germain de Montauzan avait démontré clairement la richesse archéologique des vestiges enterrés sur la colline de Fourvière. Mais comment expliquer la sauvegarde d'une telle richesse à Lyon ? Elle résultait de la présence à Fourvière de très grandes propriétés appartenant à des ordres religieux : elles avaient protégé la colline de ravages des constructions, ce qui n'avait pas été le cas pour le reste de la ville. Le Président E. Herriot, Maire de Lyon, était conscient du prestige et de l'intérêt touristique qui pouvaient résulter des découvertes archéologiques. Aussi, la ville de Lyon devait-elle se porter acquéreur de plusieurs propriétés sur la colline de Fourvière (Clos de la Compassion, Clos Lafon et Magneval) et dès 1933 un atelier municipal de fouilles fut créé. L'année 1933 constitue donc une date importante pour l'histoire de l'archéologie lyonnaise et la municipalité pouvait alors s'enorgueillir de posséder le seul chantier archéologique permanent de France (Audin, 1965, 7). Cet atelier de fouilles devait se consacrer au dégagement des grands édifices publics comme le théâtre et l'odéon à Fourvière et plus récemment, l'amphithéâtre des Trois Gaules sur les pentes de la Croix-Rousse. Les fouilles furent dirigées par Monsieur Pierre Wuilleumier jusqu'en 1953 et le sont depuis, par Monsieur Amable Audin. Plusieurs Directeurs de la Circonscription Rhône-Alpes des Antiquités Historiques, Messieurs : Pierre Quoniam et Julien Guey notamment, s'occupèrent eux-aussi de ces fouilles. Monsieur Amable Audin écrivait récemment, non sans justesse, que "Lyon pouvait se glorifier d'être la seule ville à prendre en main ses richesses archéologiques". Et, ajoutait-il "Cette volonté n'a jamais faibli" (1979, 19). La fouille des édifices allait de pair avec une politique d'achat des terrains, ce qui permettait la conservation des vestiges, leur consolidation et ultérieurement leur exploitation touristique.

En 1972 un numéro spécial d'Archéologia (n°50) fut consacré à "Lyon, Capitale archéologique". Mais la réalité différait fort de la façade mise en valeur pour le tourisme. En 1975 un journal régional (Le Progrès du 5/8/1975) brosse un tableau qui s'écarte notablement de celui qui est présenté par les autorités locales : "A y regarder de près qu'est-ce qui permet de qualifier Lyon de capitale archéologique ? Un théâtre romain qu'accompagne un odéon, l'ensemble étant dominé par le temple de Cybèle, ainsi que les vestiges d'un amphithéâtre saccagé au siècle dernier quand fut creusée la ficelle (le funiculaire de la Croix-Rousse). Est-ce suffisant pour s'enorgueillir d'un tel titre ?"

1

Les édifices publics antiques sont ouverts à tous et constituent une halte obligée pour les cars de touristes. Le Festival de Lyon, vers le début de l'été, utilise largement le complexe théâtral romain. Cela témoigne du succès de la vision archéologique du Président E. Herriot et de son successeur à la mairie de Lyon, Louis Pradel. Mais ce succès masque le vrai visage de l'archéologie lyonnaise, celui de la destruction et du saccage archéologique. Le complexe théâtral lui-même n'est pas exempt de problèmes. Malgré le travail considérable nécessité par le dégagement des vestiges, nous sommes toujours loin de comprendre en détail la chronologie, l'évolution et même parfois la signification des structures mises au jour. Il est vrai que l'atelier municipal de fouilles ne comprenait que des terrassiers et des maçons, le directeur de la fouille étant en principe le seul à avoir des compétences archéologiques. Certes, il convient ici de louer Monsieur Amable Audin pour la promptitude de ses publications, ce qui est un exemple rare parmi les archéologues. Son ouvrage sur la topographie de Lugdunum (1956) fut la première synthèse sur l'archéologie de Lyon qui vit le jour après la création de l'atelier municipal de fouilles. Mais, s'il existe maintenant une bibliographie importante sur le complexe théâtral, une seule stratigraphie, relevée dans un sondage trop limité pour qu'on puisse en tirer des conclusions, a été publiée (Chauffin et Audin, 1972). Le but officiellement poursuivi étant le dégagement des vestiges et leur mise en valeur, aucune fouille stratigraphique et aucune recherche minutieuse ne furent entreprises. Il n'existe donc ni datation sûre des structures, ni à fortiori, d'étude du matériel, notamment de la céramique correspondant à des contextes précis. On ne dispose d'ailleurs d'aucune étude architecturale détaillée pouvant aider à l'établissement d'une chronologie des structures. Il ne s'agit ici que de remarques d'ordre archéologique et scientifique, et nous ne saurions prendre parti sur des restaurations jugées excessives ou sur la reconstruction de la plupart des structures. Mais il est surtout regrettable que tant de données archéologiques aient été perdues à jamais.

La concentration des efforts de l'archéologie officielle sur les édifices publics avait pour corollaire l'absence de toute organisation pouvant faire face aux besoins de l'archéologie de sauvetage. Aussi l'urbanisation extensive de l'agglomération lyonnaise devait-elle engendrer une crise archéologique particulièrement grave.

La crise archéologique : 1965-1977 (Fig. 1).

Les opérations d'urbanisation et de construction (routes, parkings, tunnels, métro, immeubles, etc...) devaient s'accompagner de terrassements extrêmement importants. Ces opérations offraient aux archéologues une occasion unique pour approfondir leurs connaissances de la ville antique, occasion d'autant plus nécessaire qu'en dehors des édifices publics le paysage urbain, son développement, sa chronologie et sa nature même étaient très mal connus. Pourtant il n'existait aucune structure capable d'imposer une politique de sauvetage archéologique, et l'on manquait d'archéologues expérimentés. Aussi n'est-on guère surpris de constater, comme le fait un article récent dont nous partageons le point de vue, que "la bataille pour l'archéologie a été particulièrement dure à Lyon" (Saint-Blanquat, 1979, 51).

Le complexe artisanal du quartier de Serin fut détruit en 1965, les travaux avaient mis à jour des ateliers de bronziers, verriers et céramistes. Cette destruction est peut-être une des plus graves du point de vue des archéologues car nous connaissons mal l'organisation des quartiers artisanaux de Lyon, sans parler de leurs productions. Nous soulignons de même notre manque de connaissances du travail des verriers et des bronziers à Lyon.

La première fouille de sauvetage importante fut celle de l'atelier des potiers augustéens de la Muette en 1965-1966, fouille dont les résultats ont sensiblement modifié nos conceptions sur le rôle des potiers italiques en Gaule. Mais nous devons souligner le fait que seule une partie du site fut fouillée, tous les fours ne furent pas fouillés ainsi que des contextes avec beaucoup de verrerie et de dolia. Le complexe artisanal de la Sarra fut lui-aussi, détruit sans fouille étendue, sur ce site se trouvaient des bronziers (dont on avait trouvé des moules) et des céramistes (productions de céramique commune, parois minces et lampes). Par la suite, de nombreuses autres fouilles de sauvetage se sont succédées et les journaux de l'époque portent témoignage des batailles qui furent alors livrées.

Malheureusement, le saccage archéologique ne réussit guère à émouvoir l'opinion publique, et il ne devait se constituer aucun groupe de pression efficace, comme celui de "Rescue" en Angleterre.

En 1966, lors de la construction d'un parking à l'emplacement de la place Bellecour, de nombreux vestiges, dont plusieurs milliers d'amphores, furent détruits sans fouille ni étude archéologique. Le Maire de l'époque nia devant les journalistes qu'il y eût des vestiges archéologiques place Bellecour. L'archéologie officielle ferma elle-aussi les yeux. Les désastres archéologiques continuèrent de plus belle. Mais par un juste retour des choses, c'est durant ces années sombres que devaient apparaitre les signes encourageants d'un développement de l'archéologie médiévale à Lyon.

L'importance du Lyon chrétien et médiéval était reconnue depuis longtemps. En 1949, A. Audin avait commencé la fouille de l'église de Saint-Laurent-de-Choulans (Wuilleumier, Audin et Leroi-Gourhan, 1949), et devait plus tard conduire d'autres fouilles dans la crypte de Saint-Irénée à Fourvière. Mais c'est l'année 1971 qui marque le vrai départ des recherches systématiques en archéologie médiévale à Lyon. Le projet d'un ensemble immobilier sur le site des églises de Saint-Just entraîna la constitution d'un premier groupe réunissant archéologues et bénévoles : l'Association Lyonnaise de Sauvetage des Sites Archéologiques Médiévaux (ALSSAM) et la création de la première équipe archéologique à Lyon, équipe dirigée par Jean-François Reynaud. L'année 1972 vit le début de l'important chantier du groupe épiscopal, sur le site de l'église Sainte-Croix dont les ruines étaient appelées à disparaître afin de permettre l'extension du Palais de Justice.

Sur le site médiéval de Saint-Just, la fouille des
structures gallo-romaines devait illustrer l'une des difficulté
majeures des fouilles de sauvetage, celle de l'interprétation, car.
"comme d'habitude dans ces fouilles de sauvetage trop partielles,
l'interprétation des structures est difficile". (Reynaud, Lasfargues
et Desbat, 1973). Peu de temps après eut lieu la fouille de sauvetage d'un enclos funéraire, rue Pierre Audry ; aucune datation
précise ne fut possible par suite des mauvaises conditions de
fouille (Lasfargues, Desbat et Jeancolas, 1973).

La construction du métro dans la "presqu'île",
quartier romain des Canabae, aurait pu être une occasion unique
pour comprendre la structure et la chronologie de ce quartier. En
effet, la profondeur habituelle des fondations d'immeubles dans
la "presqu'île" faisait que seuls des travaux de voirie effectués
sur des axes non bouleversés pouvaient fournir de nouvelles données
archéologiques. Malheureusement les possibilités offertes par le
projet ne furent pas exploitées. Malgré l'avertissement lancé par
un article qui soulignait les risques archéologiques provoqués
par les travaux du métro, (Hebdo Lyon 30 mars-20 avril 1974, n° 493
- après l'affaire des 3 000 amphores de Bellecour, Lyon doit s'é-
pargner le plus grand scandale archéologique du siècle), les pro-
positions des archéologues ne furent pas retenues par la compagnie
concessionnaire des travaux. Ce qui semblait seul importer, c'était
le bon déroulement du chantier, et que soient évitées au maximum
les nuisances causées aux riverains. C'est ce qu'on avait déjà vu,
lors du saccage de la place Bellecour, lequel fut en grande partie
causé par le fait qu'on préféra ignorer les découvertes plutôt que
d'interrompre le déroulement des travaux.

Malgré la présence d'un responsable archéologique
payé par la compagnie de construction du métro et l'octroi de délais
(pas assez longs toutefois pour entreprendre des fouilles stratigraphiques précises), l'opération se solda par un échec complet. L'absence de toute équipe d'intervention devait être une fois encore
dûrement ressentie, mais comme cela se passe souvent, l'archéologie
fut quand même "récupérée" dans une opération de prestige. C'est
ainsi qu'une mosaïque et quelques objets sont exposés à la station
Bellecour de métro ! Il reste que c'est avec tristesse qu'on constate le peu de résultats scientifiques qui a été tiré de la construction du métro (et l'absence de toute publication à ce sujet).
Une telle faillite souligne à quel point il conviendrait que prio-
rité soit donnée à de véritables fouilles dans la "presqu'île".

La colline de Fourvière elle-même n'était pas exem-
pte de projets d'urbanisme et pour la première fois les archéologues
lyonnais allaient pouvoir fouiller des vestiges témoignant de la vie
quotidienne dans la cité antique dont c'était là un visage presque
inconnu malgré des années de recherche archéologique (mais cf. Germain de Montauzan, 1911, 1914).

Une fouille de sauvetage d'une année devait permet-
tre de dégager tout un quartier gallo-romain des 1er et IInd siècles
après J.-C. dans la zone des Hauts-de-Saint-Just actuellement occupée par des tours d'immeubles. La fouille ne put être terminée
avant le saccage du site. Résonance (semaine du 11 au 18 octobre 77)

évoquait alors "le bulldozer sur le petit Pompéi de Lyon" à propos de la destruction de ce quartier romain réellement spectaculaire.

L'année 1974 vit la construction attendue d'un nouveau musée, le Musée de la Civilisation Gallo-Romaine. Ce musée, conçu par l'architecte C. Zerhfus et financé par la ville de Lyon, devait être implanté au flanc de la colline de Fourvière. La construction de cet édifice prestigieux (nouvel exemple d'archéologie récupérée à des fins de rayonnement et de prestige) entraîna un nouveau saccage archéologique. C'est ainsi qu'une maison gallo-romaine avec sa cuisinière en place était détruite, sans qu'on ait pu mener de fouille scientifique et sans qu'on ait cherché à récupérer les éléments de mobilier qui auraient eu leur place dans le nouveau musée. Ce saccage illustre une fois de plus le rôle uniquement de prestige dévolu à l'archéologie dans les prespectives municipales, aucune considération n'étant accordée au véritable travail des archéologues, ici comme sur les autres chantiers de sauvetage.

L'année 1974 vit aussi l'ouverture du chantier de sauvetage de la rue des Farges. Un dégagement rapide révéla tout un quartier gallo-romain ainsi que des thermes dont les caves sont très bien conservées. En dépit de l'importance évidente du site, une partie se trouvait rapidement et sciemment détruite (Fig. 2). Mais il se produisait cette fois-ci une mobilisation de l'opinion publique par l'intermédaire d'articles et de lettres parues dans la presse locale, mais également par le moyen de pétitions et d'opérations "portes ouvertes" sur le chantier. Ces initiatives étaient dues uniquement aux archéologues "non-patentés", tandis que les instances archéologiques officielles et la municipalité manifestaient une hostilité plus ou moins déclarée. Le Progrès du 5/8/1975 se faisait l'écho des réactions du public : "Rue des Farges. Ne laissons pas disparaître un Pompei lyonnais".

Les fouilles de la rue des Farges devaient en outre amener la création du Groupe Lyonnais de Recherches en Archéologie Gallo-Romaine qui rassemble des bénévoles et des amateurs autour d'une équipe de permanents. Ce groupe archéologique était donc le deuxième à Lyon, mais le premier à se spécialiser dans l'archéologie gallo-romaine.

Le creusement du tunnel de Fourvière pour le passage de l'autoroute A 6 nécessita l'emploi de très lourds engins de terrassement qui empêchèrent pratiquement tout travail archéologique. Seuls furent récupérés les pièces les plus apparentes : blocs de maçonnerie, inscriptions, etc... (Le Glay et Audin, 1976). Mais la construction d'une bretelle d'accès à l'autoroute, en 1976, ayant entraîné la destruction d'un certain nombre d'immeubles, il devint possible de reprendre les fouilles de l'église Saint-Laurent-de-Choulans.

On pouvait ajouter de nombreux autres exemples à cette chronique que le titre du Journal de Lyon du 19/9/1975 résume parfaitement : "Lugdunum, un terrain à bâtir".

Les raisons de la crise

"Dans plusieurs pays d'Europe, la disparition du patrimoine archéologique urbain a été constatée, dénoncée, étudiée depuis plusieurs années" (Saint-Blanquat, 1979, 42). Comment se fait-il qu'à Lyon, en dépit de tout l'intérêt officiel manifesté pour l'archéologie, de telles destructions aient pu avoir lieu ?

Nous avons déjà discuté de la conception implicite selon laquelle l'archéologie se réduisait à Lyon au dégagement et à l'exploitation des grands édifices publics. Nous avons évoqué aussi l'absence de stratégie, au plan scientifique et administratif, concernant les fouilles d'urgence. L'archéologie de sauvetage existait bien sûr avant 1966, mais cette absence de stratégie autant que de structure avait eu pour principal effet de permettre de noter l'existence de nombreux sites dont la plupart ne purent être fouillés. Les relevés effectués sur ces sites montrent beaucoup de murs qui ne sont liés à aucun ensemble cohérent. Par ailleurs, faute de données stratigraphiques, l'interprétation de ces sites demeure extrêmement problématique. Ainsi s'était-on accoutumé en matière de sauvetage à des procédures totalement inefficaces.

L'absence de stratégie nationale pour l'archéologie de sauvetage venait encore s'ajouter aux déficiences proprement locales. De plus l'archéologie se confondait trop souvent en France avec celle du monde méditerranéen, les recherches sur le territoire national restant souvent ignorées ou méprisées. Certes, il existait pour la région une Circonscription des Antiquités Historiques, mais celle-ci n'avait guère de stratégie cohérente en matière de sauvetage ; de plus, elle manquait de personnel et ne disposait d'aucun dépôt de fouille, ce qui devait conduire à la multiplication des dépôts semi-officiels. Enfin les changements fréquents de Directeur devaient empêcher toute continuité et, à plus forte raison, la formulation d'une politique archéologique à long terme.

Nous avons déjà souligné que la constitution des équipes archéologiques fut le résultat d'initiatives personnelles. Lyon-Poche (13-19 novembre 1975, 38-40) notait déjà cette séparation des archéologues en deux catégories, les uns rattachés à la Circonscription et les autres...

Les Universités ont elles-aussi joué un certain rôle dans cette crise archéologique. Elles ne formaient pas véritablement d'archéologues, l'enseignement de l'archéologie y était généralement considéré comme une partie de l'Histoire de l'Art, et il existait un fossé immense entre cette discipline académique et le travail archéologique de terrain. Pendant des années, Monsieur Amable Audin fut presque seul dans sa croisade en faveur de l'archéologie lyonnaise, l'Université n'y joua pratiquement aucun rôle (à l'exception de quelques individualités tel Monsieur Wuilleumier 1933-1953). La séparation entre les recherches universitaires et les recherches de terrain devaient se maintenir très longtemps. Malgré l'existence d'une chaire d'Antiquités Nationales à Lyon, l'archéologie de terrain restera longtemps à l'écart du monde universitaire. C'est ainsi que le Centre d'Etudes Romaines et Gallo-Romaines n'a jamais réellement envisagé de former des archéologues de terrain. Ce centre comporte toutefois une bonne bibliothèque, et de ce fait, il aurait pu au moins servir de lieu de rencontre et d'échange aux archéologues locaux:

Cette carence des structures universitaires susceptibles d'apporter aux archéologues une aide efficace fut un peu comblée par la création du Centre d'Archéologie Médiévale de l'Université de Lyon II en 1973, à l'initiative d'un certain nombre d'archéologues médiévistes. de même, le laboratoire de céramologie (actuellement URA 3 du CRA, responsable M. Picon) permit aux archéologues de formuler avec plus de rigueur certains programmes de recherche sur les céramiques régionales.

Il faut enfin constater que si la majorité des archéologues lyonnais sont alors étudiants, soit de maîtrise, soit de troisième cycle, cela ne veut pas dire pour autant que l'Université a un rôle dans l'archéologie régionale, car ces étudiants font de l'archéologie par initiative personnelle et non dans le cadre d'un programme universiatire de recherche.

Le fait qu'aucune structure universitaire ou autre n'assure la formation des archéologues de terrain aggrava encore la crise. Les archéologues lyonnais durent se former eux-mêmes sur les chantiers où ils se trouvaient confrontés à de grands sites urbains comportant des séquences stratigraphiques souvent très compliquées. La création d'équipes de permanents devait permettre la mise en place progressive d'une politique de formation (visites de chantier, conférences, etc...) réalisant ainsi une véritable formation continue. C'est par exemple la coopération fructueuse des médiévistes avec les archéologues suisses qui devait faire beaucoup avancer la méthodologie de la fouille. Les archéologues lyonnais sont de plus en plus conscients du rôle important de la réflexion sur la théorie et sur la méthodologie archéologique. En ce sens, la coopération avec le laboratoire de céramologie (M. Picon) a encouragé une approche plus scientifique et plus rigoureuse de la céramique. De même, l'exemple anglo-saxon a aidé à l'amélioration des méthodes de fouille et d'enregistrement des données.

Il est certain que le manque de sensibilité de l'opinion publique envers l'archéologie joua un rôle dans la crise. Mais la politique d'information et de sensibilisation du public avec ses opérations "portes ouvertes", ses expositions et ses autres manifestations, finit par porter ses fruits.

Un autre facteur important fut bien évidemment l'attitude des promoteurs. Mais on peut aussi dire que celle-ci résultait en partie d'un manque d'information. Chez les promoteurs, le sentiment dominant était la crainte de devoir arrêter leurs chantiers pour les besoins de la fouille, nuisant ainsi au bon déroulement des travaux. Or, à cette époque, il y avait un manque presque total de dialogue entre promoteurs et archéologues.

Face à ces évidences il faut bien admettre que "c'est le dynamisme des archéologues lyonnais qui a permis de mettre sur pied, enfin, une politique de prévention" (Saint-Blanquat, 1979, 52).

7

Un nouvel optimisme, 1978- ?

        Le dynamisme des archéologues locaux et une attitude
plus éclairée de la municipalité nous permet de constater, avec
prudence, l'existence d'un nouvel optimisme, même si les groupes
archéologiques vivent toujours dans une situation financière précaire.

        La fouille importante de la rue des Farges a pu con-
tinuer et les thermes romains sont en instance de classement. La
construction d'un ensemble immobilier sur tout le site n'aura pas
lieu ; le projet actuel tient compte de la conservation des vestiges archéologiques et de leur mise en valeur. De même, le projet
immobilier de Saint-Just a été modifié, en accord avec les promoteurs ; quatre tours au lieu de cinq ont été construites et les
vestiges des églises romanes sont préservés.

        L'exemple le plus frappant de la nouvelle coopération
des promoteurs et des archéologues et celui de la fouille du clos
du Verbe-Incarné à Fourvière. Les promoteurs et les archéologues,
avertis de l'existence d'un site très important ont coopéré dès le
début. Aussi les archéologues ont-ils disposé de cinq années pour
fouiller ce site qui est actuellement l'un des plus grands de France.
De plus, il est entendu que la construction ne pourra avoir lieu que
si les vestiges découverts ne méritent pas d'être conservés. Mais en
même temps, on peut regretter l'approbation quasi générale donné à
un tel projet de construction, car ce site immense exigerait à lui
seul plus de cinq années de fouilles.

        Pour la première fois les archéologues lyonnais
disposent de moyens relativement importants pour leurs fouilles, le
Musée et la Circonscription jouant un grand rôle pour la mise en
place de structures administratives et financières. La Municipalité
elle-même est de plus en plus consciente de l'importance de l'archéologie lyonnaise et elle s'est enfin rendu compte de l'intérêt
de l'architecture domestique concuremment à celle des grands édifices publics. En 1978, fut créée la Commission Archéologique de la
Ville de Lyon qui comprend des archéologues, les conservateurs du
Musée, les directeurs de la Circonscription (antiquités préhistoriques et antiquités historiques), des représentants de l'Université,
de la Municipalité et du Conseil Général du Rhône. Cette commission
a deux objectifs (Desbat, 1979, 21) : d'abord celui "d'étudier et
de proposer une organisation nouvelle de l'archéologie lyonnaise"
et ensuite "d'animer, de coordonner, de suivre tous les problèmes
concernant l'existence, la découverte, la conservation et la mise
en valeur des richesses archéologiques lyonnaises".

        La notion de risque archéologique est enfin offi-
ciellement reconnue et l'on délimite sur Lyon les trois zones
suivantes :

        a - un parc archéologique (déjà proposé en 1974 par
Monsieur Neyret). Ce parc sera une zone non constructible à statut
de réserve publique (il est regrettable que l'opération du Verbe
Incarné démarra avant la mise en vigueur de cette réglementation).
Le parc sera créé à Fourvière autour des théâtres et du Musée

(incluant également les thermes de la rue des Farges). Il comprendra aussi trois squares archéologiques : les églises de Saint-Just, le groupe épiscopal à Saint-Jean et l'amphithéâtre des Trois-Gaules,

b - une zone archéologique correspondant au sommet de la colline de Fourvière, avec obligation de fouilles avant toute construction,

c - une zone sensible correspondant à l'étendue de la cité antique (voir Fig. 3 et Desbat, 1979, 21).

Mais cet optimisme doit être tempéré, car le problème de la situation précaire des équipes, notamment au plan financier, demeure.

L'organisation des équipes

La plupart des fouilleurs sont des étudiants de maîtrise ou de troisième cycle ; ils sont rémunérés sur vacations par l'AFAN (Association pour les Fouilles Archéologiques Nationales), le FIAS (Fond d'Intervention pour l'Archéologie de Sauvetage) ou le CNRS (Centre National de la Recherche Scientifique). Mais si les équipes existent, elles n'ont aucun statut et leur budget peut être remis en cause chaque année. Cette situation précaire engendre de fréquents changements de personnel, or, sans poste stable, décemment rémunérés, aucune politique archéologique à long terme ne sera possible.

La création en 1976, par le CNRS et la Région, du Programme Pluriannuel de Développement de la Recherche en Sciences Humaines dans la région Rhône-Alpes a permis le soutien de plusieurs projets archéologiques, tel l'étude de l'urbanisme et de l'architecture domestique à Lyon du Ier siècle avant J.-C. au IIIe siècle après J.-C. (Groupe Lyonnais de Recherche en Archéologie Gallo-Romaine) ou l'étude de la société au moyen-âge dans la région Rhône-Alpes (par les médiévistes de Lyon et Grenoble qui depuis 1978 forment l'URA 26 du Centre de Recherches Archéologiques du CNRS). Ces programmes eurent un effet très positif sur la formulation d'une stratégie pour l'archéologie régionale.

Les crédits des équipes sont accordés par le Conseil Régional, les Conseils Généraux, les Municipalités, le CNRS et le Ministère de la Culture (on doit souligner particulièrement l'augmentation importante des crédits alloués par les Affaires Culturelles).

L'avenir et ses problèmes

La création en cours d'une équipe municipale archéologique ne résoudra malheureusement pas tous les problèmes. En effet, cette équipe sera chargée des fouilles programmées sur la colline de Fourvière, mais également des fouilles de sauvetage dans toute la ville, sans compter la mise en valeur des vestiges découverts. Ces tâches multiples risquent de compromettre le nouvel optimisme qui paraissait s'installer à Lyon. Par ailleurs, la création d'une équipe municipale ne met pas fin à l'instabilité financière des équipes existantes. Or celle-ci, jointe au fait que les crédits sont accordés pour des fouilles spécifiques et non à l'équipe en tant que telle, risque de nuire à la publication des sites fouillés.

Même les équipes actuellement reconnues ont une situation qui n'est pas sans ambiguïté. Par exemple les chercheurs en archéologie médiévale de Lyon et de Grenoble (URA 26) ont un programme qui porte sur l'archéologie urbaine et rurale. Leur travail concerne à la fois les châteaux et les mottes, l'architecture religieuse et des villes relativement importantes comme Lyon, Vienne et Grenoble. Ainsi les médiévistes ont-ils un programme de recherche cohérent, mais en même temps ils sont seuls à devoir faire face aux besoins de l'archéologie de sauvetage.

La concentration, pourtant nécessaire, des équipes lyonnaises sur l'archéologie de sauvetage nuit à la publication scientifique des fouilles, d'autant plus qu'aucun site à Lyon n'est publié. Aussi la publication des sites importants tels que la Muette, les Hauts-de-Saint-Just, la rue des Farges, Saint-Just, etc... doit-elle être prioritaire pour les années à venir. Or, un programme de publication exige des postes stables et même, idéalement, que chaque responsable de chantier publie son site avant d'en entreprendre un autre.

Dans cette introduction à la première partie de l'ouvrage nous avons essayé de montrer l'état présent de l'archéologie lyonnaise, son passé, son avenir et ses possiblités. Mais la conclusion majeure de cette introduction concerne la nécessité absolue de publier les divers sites mentionnés dans le cours de ce texte, sites qui sont d'une extrême importance pour la compréhension de l'évolution du tissu urbain, de la céramique, etc... Si les publications attendues ne voient pas le jour, toute la bataille pour l'archéologie lyonnaise aura été vaine.

REF : SAINT-BLANQUAT de H., 1978, L'archéologie des villes, *Sciences et avenir*, 385, 42-61.

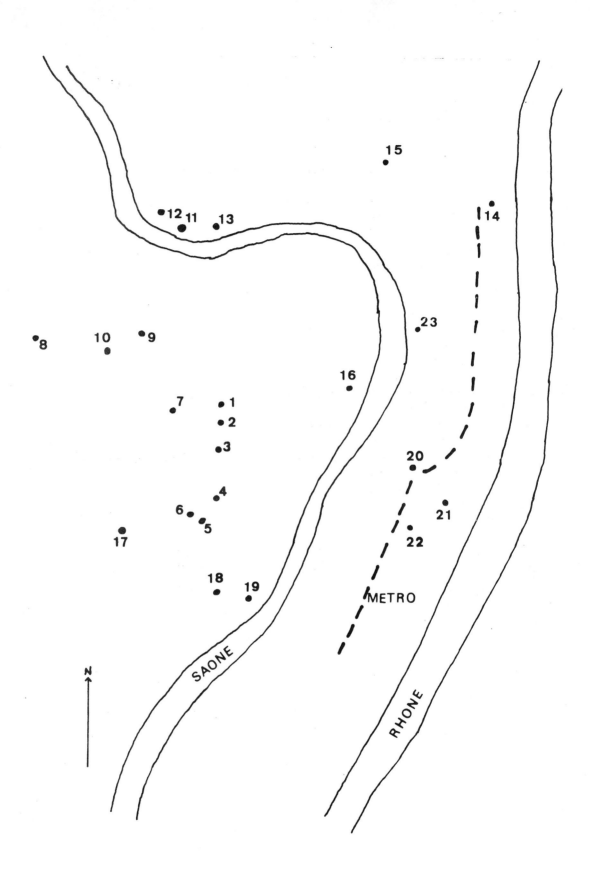

FIG.1. SITES LYONNAIS

11

FIG. 1. SITES LYONNAIS

1 - Musée de la Civilisation gallo-romaine
2 - Théâtre
3 - Odéon
4 - Rue des Farges
5 - Les Hauts de St-Just
6 - St-Just
7 - Le Verbe Incarné
8 - Rue Pierre Audry
9 - Sarra
10 - Loyasse
11 - Serin
12 - La Butte
13 - La Muette
14 - Place Tolozan
15 - Amphithéâtre des Trois Gaules
16 - Ste-Croix
17 - St-Irénée de Fourvière
18 - Tunnel de Fourvière
19 - St-Laurent de Choulans et site de la Quarantaine
20 - Place Bellecour
21 - Place A. Poncet
22 - Place Widor
23 - Rue Dubois

Fig.2 . La destruction du site de la rue des Farges

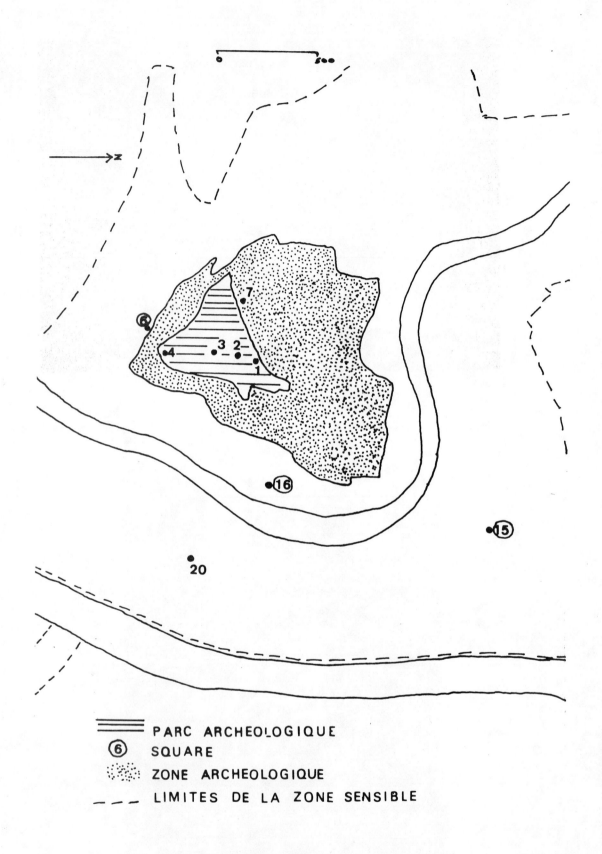

BIBLIOGRAPHIE DE L'ARCHEOLOGIE
LYONNAISE DEPUIS 1960

Compilation : Stephen Walker.

Abréviations.

ANWR : Aufstieg und Niedergang der Romischen Welt,
        (eds) Temporini. H et Haase. W.
        Berlin et New York.

Bull. Mus. Mon. Lyon : Bulletin du Musée et des
        Monuments de Lyon.

Bull. Soc. Nat. Antiq. : Bulletin de la Société
        Nationale des Antiquités de France.

Bulletin de Liaison : Bulletin annuel de la Direction
        des Antiquités Historiques Rhône-Alpes à Lyon.

CRAI : Comptes-rendus de l'Académie des Inscriptions
        et Belles-Lettres.

Figlina : Documents du laboratoire de céramologie de Lyon.

Mélanges Brühl : Mélanges d'archéologie et d'histoire
        romaine lyonnaise à la mémoire d'Adrien Brühl.

Nat. Soc. Sav. : Actes du Congrès National des
        Sociétés Savantes.

Nouvelles de l'Arch. : Nouvelles de l'Archéologie,
        supplément à MSH informations, Maison des
        Sciences de l'Homme.

R.A.C. : Revue Archéologie du Centre.

R.A.E. : Revue Archéologique de l'Est et du Centre-Est.

Rev. Arch. : Revue Archéologique.

R.E.A. : Revue des Etudes Anciennes.

A.L.S.S.A.M. : Association lyonnaise de sauvetage des sites archéolo
giques médiévaux (A.L.S.S.A.M.) et société alpine de
documentation et de recherches en archéologie historique
(S.A.D.R.A.H.)

1976 : *Cinq ans d'archéologie médiévale dans la région
Rhône-Alpes*, A.L.S.S.A.M. et S.A.D.R.A.H.

1977 : *Archéologie médiévale dans la région Rhône-
Alpes*, A.L.S.S.A.M. et S.A.D.R.A.H.

1979 : *Archéologie médiévale Rhône-Alpes 1978-9*,
A.L.S.S.A.M. et S.A.D.R.A.H.

ANNEE EPIGRAPHIQUE :

1960 : Vase. Fourvière, 281.
1962 : St-Irénée, 15-19.
1962 : Plateau de la Duchère, 227.
1962 : Tombes chrétiennes, 378.
1963 : Amphithéâtre, 107.
1964 : Amphithéâtre, 49.
1964 : Trion, 51.
1964 : Crypte de St-Irénée, 52.
1964 : Plateau de la Sarra, 53.
1965 : Médaillon d'applique à Loyasse, 137.
1966 : Odéon, 252.
1967 : Vaise, 312-13.
1967 : Rue de la Madeleine, 314.
1968 : Place l'Abbé Larue, 301.
1968 : Médaillon d'applique, 302.
1968 : La solitude, 303.
1968 : La graffite, 304.
1969-70 : Lyon, 396.
1973 : Rue d'Auvergne, 331.
1973 : Voie de Vienne, 332.
1973 : Rue Pierre Audry, 338-8.
1973 : Saint-Just, 339.
1975 : Saint-Just, 613-14.
1975 : Rue Pierre Audry, 615.

AUDIN, A. 1960 : Fouilles à Saint-Irénée 1950-52, *Les Albums du
Crocodile*, Lyon.
AUDIN, A. 1960 : La stèle de Sabineius Marcellus, *Bull. Mus. Mon.
Lyon* 2, 63-7.
AUDIN, A. 1960 : Le plateau de la Sarra à l'époque romaine, *Cahiers
Rhodaniens*, 7, 85-93.
AUDIN, A. 1960 : Sur l'architecture romaine précoce du bassin du
Rhône, *RAE*, II, 47-52.
AUDIN, A. 1961 : Un nouveau médaillon d'applique, *RAE*, 12 ;
283-6.
AUDIN, A. 1962 : Le théâtre antique de Lyon et les rideaux de
scène, *Palladio, Rivista di Storia dell'Architettura*,
1-10.

AUDIN, A. 1962 : L'Omphalos de Lugdunum, in *Hommages à Albert Grenier*, Tome 1, *Latomus*63, 152-64.

AUDIN, A. 1963 : Fouilles Montée Saint-Barthélémy à Lyon, *Latomus* 22, 733-46.

AUDIN, A. 1964 : Basilique funéraire : essai de définition *RAE*, 15, 140-2.

AUDIN, A. 1964 : Trois épitaphes lyonnaises, *Bull. Mus. Mon. Lyon*, 3, 167-72.

AUDIN, A. 1965 : Le sanctuaire lyonnais de Cybèle, *Bull. Mus. Mon. Lyon*, 3, 299-308.

AUDIN, A. 1965 : *Lyon, Miroir de Rome dans les Gaules*, Lyon.

AUDIN, A. 1965 : Les voies cardinales de Lugdunum, *RAE*, 16, 159-64.

AUDIN, A. 1966 : Sur deux découvertes épigraphiques récentes, *Mélanges A. Piganiol*, 1, 197-203.

AUDIN, A. 1966 : Les martyrs de 177, *Cahiers d'Histoire*, II, 343-67.

AUDIN, A. 1967 : Fouilles en avant du théâtre de Lyon, *Gallia*, 25, 11-48.

AUDIN, A. 1968 : Les docks des Etroits à Lyon, *Latomus*, 27, 425-8.

AUDIN, A. 1969 : L'amphithéâtre des Trois Gaules à Lugdunum, *Latomus*, 28, 19-27.

AUDIN, A. 1969 : Le mur d'enceinte de Lugdunum, *Bull. Mus. Mon. Lyon*, 4, 171-80.

AUDIN, A. 1969 : Gens de Lugdunum, hommages à M. Renard, Tome 2, *Latomus*, 102, 44-56.

AUDIN, A. 1970 : La population de Lugdunum au 2ème Siècle, *Cahiers d'Histoire*, 15, 5-14.

AUDIN, A. 1971 : *Lugdunum dans Lyon*, Lyon.

AUDIN, A. 1972 : Un quartier commercial, *Archéologia*, 50, 20-4.

AUDIN, A. 1972 : Lyon cherche ses martyrs, *Archéologia*, 50, 25-43

AUDIN, A. 1972 : Techniques de construction à Lugdunum, *Bull. Mus. Mon. Lyon*, 5, 37-48.

AUDIN, A. 1972 : A l'amphithéâtre de la Croix-Rousse, *Bull. Mus. Mon. Lyon*, 5, 33-4.

AUDIN, A. 1973 : Le théâtre antique de Lyon et la religion dionysiaque, *Latomus*, 32, 560-6.

AUDIN, A. 1974 : Note d'épigraphie Lyonnaise, *Latomus*, 33, 98-104.

AUDIN, A. 1974 : Le cippe du voconce Jucundius, *Bull. Mus. Mon. Lyon*, 6, 209-12.

AUDIN, A. 1976 : Cippes à libation, *Bull. Mus. Mon. Lyon*, 6, 431-9.

AUDIN, A. 1976 : Cybèle à Lugdunum, *Latomus*, 35, 55-70.

AUDIN, A. 1976 : L'édifice municipal des Minimes, in (eds.) Leglay. M. et Audin. A. *Notes etc.*, Lyon, 55-60.

AUDIN, A. 1977 : Les jeux de 177 à Lyon et le martyr des Chrétiens, *Archéologia*, III, 18-27.

AUDIN, A. 1977 : Cybèle à Lugdunum, *Latomus*, 36, 55-70.

AUDIN, A. 1977 : A propos du Forum Novum du Lugdunum, *Bull. Mus. Mon. Lyon*, 6, 103-7.

AUDIN, A. 1978 : A la recherche de l'arène des martyrs, *Bull. Mus. Mon. Lyon*, 6, 179-80.

AUDIN, A. 1978 : Le sanctuaire de Cybèle et les autels tauroboliques de Lyon, *Revue du Lyonnais*, 1, 193-200.

AUDIN, A. 1978 : Sur la figuration monétaire de l'autel d'Auguste, *Bulletin de Liaison*, 8, *Hommage à Louis Jeancolas*, 28-30.

AUDIN, A. 1979 : *Lyon Miroir de Rome*, 2ème édition, Paris

AUDIN, A. 1979 : L'amphithéâtre des Trois Gaules à Lyon, nouvelles campagnes de fouilles (1971-2, 1976-8)*Gallia*, 37, 85-100.

AUDIN, A. et BRUHL, A. 1968 : Le médaillon de la mort d'Hector; *Gallia*, 26, 314-20.

AUDIN, A., BRUHL, A. et DEMARCQ, G. 1968 : Décoration sculptée du pulpitum de l'Odéon à Lyon, *Gallia*, 26, 43-54.

AUDIN, A. et GRUYER, J. 1970 : Deux murailles antiques, *Bull. Mus. Mon. Lyon*, 4, 277-83.

AUDIN, A., GRUYER, J. et MOREL, S. 1964 : Le rebut de la Quarantaine, *Bull. Mus. Mon. Lyon*, 3, 219-225.

AUDIN, A. et GUEY, J. 1961 : Deux inscriptions lyonnaises de l'époque Julio-Claudienne, *Cahiers d'Histoire*, 6, 111-27.

AUDIN, A. et GUEY, J. 1962 : L'amphithéâtre des Trois Gaules à Lyon, *Gallia*, 20, 117-45.

AUDIN, A. et GUEY, J. 1963 : L'amphithéâtre des Trois Gaules à Lyon, *Gallia*, 21, 125-53.

AUDIN, A. et GUEY, J. 1964 : L'amphithéâtre des Trois Gaules à Lyon, *Gallia*, 22, 37-61.

AUDIN, A. et JEANCOLAS, L. 1969 : Le médaillon des amours de Mars et Vénus, *Bull. Mus. Mon. Lyon*, 4, 181-3.

AUDIN, A. et LEGLAY, M. 1966 : Découvertes archéologiques récentes à Lyon, métropoles des Gaules, *Bull. Soc. Nat. Antiq*, 96-109.

AUDIN, A. et POUILLOUX, J. 1967 : Une nouvelle inscription grecque à Lyon, *Rev. Arch*, 75-80.

AUDIN, A. et QUONIAM, P. 1962 : Victoires et colonnes de l'autel fédéral des Trois Gaules ; données nouvelles, *Gallia*, 20, 103-116.

AUDIN, A. et VERTET, H. 1972 : Médaillons d'applique à sujets religieux des vallées du Rhône et de l'Allier, *Gallia*, 30, 235-58.

AUDIN, A. et VERTET, H. 1975 : Les médaillons d'applique rhoda-niens, *Dossiers de l'Archéologie*, 9, 104-10.

BONNET, C. et REYNAUD, J.-F. 1972 : Les fouilles de Saint-Just, *Archéologia*, 50, 44-50.

BOUCHER, S. 1970 : *Bronzes grecs, hellénistiques et étrusques des musées de Lyon*, 2 vols, Lyon.

BOUCHER, S. 1978 : Un hermès baccique découvert à Lyon, *Bulletin de Liaison*, 8, *Hommage à Louis Jeancolas*, 31-4.

BOUCHER, S. et TASSINARI, J. 1976 : *Bronzes antiques du Musée de la Civilisation Gallo-Romaine à Lyon*, 2 vols, Lyon.

BRUHL, A. 1962 : Lyon, Vienne et l'Espagne d'après les inscriptions, *R.E.A.*, 64, 54-8.

BRUHL, A. 1965 : Dieux et cultes à Lyon à l'époque Gallo-Romaine, *Actes du 89ème congrès Nat. Soc. Sav. Lyon 1964*, 163-71, Paris.

BRUHL, A. 1968 : Vie sociale, arts et métiers à Lugdunum à l'époque impériale romaine, *Ecole Antique de Nîmes*, 2, 11-20.

BRUHL, A. et AUDIN, A. 1965 : Inscriptions du lyonnais Tiberius Aquuis Apollinaris, *Gallia*, 23, 267-72.

BULLINGER, H. 1972 : Utere Felix : à propos de la garniture de ceinturon de Lyon, *Gallia*, 30, 276-83.

BURDY, J. 1973 : Les voûtes antiques du Puy d'Ainay. *Bull. Mus. Mon. Lyon*, 5, 85-102.

BURDY, J. 1974 : Une tombe à inhumation aux Massues (Lyon 5ème), sépulture dans un cercueil sous une couverture de tuiles, *Bull. Soc. Linnéenne Lyon*, 43ème année, 1, 10-12.

BURDY, J. 1979 : Lyon : Lugdunum et ses quatre aqueducs, *Dossiers de l'Archéologie*, 38, 62-73.

BURDY, J. et JEANCOLAS, L. 1971 : La grotte Berelle. Citerne antique du Lycée de Saint-Just, *Bull. Mus. Mon. Lyon*, 4, 393-413.

BURNAND, M. et BURNAND, Y. 1976 : L'autel funéraire d'Aufidia Antiochis à Lyon, *Gallia*, 34, 293-310.

BURNAND, Y. 1961 : L'Epitaphe de la famille de Dafneianus à Lyon, *Cahiers d'Histoire*, 6, 21-40.

BURNAND, Y. 1973 : Deux carrières contrastées de diumvirs lyonnais, *Mélanges Bruhl*, *R.A.E.*, 24, 131-40.

BURNAND, Y. 1973 : Fragments d'inscriptions latines inédites à Lyon, *Bull. Mus. Mon. Lyon*, 5, 139-55.

CHAUFFIN, J. et AUDIN, A. 1972 : Essai de stratigraphie archéologique à Fourvière, *R.A.E.*, 23, 89-95.

CHEVALLIER, J. 1975 : Gallia Lugdunensis. Bilan de 25 ans de recherches historiques et archéologiques, *ANRW*, II, 3, 860-1060.

COCHET, A. 1978 : Une sépulture d'un type peu courant à Tassin, *Bulletin de Liaison*, 8, *Hommage à Louis Jeancolas*, 35-9.

COCHET, A. 1979 : Un sarcophage lyonnais original, *Bull. Mus. Mon. Lyon*, 6, 245-59.

COLSON, J. 1975 : *Lyon, Baptistère des Gaules*, Paris.

CRACCO-RUGGINI, L. 1978 : Les structures de la société et de l'économie lyonnaise au 2ème siècle par rapport à la politique locale et impériale, in (eds.) Rougé, J. et Turcan, R. *Les Martyrs de Lyon*, 65-91, Paris.

DESBAT, A. 1978 : Masques Gallo-romains en terre cuite trouvés à Lyon, *Figlina*, 2, 19-32.

DESBAT, A. 1978 : La céramique à vernis noir métallescente de la rue des Farges, *Bulletin de Liaison*, 8, *Hommage à Louis Jeancolas* 40-49.

DESBAT, A. 1979 : L'archéologie urbaine à Lyon, situation actuelle, *Nouvelles de l'archéologie*, n°0, juillet, 19-23.

DESBAT, A. à paraître : Vases à médaillons d'applique des fouilles récentes de Lyon, *Figlina*.

DESBAT, A. à paraître : Les fouilles du quartier romain de la rue des Farges à Lyon, *Revue du Lyonnais*.

DESBAT, A., HELLY, B. et TAVERNIER, D. 1976 : Lyon retrouve ses origines, *Archéologia*, 92, 8-19.

DESBAT, A., HELLY, B., TAVERNIER, D. et EYRAUD, A. 1977 : Une découverte récente à Lyon : les thermes romains de la rue des Farges, *Archéologia*, III, 6-15.

DESBAT, A., LAROCHE, C. et MERIGOUX, E. à paraître : Note préliminaire sur la céramique commune de la rue des Farges à Lyon, *Figlina*, 3.

DESBAT, A., TAVERNIER, D. et al. 1977 : Les constructions en terre dans l'habitat romain, *Dossiers de l'Archéologie*, 25, 64-71.

DRINKWATER, J.-F., 1975. Lugdunum "natural capital" of Gaul, *Britannia*, 6, 133-40.

DUCAROY, A. et AUDIN, A. 1960 : Le rideau de scène du théâtre de Lyon, *Gallia*, 18, 57-82.

DUFOURNET, P. 1965 : Tesson à décor ondé de Lyon, *Actes du 89ē congrès Nat. Soc. Sav.*, Lyon 1964, 31-4, Paris.

DUTRAIT, L. 1978 : Le clos du Verbe Incarné : site majeur de l'archéologie lyonnaise, *Archéologia*, 125, 74-7.

FEUGERE, M. 1978 : Les fouilles du Verbe Incarné à Lyon, objets de parure et de toilette, *Bulletin de liaison*, 8, *Hommage à Louis Jeancolas*, 54-63.

FEUGERE, M. 1978. : Fibules à l'époque romaine au musée des Beaux-Arts de Lyon, *Bull. Mus. Mon. Lyon*, 6, 157-73.

FISHWICK, D. 1978. The federal cult of the Three Gauls, in (eds.) Rougé, J. et Turcan, R., *Les Martyrs de Lyon*, 33-45, Paris.

GRUYER, J. 1966. Découverte à Lyon d'une tuile romaine à douille, *RAE*, 17, 269-71.

GRUYER, J. 1967 : La maison de l'hippocampe à Lyon, *Bull. Mus. Mon. Lyon*, 2, 25-36.

GRUYER, J. 1967 : Le nymphée de la solitude à Lyon, *Bull. Mus. Mon. Lyon*, 3, 43-54.

GRUYER, J. 1967 : Découverte de fresques romaines à Lyon, *Actes du 92e congrès Nat. Soc. Sav.*, Strasbourg et Colmar 1966, 11-20, Paris.

GRUYER, J. 1973 : Le site de la solitude, *RAE 24, Mélanges Brühl*, 449-63.

GUEY, J. 1960 : Unctum Lugdunum, Unctum Corinthos, Uncta Tarentus, *RAE*, 11, 229-32.

GUEY, J. 1962 : A l'amphithéâtre des Trois Gaules : glane épigraphique, *Bull. Soc. Nat. Antiq.*, 39-43.

GUEY, J. 1976 : Quelques broutilles épigraphiques : théâtre de Vienne, amphithéâtre de Lyon, *Bull. Soc. Nat. Antiq.*, 201-5.

GUEY, J. 1977 : Les inscriptions de l'amphithéâtre in (eds.) Rougé, J. et Turcan, R., *Les Martyrs de Lyon*, 107, Paris.

GUEY, J. et AUDIN, A. 1963 : L'amphithéâtre des Trois Gaules à Lyon ; rapport préliminaire aux fouilles, *Gallia*, 21, 125-54.

GUEY, J. et AUDIN, A. 1964 : L'amphithéâtre des Trois Gaules à Lyon, rapport préliminaire aux fouilles, supplément : inscriptions, monnaies, *Gallia*, 22, 37-61.

HATT, J.-J. 1973 : Claude et le dieu Lug, *RAE*, 24, *Mélanges Brühl*, 465-9.

HOURS, H. 1961 : vingt ans d'histoire romaine à Lyon, *Cahiers d'Histoire*, 6, 181-99.

INFORMATIONS ARCHEOLOGIQUES in *Gallia*.

Gallia 19, 1961 : Théâtre, 433-7.
                 : Rue Roger Radisson, 437.
                 : Le clos de la Paix, 437.
                 : La Sarra, 437,8.
                 : Clos des Lzaristes, 439.
                 : Chemin de Montauban, 439.
                 : Nécropoles suburbaines, 439-40.
                 : Crypte de St-Irénée, 440.
                 : Amphithéâtre, 440.
                 : Plateau de la Duchère, 441.
Gallia 22, 1964 : Fourvière, 411-12.
                 : Quartier de la Sarra, 412-13.
                 : La solitude, 413, 17.
Gallia 24, 1966 : Fourvière, 495-6.
                 : La Croix-rousse, 496.
                 : La Sarra, 496.
                 : Serin, 496.
                 : Vaise, 497.
                 : Montée de Loyasse, 497-8.
Gallia 26, 1968 : Fourvière, 568.
                 : Amphithéâtre, 568-70.
                 : Quai J.-J. Rousseau, 570.
                 : Serin, La Muette, 570-2.
                 : Clos de la Solitude, 572-3.

                    : Vaise, 573.
Gallia 29, 1971 : Fourvière, 417.
                    : Amphithéâtre, 419.
                    : L'Enceinte de Lyon, 419.
                    : La Sarra, 419.
                    : Clos de la Solitude, 419-20.
                    : Quai Arloing, 420.
Gallia 31, 1973 : Fourvière, 522.
                    : Rue des Farges, 522.
                    : Site du Musée, 522.
                    : Amphithéâtre, 524.
                    : Pont de Serin, 524.
                    : Cimetière de Loyasse, 524.
                    : St-Just, 525.
                    : St-Jean, 525.
                    : Les aqueducs de Lyon, 525.
Gallia 33, 1975 : Fourvière, 545-7
                    : Site du Musée, 547.
                    : Rue Roger Radisson, 547.
                    : Rue Pierre Audry, 547-8.
                    : Montée des Tourelles, 548-50.
                    : Rue des Farges, 550.
                    : Travaux du Métro, 550.
                    : St-Just, 551-2.
                    : St-Jean, 552.
Gallia 35, 1977 : Amphithéâtre, 481-2.
                    : Fourvière, 483.
                    : La Muette, 483.
                    : Travaux du Métro, 483-4.
                    : Rue des Farges, 485-8.
                    : St-Jean, 488.
                    : Eglise St Laurent de Choulans, 488-90.

JACQUIN, L. 1979 : Les monnaies de St-Just in *Archéologie Médiévale Rhône-Alpes* 1978-9, ALSSAM et SADRAM, 29-30.

JEANCOLAS, L. 1973 : Aqueducs de Lugdunum, *RAE*, 24,*Mélanges Brühl*, 471-87.
JEANCOLAS, L. 1978 : Présentation des aqueducs antiques de Lyon, *Bulletin de Liaison*, 8,*Hommage à Louis Jeancolas*, 3-27.

JONES, C. 1978. L'inscription grecque de St-Just, in (eds.) Rougé, J. et Turcan, R.,*Les Martyrs de Lyon*, 119-26, Paris.

LANCHA, J. 1973 : Trois nouveaux pavements lyonnais, *RAE*, 24, *Mélanges Brühl*, 489-524.
LANCHA, J. DESBAT, A et LESFARGUES, J. 1973, idem, 489-94.

LASFARGUES, J. 1972 : Un quartier industriel, *Archéologia*, 50, 15-19.
LASFARGUES, J. 1972. Les deux ateliers de Loyasse et de la Muette, compte-rendu du GECAG 1972, *Bulletin de Liaison*, 2, 28.
LASFARGUES, J. 1973 : Les ateliers de potiers lyonnais, étude topographique, *RAE*, 24, *Mélanges Brühl*, 525-35.

LASFARGUES, J. 1980 : Lyon, archéologie romaine , in *Rapports préliminaires du Colloque International d'Archéologie Urbaine*, Tours, Ministère de la Culture et de la Communication, 289-93, Paris.

LASFARGUES, J., DESBAT, A. et JEANCOLAS, L. 1973 : une fouille de sauvetage à Lyon, *Archéologia*, 61, 72-3.

LASFARGUES, J., LASFARGUES, A, et VERTET, H. 1970 : Les gobelets à parois fines de la Muette, *RAE*, 21, 222-4.

LASFARGUES, J., LASFARGUES, A. et VERTET, H. 1976 : L'atelier de potiers augustéen de la Muette à Lyon, in (eds) Leglay, M. et Audin, A., *Notes etc...*,61-80, Lyon.

LASFARGUES, J., LASFARGUES, A. et VERTET, H. 1976 : Les estampilles sur sigillée lisse de l'atelier augustéen de la Muette à Lyon, *Figlina*, 1, 39-87.

LASFARGUES, J., PICON, M. et AUDIN, A. 1969 : Ateliers artisanaux de la Sarra, communication du congrès du GECAG de 1969, compte-rendu, *RAE*, 21, 219-22.

LASFARGUES, J. et VERTET, H. 1967 : Les frises supérieures des gobelets lyonnais du type aco, *RAC*, 6, 272-5.

LEGLAY, M. 1972 : une ville à vocation de capitale, *Archéologia*, 50, 10.

LEGLAY, M. 1978 : Le culte impérial à Lyon au 2e siècle, in (eds) Rougé, J. et Turcan, R., *Les Martyrs de Lyon*, 19-31, Paris.

LEGLAY, M. et AUDIN, A. 1970 : L'Amphithéâtre des Trois-Gaules à Lyon, première campagne de fouilles, *Gallia*, 28, 67-89.

LEGLAY, M. et AUDIN, A. 1972 : Une inscription lyonnaise du règne de l'empereur Claude, *Bull. Soc. Nat. Antiq.*, 86-9.

LEGLAY, M. et AUDIN, A. 1973 : Gentilices romains à Lugdunum, *RAE* 24, *Mélanges Brühl*, 537-44.

LEGLAY, M. et AUDIN, A. 1976: Récentes découvertes épigraphiques à Lyon in (eds) Leglay, M. et Audin, A., *Notes etc*, 6-43, Lyon.

LEGLAY, M. et AUDIN, A 1976 : Nouvelles inscriptions de Lyon, in (eds) Leglay, M. et Audin, A., *Notes etc*, 45-54, Lyon.

LEGLAY, M. et AUDIN, A 1976 (eds) *Notes d'épigraphie et d'archéologie lyonnaises*, Lyon.

PELATAN, J.-P., et MEYRONIN, F. 1970 : A propos des sarcophages de la fouille-sauvetage du 21 quai Arloing (1967-8), *Bull. mensuel Soc. Linnéenne de Lyon*, 39e année, n°7, 217-26.

PELLETIER, A. 1974 : Lyon et sa région dans l'antiquité à la lumière d'études récentes, *Cahiers d'Histoire*, 19, 161-87.

PELLETIER, R. 1967 : Matériel céramique, nouveau cimetière de Loyasse (Lyon, quartier St-Just), Actes des Journées d'étude de la Céramique ancienne, Roanne, *RAC*, 53-4.

PICON, M. 1976 : A propos de la vérification du catalogue des marques de l'atelier de La Muette : reflexions sur la valeur des preuves, *Figlina*, 1, 89-96.

PICON, M. et GARNIER, J. 1974 : Un atelier d'Ateius à Lyon, *RAE*, 25, *Mélanges Brühl* 2, 71-6.

PICON, M. et LASFARGUES, J. 1974 : Transfert de moules entre les
    ateliers d'Arezzo et ceux de Lyon, *RAE*, 25, *Mélanges Brühl*
    2, 61-9.
PICON, M. et VICHY, M. 1974 : Recherches sur la composition des cé-
    ramiques de Lyon, *RAE*, 25, *Mélanges Brühl2*, 37-59.
PICON, M., VICHY, M. et MEILLE, M. 1971 : Composition of Lezoux,
    Lyon and Arezzo Samian Ware, *Archaeometry*, 13, 191-208.

QUONIAM, P. 1962 : Un portrait romain de Lyon, in Hommages à Albert
    Grenier, Tome 3, *Latomus*, 63, 1292-8.

RAMBAUD, M. 1964 : Origine militaire de la Colonie de Lugdunum,
    CRAI, 252-77.
RAMBAUD, M. 1964 : Un document du 18e siècle sur les antiquités de
    Lyon, *Gallia*, 22, 261-4.

REY-COQUAIS, J.-P., et AUDIN, A. 1973 : Une mitoyenneté à Lugdunum,
    Bull. Mus. Mon. Lyon, 5, 119-23.

REYNAUD, J.-F. 1972 : Les églises de Saint-Just, nouvelles recher-
    ches archéologiques à Lyon, *Archéologia*, 48, 47-51.
REYNAUD, J.-F. 1973 : Les fouilles de sauvetage de l'église Saint-
    Just et du groupe épiscopal de Lyon (églises Saint-Etienne
    et Sainte-Croix), *CRAI*, 347-64.
REYNAUD, J.-F. 1973 : Les fouilles médiévales à Lyon, *Information
    de l'Histoire de l'Art*, 40 172-6.
REYNAUD, J.-F. 1974 : La nécropole de Saint-Just, *RAE*, 25, *Mélanges
    Brühl* 2, 111-23.
REYNAUD, J.-F. 1975 : Le groupe épiscopal de Lyon : découvertes ré-
    centes, *CRAI*, 475-90.
REYNAUD, J.-F. 1976 : Les édifices religieux de Saint-Just, in *Cinq
    ans d'archéologie médiévale Rhônes-Alpes*, ALSSAM ET SADRAH,
    2.
REYNAUD, J.-F. 1976 : Le groupe épiscopal de Lyon, idem, 3
REYNAUD, J.-F. 1976 : L'église Saint Laurent de Choulans, idem, 4.
REYNAUD, J.-F. 1978 : Les premiers édifices de culte à Lyon : IV-
    VIIe siècles, in (eds) Rougé, J. et Turcan, R., *Les Martyrs
    de Lyon*, 279-85, Paris.
REYNAUD, J.-F. 1979 : Les basiliques paléochrétiennes et burgondes
    de Saint-Just, in *Archéologie Médiévale Rhône-Alpes 1978-9*
    ALSSAM ET SADRAH, 25-9.
REYNAUD, J.-F. 1980 : Lyon : archéologie médiévale, in *Rapports
    préliminaires du Colloque international d'archéologie
    urbaine*, Tours, Ministère de la Culture et de la Communi-
    cation, 293-96, Paris.
REYNAUD, J.-F., AUDIN, A et POUILLOUX, J. 1975 : Une nouvelle ins-
    cription grecque à Lyon, *Journal des Savants*, 47-75.
REYNAUD, J.-F., JACQUIN, L. et VICHERD, G. 1979 : L'enceinte du
    groupe épiscopal de Lyon (cloître Saint-Jean), in *Archéo-
    logie Médiévale Rhône-Alpes 1978-9*, ALSSAM et SADRAH, 24-5.
REYNAUD, J.-F., LASFARGUES, J. et DESBAT, A. 1973 : Une fouille de
    sauvetage à Lyon, *Archéologia*, 60, 73-4.
REYNAUD, J.-F. et VICHERD, G. 1976 : Fouilles récentes de l'ancien-
    ne église Saint-Laurent de Choulans à Lyon, *CRAI*, 460-87.

REYNAUD, J.-F., VICHERD, G. et JACQUIN, L. 1977 : Lyon du 3e siècle
au haut moyen-âge, les fouilles retrouvent l'enceinte for-
tifiée de la Ville basse près de la Saône, *Archéologia*,
112, 50-59.

REYNAUD, J.-F., VICHERD, G. et JACQUIN, L. 1977 : Groupe épiscopal
de Lyon, in *Archéologie médiévale Rhône-Alpes*, ALSSAM et
SADRAH, 2-5.

REYNAUD, J.-F., VICHERD, G. et JACQUIN, L. 1978 : L'Enceinte rédui-
te de Lugdunum, *Colloque sur les travaux militaires en
Gaule romaine et dans les provinces du nord-ouest.
Caesarodunum*, Université de Tours, 243-60.

REYNAUD, J.-F., VICHERD, G. , JACQUIN, L. et BOURCHARLAT, E. 1977 :
Saint-Laurent de Choulans in *Archéologie Médiévale Rhône-
Alpes*, ALSSAM et SADRAH, 6-8.

ROUGE, J. 1965 : Les relations de Lyon et de la mer, *Actes du 89e
congrès Nat. Soc. Sav.*, Lyon 1964, 137-52, Paris.

ROUGE, J. 1974 : Les rapports de Lyon avec l'ouest-nord-ouest gaulois, à propos de trois inscriptions, *RAE*, 25, *Mélanges
Brühl* 2, 137-46.

ROUGE, J. 1977 : Lyon et l'Aquitaine, à propos de CIL XII 2448,
Thaim, fils de Saad, *Actes du 96e congrès Nat. Soc. Sav.*,
Toulouse 1976, 211- 21, Paris.

ROUGE, J. 1978 : Aspects économiques du Lyon antique, in (eds)
Rougé, J. et Turcan, R. *Les Martyrs de Lyon*, 47-63,
Paris.

ROUGE, J. et TURCAN, R. 1978 (eds), *Les Martyrs de Lyon (177)*,
Actes du Colloque International CNRS, Lyon 1977, Paris.

ROUGIER, J. 1974 : Jattes et Pelves lyonnaises, *RAE*, 25, *Mélanges
Brühl* 2, 147-53.

RUSSO, P. et AUDIN, A. 1961 : Le site de Lyon, *Revue de Geog. de
Lyon*, 3, 383-7.

STERN, H. 1966 : Mosaïque à la Néréide et au Triton, *Bull. Mus.
Mon. Lyon*, 3, 383-7.

STERN, H. 1975 : Une nouvelle mosaïque trouvée à Lyon, *Gallia*, 33,
159-70.

STERN, H. et BLANCHARD-LEMELE, M. 1975 : *Recueil général des mosaïques
de la Gaule, II, Lyonnaise Tome I Lyon.* Xe supplément à
Gallia. Paris

TURCAN, R. 1962 : Le triomphe bacchique (?) de St-Irénée (Lyon),
Rev. Arch., 199-218.

TURCAN, R. 1968 : Le sarcophage des Acceptii au Musée de la Civilisation Gallo-Romaine, *Bull. Mus. Mon. Lyon*, 4, 114-47.

TURCAN, R. 1974 : Le serpent mithraique à Lyon, *RAE*, 25, *Mélanges
Brühl* 2, 155-66.

TURCAN, R. 1978 : Les religions orientales à Lyon en 1977, in (eds)
Rougé, J. et Turcan, R., *Les Martyrs de Lyon*,
195-210, Paris.

TURCAN, R. 1980 : Une représentation du dieu gaulois sur les monnaies ségusiaves , Hommage à Pierre Wuilleumier, *Collection d'Etudes Latine, Série Scientifique*, fascicule 35,
331-43 , Paris.

TURCAN, R. 1980 : La "Presqu'île" à l'époque romaine : problèmes historiques et archéologiques, *Revue du Lyonnais*, 2, 65-91.

TURCAN, R. 1980 : Cultes païens de Lyon au temps des martyrs (177), *Bull. de l'Assoc. Guillaume Baudé*, 1, 19-35.

VERTET, H. 1966 : Découvertes dans le centre de la Gaule en 1966, *Rei Cretariae Romanae Fautores Communicationes*, 7, Fasc. 112.

VERTET, H. 1969 : Observations sur les vases à médaillons d'applique de la Vallée du Rhône, Lyon Cf. p 94, *Gallia*, 27, 93-133.

VERTET, H. 1971 : Remarques sur l'influence des ateliers céramiques de Lyon sur ceux du Centre et du Sud de la Gaule, *Rei Cretariae Romanae Fautorum*, Acta 13, 92-110.

VERTET, H et LASFARGUES, J. 1967 : Observations sur les gobelets d'aco de l'atelier de la Muette, Actes des Journées d'étude de la Céramique ancienne, Roanne, *RAC*, 6, 79-88.

VERTET, H. et LASFARGUES, J. 1969 : Remarques sur les filiales des ateliers de la vallée du Pô à Lyon et dans la vallée de l'Allier, *Actes du Congrès Céramique de Ravenne*, 273-82.

WALKER, S. à paraître. The third century in the Lyon region in (eds) King, A. et Henig, M., *The Roman West in the Third Century AD.* BAR International Series.

WELLS, C. 1978 : L'implantation des ateliers de céramique sigillée en Gaule, problèmatique de la recherche, *Figlina*, 2, 1-11.

WIDEMANN, F., PICON, M., ASARO, F., MICHEL, H. et PERLMAN, I 1975 A Lyons branch of the pottery-making firm of Ateius of Arezzo, *Archaeometry*, 17, 45-59.

WUILLEUMIER, P. 1963 : *Inscriptions latines des Trois Gaules*, 17e supplément à Gallia. Paris.

WUILLEUMIER, P. 1966 : Le martyr chrétien de 177, *Mélanges J. Carcopino*, 987-90, Paris.

WUILLEUMIER, P. et AUDIN, A 1965 : Une aventure amoureuse de Jupiter sur un médaillon d'applique, *Bull. Mus. Mon. Lyon*, 3, 269-73.

ADDENDA

AUDIN, A. 1972 : Le nom de Lugdunum, *Mélanges J. Tricou*, 11-21.
AUDIN, A. 1980 : Une inscription lyonnaise perdue (CIL XIII 1687), Hommage à Pierre Wuilleumier, *Collection d'Etudes Latines, Série Scientifique*, fascicule 35, 7-10, Paris.
AUDIN, A. et BURNAND, Y. 1975 : Le marché lyonnais de la pierre sous le haut-empire romain, 98e Congrès, *Nat Soc Sav*, St-Etienne 1973, 157-99 Paris.
AUDIN, A. et GUEY, J. 1976 : Quelques broutilles épigraphiques - théâtre de Vienne, amphithéâtre de Lyon, *Bull. Soc. Nat. Antiq.*, 200-203.

AUDRA, A. 1980 : Lyon - importante découverte numismatique, *Archéologia*, 148, 34-5.

BOUCHER, S., PERDU, G. et FEUGERE, M. 1980 : *Bronzes Antiques : II - Instrumentum, Aegyptica*. Musée de la Civilisation Gallo-Romaine, Lyon

COMBE, G. et LEBEAU, R. 1981 : Conspiration du silence autour du Verbe Incarné, *Archéologia*, 150, 43-48.

HELLY, B. 1980 : Etude préliminaire sur les peintures murales romaines de Lyon, in, *Peinture Murale en Gaule, actes des séminaires 1979*, Publication du Centre de Recherches sur les Techniques Gréco-Romaines n°9, 5-28, Dijon.

REYNAUD, J.-F. 1980 : L'église St-Etienne du groupe épiscopal de Lyon, *Revue de l'Art*, 47, 65-71.

ROUGE, J. 1980 : Septime Sévère et Lyon, *Mélanges R. Gascon*, 223-233, Lyon.

INFORMATIONS ARCHEOLOGIQUES in *Gallia*

Gallia 38, 1980 : L'Amphithéâtre, 518-9.
: Fourvière, 519.
: Rue des Farges, 519.
: Le groupe épiscopal, 519-22.
: St-Laurent de Choulans, 522.
: Le Verbe Incarné, 522-5.

BIBLIOGRAPHIE : OUVRAGES FONDAMENTAUX JUSQU'EN 1960

ALLMER, A. et DISSARD, P. 1888-93. *Inscriptions antiques du Musée de Lyon*. 5 vols. Lyon.

ALLMER, A. et DISSARD, P. 1887-88. *Trion, antiquités découvertes en 1885, 1886 et antérieurement, auquartier de Lyon dit de Trion*. Lyon.

ARTAUD, F. 1846. *Lyon souterrain*, Lyon.

AUDIN, A. 1956. *Essai sur la topographie de Lugdunum. Rev. de Géog. de Lyon*. Publication hors série.

BOISSIEU, de, A. 1854. *Inscriptions Antiques de Lyon*. Lyon.

COMARMOND, A. 1854. *Description du musée lapidaire de la ville de Lyon*. Lyon.

COMARMOND, A. 1857. *Description des antiquités et objets d'art contenus dans les Salles du Palais des Arts de la ville de Lyon*. Lyon.

ECUYER, J. 1932. *Inscriptions latines et grecques relatives à Lugdunum*. Lyon.

FABIA, P. 1918. *La garnison romaine de Lyon*. Lyon.

FABIA, P. 1923. *Mosaiques romaines du Musée de Lyon*. Lyon.

FABIA, P. 1924. *Recherches sur les mosaiques romaines de Lyon*. Lyon.

FABIA, P. 1929. *La Table Claudienne de Lyon*. Lyon.

FABIA, P. 1934. *Pierre Sala et l'Antiquaille*. Lyon.

GERMAIN DE MONTAUZAN, C. 1908. *Les aqueducs antiques de Lyon*. Paris.

GERMAIN DE MONTAUZAN, C. 1912-15, Les fouilles de Fourvière, *Annales de l'Université de Lyon*, fasc. 25, 28 et 30. Lyon.

KLEINCLAUSZ, A. 1939. *Histoire de Lyon*. Lyon.

STEYERT, A. 1895. *Nouvelle Histoire de Lyon*. Tome I, Lyon.

WUILLEUMIER, P. 1948. *L'administration de la Lyonnaise sous le Haut-Empire*, Annales de l'Univ. de Lyon, III, 16.

WUILLEUMIER, P. 1951. *Fouilles de Fourvière à Lyon, supplément à Gallia*, 4, Paris.

WUILLEUMIER, P. 1953. *Lyon, Métropole des Gaules*, Paris.

WUILLEUMIER, P. et AUDIN, A. 1952. *Les médaillons d'applique gallo-romains de la vallée du Rhône*. Paris.

WUILLEUMIER, P., AUDIN, A. et LEROI-GOURHAN, A. 1949. *L'église et la nécropole Saint-Laurent dans le quartier lyonnais de Choulans. Etude archéologique et anthropologique*. Institut d'Etudes Rhodaniennes. Mémoires et documents.

Armand Desbat et Stephen Walker

"Ce vaste voide de plus de trois siècles, qui se trouve entre le temps de la fondation imaginaire de Lyon et celui de la fondation réelle" (Père de Colonia 1728, 24).

Les origines gauloises de Lyon.

Les écrivains lyonnais les plus anciens ont toujours été d'accord sur les origines fort anciennes de la Ville de Lyon. Ménestrier en 1696 affirma (1696, 4) que "ce sont des Grecs qui ont été les premiers fondateurs de la ville" ou "ce sont des Gaulois devenus grecs ou des Grecs devenus gaulois". Même avant le 17e siècle Jean Le Maire au 14e siècle dans son "Illustration des Gaules et singularités de Troyes" supposa qu'un nommé Lugdus avait fondé Lyon avant la guerre de Troyes (cité par Fabvier 1846, 21). Au 19e siècle l'abbé Jolibois émit un avis aussi extrême en affirmant que Lyon était un emporion grec, compte tenu de tous les vestiges que les "Grecs ont laissé à Lyon" (Jolibois 1851, 136-42). Comme preuve il cita les toponymes de racine grecque des fleuves de la Saône et du Rhône, mais il ne put donner aucune preuve matérielle. Champier (cité par Steyert 1899, 79) avait lui aussi raconté que les grands philosophes d'Athènes quittèrent leur pays à cause de la guerre entre Minos et Thésée et fondèrent une académie et une cité dans la presqu'île à l'endroit appelé Ainay (racine Athanacus) (Cf. Steyert 1895, 95).

Jolibois (1847, 489) utilisa le principe du déterminisme géographique pour justifier ces théories et supposa qu'une position telle que celle de Lyon dût frapper les Grecs ! Tous les écrivains pourtant ne fabulaient pas comme Jolibois (qui sombrait en même temps dans le royaume des petites querelles personnelles), en 1728 le Père de Colonia avait déjà fermement écrit : "ce serait se fatiguer en pure perte que d'entreprendre de réfuter ici les imaginations de certains auteurs qui vont s'enfoncer dans les ténèbres les plus reculées pour y trouver le fondateur de Lyon, dans je ne scai quel chimérique Lugdus" (1728, 13).

Il est clair qu'un des fondements de la polémique sur les origines de Lyon réside dans la toponymie et l'utilisation de la légende du pseudo Plutarque et de Clitophon. Les pages de la Revue du Lyonnais au milieu du siècle dernier sont pleines de dissertations sur la toponymie de Lyon (Steyert, 1886, etc.).

La légende de Plutarque et Clitophon sur les deux princes grecs Momoros et Atepomaros, expulsés du Languedoc qui remontèrent le Rhône pour fonder une cité à Lyon n'a toujours fait que cacher le manque de preuve scientifique des origines de Lyon. Selon Clerjon (1829, 61-3), les Celtes donnèrent à ces princes tout le plateau de St-Sébastien (Croix-Rousse) pour y construire leur cité. Clerjon suggère donc qu'il y aurait eu deux cités distinctes, l'une sur Fourvière et l'autre sur les pentes de la Croix-Rousse.

Le nom même de Lugdunum a suscité de nombreuses contro-
verses. Presque tous les auteurs anciens sont d'accord sur les origines gauloises du nom. Selon certains, Lug était le corbeau, symbole de Lyon trouvé sur certains médaillons d'applique et dunum, la
colline de Fourvière. La plupart des auteurs, très embarrassés par
le manque de renseignements positifs se contentent de constats, tels
que : "Tout fait croire que la réunion de comptoirs, de huttes, de
magasins ou d'autres établissements commerciaux était seulement une
ville de foire, puisque César n'y a pas fait attention" (Clerjon,
1829, 42). Mais Steyert nous avertit "qu'entre les mains de certaines
gens, la philologie moderne offre des ressources qui leur permet
de justifier les plus grossières contradictions". (Steyert, 1899, 41)

Les archéologues du 19e siècle avaient bien du mal à
prouver les origines gauloises de Lyon. Desjardins dans sa "Géographie de la Gaule"(1878, T. 3, 73), affirme l'existence d'une bourgade gauloise mais ne donne aucune preuve.

Allmer et Dissard (1889, II, 147) apportèrent la
preuve négative que César ne fait aucune mention de Lyon dans sa
liste des oppida de Gaule, mais ils conclurent quand même que la
localité devait être habitée. Dans son Histoire, Steyert (1895, 40)
apporta quelques preuves, les premières, en mentionnant des trouvailles dans la Saône et dans le Rhône (voir Annexe 1). Il constate
qu'aucun tesson de céramique gauloise n'a jamais été trouvé à Lyon
et conclut que Fourvière fut "une citadelle presque inhabitée".
(1895, 62).

Jullian (1920, 42) constata que "pour le plus grand
nombre de ces capitales, on utilisa une vieille bourgade antérieure,
que l'on accrut démesurément de constructions et d'habitants nouveaux : ce fut le cas de Lyon". Kleinclausz résuma les différents
arguments et conclut qu'il n'y a que très peu de preuves positives
(1939, 3).

En 1956, A. Audin (1956, 23) constata qu'il y avait
eu deux établissements celtiques (reprenant donc Clerjon), c'est-à-
dire Condate au confluent et Lugdunum sur la colline de Fourvière.
Pour ce dernier, le nom de Lugdunum signifierait l'enclos du dieu
Lug ; "sans doute une petite bourgade ségusiave y était-elle née
qui tirait son nom du sanctuaire voisin (Audin, 1956, 25). Toujours
selon Audin, les colons de Vienne se réfugièrent après la révolte
des Allobroges en 62/61 av. J.C. à côté du bourg ségusiave sur Fourvière, et un peu plus tard César devait établir son camp sur le plateau de la Sarra (Audin, 1956, 23). Or, plus récemment Rambaud (1964)
a démontré que la révolte des Allobroges et la fuite des colons de
Vienne devait vraisemblablement avoir eu lieu en 44 av. J.C. En 1943,
Wuilleumier trouva une monnaie gauloise lors des fouilles du théâtre
de Fourvière. Plus tard, Chauffin et Audin (1973) ont cru apporter
des preuves matérielles d'une occupation de la colline de Fourvière
antérieure à la conquête. En 1975, Chevallier a précisé que la découverte d'une céramique peinte "dite gauloise" "atteste une occupation indigène du site (probable sanctuaire sur la colline)",
'(Chevallier,1975, 916).

Cette étude historique démontre que le problème des origines de Lyon a donné lieu à de nombreux écrits, mais que la plupart des hypothèses se heurtent à l'insuffisance des preuves archéologiques. Pour cette raison, il nous a paru indispensable de commencer cette étude en dressant d'abord l'inventaire de tous les objets provenant de découvertes anciennes, antérieures à la conquête ou à la fondation, découverts sur le site de Lyon.

Ce premier inventaire (Annexe 1) met en évidence la rareté des objets considérés comme gaulois, ainsi que les doutes que l'on peut émettre quant à leur datation ou leur origine et par là même à leur valeur archéologique. Il s'agit essentiellement d'objets métalliques qui s'échelonnent de l'âge du Bronze à la Tène III et de monnaies gauloises. La plupart des objets métalliques proviennent des dragages du Rhône et de la Saône, ce qui ne prouve aucunement une occupation du site de Lyon, ceux-ci pouvant aussi bien être mis en relation avec des passages correspondants à l'axe commercial Rhône-Saône (Millotte 1963 et 1965). La majorité de ces objets se rapporte d'ailleurs aux époques antérieures à la Tène et seuls un bracelet (n°25) une oenochoe (n°26), un fragment de situle (n°24) et deux poignées (Nos 22 et 23) se rattachent à cette période. Encore faut-il remarquer que la plupart de ces objets proviennent de contextes gallo-romains : ainsi la poignée n°23 et la situle n°24 datées 2/3e siècles av.J.C. (Boucher 1970, II, 46 et 142) sont issues de tombes du 1er siècle ap. J.C., découvertes à Trion (Allmer et Dissard 1887, 552) et la statuette étrusque n°14 du 6/5e siècles av. J.C. (Boucher 1970, II, 56) d'un remblai gallo-romain à Loyasse. L'attribution même de ces objets reste quelquefois sujet à caution, comme dans le cas du bracelet n°25.

En ce qui concerne les monnaies, il n'existe malheureusement aucune étude des découvertes anciennes et leur attribution est impossible. La seule attribution que nous possédons est aux Allobroges et non aux Ségusiaves.

Nous possédons également peu de renseignements sur les lieux de découvertes et sur leur contexte ; nous savons seulement qu'un trésor (N°27) provient des Brotteaux, qui fut une région marécageuse jusqu'au siècle dernier et que quelques monnaies furent découvertes au Nord du Fort St-Jean (N°29) sur les quais de la Saône, au pied de la Croix-Rousse.

La majorité des monnaies proviennent (donc) de trésors, dont l'enfouissement, reflet des événements socio-économiques, et ne traduit pas forcément une occupation humaine sédentaire. La découverte de trésors à proximité de voies celtiques est en effet relativement fréquente.

Cependant, des trouvailles archéologiques effectuées à une date plus récente sur la colline de Fourvière ont été citées comme preuve d'une occupation gauloise à cet endroit.

Il s'agit tout d'abord d'une monnaie gauloise (N°31) de la série dite "au cavalier" trouvée en 1943 "dans le remblai entre les deux théâtres antiques" (Wuilleumier 1951, 81 et Audin, 1956, 25). Pour Audin, elle proviendrait de la petite bourgade

ségusiave, qui tirait son nom de Lugdunum du sanctuaire voisin". Il
ne semble pas que la découverte d'une monnaie gauloise constitue la
preuve d'un établissement celtique. Le texte indique de façon ex-
plicite que celle-ci provient d'un remblai gallo-romain.

Les fouilles récentes ont maintenant livré d'autres
spécimens de monnaies gauloises ainsi que des monnaies romaines antérieures à la fondation et même à la conquête (voir annexe 3).
La plupart de ces monnaies ont été recueillies en stratigraphie dans
des contextes manifestement gallo-romains. Ces découvertes qui présentent une fourchette chronologique assez large (IIe av. J.C. à la
fin du 1er av.) restent très sporadiques. IL convient également de
noter qu'aucune monnaie ségusiave ne figure parmi ces trouvailles.
Par ailleurs, celles-ci sont représentées par des petits bronzes de
mauvaise qualité qui semblent avoir beaucoup circulé, et rien n'exclut que la plupart aient été encore en usage au début du 1er siècle
ap. J.C. Aussi de telles découvertes ne constituent en rien la preuve de l'existence d'une agglomération gauloise. Il ne viendrait à
l'idée de personne de s'appuyer sur la découverte de monnaies républicaines du IIe s. av. J.C. pour faire remonter l'occupation romaine de Lyon à cette date. C'est pourtant un raisonnement similaire
qui conduit à faire de ces quelques monnaies isolées, la preuve
d'une occupation celtique du site de Lyon.

La deuxième trouvaille avancée comme preuve est un
tesson de céramique noire à décor ondé (n°30), "imitation du phocéen
gris" du Ier ou IIe siècles av. J.C. (Dufournet, 1965). L'auteur
interprête ce fragment comme un "témoignage du Lugdunum pré-romain
dans une période proche de la conquête (1965, 32). Ce tesson trouvé
en 1928 au Fort de Trion, dans un dépotoir exclusivement romain, est
considéré par l'auteur comme le premier témoin céramique de cette
période.

A une date récente, Audin (1965, 26 et 1979, 39) a
voulu démontrer que ce tesson n'était pas isolé en le rapprochant
de la découverte, dans le même quartier, de plusieurs "débris d'une
poterie campanienne vraisemblablement antérieure à la conquête et
même d'un fragment de poterie peinte en quoi l'on peut trouver un
vestige proprement gaulois". Une telle affirmation est en réalité
totalement erronée. Le matériel auquel il est ainsi fait allusion,
provient en fait d'un dépotoir gallo-romain précoce dont la datation ne peut remonter plus haut que 30 av. J.C. La céramique dénom-
mée campanienne s'avère appartenir à des productions locales à vernis
noir ou brun, "dérivées" plutôt qu'"imitations" de campanienne et
qui pourraient avoir été produites par l'atelier de Loyasse, actuellement daté entre 30 et 15 av. J.C. (Lasfargues, 1973). Dans le dépotoir en question, ce matériel est d'ailleurs associé à des gobelets d'Aco et à de la céramique arrétine.

Les fouilles récentes de la rue des Farges et du Verbe
Incarné ont livré un matériel comparable également daté postérieurement à 30 av. J.C. (Fig. 2 et 4). La céramique commune, noire ou
grise, de ces contextes est encore de tradition indigène et conserve
certaines formes et décors de la Tène III. (Fig. 3).

En ce qui concerne la céramique peinte de tradition

gauloise, celle-ci est représentée par des bols de type Roanne
(Fig. 5) dont la production apparait à Vienne et à Lyon antérieurement à Roanne, mais dont les exemplaires les plus anciens sont
cependant postérieurs à la conquête.

Jusqu'à ce jour, aucun fragment de campanienne A, B ou
C n'a été mis au jour à Lyon, non plus que des fragments d'amphores
italiques (Dressel 1 par ex.) et les contextes augustéens précoces
mentionnés plus haut sont les plus anciens que l'on connaisse. Bien
que de nombreux sondages dans les fouilles récentes aient été pous-
sés jusqu'au terrain naturel.

A une date plus récente, on a cru pouvoir apporter les
preuves stratigraphiques d'une occupation de la colline de Fourvière,
antérieure à la conquête, à partir d'un sondage effectué en 1971 à
l'emplacement du "temple de Cybèle" et publié par Chauffin et Audin
(1972). Ce sondage de caractère limité a révélé, installée sur le
terrain naturel, une couche de remblai de 16 cm d'épaisseur, contenant du "fer, des scories et des charbons", ainsi que des éléments
de terre à briques qui "rappellent irrésistiblement des enduits
gaulois provenant d'aires de foyer et de clayonnage" (Chauffin et
Audin 1972, 92), notamment un enduit montrant des traces de paille
et de branchage. De cette strate proviennent également 2 tessons
gris noir, de "technique spécifiquement gauloise", ainsi que
3 tessons beige et 7 fragments de briques. Ce matériel permet aux
auteurs de conclure que cette "strate livre donc un mélange de romain
et de gaulois, ce dernier en nette prédominance", et d'imaginer
l'existence de légères constructions de clayonnages associées à des
petits ateliers des artisans du fer.

Ces conclusions qui peuvent paraître hâtives, s'ap-
puient sur le postulat que la construction en terre indique nécessairement une occupation indigène, car "l'arrivée des romains se traduit par une adoption générale et immédiate de leurs procédés de
construction, avec maçonnerie et tegulae" (Chauffin et Audin, 1972,
92).

Les fouilles effectuées à Lyon depuis une dizaine
d'années, en particulier celle de la rue des Farges, ont fait justice d'une telle affirmation en démontrant l'emploi généralisé, durant
toute la période romaine, de la terre dans l'architecture domestique (Cf. l'article de l'un de nous sur ce sujet). La présence de
vestiges d'architecture de terre ne constitue donc aucunement la
preuve d'une occupation gauloise à Fourvière. Il faut constater que
la minceur des indices chronologiques fournis par ce sondage, en
particulier la céramique, ne permet pas davantage de suivre les
auteurs dans leurs conclusions. On peut noter par ailleurs que
cette couche s'apparente aux niveaux les plus anciens, à la fouille
rue des Farges (remblais riches en scories de fer et cendres, installés sur le terrain naturel) et que le matériel céramique qu'ils
contenaient ne permet pas de dater antérieurement à 30 av. J.C.

Cette recension critique des différents arguments ou
des différentes preuves matérielles avancées pour justifier l'existence du "Lyon gaulois", fait apparaître l'indigence pour ne pas dire
l'absence totale, de preuves d'un établissement indigène antérieur à

la conquête. En effet, les seuls objets pouvant être considérés comme celtiques sont des objets isolés, recueillis lors de dragages dans le Rhône et la Saône, ou trouvés dans des contextes gallo-romains. On peut noter également que ces objets ont été recueillis sur une zone assez large et ne présentent aucune concentration géographique.

Il faut surtout souligner qu'en aucun endroit de la colline de Fourvière n'a été rencontrée de strate correspondant à une occupation antérieure à la conquête, bien que, rue des Farges et plus récemment au Verbe-Incarné, aient été exécutées des fouilles sur une vaste étendue, qui ont atteint en de nombreux points le terrain naturel.

A défaut de preuves archéologiques matérielles, l'existence d'une occupation celtique à Lyon a souvent été démontrée par la toponymie de Lugdunum et de Condate.

Le fait de justifier une occupation gauloise par l'existence de toponymes celtiques ne nous semble pas davantage une preuve concluante. On peut fort bien admettre, en effet, que des éléments déterminants du paysage, tels que le confluent de deux fleuves de l'importance du Rhône et de la Saône, ou l'éminence de Fourvière aient été dénommés sans que cela suppose pour autant un lieu d'établissement. Une telle opinion est d'ailleurs celle de Drinkwater (1975, 134, note 7) qui constate que "every feature of the Gallic landscape must have had its celtic name, but this does not necessarily imply human settlement. Hard evidence whether literary or archaeological, is conspicuously missing".

Le problème de Condate

Le sanctuaire fédéral fut situé sur un territoire considéré comme distinct de la colonie romaine, celui du pagus condatensis. L'existence de ce pagus ne fait aucun doute puisqu'il est mentionné sur l'autel offert à Diane par C. Gentius Ollilus qui en était le magister (CIL XIII, 167,07).

Allmer et Dissard (1889, II, 43-6 et 48-9) avaient suggéré que le territoire du pagus avait été détaché de celui des Ségusiaves pour y établir le sanctuaire de Rome et d'Auguste. Pour Audin (1956, 23, 24 et 1965, 21 et 129), le pagus de Condate implique l'existence d'un bourg gaulois. Une telle conclusion ne semble pas fondée. En effet, le terme de pagus qui désigne une division territoriale romaine, n'implique en rien la présence d'un territoire gaulois préexistant. Le pagus peut correspondre à une subdivision de la civitas et il n'est donc pas exclu que ce territoire ait même fait partie du territoire de la colonie de Lugdunum.

Indépendamment de ce problème il faut souligner que, comme sur la colline de Fourvière, aucun vestige antérieur à la conquête n'a été décelé en cet endroit. Les fouilles anciennes sur les pentes de la Croix-Rousse n'ont en effet produit aucun matériel gaulois, et il n'existe que la mention de monnaies gauloises trouvées au nord du Fort St-Jean (n°29).

En 1978, l'occasion nous a été donnée d'effectuer un

sondage, rue de la Martinière, à peu de distance du lieu de découverte du fameux autel mentionnant le pagus de Condate. Ces fouilles
exécutées au coeur de l'emplacement supposé du bourg celtique
étaient donc de première importance pour vérifier cette hypothèse.
Ce sondage de dimensions réduites, a révélé une succession de niveaux sur 3m d'épaisseur, s'échelonnant du début du Ier siècle ap.
J.C. au IVe siècle ap. J.C. (Fig. 6). Les niveaux les plus anciens
étaient matérialisés par une succession de sols et percés de trous
de poteau. Les conditions difficiles de la fouille n'ont pas permis
de descendre très profondément dans ces couches de sable stériles.
Il est évidemment possible que celles-ci correspondent à des alluvions déposées par des crues et que des niveaux plus anciens aient
été conservés à une plus grande profondeur. Force nous est cependant de constater qu'aucune strate gauloise n'a été mise en évidence et que cette observation rejoint celles effectuées en d'autres
lieux de la presqu'île, que ce soit lors des fouilles du métro, ou
plus récemment dans une fouille de sauvetage effectuée en 1978
place Tolozan, dans le même quartier et où les niveaux les plus
anciens observés sont du début du Ier siècle ap. J.C.

En ce qui concerne la présence d'un bourg gaulois à
cet endroit, il nous faut donc reconnaître avec Steyert (1895, 281)
"qu'aucune découverte archéologique n'a jusqu'à présent justifié
l'existence du prétendu bourg de Condate".

Il ressort de cette discussion sur les origines gauloises de Lyon que les preuves matérielles sont à peu près inexistantes.
Il s'avère en effet que certains objets considérés comme les témoins
d'une occupation antérieure à la conquête ont une valeur archéologique douteuse, quand ils n'ont pas été sujets à une interprétation
erronée, témoin l'oenochoe de la rue Tramassac (n°26) "que l'on
voudrait attribuer en toute certitude à une époque antérieure aux
romains, ce qui est malheureusement encore impossible". (Brühl en
Gallia Informations 1958, 360).

La seule évidence archéologique reste à l'heure actuelle, l'absence de toute strate ou contexte attribuable avec certitude
à la période de l'indépendance.

On a justifié cette absence de vestiges par des travaux d'urbanisme liés au développement de la ville (Audin 1965, 26
et 1979, 39). Cependant même dans une telle hypothèse, on s'atten-
drait à trouver des éléments résiduels (Campaniennes ou amphores
italiques) subsistant dans les remblais engendrés par ces travaux.
Il est également surprenant que des puits ou des silos des périodes
antérieures n'aient pas été épargnés par ces travaux de terrassement
et d'urbanisme.

Cette absence de vestiges s'oppose en particulier aux
découvertes effectuées sur les sites de Vienne -Ste-Blandine (Chapotat 1966 et 1970), de St-Georges-de-Reneins, de Chessy (Walker,
à paraître) ou de Mâcon (Barthélémy, 1963) qui ont livré de la
campanienne et des amphores italiques.

A la pauvreté des preuves archéologiques répond une
égale indigence des sources littéraires. Le silence de César, qui

pourtant mentionne un nombre important d'oppida, apparait comme une preuve négative importante, à plus forte raison lorsqu'on veut démontrer que celui-ci établit son camp à Fourvière (Audin, 1965, 28). A l'inverse, le texte de Strabon relatif à Lyon (IV, 3, 2) insiste sur le fait que Lyon a une population romaine. D'autre part Tacite dans ses Histoires (I, 65) nous montre les Lyonnais, lors de la guerre civile, se revendiquer, contrairement aux Viennois, "coloniam Romanam et partem exercitus". Ces deux exemples tendraient bien à démontrer l'origine purement romaine de Lyon. La convergence des sources archéologiques et littéraires est donc frappante et conduit à considérer comme fort improbable l'hypothèse d'un établissement celtique à Lyon.

La fondation de la colonie

Si les sources littéraires sont silencieuses en ce qui concerne le Lugdunum celtique, plusieurs textes nous renseignent sur la fondation de la colonie de Lyon, que tous les historiens s'accordent pour placer en 43 av. J.C. Cette fondation nous est connue par l'épitaphe de Plancus (CIL, X, 6087), laquelle nous enseigne qu'il conduisit en Gaule la déduction de Lugdunum et de Raurica. Plus précis est cependant le texte de Dion Cassius (XLVI, 50-36) puisque celui-ci nous apprend que le sénat chargea Plancus et Lépide de "fonder un établissement pour les Viennois de Narbonnaise naguère chassés par les Allobroges et établis entre le Rhône et la Saône à leur confluent"(Lerat, 1977, 155). Le passage de Strabon (IV, 3, 2) déjà signalé, précise que Lyon fut "fondé au pied d'une colline au confluent de la Saône et du Rhône".

Le rapprochement des deux derniers textes soulève un premier problème, celui de la localisation de la colonie primitive. En effet ces deux textes semblent s'accorder pour situer la colonie de Plancus dans la presqu'île, au pied de la Croix-Rousse plutôt qu'à Fourvière où l'ont située tous les auteurs. Si l'on prend le texte de Strabon au pied de la lettre, celui-ci contredit de façon formelle l'existence de la colonie primitive à Fourvière, d'autant qu'il situe également le sanctuaire des Trois Gaules "en avant de la ville" ce qui coïnciderait avec une localisation de celle-ci dans la presqu'île. Cependant, si l'on confronte les témoins archéologiques aux sources écrites, nous sommes obligés de constater qu'aucun vestige de la colonie primitive ne nous est connu avec certitude, et que la localisation de celle-ci, et son organisation, restent parmi les questions majeures de l'archéologie lyonnaise. Nous avons vu en effet que les niveaux les plus anciens repérés dans la presqu'île se rapportent au début du Ier siècle ap. J.C. et bien que l'on sache que le sanctuaire fédéral fut inauguré en 12 av. J.C. il faut constater cependant qu'aucun matériel de cette époque n'a été publié pour la Croix-Rousse. Si l'on se transporte sur la colline de Fourvière, les indices chronologiques les plus anciens, livrés par les fouilles stratigraphiques du Verbe Incarné ou de la rue des Farges ne peuvent remonter antérieurement à 30 ou 20 av. J.C., et ce, bien que le chantier de la rue des Farges soit situé dans la cuvette des Minimes considérée par Audin (1965, 58) comme l'emplacement de la colonie primitive.

On nous objectera que sous l'esplanade du théâtre anti-

que sont apparus les vestiges d'un édifice considéré comme le pré-
toire de Plancus (Audin, 1965, 55 à 56 et 1972, 28). Malheureusement
aucune étude stratigraphique n'a permis de vérifier le bien-fondé de
cette attribution qui repose sur l'antériorité de cet édifice par
rapport au théâtre. Le caractère fragmentaire des vestiges reconnus
oblige d'autre part à émettre quelques réserves sur l'interprétation
qui en a été faite. Les mêmes réserves s'appliquent aux fragments
de murs considérés comme des tronçons du rempart colonial (Audin,
1963 et 1969) et qu'Audin lui-même a reconnu comme "parfaitement
indatables" (Audin, 1965, 53 et 1979? 73). Le problème de la colonie
de Plancus reste donc entier.

En ce qui concerne l'origine de cette colonie, le
texte de Dion Cassius nous précise que la création de celle-ci
répondait à la nécessité d'établir les Viennois chassés par les
Allobroges. Plusieurs auteurs se sont accordés pour dater cet événement de la révolte de Catugnat en 62-61 av. J.C. (Jullian, 1920,
vol III 121-2 note 3 ; Grenier, 1937, 479 ; Wuilleumier, 1953, 12 ;
Audin, 1956, 26-7 et 1965, 25).

Dans une étude plus récente, Rambaud (1964) a défendu
une autre hypothèse et situé l'arrivée des Viennois à Lyon en 44 av.
J.C. Plusieurs des arguments avancés pour défendre cette hypothèse
nous semblent très pertinents. Le premier est le silence de Dion
Cassius, sur Lugdunum, dans sa relation de la guerre Allobrogique
(Rambaud, 1964, 254, note 1). Le deuxième est le silence de César,
également. Si l'on admet en effet que César a établi son camp à
Lugdunum en 58 av. J.C., on peut difficilement concevoir qu'il
passe sous silence la présence en cet endroit de citoyens romains
chassés de Vienne.

En dernier lieu, il peut sembler surprenant que le
sénat ait attendu 18 ans pour pourvoir à l'établissement de ces
réfugiés, et, comme le souligne fort justement Rambaud (1964, 255),
n'ait pas profité des déductions effectuées en 46 par T. Claudius
Nero pour le faire.

L'hypothèse formulée par Rambaud et à laquelle s'est
rallié Chevallier (1975, 44) nous semble très vraisemblable d'autant qu'elle justifierait l'absence à Lyon de vestiges attribuables
au milieu du Ier siècle av. J.C., en particulier de céramique campanienne.

Cependant cette hypothèse ne résoud en rien le problè-
me de la localisation et de la configuration de la colonie primitive.
Si malgré le problème posé par le texte de Strabon, on admet la localisation de celle-ci sur la colline de Fourvière, il faut cependant
considérer à la lumière des fouilles récentes effectuées rue des
Farges ou au Verbe Incarné que la colonie de Plancus qui devait
se présenter sous l'aspect d'une bourgade construite en bois et
en terre occupait une surface beaucoup plus réduite que l'ont
proposé les travaux d'A. Audin (1956, Fig. 3), le véritable développement de la ville se situant à la période augustéenne.

Conclusions

La confrontation entre les données historiques et les données archéologiques, particulièrement celles fournies par les fouilles récentes permet d'apporter un éclairage nouveau sur le problème des origines de Lyon. Cette confrontation met en lumière l'absence d'évidence archéologique démontrant l'existence d'un établissement celtique, ainsi que notre méconnaissance de la colonie primitive et par là même le manque de fondement de bien des hypothèses qui font cependant encore autorité. Il semble que la théorie des origines gauloises de Lyon procède pour une grande part du vieux modèle du déterminisme géographique. Drinkwater (1975, 133) a été l'un des premiers à nier le déterminisme fondé sur le jugement de Strabon (IV, 6, 11) et l'essor du Lyon moderne? Drinkwater (1975, 134) et d'autres auteurs ont souligné l'environnement peu hospitalier de la colline de Fourvière, présentant un relief accidenté sans aucune source d'eau. Audin (1956, 27) lui-même considère que les colons de Vienne ne purent s'installer sur la colline à cause du manque d'eau. Malgré cela, la plupart des auteurs ont suivi l'évaluation du site par Strabon, pour Wuilleumier (1953, 7) "le site de Lyon convenait à une capitale" et Audin (1956, 28) a écrit que "pendant les semaines passées au camp de Fourvière, César eut l'intuition des possibilités de Lugdunum. Il devina qu'une ville établie en ce lieu serait une admirable base de départ pour la romanisation de la Gaule". Or, il ne semble pas que César ait été autant frappé par le site de Lugdunum, aucune allusion à un tel plan n'apparaissant dans les "Commentaires". Nous penserions avec Rambaud (1958, 126) "qu'il ne suffit pas d'imaginer en écrivant un tome que César a passé par Lyon, pour affirmer dans le suivant qu'il avait projeté d'y mettre une colonie". Drinkwater (1975, 139) en arrive au contraire à la conclusion que le site de Lyon n'était pas occupé à l'époque de la conquête et que le choix du site de Lyon pour établir une colonie fut "rather because of its relative unimportance to date - a poor site in the territory of a minor tribe" et que "the settlement at Fourviere was no more than a colony among colonies".

Cette étude sur les origines de Lyon met donc en lumière l'étendue de notre ignorance sur bien des points fondamentaux de l'évolution de la ville, en même temps qu'elle insiste sur l'effort majeur des fouilles exécutées depuis quelques années.

Cette constatation souligne la nécéssité de poursuivre des fouilles systématiques sur d'autres secteurs de la colline de Fourvière et de la presqu'île et d'élaborer de véritables programmes de recherches qui permettront de répondre aux nombreuses questions primordiales pour la connaissance de l'urbanisme en Gaule et de l'histoire de Lyon en particulier.

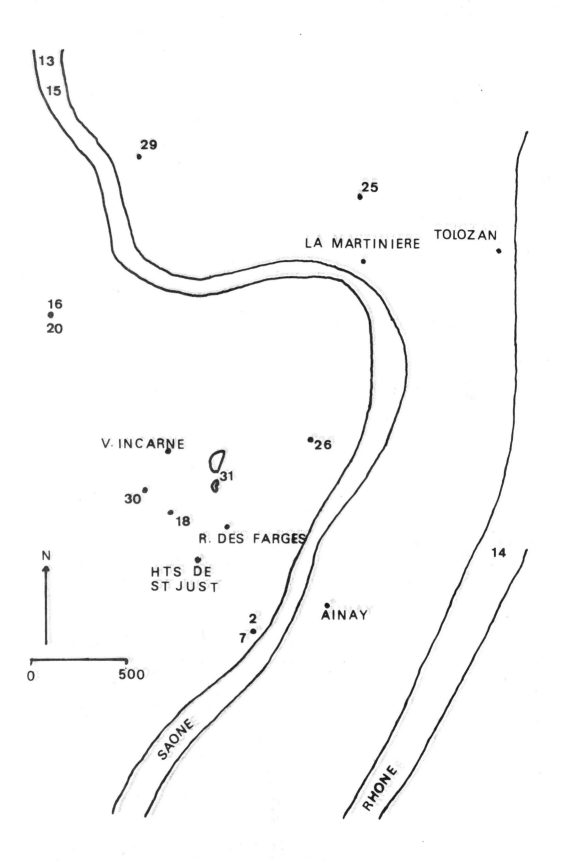

FIG 1 PLAN DE LYON

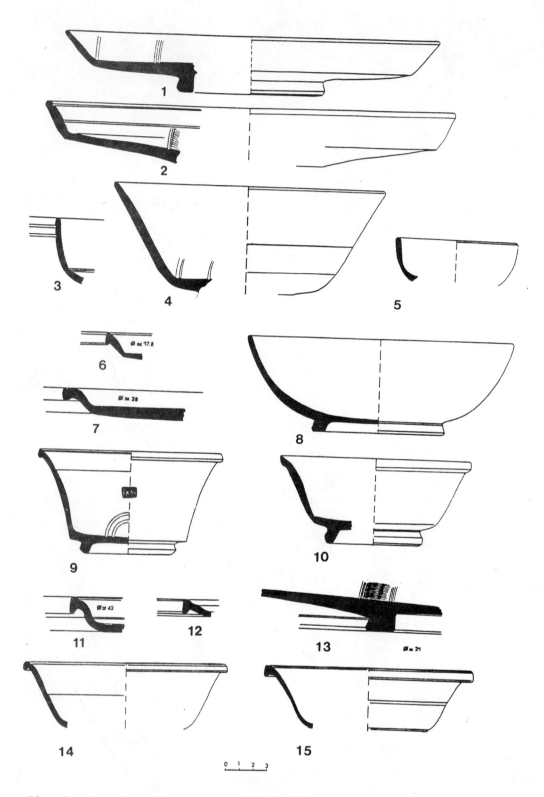

Fig. 2 : Rue des Farges. Céramiques fines des niveaux précoces :
1 à 5 : Céramique à vernis noir (pseudo campanienne).
6 à 10 : céramique à vernis rouge. 11 à 15 : Sigillée.

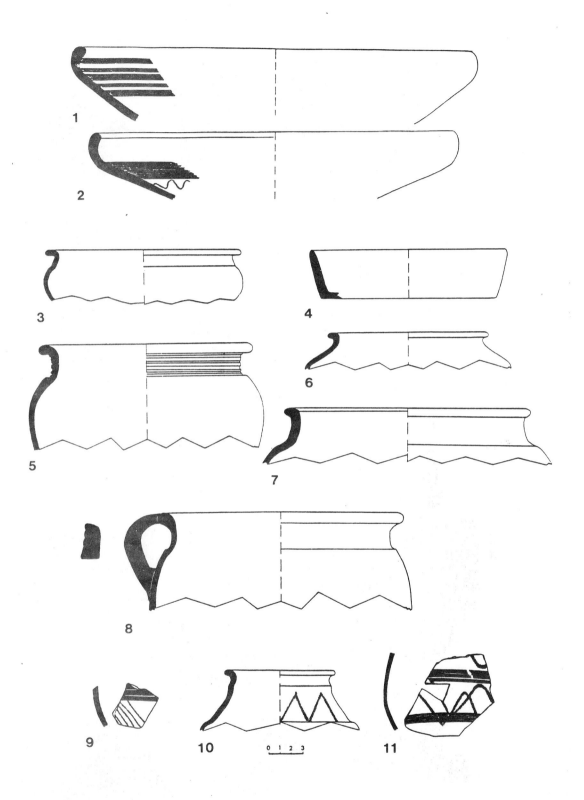

Fig. 3 : Rue des Farges. Céramique commune noire ou grise des niveaux précoces : 5, 6, 7, 8. Céramiques non tournées.

41

Fig. 4 : Rue des Farges. Fragments de gobelets d'Aco. (Cliché P.Plattier).

Fig. 5 : Rue des Farges. Céramiques peintes des niveaux précoces.
(Photo P. Plattier)

RUE DE LA MARTINIERE

coupe E.O

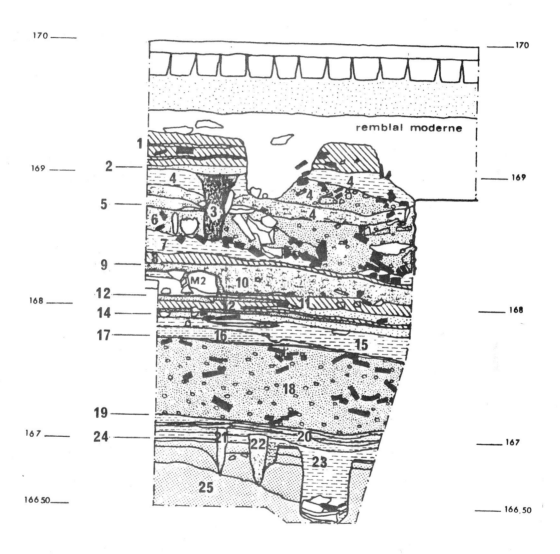

Fig. 6 : Rue de la Martinière. (1978).
1 et 2 : sol et niveau d'incendie 4e siècle. 3 : trou de poteau.
4 : remblais 3e siècle. 5 : niveau sol 3e siècle. 6-7 : remblais
3e siècle (x) vase contenant une monnaie de Julia Domna.
8 - 9 : sol et niveau d'occupation fin 2e siècle. 10 : remblai
2e siècle. 11 - 17 : succession de sols et de remblais fin 1er
siècle. 18 : couche de remblai d'incendie milieu 1er siècle.
19 - 23 : niveaux du début du 1er siècle avec trous de poteaux
(21 - 22) et fosse 23. 24 : 1 sol installé sur le terrain actuel. 25 : terrain naturel.

INVENTAIRE DES OBJETS ANTERIEURS A LA FONDATION ROMAINE DE LYON.

ANNEXE 1 - DECOUVERTES ANCIENNES .
Il s'agit d'objets qui proviennent, ou de découvertes isolées ou de fouilles anciennes. Nous essayons de préciser la définition, la datation, la bibliographie et le lieu de découverte de chaque objet.

Les Objets Métalliques : L'Age du Bronze et l'époque Hallstattienne

1 : Epée Hallstattienne.
Déchelette 1913, tome 2, 724 note 4 ; Lyon 1958 n°65.
Lit du Rhône.

2 : Lame d'épée à deux rivets.
Millotte 1963 n°279 et Fig. 33 n°6.
La Quarantaine.
Il s'agit sans doute de l'épée signalée par Chantre (1875, 124 n°237). Chantre précise que l'épée fut découverte dans le lit de la Saône à la Quarantaine en 1854.

3 : Epée à poignée pleine avec pommeau plat.
Le centre de la poignée est évidé pour recevoir une ornementation.
Chantre 1875, 106.
Lit de la Saône à Lyon

4 : Epée à poignée pleine avec pommeau à antennes.
Chantre 1875, 110 et 124 n°239.
Lyon et ses environs.

5 : Epée à soie plate munie de six trous de rivets.
Chantre 1875, 125 n°240.
Lyon et ses environs.

6 : Fragment de lame d'épée.
Chantre 1875, 124, n°38.
Lit de la Saône à Lyon.
Chantre (1875, Tome 3, 86) signale la découverte de cinq épées à Lyon et dans ses environs. En 1963 Millotte fait état de sept épées trouvées lors des dragages à Lyon.

7 : Pointe de javelot, Age du Bronze.
Comarmond, 1855-7, 276 n°252 ; Lyon 1958 n°59.
Millotte 1963, n°279.
La Quarantaine.
Millotte écrit qu'il s'agit d'une pointe de flèche à douille.

8 : Hache à talon, Age du Bronze.
Steyert, 1895, 40, Fig. 51.
Lit du Rhône.

9 : Hache à douille, Age du Bronze.
Steyert, 1895, 40, Fig. 53.
Lyon (?)
Chantre (1875, 58) signale la découverte d'une hache à douille dans les graviers du Rhône à Lyon.

10 : Trois haches de l'Age du Bronze.
11   Steyert, 1895, 40, Figs. 57, 58 et 64.
12   Chantre signale la découverte d'une hache à talon (1875, 52)

dans l'ancien lit de la Saône à Ainay et d'une hache à ailerons
dans les graviers du Rhône à Lyon. Chantre (1875, Tome 3, 86)
fait état de la découverte de 14 haches à Lyon et dans ses
environs. Millotte (1963, n°279) inventorie 7 haches trouvées
lors des dragages.

13 : Couteau dans sa gaine, Hallstatt.
Comarmond, 1855-7, 288, n°283 ; Lyon, 1958, n°64.
Dans la Saône à Vaise.

14 : Poignard à poignée pleine et pommeau plat.
Chantre 1875, 94 et Fig. 74
Dans le Rhône à la Guillotière.
Chantre (1875, Tome 3, 86) signale la découverte d'un couteau
et deux poignées à Lyon et dans ses environs.

15 : Fibule à navicella
Comarmond, 1855-7, 306, n°335 ; Lyon, 1958, n°62.
Millotte, 1963, n°279.
Dans le lit de la Saône à Vaise.

16 : Fibule italique à navicella avec pied allongé et deux appendices
latéraux sur l'arc.
Millotte, 1963, n°279.
Dans les fondations d'un fort sur la hauteur.
Il pourrait s'agir de la fibule découverte au fort de Loyasse.
(Comarmond, 1855-7, 306).

17 : Fibule en bronze à double spirale. Importation de l'Europe
Centrale.
Bouillerot 1912.
Lyon. (Aucune précision).

18 : Epingle à renflement côté.
Millotte 1963, n°279 et pl. 8 n°14.
St-Just.

19 : Faucille à talon.
Chantre 1875, 66.
Alluvions de la Saône à Lyon.
Millotte (1963, n°279) fait aussi état d'une épingle et un ra-
soir ajouré. Chantre (1875, Tome 3, 86) nous signale la décou-
verte de ciseaux.

20 : Statuette d'Hercule en bronze. Bronze étrusque du 6e/5e s. av.
J.C.
Comarmond, 1846-54, 72 ; Boucher, 1970, 2, 56 : Gallia, 1974,
158 ; Boucher, 1974, 119 et 154 ; Boucher et Tassinari,1976, 15.
Fort de Loyasse, Lyon.
La statuette fut trouvée dans un remblai gallo-romain.

21 : Fragment de ceinturon. Agrafe en provenance d'Italie.
5e au 4e s. av. J.C.
Boucher, Perdu et Feugère, 1980, n°208.
Trouvé à Lyon en 1843.
Chantre (1875) a signalé la découverte d'environ 40 objets de
l'Age du Bronze à Lyon et dans ses environs. Il souligne qu'il
n'existe aucune découverte d'objets réunis qui pourraient témoigner d'une occupation permanente du site, de même il souligne
(1875, 242) que les pièces proviennent en majorité du Rhône et
de la Saône.

L'Epoque Celtique

22 : Poignée. Art hellénistique du 3e/2e s. av. J.C.
Boucher, 1970, 47.
Lit de la Saône.
Il pourrait s'agir de l'une des poignées signalées par Chantre
(1875, tome 3, 86).

23 : Poignée, fragment dont il ne subsiste que la tige. 3e/2e s. av.
J.C.
Allmer et Dissard, 1887-8, 552, n°1750 ; Boucher 1970, 2, 46.
Trion.

24 : Situle, applique en style grossier. 3e/2e s. av. J.C.
Allmer et Dissard 1887-8, 552, n°1750 : boucher, 1970.
Trion.
Nos 23 et 24 proviennent de tombes gallo-romaines du Ier siècle
ap. J.C. dans le quartier de Trion. La description de la tombe
n°1750 ne correspond pas tout à fait à celle donnée par Mme Boucher, **car** Allmer et Dissard n'**inven**torient qu'"une agraf**e, d**es
vases et des instruments divers".

25 : Bracelet. La Tène (?).
Comarmond, 1855-7, 316, n°385 ; Lyon, 1958, n°65.
Montée des Carmélites.
Comarmond date le bracelet de l'époque de la Tène, mais Chantre
(1875, tome 3, 86) le date de l'Age du Bronze.

26 : Oenochoe de bronze.
Audin et Mejat, 1957 ; Brühl in Gallia 16, 1958, 359-60 ; Lyon,
1958, n°68, Audin, 1965, 25.
Rue Tramassac, Lyon (5e).
Le vase provient d'une couche de remblai entassé entre un
dallage romain et le lit d'un bras d'eau, ce remblai a livré
des objets romains. Selon Amable Audin, cet objet pourrait
remonter au 2e s. av. J.C. (ou au début du 1er s. av. J.C.),
mais Brühl précise que ce genre d'oenochoe était encore courant
à l'époque de la conquête.

La plupart des objets métalliques proviennent des dragages du
Rhône et de la Saône ce qui ne prouve aucunement une occupation du site de Lyon. En effet, très peu d'objets ont été trouvés sur "terra firma" à Lyon et la plupart de ceux-ci proviennent de contextes gallo-romains.

L'évidence céramologique

Aucun tesson d'une époque antérieure à la conquête n'a été signalé. On signale (Lyon, 1958, n°66) la présence d'un chenet à
tête de bélier mais on ne peut donner aucune précision sur le
lieu de la trouvaille. Il est vraisemblable que cet objet qui
fait partie du fonds ancien du musée soit totalement étranger
à Lyon.

L'évidence Monétaire

27 : Trésor monétaire d'environ 1400 pièces dites "au cavalier",
ainsi que quelques monnaies Allobroges.
Blanchet, 1905, 202.
Découverte dans le quartier des Brotteaux en 1847.

Le quartier des Brotteaux fut une région de marais jusqu'au siècle dernier. Blanchet (1905) signale la découverte d'autres trésors monétaires (Nos 203, 204, et 205) dans les environs de Lyon. Aucun ne provient du site même de Lyon.

28 : Monnaie gauloise en bronze.
     Inventaire des Musées de Lyon 1862, n° 427.
     Lit de la Saône.

29 : "Monnaies gauloises de divers peuples".
     Steyert, 1895, 282.
     Au nord de Fort st-Jean (quais de la Saône).

ANNEXE 2 - LES DECOUVERTES RECENTES . (Jusqu'en 1950)

L'Evidence Céramologique

30 : Tesson à décor ondé en pâte noire.
     Imitation du phocéen gris du 1er/2e siècle av. J.C.
     Dufournet 1965 ; Audin, 1965, 25.
     Ce tesson provient d'un dépotoir exclusivement gallo-romain trouvé en 1928 au Fort de Trion.

L'Evidence Monétaire

31 : Monnaie gauloise de petit nodule de la série dite "au cavalier" qui fut répandue dans la vallée du Rhône.
     Wuilleumier, 1951, 81 ; Audin, 1956, 25 ; Saunier, 1957, 1844-9; Lyon, 1958, n°67.
     Trouvée entre les deux théâtres sur Fourvière. Cette monnaie provient vraisemblablement d'un contexte gallo-romain.

ANNEXE 3 - MONNAIES DES FOUILLES RECENTES

FRAPPEES AVANT LA FONDATION DE LYON.

Alain Audra

Les monnaies Gauloises

32 : 1 monnaie de bronze Celtibère - AMPURIAS
    D) Tête casquée de MINERVE à droite
    R) animal à droite (taureau)
    Hauts de St-Just.
    (salle U, fondation égout N-S, partie N)
                frappe : IIe et Ier siècle av. J.C.
33 : 1 petit bronze de MARSEILLE
    D) Tête tourelée à droite A M
    R) Caducée ailé M A
    Hauts de St-Just
    Hors stratigraphie.
                REF : DE LA TOUR 2051
                frappe : Ier siècle av. J.C.
                        jusqu'au début du Ier siècle ap. JC

34 - 40 : 7 petits bronzes gaulois (potins)
    de basse époque (de la guerre des gaules jusqu'au début du
    Ier siècle ap. J.C.)
    Difficilement identifiables.
    Verbe Incarné.

41 : 1 denier des VOCONCES
    D) Tête de femme casquée à droite ; devant la légende DVRNACOS
    R) Cavalier au galop, à droite.
                REF : BN 5762
                    BLANCHET p 262
    Type dit du cavalier de la vallée du Rhône.
    Verbe Incarné.   1ère émission vers 75 av J.C.
                REF. Traité de Numismatique Celtique ;
                J.B. Colbert de Beaulieu, Tome 1, 298.
42 : 1 petit bronze des Volques Arecomiques : CAVAILLON
    D) tête à droite dans une couronne de myrte et devant légende
    CABE
    R) tête de MARS et devant COL
                Frappe : Ier siècle av. J.C.
    Rue des Farges   REF. p 440 BLANCHET
43 : 1 petit bronze des SENONES
    D) tête à droite
    R) oiseau éployé à gauche
                REF : DE LA TOUR
                Frappe : deuxième moitié du Ier siècle av. J.C.
    Rue des Farges.

44 : 1 petit bronze de MARSEILLE
   D) M M
   Tête casquée à droite
   R) Guerrier de face, regardant à gauche.
                    REF : DE LA TOUR (Atlas monnaies gauloises
                                2053)
   Rue des Farges.
                    Frappe : Ier s. av. J.C., Début Ie s. ap. J.C.
45 : 1 petit bronze : monnaie des CARNUTES
   D) Tête à droite
   R) Aigle de face, ailes déployées, tête à droite.
                    DE LA TOUR n° 6117 ?
                              6132 ?
   Verbe Incarné.
                    Frappe : deuxième moitié du Ier s. av. J.C.
46 : 1 petit bronze : monnaie qui semble être gauloise
   Verbe Incarné. Illisible.

Les Monnaies Républicaines

47 : 1 quinaire républicain : T. CLOVLIVS
   D) Tête de JUPITER à droite
   R) Victoire à droite T. CLOVLI dans le champ, lettre Q en
   exergue.
                    Frappe : 98 av. J.C.
                    BMC : 1082-95
                    SYO586a
                    CRAW 322 MB
   Rue des Farges.
48 : 1 quinaire républicain
   R) Victoire et trophée
                    II, Ier s. av. J.C. ?
   Rue des Farges.

49 - 50 : 2 demi as républicains : type JANUS
                    Frappe : 187- 120 av. J.C.
   Rue des Farges.
51 : 1 denier républicain : M NONIVS SUFENAS (59 av. J.C.)
   D) Tête de SATURNE, derrière une pierre conique, un harpon, et
   SC devant le visage de SUFENAS
   R) Rome assise à gauche, couronnée par une victoire qui se tient
   derrière elle. SEX NONI en exergue et PR. L.V.P.F. dans le
   champ.
   (SEXTVS NONIXS fut probablement le père de M. NONIVS. Sufenas
   qui en 81 av. J.C. inaugura les LUDI VICTORIAS SULLANAE en
   l'honneur de la victoire de SYLLA.
                    REF : BABELON : NONIA I
                                BMC 3820
                                SYD 885
                                CRAW 421 : 1
   Hauts de St-Just (trouvée contre le mur sud de R)

52 : 1 denier : république romaine L. CENSORINUS
   D) Tête laurée d'APOLLON à droite
   R) L. Censor devant le satyre MARSYAS, debout à gauche ; derrière lui, une colonne surmontée d'une statue.
   Verbe Incarné.   REF : BMC 2657, BABELON : MARCIA 24 ; SYD 737
                          CRAW 363/I D
53 : 1 TRIENS République Romaine
   D) Tête casquée de MINERVE à droite, 4 globules, dessus ROMA ?
   Verbe Incarné.
                      Frappe : 195-155 av. J.C.
54 : 1 as républicain
   D) tête laurée de JANUS
   R) Proue de Galère.
   Verbe Incarné
                      REF : SYD 149 et variantes.
                      frappe : 187 av. J.C. - 120 av. J.C.
55 : 1 demi as républicain
   (vraisemblablement type de JANUS)
   D) illisible
   R) Proue de galère
                      Frappe : 187 - 120 av. J.C.
   Verbe Incarné.
56 : 1 Denier républicain : Q. CAECILIUS METELLVS
   D) Tête de Rome casquée à droite
   Q. ME TE derrière la Tête, dessous le menton
   R) Jupiter dans un quadrige au pas.
   ROMA en exergue
                      Frappe : 130 av. J.C.
                      REF. BABELON 21
                          BMC 1053
   Verbe Incarné.

Les monnaies gauloises sont surtout représentées par des petits bronzes de mauvaise qualité. Ils semblent avoir également beaucoup circulés. Pour la plupart elles furent frappées durant le Ier siècle av. J.C. et peut-être même jusqu'au début du Ier siècle ap. J.C.

Durant les fouilles elles ne sont pas trouvées dans des niveaux gaulois.

Suite à la guerre des Gaules, il y eut pénurie de numéraire, les autorités romaines laissent donc circuler les monnayages locaux et même les pièces étrangères et ceci jusqu'au début du Ier siècle ap. J.C.
Ces monnaies ne prouvent donc pas l'occupation de Lyon par les Gaulois.

Plusieurs monnaies républicaines remontent jusqu'au IIe siècle
av. J.C., mais il en est de même, elles ne prouvent pas l'ancienneté des sites fouillés mais sont simplement le reflet
d'une circulation monétaire de pénurie où se cotoient monnaies
républicaines ayant déjà beaucoup circulé et monnaies gauloises,
massaliotes et étrangères. Elles répondent donc simplement à
un besoin de numéraire. Les grands as républicains au type de
JANUS sont même quelquefois coupés en deux pour multiplier les
monnaies divisionnaires. Jusqu'au règne de Claude, la politique monétaire semble mal assurée et laisse place à un monnayage
peu homogène et assez disparate.

Remerciements :

        Nous tenons à remercier les personnes qui nous ont
apporté leur concours ou qui, par leur coopération, nous ont aidé
dans la rédaction de cet article, en particulier M. B. Mandy qui
nous a permis de faire état des résultats des fouilles du Verbe
Incarné et M. A. Audra qui s'est chargé de l'Annexe sur les monnaies.

BIBLIOGRAPHIE

ALLMER, A et DISSARD, P. 1887-8. *Trion, antiquités découvertes en
        1885, 1886 et antérieurement, au quartier de Lyon dit
        de Trion*, Lyon.
ALLMER, A et DISSARD, P. 1889. *Inscriptions antiques du musée de la
        ville de Lyon*. 5 vols. Lyon.

AUDIN, A. 1951. César et Plancus à Lyon. *Albums du Crocodile*, Lyon.
AUDIN, A. 1956. Essai sur la topographie de Lugdunum, *Mémoires et
        Doccuments*, 11, Institut des Etudes Rhôdaniennes de
        l'Université de Lyon.
AUDIN, A. 1963. Fouilles Montée St-Barthélémy à Lyon, *Latomus*, 22,
        733-46.
AUDIN, A. 1965. *Lyon, miroir de Rome dans les Gaules*. Lyon.
AUDIN, A. 1969. Le mur d'enceinte de Lugdunum, *Bull. Musées et Monu-
        ments de Lyon*, 4, 171-80.
AUDIN, A. 1979. *Lyon, miroir de Rome*, Lyon.
AUDIN, A et MEJAT, R. 1957. Fouilles rue Tramassac à Lyon, *Cahiers
        Rhodaniens*, 4, 56-61.

BARTHELEMY, A. 1973. L'oppidum de Matisco, Mélanges Brühl, *RAE*, 24,
        307-18.

BLANCHET, A. 1905. *Traité des monnaies gauloises*, Paris.

BOUCHER, S. 1970. *Bronzes grecs, héllénistiques et étrusques des
        musées de Lyon*. 2 vols. Lyon.
BOUCHER, S. 1974. Les bronzes figurés d'importation en Gaule pré-
        romaine, in, *Actes des 3° Journées sur les Bronzes
        Romains*, Bull. des Musées Royaux d'Art et d'Histoire,
        46° année, 111-38. Bruxelles.
BOUCHER, S. 1976. *Recherches sur les bronzes figurés de Gaule pré-
        romaine et romaine*. Rome.
BOUCHER, S., PERDU, G. et FEUGERE, M. 1980. *Bronzes antiques : II -
        Instrumentum, Aegyptica*. Lyon.
BOUCHER, S. et TASSINARI, J. 1976. *Bronzes antiques du Musée de la
        Civilisation Gallo-Romaine*. 2 vols, Lyon.

BOUILLEROT, R. 1912. Fibule en bronze à double spirale trouvée à Lyon,
        Revue Préhist. de l'Est de la France, 6, 185-7.

CHAGNY, A. 1957. *La fondation de Lyon et le souvenir de L. Munatius
        Plancus*. Lyon.

CHANTRE, E. 1875. *Etudes paléoethnologiques dans le Bassin du Rhône -
        Age du Bronze*. Lyon.
CHANTRE, E. 1878. *Les nécropoles du premier âge du fer dans les Alpes
        françaises*. Lyon.

CHAPOTAT, G. 1966. Exemplaires de céramique Campanienne trouvés sur la colline de Ste-Blandine à Vienne (Isère), *Cahiers Rhodaniens*, 13, 135-43.

CHAPOTAT, G. 1970. *Vienne gauloise : le matériel de La Tène III trouvé sur la colline de Ste-Blandine.* 2 vols. Lyon.

CHAPOTAT, G. 1973. Les dragages de Grigny (Rhône), inventaire des trouvailles et étude des épées de l'âge du bronze, Mélanges Brühl, *RAE*, 24, 341-59.

CHAUFFIN, J. et AUDIN, A. 1972. Essai de stratigraphie, *RAE*, 23, 89-95.

CHEVALLIER, R. 1975. Gallia Lugdunensis, bilan de 25 ans de recherches historiques et archéologiques, in (eds) Temporini et Hesse, *Aufstieg und Niedergang der Romischen Welt*, II, 3, 860-1060, Berlin et New York.

CLERJON, P. 1829. *Histoire de Lyon.* Lyon.

COLONIA. de. père. 1728. *Histoire littéraire de la ville de Lyon.* Lyon.

COMARMOND, A. 1846-54. *Description du musée lapidaire de la ville de Lyon.* Lyon.

COMARMOND, A. 1855-7. *Description des antiquités et objets d'art contenus dans les salles du Palais des Arts de la ville de Lyon.* Lyon.

DECHELETTE, J. 1913. *Manuel d'archéologie préhistorique, celtique et gallo-romaine.* Paris.

DESJARDINS, E. 1878. *Géographie historique et administrative de la Gaule Romaine.* Tome III. Paris.

DRINKWATER, J. 1975. Lugdunum : "natural capital of Gaul", *Britannia*, 6, 133-40.

DUFOURNET, P. 1965. Tesson à décor ondé de Lyon, *Congrès National des Sociétés Savantes*, Lyon 1964, 31-4.

GRENIER, A. 1937. La Gaule Romaine in (eds) Tenney Frank, *An Economic Survey of Ancient Rome*, 379-464. Baltimore.

HUCHER, E. 1868. *L'Art Gaulois.* 2 vols. Paris.

JOLIBOIS, abbé, 1847. Sur la colonie grecque de Lyon, *Revue Lyonnais*, 1e série, 487-95.

JOLIBOIS, abbé, 1851. De la colonie grecque de Lyon, *Revue Lyonnais*, 1e série, 2, 136-42.

KLEINCLAUSZ, A. 1939. *Histoire de Lyon*, Lyon.

LASFARGUES, J. 1973. Les ateliers de potiers lyonnais, étude topographique, Mélanges Brühl, *RAE*, 24, 525-35.

LERAT, L. 1977. *La Gaule Romaine.* Paris.

LYON, 1958. *Catalogue pour les expositions du bimillénaire*, Ville
de Lyon. Lyon.

MENESTRIER, C. 1696. *Histoire civile de la ville de Lyon*, Lyon.

MILLOTTE, J. 1963. *Le Jura et les plaines de Saône aux âges de
métaux*, Paris.
MILLOTTE, J. 1965. Une antique voie de passage : La Saône, *Archéologia*, 3, 38.

NICOLAS, A. 1976. Les Civilisations de l'âge du fer dans le sillon
rhodanien, in, *La Préhistoire Française, II - Civilisations Néolithiques et Préhistoriques*, 699-707, Paris.

PARADIN, G. 1573. *Histoire de Lyon*, Lyon.

PELLETIER, A. 1974. Lyon et sa région dans l'antiquité à la lumière
d'études récentes, *Cahiers d'Histoire*, 19, 161-87.

RAMBAUD, M. 1958. Lucius Munatius Plancus, gouverneur de la Gaule,
d'après la correspondance de Cicéron, *Cahiers d'Histoire*, 3, 103-28.
RAMBAUD, M. 1964. L'origine de la colonie de Lugdunum, *CRAI*, 252-77.

SAUNIER, J. 1957. La fondation de Lugdunum et le caractère lyonnais
de l'ancien pays de Velin, *Evocations*, 13e année,
1844-9.

STEYERT, A. 1876. *Défense de l'étymologie de Lugdunum*. Lyon.
STEYERT, A. 1895. *Nouvelle histoire de Lyon*. Tome I. Lyon.
STEYERT, A. 1899. Les noms de lieux dans la région lyonnaise, aux
époques celtique et gallo-romaine, réplique à l'abbé
Devaux. *Notes sur l'histoire de Lyon*. Lyon.

WALKER, S. (à paraître) *Les fouilles de Chessy-les-Mines.
La Cité des Ségusiaves pendant l'Age du Fer*

WUILLEUMIER, P. 1953. *Lyon, métropole des Gaules*. Lyon.

L'ARCHITECTURE DE TERRE A LYON A L'EPOOUE ROMAINE

Armand Desbat

Les fouilles de sauvetage conduites à Lyon ces dernières années ont considérablement enrichi notre connaissance dans le domaine de l'architecture domestique, jusqu'ici fort peu étudiée à Lyon, et tout particulièrement en ce qui concerne les techniques de construction. Parmi celles-ci l'emploi de la terre dans l'architecture occupe une place importante et sa fréquence ainsi que sa présence à toutes les époques constituent une nouveauté.

Jusqu'à une période récente en effet, cette importance n'avait pas été perçue et l'on considérait qu'une des marques de la romanisation était "la substitution de la pierre à la terre et au bois comme matériau de construction". (Harmand 1960, 439).

A Lyon même, les fouilles anciennes avaient pourtant révélé des murs de terre, notamment au Verbe Incarné (Montauzan 1915, 36-37) ou montée St-Barthélémy (Sabot 1956), mais ces quelques témoins n'ont fait l'objet que de vagues mentions et la plupart ont été considérés soit comme gaulois (Chauffin et Audin 1972) soit au contraire comme tardifs (Sabot 1956). Ces jugements sans fondement partaient de l'à priori toujours vivace qui considère l'architecture de terre comme une architecture pauvre, voire décadente en opposant la terre, matériau non noble, à la pierre, matériau noble par excellence.

Si l'importance de la terre dans l'architecture domestique gallo-romaine n'a pas été davantage mise en évidence, c'est d'abord à cause de cet à priori. Celui-ci a notamment conduit à restituer en pierres des habitats dont on ne retrouvait que les soubassements maçonnés, ou à exclure la possibilité de murs de terre pour des salles à mosaïques. C'est aussi à cause de la difficulté dans bien des cas à mettre en évidence ce type de structures. Il est en effet souvent malaisé de reconnaitre les limites d'un mur de terre, généralement enfoui dans un remblai de même nature provenant de la désagrégation des parties supérieures, lorsque celui-ci a perdu son enduit ou que ce dernier est lui-même en terre. Ce n'est pas un hasard si l'avénement d'une archéologie de plus en plus rigoureuse a fait surgir de nombreux exemples d'architecture de bois et de terre, que l'on connaissait surtout par les fouilles anglaises, allemandes ou suisses.

Très souvent cependant, les fouilleurs se sont contentés de signaler l'existence de murs de terre sans étudier leur mode de construction, soit par manque d'intérêt pour la chose, soit parce que l'état de conservation de ces vestiges ne permettait pas de répondre de façon satisfaisante à cette question. Dans de nombreux cas, il n'est pas aisé de déterminer si l'on se trouve en présence de murs de torchis, de briques crues ou de pisé. Ce sont par exemple les éléments cuits par un incendie qui permettent de reconnaître des fragments de torchis ou de mettre en évidence des colombages, et il est pratiquement impossible devant un mur cru effondré de savoir s'il s'agissait d'un mur de pisé ou de torchis. En ce qui concerne les murs de briques crues la limite des briques apparait souvent difficilement. Par suite des infiltrations et du tassement des matériaux, le mur forme un bloc homogène, et la différence de couleur entre les briques et les joints d'argile est le seul élément qui permette de distinguer les limites des briques. Il s'ensuit que dans le cas où une argile identique a été utilisée comme liant il est fort probable qu'il soit très difficile, voire impossible, de reconnaitre un mur de briques crues.

En ce qui concerne Lyon, la plupart des fouilles de sauvetage exécutées ces dernières années ont livré des témoins de constructions en terre, notamment : La Solitude (Gruyer 1967 et 1970) ; le Bas-Loyasse ; St-Just, Les Hauts de St-Just (Lancel, 1975) ; place Ampère (fouilles du métro) ; St Laurent de Choulans ; rue des Farges (Desbat et alii 1976) ; rue de la Martinière ; le Verbe Incarné ; place Widor ; montée de Loyasse. Les meilleurs exemples ont été fournis par les fouilles importantes comme les Hauts de St Just, la rue des Farges et plus récemment le Verbe Incarné, mais c'est surtout le site de la rue des Farges (fig. 1) qui a livré à l'heure actuelle, le plus de specimen et permis d'étudier les différentes mises en oeuvre.

Avant d'examiner les différentes techniques utilisées dans l'architecture lyonnaise, il semble préférable, afin d'éviter toute confusion de revenir sur quelques problèmes de définition. Certains abus de langage fréquents conduisent notemment à assimiler toute construction en terre au "pisé", alors qu'il s'agit d'une technique spécifique dont il reste à prouver qu'elle ait été employée en Gaule à l'époque romaine, à Lyon tout au moins.

On distingue encore à l'heure actuelle dans l'architecture traditionnelle en terre 3 techniques principales :

1 la brique crue ou adobe (fig. 2, 1) : il s'agit de briques façonnées en tassant de la terre dans un moule et que l'on laisse ensuite sécher. Les ajouts de végétaux hachés, paille notamment, sont très fréquents. Cette méthode qui est la plus simple est aussi vieille que l'architecture. Elle présente cependant des inconvénients : les briques s'ébrèchent et résistent mal à l'humidité. Cette méthode a été et reste surtout employée dans les pays au climat chaud et sec.

2 le pisé ; ou terre damée ou béton de terre (fig.2, 2) : cette technique très répandue dans la région lyonnaise et le Dauphiné jusqu'à une date récente consiste à tasser en la battant de la terre crue dans un coffrage en bois que l'on déplace au fur et à mesure de la construction du mur. Les lits ainsi formés (banchées) peuvent être de module variable. Ce mode de construction qui présente de loin la plus grande solidité par rapport aux autres techniques, offre également d'autres avantages : grande salubrité, très bonne isolation thermique, et surtout, contrairement au torchis, une protection contre l'incendie (la terre cuit).

La réalisation suppose cependant un travail long et pénible qui nécessite de plus une main d'oeuvre abondante.

3 le torchis ou clayonnage (fig. 2, 3) : on distingue sous ce nom la technique qui consiste à plaquer de la boue additionnée de végétaux sur une armature légère, branchages, baguettes ou roseaux. Contrairement aux deux autres procédés, il s'agit en l'occurence d'une technique mixte dans laquelle la terre joue le rôle de remplissage d'une structure en bois indépendante qui forme l'ossature.

Le torchis présente l'avantage d'une mise en oeuvre facile

et rapide. Il offre néanmoins de nombreux inconvénients :

 - très gros risque d'incendie
 - retrait au séchage et nombreux vides dans les murs
   d'où insalubrité, parasites, etc.
 - obligation d'un entretien permanent
 - nécessité d'avoir du bois...

Une autre technique mixte est représentée par les murs à colombages ou murs à pan de bois (fig. 2, 4). Dans ce cas, l'armature de bois constitue une véritable charpente dont le remplissage (hourdis) peut être constitué de matériaux très divers : torchis, briques crues ou cuites, moellons etc.

Parmi ces différentes techniques, plusieurs sont maintenant bien attestées à Lyon à l'époque romaine, l'adobe et le torchis associé à la technique du pan de bois.

- Murs d'adobe

Ce type de mur est bien représenté à Lyon. Plusieurs exemples ont été mis en évidence sur le site de la rue des Farges. Ceux-ci appartiennent en majorité aux constructions du 1er état (époque augustéenne). Les murs d'adobe étudiés sont constitués de grandes briques dont les dimensions tournent autour de 44 x 30 x 6 à 8 cm, ce qui correspond au module des briques cuites de même époque. Ces briques sont disposées dans le sens de la largeur du mur et liées avec de l'argile (fig. 3). La présence fréquente de galets, dont certains atteignent 5 cm, a été observée sur de nombreuses briques (fig. 4). Le pourrissement des matières organiques et le tassement des matériaux permettent rarement de vérifier la présence d'ajouts de végétaux dans les briques crues. Celle-ci a cependant été constatée sur des fragments de briques effondrées où des négatifs de paille apparaissaient nettement.

Tous les murs d'adobe retrouvés rue des Farges présentent une base maçonnée destinée à protéger le mur des remontées d'humidité (fig. 4). Ce soubassement peut être plus ou moins élevé. Dans certains exemples il ne constitue qu'une fondation qui dépasse à peine le niveau du sol. Dans la maison augustéenne de la zone B (fig. 1, 1) les soubassements, larges de 50 cm, sont formés de galets morainiques liés au mortier ou à l'argile et atteignent 80 cm de haut (fig. 5 et 6).

Un autre exemple de ce type de construction est donné par les boutiques de la zone D (fig. 1, 7) ruinées au milieu du 1er siècle ap. J.C. (fig. 7). Dans cet exemple le soubassement est formé d'un muret en appareil régulier maçonné au mortier, large de 50 cm et haut de 90 cm. Le sommet de ce mur présentait une arase horizontale sur laquelle adhérait encore de l'argile. Aucune élévation en terre n'était conservée mais le comblement des boutiques était constitué en grande partie d'amas d'argile dans lesquels apparaissaient des filets d'argile d'une couleur différente, correspondant aux joints des briques (fig. 8), ce qui ne laisse aucun doute sur la nature de l'élévation.

Sur le site des Hauts de St Just aucun mur de briques crues n'a été formellement reconnu. Il faut signaler par contre des exemples au Verbe Incarné. Une maison augustéenne fouillée en 1980 présentait en effet des murs de briques crues, dont un était conservé sur 1 m 50 de haut. Celui-ci comportait un soubassement maçonné, formé de granit de 51 cm de large sur 50 cm de haut (fig. 10).

Dans la même pièce se trouvait un foyer bâti en briques crues de 26 x 44 x 6 cm, liées avec des joints d'argile de 0,5 à 1 cm (fig. 10 et 11).

Pour les périodes plus récentes le seul exemple de mur d'adobe est représenté par un muret qui condamnait un vide sanitaire ouvrant sur le péristyle de la "maison aux masques" (fig. 9). De petites dimensions (68 x 43 cm), ce muret étroit ne comportait pas de soubassement.

- Murs de torchis et murs à colombages

Pour les périodes anciennes (fin 1er av. et début 1er ap. J.C.), les murs de torchis ou les murs à colombages hourdés de torchis semblent avoir été employés surtout pour des cloisons intérieures étroites en association avec les murs d'adobe. Le pourrissement de l'ossature en bois provoque généralement l'effondrement de ces cloisons et leur conservation est très rare. Rue des Farges une seule de ces cloisons était conservée en élévation sur 50 cm. Cette cloison très étroite (15 cm) comportait un enduit de mortier sur chaque face lui-même reposant sur un enduit de terre. La présence d'une sablière à la base était attestée par une terre très meuble, de nature différente et un chevauchement des enduits consécutifs à un tassement de mur lors du pourrissement de la sablière. Disposée perpendiculairement à un mur de galets liés au mortier, qui devait constituer le soubassement d'un mur d'adobe, cette cloison se prolongeait contre ce mur par un doublage d'argile de 15 cm d'épaisseur. Dans l'angle formé par les deux murs apparaissait la trace d'un poteau (fig. 12 et 13).

Des négatifs de sablières dans les sols en terre battue, repérés par des sondages exécutés sous la maison à péristyle, doivent correspondre selon toute vraisemblance à des cloisons de ce type.

Sur le site du Verbe Incarné, la maison augustéenne déjà signalée a livré de magnifiques exemples de cloisons du même type, qui formaient des galandages subdivisant les grandes salles délimitées par les murs d'adobe (fig. 14). Il s'agit, comme rue des Farges, de cloisons très étroites (15 à 20 cm) formées d'un cadre en bois avec des sablières de 13 à 15 cm de section, installées dans les sols en terre battue. Celles-ci ont disparu mais leur négatif apparait très nettement dans les sols. Ces cloisons, comme celle de la rue des Farges, montrent en coupe une succession de couches de nature différente (fig. 15). Il est assez difficile de se faire une idée exacte de la technique employée pour réaliser ces cloisons. Différentes hypothèses peuvent être envisagées : la couche de terre jaune de 5,4 cm d'épaisseur peut suggérer la pose de briques crues disposées verticalement mais il parait plus probable que l'on ait affaire à des cloisons avec entrelacs de branchages. Leur étroitesse, ainsi que la présence d'un cadre en bois, et de plusieurs natures de terre, exclut en tout cas qu'il s'agisse de murs de pisé.

Un type de cloison assez proche, trouvé à Augst (Ewald 1968) est reconstitué avec une âme en planches doublée de part et d'autre de branchages et d'argile (fig. 16).

A Verulamium, S. Frere (1972) reconstitue des cloisons comparables, bien que plus récentes (époque antonine) avec une armature de lattes entrecroisées clouées sur un cadre en bois (fig. 17).

A Avenches des exemples de cloisons étroites à armature de bois ont été reconnus, notamment dans l'insula 3 et l'insula 15. Dans cette dernière des murs avec sablière et poteaux disposés tous les 80 cm ont été mis en évidence.

Dans les exemples lyonnais, pas plus au Verbe Incarné que rue des Farges, il n'a été possible de déterminer l'intervalle entre les poteaux.

L'existence de murs à colombages hourdés de briques crues ou de torchis a été également mise en évidence à Lyon, aux époques postérieures. Plusieurs exemples appartenant au 2e siècle ont été découverts rue des Farges. Le plus beau provient de la zone A (fig.1, 5) où une cloison intérieure cuite par l'incendie qui a ravagé cette partie du site à la fin du 2e siècle, était conservée sur 1 m 50 de haut (fig. 18). Cette cloison a été malheureusement détruite en 1975 avant qu'une étude poussée ait été réalisée. La marque d'un poteau vertical de fort calibre qui supportait l'étage apparaissait nettement, de même que la trace de la sablière consumée par l'incendie. Celle-ci reposait sur un solin maçonné de 40 cm de haut et de 40 cm de large, constitué de pierres, briques et tuiles. Ce mur ne comportait pas d'enduit de mortier mais un simple badigeon de chaux rehaussé d'un décor.

La pièce où se trouvait cette cloison située en contrebas de la rue était entièrement comblée jusqu'au sommet des murs d'éléments de torchis et de briques crues calcinés, provenant de l'effondrement des cloisons mais également de l'étage supérieur qui devait être entièrement constitué de bois et de terre.

Dans les boutiques de la zone B (fig. 1, 2) d'autres traces de murs à colombages ont été reconnues. Dans ce secteur également, c'est l'incendie qui en ruinant une partie du site au moment de l'abandon, a permis d'en conserver des témoins, d'une part en cuisant les briques du hourdis, d'autre part en carbonisant les éléments en bois dont la trace a pu ainsi subsister. Tous ces murs présentent un soubassement maçonné qui constitue la fondation du mur, les sols de terre battue étant très légèrement inférieurs au sommet des solins. Sur ce solin reposait la sablière sur laquelle se fixaient les poteaux et potelets du cadre (fig. 20).

En B 3, le solin d'une largeur de 40 cm est formé d'une maçonnerie grossière, associant des matériaux divers (briques, tuiles, pierres). Des briques crues de petit module formaient le hourdis (fig. 19).

La couche d'incendie des boutiques a également livré des fragments de parois effondrées appartenant à des cloisons de 25 cm de large, avec des briques crues de 25 x 15 x 6 à 8 cm d'épaisseur. A la différence des murs d'adobe, les briques crues formant le hourdis de ces cloisons sont disposées dans le sens de la longueur.

Le mur nord de B 26 qui pourrait former la limite nord de la domus, fournit cependant un exemple de mur à colombage plus important : sur un soubassement maçonné de 50 cm de large subsistait une couche de bois brûlé, supportant des briques de 45 cm, disposées dans le sens de la largeur.

Un mur de la zone E (fig. 1, 3) permet de reconstituer un autre type de mur à colombage (fig. 21). Celui-ci est formé d'un soubassement maçonné de 1 m de haut dans lequel apparaissait une saignée verticale correspondant à l'emplacement d'un poteau qui

reposait sur une base de granit. Bien qu'aucun élément de l'élévation ne subsistât, l'arase régulière du mur et le comblement d'argile de la pièce indique là encore, qu'il s'agissait bien d'un mur
dont l'élévation était en terre.

D'autres vestiges de cloisons avec colombages et hourdis
de briques crues ont été également reconnus sur le site du Verbe
Incarné ou sur celui des Hauts de St-Just, et une tranchée exécutée
récemment montée de Loyasse a révélé un très bel exemple conservé
sur 1 mètre de haut. Cette cloison, cuite par un incendie était
constituée de briques de 14 x 24 x 6 cm avec des joints de 1 cm
(fig. 22).

Les exemples fournis par la rue des Farges, en particulier
les éléments recueillis dans la couche de destruction des secteurs
incendiés montrent qu'une grande partie des hourdis des murs à pan
de bois étaient constitués de briques crues. Certains éléments attestent cependant l'emploi du clayonnage. Plusieurs fragments
conservent en effet des traces de branchages (fig. 23 et 24) qui
prouvent que les deux techniques ont été employées simultanément.

D'autres fragments encore, présentent des négatifs de
baguettes de bois taillées (fig. 25). Il s'agit généralement de
fragments peu épais dont la face externe présente des traces de badigeon. Il n'est pas exclu qu'il s'agisse d'enduit de terre appliqué
sur des lattis de bois, eux-mêmes fixés sur le cadre formant l'ossature du mur, selon une technique encore employée naguère, mais il
est plus probable qu'il s'agisse de fragments de plafond. Certains
fragments de ce type recueillis dans la zone A présentent en effet
un décor de cercles concentriques (fig. 26) fréquent dans la décoration des plafonds.

- le problème du pisé
Dans un certain nombre de cas, des murs de terre ont été
découverts ou mis en évidence sans que l'on ait pu déterminer s'il
s'agissait de murs d'adobe, de pisé ou de murs à pan de bois. Il
s'agit de murs insuffisamment étudiés ou de traces se rapportant
à des structures de terre dont les éléments conservés n'ont pas
permis de trancher.

C'est le cas en particulier de la majorité des murs de
terre repérés sur le site des hauts de St-Just (fouillé en 1973-74)
dont les trois habitats ont révélé des vestiges de cloisons en terre.
Le premier de ces habitats ruiné à la fin du 1er siècle ou au début
du 2e siècle, n'a livré que des cloisons effondrées dont la trace
subsistait dans les sols de terrazzo (fig. 27). Dans le deuxième
habitat, situé à l'est du premier, une grande galerie a été divisée
à la fin du 1er siècle ap. J.C. par la construction d'une série de
cloisons en terre de 30cm de large, délimitant des pièces séparées
par des couloirs (Lancel 1975, 548-550). Certaines de ces cloisons
étaient partiellement conservées (fig. 28), d'autres au contraire
n'étaient matérialisées que par un négatif en creux dans les sols du
terrazzo (fig. 29).

Rue des Farges des cloisons du même type formaient les
divisions de la grande maison à péristyle (fig. 1, 1), mais aucune
n'était conservée en élévation. (fig. 30).

Dans la zone A également (fig. 1, 5), des cloisons dont
les négatifs apparaissaient dans les sols de terrazzo ont précédé
les murs à colombages sur muret maçonné (fig. 31).

Un jugement par trop hâtif nous avait conduit à interpréter ces cloisons comme des murs de pisé (cf Frizot et alii 1977, Desbat et alii 1976). Le caractère trop lacunaire des observations effectuées sur les premiers murs découverts ne permet plus aujourd'hui, d'assurer une telle hypothèse. En effet plusieurs murs découverts par la suite et d'abord interprétés comme des murs de pisé, se sont avérés, après une analyse plus approfondie, être des murs d'adobe ou à pan de bois. De plus certains arguments semblent s'opposer à ce que ces cloisons aient été du pisé. Il s'agit d'abord de leur étroitesse : tous les exemples reconnus rue des Farges comme aux Hauts de St-Just font en moyenne 25 cm d'épaisseur. Dans le cas de la grande salle de la maison à péristyle, B 12, il ne semble pas que des cloisons de pisé aussi étroites aient pu assumer le rôle porteur nécessaire et il est plus probable qu'il s'agissait de cloisons à pan de bois.

Les fouilles de Villards d'Heria et de Panessières dans le Jura (Lerat 1968, 465 et 1970, 358 et 363) ont révélé des cloisons semblables, identifiées comme du pisé, mais présentant des supports pour des poteaux. Ce détail semble indiquer qu'il s'agissait en réalité de murs à pan de bois hourdés de torchis ou de briques crues. Il est très probable que les cloisons de la maison à péristyle étaient du même type et que les négatifs apparaissant dans les sols correspondent dans la plupart des cas aux sablières (fig. 32).

Il s'avère donc que la technique du pisé proprement dit n'est pas attestée de façon certaine à Lyon, à l'heure actuelle, contrairement à ce que l'on a pu croire.

En ce qui concerne les exemples relevés çà et là dans la littérature, il semble bien que l'appellation "pisé" ait été donnée à des murs de terre sans que cela ait été démontré de façon formelle.

Il apparait cependant que la technique du pisé était connue de l'antiquité. Les témoignages de Varron et de Pline semblent sans équivoque. Le premier parle de mélange de terre et de graviers aggloméré dans des moules ("in formis") (De Re Rustica I, 14) et le second (Histoire Naturelle, XXXV, 48) de "terra parietes quos appellant formaceos". Les deux s'accordent pour donner à cette technique une origine espagnole, et leur témoignage ne permet pas de déduire qu'elle était utilisée en Gaule.

- Les enduits de terre

Parallèlement à l'emploi de la terre dans la construction du mur, son utilisation comme enduit est très fréquente. Elle a été très largement mise en évidence, particulièrement rue des Farges, à l'état I comme à l'état III.

Ces enduits de terre peuvent être double ou triple et supporter un enduit de mortier ou, comme on l'a vu, un simple badigeon de chaux. Très souvent leur couleur diffère de celle de la terre du mur ce qui permet de les distinguer. Ces enduits recouvrent aussi bien les élévations en terre que les soubassements maçonnés des murs d'adobe ou de torchis. Ainsi les murs de la maison augustéenne de la zone B, présentent tous un enduit de terre qui recouvre les briques crues et le soubassement de galets (fig. 6). Cet enduit de terre est généralement rainuré de chevrons exécutés en creux et destinés à faciliter l'adhérence de l'enduit de mortier ou des enduits de terre successifs (fig. 33). Le mur d'une des boutiques de la zone D (D 5) avait conservé un fragment d'enduit fixé au mur sur une couche de terre de 5 cm d'épaisseur. Une partie de cet enduit s'est très vite effondré faisant apparaitre les rainures exécutées sur la surface de la couche d'argile (fig. 34). Une fraction de celle-ci s'est elle même décollée sur 2 cm d'épaisseur, révélant qu'il s'agissait de deux couches de terre, ce qui n'apparaissait pas à l'oeil. La nouvelle surface ainsi dégagée montrait elle aussi des chevrons incisés.

La présence de tels chevrons au dos d'enduits peints est extrêmement fréquente, et les exemples insuffisamment nombreux pour qu'il soit maintenant assuré qu'ils indiquent de façon quasi certaine que ces enduits étaient accrochés sur de l'argile.

Le problème se pose par contre de déterminer si la présence d'un enduit de terre entre une maçonnerie et l'enduit de mortier permet de supposer que cette maçonnerie supportait une élévation en terre.

Le problème se pose notamment rue des Farges pour les murs du péristyle. S'agissait-il de murs dont l'élévation était en pierre ou la partie conservée ne correspond-elle qu'au soubassement du mur de terre ? Dans ce cas précis s'il s'était agi de murs de pierres, il faut supposer que celles-ci ont été récupérées puisqu'on ne retrouve aucune pierre alentour qui proviendrait de l'effondrement du mur. A l'inverse les remblais du péristyle sont composés de terre très argileuse et il semble qu'il faille y voir le résultat de la désagrégation des murs.

Il existe cependant des murs entièrement maçonnés recouverts d'un enduit de terre. C'est le cas par exemple, rue des Farges, du mur de fond des boutiques de la zone D qui formait le mur de soutènement primitif. En D 5 tout un pan de ce mur s'est effondré avant la construction du grand mur de soutènement monumental (fig. 1, 6). La coupe du mur tombé montrait fort bien la couche d'argile entre la maçonnerie et l'enduit peint. On peut penser que ce mur de pierre comportait une couche de terre sous l'enduit parce que les autres murs de la boutique avaient une élévation d'adobe et comportaient aussi un enduit de terre. Un autre exemple est fourni par le mur Nord de A 9, formant soutènement et bâti en pierres, dont l'enduit peint (en mortier) reposait sur une couche de terre. Lors de la reconstruction des cloisons durant le 2e siècle (fig. 31) cet enduit peint a été piqueté et recouvert d'un nouvel enduit de terre qui a reçu un badigeon de chaux comme les autres murs de la pièce.

Il apparait donc que la présence d'une couche d'argile entre la maçonnerie et l'enduit ne constitue pas la preuve formelle que la partie supérieure du mur était en terre. Elle donne malgré tout de fortes présomptions.

Origine et nature des matériaux
En ce qui concerne la nature de la terre employée dans les constructions lyonnaises, il apparait que des terres différentes ont été utilisées selon les usages.

Nous avons déjà signalé que les joints des murs d'adobe présentent fréquemment une coloration différente de celle des briques, qui correspond à une nature distincte. Il s'agit le plus souvent d'une argile rouge, de même nature que celle employée rue des Farges, comme liant pour les murs de galets. Cette même différence de couleur et de nature s'observe pour les enduits, dont il peut

arriver que chaque couche ait une couleur différente. Ces observations tendraient à prouver que le choix des terres répondait probablement à des critères techniques, isolation, adhérence...

Pour ce qui est des briques crues, celles-ci ont été le
plus souvent façonnées dans une terre jaune sableuse dont l'aspect
est très proche de celui du loess qui affleure en de nombreux
points sur la colline de Fourvière, en alternance avec la moraine
fluvio-glaciaire. Ce matériau largement utilisé pour la confection
des murs de pisé récents, semble bien avoir été largement utilisé
à l'époque romaine pour les briques crues et les murs de torchis.
Sur le terrain de la Sarra et plus récemment au Verbe Incarné les
fouilles ont révélé des fosses creusées dans le loess, qui paraissent correspondre précisément à des fosses d'extraction.

Rue des Farges où le loess n'affleure que dans la partie
basse, la présence de telles fosses n'a pas été décelée, si ce n'est
peut-être sous les thermes ; par contre des fosses de grandes dimensions, creusées dans la moraine, immédiatement antérieures aux
premiers habitats, sont apparues dans la zone B. La raison d'être
de ces fosses semblent également avoir été l'extraction de matériaux de construction, en l'occurrence les galets morainiques dont
sont constitués les soubassements des murs d'adobe du 1er état.

Conclusions

Les nombreux exemples de murs de terre révélés par les
fouilles lyonnaises récentes attestent l'importance de ce matériau dans l'architecture domestique ainsi que son emploi durant
toute la période romaine puisque les témoins s'échelonnent de la
fin du 1er siècle av. J.C. (Rue des Farges et Verbe Incarné) jusqu'au 4e siècle ap. J.C. (rue de la Martinière).

Les exemples de la rue des Farges et du Verbe Incarné,
illustrent l'emploi aux périodes anciennes (fin 1er av. J.C. -
début 1er ap. J.C.) de l'adobe pour la construction des murs por-
teurs, en association avec des cloisons généralement très étroites
en torchis et colombages installées à même le sol, sans support
maçonné.

Durant les 1er et 2e siècles ap. J.C. semble se développer
la technique des murs à pan de bois. Cette technique est très largement utilisée pour les cloisons, qui à la différence de celles
des époques antérieures sont plus larges (25-30 cm) et utilisent
abondamment la brique crue comme hourdis. Elle semble également
avoir été utilisée pour les murs extérieurs, bien que les témoins
soient peu nombreux. Par contre aucun mur d'adobe comparable aux
murs augustéens n'a été pour l'instant dégagé dans les niveaux
plus récents.

les différents exemples étudiés semblent donc suggérer
une évolution des techniques et un développement de la construction à pan de bois au détriment de l'adobe. Cette évolution demande
cependant à être confirmée par un plus grand nombre d'observations.
Les exemples rencontrés mettent en tout cas en lumière un usage
très abondant de la brique crue que ce soit sous forme de mur
d'adobe ou comme hourdis de mur à colombage ainsi que l'importance
des constructions à pan de bois, en dépit des restrictions de Vitruve qui les considère comme des fagots prêts pour l'incendie (De
Architecture II, 8).

En ce qui concerne l'emploi du pisé, dont les qualités
sont pourtant vantées par Pline, celui-ci reste pour l'instant to-

talement hypothétique, dans la région et même semble-t-il en Gaule, faute de découvertes vraiment probantes.

Si les exemples fournis par Lyon sont particulièrement nombreux, ce mode de construction est également bien attesté maintenant dans toute la Gaule et on peut citer par exemple des découvertes similaires effectuées dans les fouilles d'Aix en Provence, d'Arles (Conjes 1980), Chartres, Glanum, Grenoble (Frizot et alii 1977), Narbonne (Solier et Sabrié 1979, Nîmes (Genty et alii 1980), St Paul-les-Roman (Frizot et alii 1977), Saint-Romain-en Gal, Vienne, Villards d'Heria (Lerat 1968 et 1970), etc.

Ces nombreux exemples nous obligent à reconsidérer notre perception de l'architecture domestique et notamment le postulat évoqué au début de cet article. Le jugement de valeur porté sur l'architecture de terre, en particulier l'idée qu'il s'agit d'une architecture pauvre, s'évère relatif quand on constate que les murs de briques crues de la domus augustéenne de la rue des Farges, de facture très soignée, supportaient des peintures de très belle qualité, ou que des salles à mosaïques comportaient des murs de terre comme le montrent les exemples de la villa de St-Paul-les-Roman ou celui de la riche domus du Verbe Incarné (Montauzan 1915, 36-37) ou encore les grandes demeures de St-Romain-en-Gal.

On pourrait être surpris cependant de la place de l'architecture de terre dans une ville comme Lyon, au climat humide, en particulier du grand usage de la brique crue considéré comme on l'a vu, comme typique des pays chauds et secs. Les cas de Lyon et de St-Romain-en-Gal montrent que ce n'est pas le manque de pierre qui a nécessité l'usage de la terre dans la construction. Rue des Farges les structures de la maison à péristyle sont particulièrement démonstratives à cet égard puisque les cloisons de terre étaient édifiées sur des fondations maçonnées qui atteignent 2 m (fig. 32). Le démonstration est encore plus évidente à St-Romain-en-Gal où les fondations sont encore plus puissantes.

Il demeure que la facilité de mise en oeuvre et d'approvisionnement en matière première font de la construction en terre un mode de construction probablement plus économique que le "tout-en-pierre". Il ne faut pas toutefois mésestimer non plus les avantages thermiques non négligeables que présentent les constructions en terre.

La grande question est de savoir si l'emploi de la terre dans la construction est la marque de l'adaptation des romains à un type d'architecture régional pré-existant ou si au contraire ce sont eux qui ont introduit ces techniques. L'absence à Lyon de vestiges antérieurs à la conquête ne permet pas de fournir localement des éléments de réponse, mais les fouilles pratiquées dans le sud de la Gaule sur les oppida indigènes attestent que la brique crue et le torchis étaient courramment employés aux époques proto-historiques (Goudineau 1980, 62, 47, 167...). Par ailleurs les témoignages de Varron, Pline ou Vitruve démontrent que ces modes de construction étaient également pratiqués en Italie même.

Il faut souhaiter que la multiplication des découvertes et des observations portant sur ce type d'architecture permettra de mieux cerner ce phénomène et de comprendre les mécanismes de son développement. Il reste que ce type de construction qui apparait maintenant beaucoup plus répandu qu'on ne le supposait, constitue une des caractéristiques majeures de l'architecture lyon-

naise : toute capitale des Gaules qu'elle était, la ville de Lyon
était en grande partie édifiée en bois et en terre.

Je remercie les personnes dont la collaboration a rendu possible
la rédaction de cet article, en particulier B. Mandy, responsable
des fouilles du Verbe Incarné, P. Plattier et F. Leyge, pour les
photographies, ainsi que B. Tavernier pour ses observations et
G. Villemagne qui en a réalisé la dactylographie.

Crédit photographique : Groupe Lyonnais de Recherche en Archéo.
Gallo-Romaine, sauf Fig. 10 (Chantier du Verbe Incarné) et
Figs. 27, 28, 29 (Musée Archéologique)
Tous les dessins sont de l'auteur.

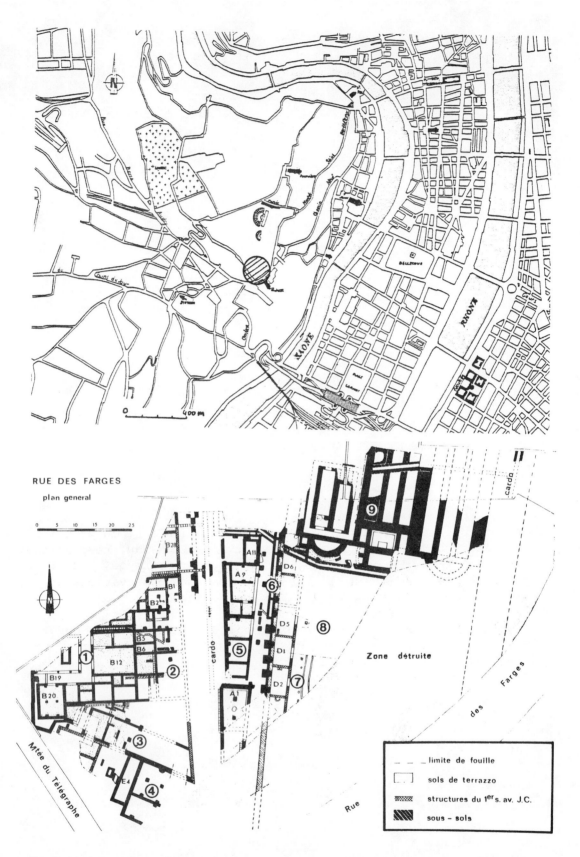

Fig. 1 - Rue des Farges, plan général = 1 et 2 (zone B), maison à péristyle (états II et III) ("maison aux masques") précédée de boutiques (2) recouvrant un habitat augustéen (état I). 3 et 4 (zone E) habitats en entrepôts (états II et III). 5 (zone A) "Maison au char" (états II et III). 6 mur de soutènement monumental (états II et III). 7 (zone D) boutiques de l'état I. 8 nécropole tardive. 9 thermes (états II et III)

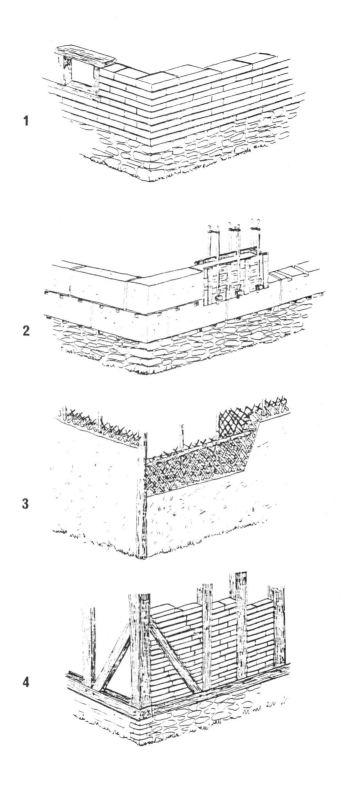

Fig. 2 - Différents types de constructions en terre : 1 = adobe, 2 = pisé, 3 = torchis ou clayonnage, 4 = pan de bois hourdé de briques crues.

Fig. 3 - Rue des Farges. B 26 - mur d'adobe augustéen.

Fig. 4 - Rue des Farges. B 8 - mur d'adobe en coupe (état 1)

Fig. 5 - Rue des Farges. B 6 - mur d'adobe avec soubassement de galets liés à l'argile (état 1)

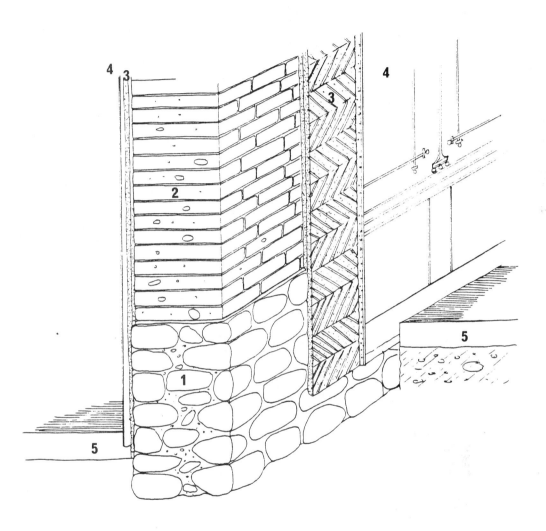

Fig. 6 - Reconstitution d'un mur d'adobe de l'état I : 1 = soubassement de galets,
2 = briques crues, 3 = enduits de terre, 4 = enduit de mortier, 5 = sols en terre
battue.

Fig. 7 - Rue des Farges : les boutiques de l'état I (Fig. 1, 7) et le mur de soutènement monumental (Fig. 1, 6)

Fig. 8 - Rue des Farges : traces de briques crues dans le comblement des boutiques

Fig. 9 - Rue des Farges : muret de briques crues fermant le vide sanitaire de la maison à péristyle (Fig. 1, 1)

Fig. 10 - Verbe Incarné : mur d'adobe et foyer de briques crues
de la domus augustéenne

Fig. 11 - Verbe Incarné : détail du foyer

Fig. 12 - Rue des Farges : B 1, cloison augustéenne au premier plan à gauche fondation d'un mur de l'état II

Fig. 13 - La même cloison sous un angle différent. En bas à droite, le négatif d'un potelet

Fig. 14 - Verbe Incarné : traces de galandages dans la maison augustéenne

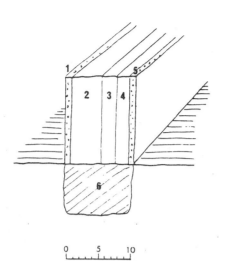

Fig. 15 - Verbe Incarné : coupe d'une cloison -
= 1, enduit de mortier blanc, 2 - couche de terre
jaune, 2 - couche de terre brun foncé, 4 - couche
de terre brune, 5 - enduit blanc, 6 - négatif de
sablière

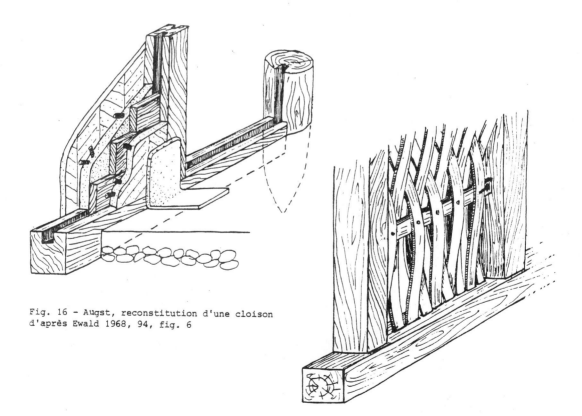

Fig. 16 - Augst, reconstitution d'une cloison
d'après Ewald 1968, 94, fig. 6

Fig. 17 - Verulamium, reconstitution d'une
cloison d'après S. Frere 1972, 8, fig. 5

73

Fig. 18 - Rue des Farges A 9/A 10 - cloison à pan de bois du 2e siècle cuite par l'incendie

Fig. 19 - Rue des Farges B 3 - restes d'une cloison à pan de bois hourdée de briques crues (état III)

Fig. 20 - Rue des Farges B 3 - reconstitution
d'un mur à pan de bois (état III)

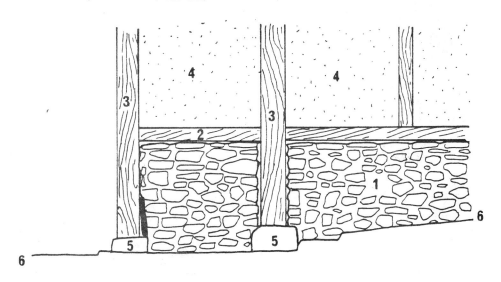

Fig. 21 - Rue des Farges E 14 - reconstitution
d'un mur à pan de bois (état III)
1 = soubassement, 2 = sablière, 3 = poteaux,
4 = hourdis, 5 = blocs, 6 = sol

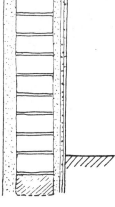

0   10   20 cm

Fig. 22 - Montée de Loyasse - coupe d'un mur à
pan de bois hourdé de briques crues, cuit par
un incendie

Fig. 23 - Rue des Farges = éléments de torchis
calcinés avec trace de branchages

Fig. 24 - Rue des Farges fragments de torchis
en coupe

Fig. 25 - Rue des Farges, éléments de torchis avec
négatifs de baguettes taillées

Fig. 26 - Rue des Farges, A 9/A 10 = surface
d'éléments de torchis du même type que 25

Fig. 27 - Hauts de St Just (Montée des Tourelles)
cloison effondrée

Fig. 28 - Hauts de St Just = cloison de terre
avec badigeon peint

Fig. 29 - Hauts de St Just = négatif d'une
cloison dans le sol de terrazzo

Fig. 30 - Rue des Farges = B 12 négatif d'une
cloison de la maison à péristyle

Fig. 31 - Rue des Farges A 9/A 10 = à droite négatif d'une cloison dans le sol (état II)
à gauche soubassement de la cloison de l'état III

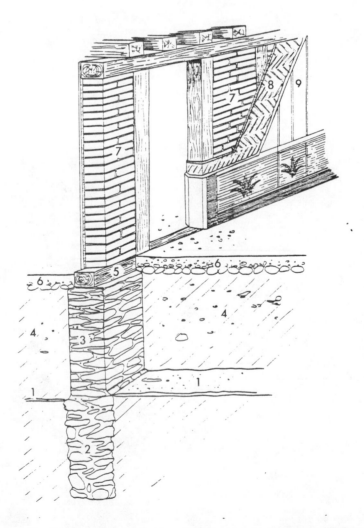

Fig. 32 - Rue des Farges : reconstitution des cloisons de la maison à péristyle (état II)
1 = sol de travail, 2 = fondation construite en tranchée, 3 = fondation construite en
élévation à partir du sol de travail, 4 = remblai, 5 = sablière, 6 = sol de terrazzo,
7 = hourdis de briques crues, 8 = enduit de terre, 9 = enduit peint

Fig. 33 - Rue des Farges. Revers d'une peinture augustéenne avec stries d'accrochage en relief

Fig. 34 - Rue des Farges, D 5 = enduit de terre montrant les chevrons incisés.

BIBLIOGRAPHIE

CHAUFFIN et AUDIN 1972 : J. Chauffin et A. Audin, Essai de stra-
            tigraphie archéologique à Fourvière, *RAC*, 23, 1972, 89/95.
CONJES 1980 : G. Conjès, l'histoire d'Arles romaine précisée par
            les fouilles archéologiques, *Archéologia*, 142, 1980, 9/13.
DESBAT et alii 1976 : A. Desbat, B. Helly, D. Tavernier, Lyon retrou-
            ve ses origines, *Archéologia*, 92, 1976.
EWALD 1968 : J.Ewald, Die frühen Holzbanten ein Augusta Praurica
            Insula III une ihre Parzellierung. Festchuft für R. Laur-
            Belart, *Provincialia*, Bâle 1968.
FRERE 1972 : S. Frere, *Verulamium excavations*, I, Oxford 1972.
FRIZOT et alii 1977 : M. Frizot, D. Tavernier, B. Helly, A. Desbat,
            M. Vignard, M. Colardelle, les constructions en terre
            dans l'habitat gallo-romain, *Dossiers de l'archéologie*,
            25 1977, 69-71.
GENTY et alii 1980 : P.Y. Genty, C. Olive, C. Reynaud, J.C. Roux,
            Recherche sur l'habitat romain à Nîmes, les fouilles de
            la rue St Laurent, *Ecole Antique de Nîmes*, 1980, 111/131.
GOUDINEAU 1980 : C. Goudineau, *Histoire de la France urbaine*, I,
            Ed. Saül, 1980.
GRUYER 1967 : J. Gruyer, la maison de l'hypocampe, *Bull. des musées
            et monuments lyonnais*, 1967, 2, 25-36.
GRUYER 1970 : J. Gruyer, découvertes de fresques romaines à Lyon,
            Actes du 92e congrès des sociétés savantes, 1967. Paris
            1970, 11-20.
GUEY 1956 : J. Guey, Informations archéologiques, *Gallia*, 14, 2,
            1956 269/270.
GUEY 1958 : J. Guey, Informations archéologiques, *Gallia*, 16, 2,
            1958 357/358.
HARMAND 1960 : L. Harmand, *L'occident romain*, Paris 1960.
LANCEL 1975 : S. Lancel, Informations archéologiques, *Gallia*, 33, 2
            1975.
LERAT 1968 : L. Lerat, Informations archéologiques, *Gallia*, 26, 2
            1968.
LERAT 1970 : L. Lerat, Informations archéologiques, *Gallia*, 28, 2
            1970.
MONTAUZAN 1915 : C. Germain de Montauzan, les fouilles de Fourvière
            en 1913-1914, *Annales de l'université de Lyon*, 1915.
SABOT 1956 : R. P. Sabot, fouilles de l'externat Ste Marie à Lyon.
            Journées archéologiques d'Avignon, 1956
SOLIER et SABRIE 1979 : Y Solier, M. et R. Sabrie, Découvertes
            récentes à Narbonne, *Archéologia*, 133, 1979, 50-59.

Ouvrages concernant l'architecture de terre traditionnelle

AMRI, DOAT et alii 1975 : C. Amri, C. Boyer de Bouillane, P. Doat,
            L. Segura, F. Vitoux. *Construction en terre*, mémoire
            collectif de l'U.P.A. de Grenoble. Institut de l'envi-
            ronnement. 1975
BABDOU et ARZOUMANIAN 1978 : P. Babdon et V. Arzoumanian, *Architec-
            ture de terre*, éditions parenthèses 1978

COINTREAUX 1790, F. Cointreaux, *Ecole d'architecture rurale*, 1970
FREAL 1977 : J. Fréal, *L'architecture paysanne en France, La maison,*
        Ed. Serg 1977
FREAL 1978 : J. Fréal, *Habitat et vie paysanne en Bresse*, Ed. Gar-
        nier, 1978
RONDELET 1840 : J. Rondelet, *traité théorique et pratique de l'art
        de bâtir*, Paris 1840.

LES MOULES MONETAIRES DU "VERBE INCARNE"

Robert Turcan

Parmi les découvertes faites en 1911 dans le "Jardin du Verbe
Incarné" et en partie publiées par C. Germain de Montauzan (1)
compte celle d'un bassin (coupé par un mur de refend à trois baies)
qui mesurait intérieurement 8,90m de long sur 6,05 m de large
- c'est-à-dire environ trente pieds romains sur vingt - (fig. 1).
Sous le gros du remblai entassé dans le bassin, et formé en grande
partie par d'énormes blocs de maçonnerie "garnis du même ciment que
les parois subsistantes" (2), on trouva des volutes de chapiteaux
ioniques en pierre blanche (de Tournus ?), un fût de colonnette et
un torse d'homme taillés dans le même matériau ; enfin, tout au
fond "dans la couche de remblai en contact avec le pavé" (3), on
releva une quantité de petits moules "au nombre de plus d'une centaine" (4).

Récemment, M. Jacques Lasfargues, Conservateur au Musée de la
Civilisation Gallo-Romaine (Lyon, Fourvière), m'a remis une boîte
contenant une centaine de moules en terre cuite, entiers ou frag-
mentaires. L'examen et la comparaison des empreintes m'a immédiatement convaincu qu'il s'agissait bien de la trouvaille du Verbe
Incarné, dont C. Germain de Montauzan avait fait prendre quelques
photos. Plusieurs de ces moules étaient à l'état de débris. Beaucoup ont souffert d'avoir été entassés en vrac, entreposés et
transportés sans précaution. Des moules exhumés intacts étaient
cassés. On s'est efforcé de recoller les morceaux et de reconstituer
les originaux. Certaines sections de moules, victimes de fractures
apparemment récentes, se sont égarées par suite de manipulations
plus ou moins précipitées, nécessitées par l'installation des anciennes réserves du Musée Saint-Pierre dans le nouveau Musée de
Fourvière.

Dans le lot extrait du bassin et qui m'a été confié, j'ai dé-
nombré 101 exemplaires et fragments déchiffrables ou datables, outre
un débris de pourtour de moule uniface et un débris conservant une
trace de grénetis en négatif.

La plupart des rondelles portent une empreinte de monnaie sur
les deux faces, empreintes d'avers et de revers respectivement.
Bien entendu, l'avers ne correspond pas au revers de la même monnaie, puisque les deux faces d'une même monnaie étaient appliquées
sur l'argile fraîche de deux disques différents et que plusieurs
monnaies étaient moulées en série : les rondelles étaient entassées
en rouleaux enserrant les pièces moulées. C. Germain de Montauzan
a supposé comme "vraisemblable qu'on moulait simultanément un lot
de pièces identiques" (5). Ce n'est pas vérifié du tout par la documentation même dont il fait état. Au contraire, beaucoup des rondelles trouvées au Verbe Incarné portent un avers et un revers appartenant à des émissions chronologiquement espacées de dix ou
vingt ans !

Tous les avers et les revers étaient tournés dans le même sens, ce qui explique qu'on n'ait aucun moule portant un revers ou un avers sur les deux faces. Souvent - soit que les rondelles ne fussent pas assez épaisses, soit que la pression eût été trop forte au moment de l'empreinte - les moules étaient très amincis au centre ou sur un bord du moule. Les deux moules extrêmes du rouleau étaient toujours unifaces, portant l'un une empreinte d'avers, l'autre une empreinte de revers. Le rouleau de terre fraîche devait être soigneusement homogénéisé, retaillé, détouré ou ébarbé. On bouchait les trous (6). Mais on prenait soin d'entailler une petite encoche sur chaque face empreinte, de façon à ménager un conduit pour l'écoulement du métal fondu dans les moules. L'examen des documents prouve que cette encoche était faite après le démoulage des pièces authentiques, quand l'argile était encore molle. Après quoi, on faisait sécher et légèrement chauffer les moules pour les durcir ou les consolider.

Les rondelles empilées en rouleaux étaient extérieurement lutées à l'argile fraîche, sauf le canal correspondant aux encoches. Les monnaies étaient coulées en série - série coïncidant très exactement à celle des espèces moulées. Les rouleaux étaient soit maintenus isolément dans des augets comme celui de la Collection Caylus (conservé au Cabinet des Médailles : Paris, Bibliothèque Nationale) (7), soit engainés par trois dans des cylindres de glaise, comme ceux de Damery (8) et de Pachten (9). Aucune trouvaille n'autorise à trancher entre ces deux hypothèses, et rien n'exclut la possibilité d'autres modalités de fabrication à nous inconnues (10). Cependant le nombre de moules découverts à la fois sur le site du Verbe Incarné et dans ce secteur de Fourvière permet d'y supposer l'existence d'un atelier productif, et les impératifs mêmes de la productivité recommandaient le groupement des rouleaux par trois.

De quand dataient les monnaies qui ont servi d'originaux ?

Dans le lot du Verbe Incarné, les moules portent des empreintes d'avers de Septime-Sévère (6), de Julia Domna (3), de Caracalla (6), de Macrin (1) et de Julia Mamaea (2) ; des empreintes de revers de Septime-Sévère (6), de Julia Domna (4, peut-être 5), de Caracalla (5), de Macrin (2) et de Diaduménien (1) : sont indiqués entre parenthèses ici non pas les nombres respectifs de moules, mais de pièces qui ont servi à prendre des empreintes, soit 18 empreintes différentes d'avers, 18 (ou 19 ?) de revers. Il nous a paru intéressant, en effet, d'examiner de très près les empreintes pour vérifier que plusieurs rondelles avaient été moulées sur la même pièce. Ainsi avons-nous dix moules au revers d'AEQVITAS AVGG formés sur la même pièce (je veux dire le même exemplaire original), onze au revers de IVNO CONSERVATRIX, onze autres du type PROVIDENTIA DEORVM, douze du type VENVS GENETRIX. Tous les avers à l'effigie de Macrin ont reçu l'empreinte d'une seule et même monnaie qui a donc servi à la confection de quinze moules au moins (ceux qui font partie du lot exhumé). Une même pièce de Septime-Sévère a laissé son empreinte sur douze moules, une autre de Julia Domna sur treize moules. M. R. Alföldi (11) a reconnu très précisément que les 2 539 moules de Pachten avaient été fabriqués à partir de 141 monnaies. Compte-tenu du fait que le lot du Verbe Incarné ne représente qu'une partie du matériel utilisé par le ou les artisans de cette industrie, les constatations faites ci-dessus autorisent à admettre qu'une même pièce pouvait servir à confectionner une vingtaine de moules.

Si l'on s'en tient à ce lot connu et inventorié (12), le confectionneur des moules trouvés au Verbe Incarné a travaillé en utilisant une vingtaine de pièces, des deniers presque exclusivement (sauf un antoninianus de Caracalla). Parmi les empreintes d'avers, sept appartiennent à l'époque de Septime-Sévère (et datent de 199-211), onze aux règnes de Caracalla, Macrin et Julia Mamaea (aucune au règne d'Elagabal), c'est-à-dire à la période de 211-225 environ. Cette légère prépondérance des frappes postérieures à 211 se vérifie dans le cas des empreintes d'avers et de revers, puisque nous n'avons pas la totalité des moules. Ainsi n'ai-je relevé aucun revers correspondant aux avers de Julia Mamaea, ni aucun avers correspondant au revers de Diaduménien du type PRINCIVVENTVTIS. En revanche, on constate sans peine que la plupart des types de revers concordent avec la plupart des effigies d'avers, même si le nombre d'exemplaires des uns n'égale pas celui des autres : c'est ainsi qu'on a huit empreintes du revers PIETAS PVBLICA (empreintes prises sur la même pièce), mais treize empreintes de l'avers à l'effigie de Julia Domna qui lui correspond ; dix empreintes du revers AEQVITAS AVGG, mais trois empreintes seulement de l'avers concordant.

Il faudrait posséder tous les moules fabriqués par notre faussaire lyonnais pour s'essayer à reconstituer les rouleaux. Mais en débloquant les pièces coulées le faussaire endommageait nécessairement plusieurs moules, et ceux qu'a retrouvés C. Germain de Montauzan avaient subi bien d'autres avanies qui rendent illusoire l'espoir de les remboîter sûrement les uns dans les autres. En tentant l'opération, j'ai constaté par exemple que tel moule portant une empreinte d'avers à l'effigie de Septime-Sévère (L SEPT SEV AVG IMP XI PART MAX=86 A de l'inventaire) allait peut-être avec tel autre moule portant l'empreinte d'un revers au type de la Victoire (COS III P P =n°13 B de mon inventaire). Mais l'usure des moules et les accidents qu'ils ont endurés, tant avant d'être jetés en remblai qu'après la fouille de 1911, excluent de toute façon une exacte reconstitution des rouleaux. Ceux-ci pouvaient compter soit huit disques (pour couler sept pièces), comme ceux du quai Saint-Vincent dont fait état Caylus (13), soit treize disques (pour couler douze pièces à la fois), comme ceux de Damery (14). Les exemplaires du Verbe Incarné prouvent, en tout cas, que dans un même rouleau étaient moulés des deniers de Julia Mamaea et de Septime-Sévère, frappés à quelque vingt ans d'intervalle : par exemple, tel moule (n°10 de mon inventaire) porte l'empreinte d'un avers de l'impératrice mère de Sévère-Alexandre et une empreinte de revers typique d'un denier de Septime-Sévère (AEQVITATI AVGG) frappé en 198-200 (15).

Ces premières observations donnent à penser qu'un lot de monnaies thésaurisées a servi de base aux moulages. Car les empreintes, pour être efficaces, ne pouvaient être faites que sur des espèces en très bon état. Effectivement, l'examen attentif des moules démontre que, dans leur grande majorité, les pièces utilisées étaient presque à fleur de coin ou, du moins, quasiment neuves. Elles n'avaient presque pas "roulé", comme on dit, au moment où on les a mises de côté. On est donc induit à supposer qu'il s'agit d'espèces versées à titre de solde ou de traitement à un militaire ou à un fonctionnaire (nous savons qu'ils étaient relativement nombreux à Lugdunum) (16). Il s'agit d'une thésaurisation qui s'étale sur un quart de siècle environ, de 198-200 à 222-225 peut-être. Par conséquent, c'est au plus tôt sous le règne de Sévère-Alexandre que ce lot de deniers (outre quelques rares antoniniani) a servi à la fabrication de moules. Rien n'empêche à priori, cependant, que l'opération ait pu trouver place un peu plus tard, à une époque où précisément, les espèces officielles étant de mauvais aloi déjà, on avait lieu d'en fabriquer qui, intrinsèquement, n'avaient guère moins de valeur que les pièces sorties des ateliers monétaires impériaux. Deux remarques s'imposent, toutefois, qui autorisent à retenir plutôt la première hypothèse : le monnayage de Sévère-Alexandre n'est représenté au Verbe Incarné que par quatre exemplaires sûrs de Julia Mamaea, outre deux incertains ; c'est sous le règne de Sévère-Alexandre que l'aloi du denier se dégrade en deçà du seuil de 50 % d'argent et que beaucoup de deniers officiels ont déjà le teint pâle du billon (17). Cette dévaluation intrinsèque de la monnaie d'argent si elle ne légitimait pas le coulage d'espèces en contrefaçon, dans la mesure où matériellement on pouvait obtenir par ce procédé des exemplaires d'apparence analogue, à quelques détails près (relief moins dur, aspect plus flou). D'autre part, l'antoninianus supplante le denier à partir de Gordien III (18), et donc après 238 on avait intérêt à couler surtout des espèces à effigies radiées plutôt que des denarii.

Mais il reste que, ne connaissant qu'une partie des moules, on ne saurait affirmer que le faussaire n'a pas travaillé après 230-235. Quoi qu'il en soit, c'est sous les Sévères et plus précisément à dater de Sévère-Alexandre que se multiplie et se renforce cette activité sur tout le territoire des Gaules (19). Mais, puisque de toute façon la découverte du Verbe Incarné est partielle et que son emplacement est étranger au contexte originel des moules, peut-être importe-t-il de faire de point sur les trouvailles du même genre faites à Lyon même.

Le premier à faire état d'une découverte de moules est G. Symeoni (20) qui, en 1559 ou 1565, signale qu'en bâtissant leur église près de la "Croix qui Colle" (Crux de Colle) et en minant le sol d'une vigne, les Frères de Saint-François de Paule trouvèrent "molte formette di terra cotta" aux effigies de Septime-Sévère, de Julia Domna et de Géta. L'église dont il est question s'identifie avec celle des Minimes (à l'emplacement de l'actuel Lycée Jean-Moulin) (21). En même temps que les moules fut exhumé un coin de fer "portant gravée une image de Sévère". G. Symeoni en induisait l'emplacement à cet endroit de l'atelier monétaire, "d'autant que tout près on a trouvé une médaille d'argent de Julie couverte de terre, mais intacte et la plus belle que je connaisse de cette effigie" (22). En fait, la découverte de ce denier à fleur de coin ne démontre rien quant à la situation d'un "hôtel des monnaies" et ne confirme que la fabrication d'espèces coulées : on ne pouvait prendre d'empreintes utilisables à cet effet que sur des exemplaires impeccables (et la "médaille" de Julia Domna dont parle Symeoni était du nombre), faute de quoi les épreuves moulées eussent été beaucoup trop molles et indistinctes pour être acceptées dans la circulation courante.

En 1579, A. Le Pois relate des découvertes analogues dans le quartier de Fourvière, sans donner plus de précisions topographiques (23) ; mais il fait état de moules à l'effigie de Sévère-Alexandre (outre celles de Septime-Sévère et de Julia Domna) et réédite l'hypothèse de Symeoni sur les monnaies successivement coulées, puis "cognées" au marteau. L. Savot parle en 1627 de moules trouvés "à Lyon, où les Romains ont eu autres fois un hostel de monnaye" (24) : apparamment, il fait allusion à ceux qu'on avait déterrés soixante ans plus tôt.

Le dossier s'enrichit en 1701 grâce à une information du P. Ménestrier parue dans le Journal des Savants (25) : l'érudit lyonnais y mentionne des antiquités "nouvellement découvertes" à Lyon, parmi lesquelles "plusieurs moules de terre cuite dont les Romains se servaient pour jeter les métaux fondus avant que de les frapper". Ces moules portaient des avers de Septime-Sévère, Géta, Sévère-Alexandre et Julia Maesa. En 1704, le même savant jésuite consigne dans les Mémoires de Trévoux la notice de trouvailles faites à Lyon (26). Il s'agit encore de moules fabriqués à partir de deniers à l'effigie des Sévères : Septime-Sévère, Géta, Sévère-Alexandre. Mais ces moules n'ont pas été trouvés à Fourvière. On les a exhumés "à l'endroit où l'on a bâti le magasin des poudres". Ce magasin fut construit, nous le savons (27), au pied de la Croix-Rousse, dans l'axe du pont de "l'Homme de la Roche", c'est-à-dire dans le Jardin des Chartreux, au-dessus du quai Saint-Vincent (fig. 2). On a trop souvent attribué par erreur la trouvaille de 1704 au site de Fourvière, à cause du titre même de l'article du P. Ménestrier "Sur quelques découvertes faites à Fourvière," et par analogie avec les découvertes faites antérieurement et postérieurement sur la colline. En fait, la trouvaille se situe de l'autre côté de la Saône : d'où l'indication "quai Saint-Vincent" donnée par A. Steyert (28) sur la provenance des moules signalés en 1704.

Un demi-siècle plus tard, le comte de Caylus fournit la description (et les dessins) de quelques exemplaires (29) : il s'agit de moules formés sur des exemplaires de Julia Domna, Caracalla, Géta et Julia Maesa (vers 218-222) pour les avers ; de Septime-Sévère, Julia Domna, Caracalla et Géta pour les revers. On constate que, parmi ces moules, certains portent l'empreinte des mêmes types de revers que ceux du Verbe Incarné : AEQVITAS AVGG, PIETAS PVBLICA, VENVS GENETRIX (30).

Dans une Dissertation critique anonyme parue en 1729 sur les moules en terre cuite de monnaies romaines, trouvés à Lyon, un abbé X... (qu'on identifie habituellement avec un continuateur de Baronius) (31), on n'apprend rien de plus précis sur la composition du lot exhumé en 1704. Lorsqu'il rappelle en 1738 que "de nos jours" on a déterré des moules "sur notre montagne", le P. D. de Colonia fait allusion au titre de l'article de son confrère, le P. Ménestrier, et "notre montagne" désigne évidemment (c'est-à-dire erronément) la colline de Fourvière (32). Colonia n'ajoute rien d'utile à ce que nous savons par Caylus, non plus d'ailleurs que N. Mahudel (33) dans la communication qu'il fit à l'Académie des Inscriptions en 1716 (parue à l'état de résumé en 1746). Le texte de N. Mahudel est repris en 1758 par dom Th. Mangeart dans son <u>Introduction à la science des médailles</u> (réédité en 1763), mais sans information nouvelle.

Il faut attendre C.-M. Grivaud de La Vincelle (34) pour apprendre au début du siècle suivant qu'on à recueilli à Lyon "tout récemment encore, une quantité considérable de moules d'argile qui y étaient employés par les faussaires". Il s'agit d'empreintes aux effigies de Caracalla, Géta, Plautille, Julia Paula et Julia Soemias. Détail intéressant : on aurait trouvé en même temps "un lingot de billon dans lequel le cuivre dominait l'argent au point qu'il était couvert de vert de gris et de rouille" (35). Cette découverte se situe au début du XIXe siècle et lorsque, dans la <u>Revue Numismatique</u> (appelée alors : <u>Revue de la Numismatique française</u>) de 1837, F. Poey d'Avant (36) mentionne la trouvaille de trente-quatre moules "sur les hauteurs de Fourvière... il y a quelques années", il peut fort bien nous référer à la même découverte. En effet, nous savons que le propriétaire du domaine de la Sarra - devenu par la suite "Clos du Calvaire" (donc situé à l'est de la propriété Montaland qui correspondait au "Clos du Verbe Incarné") (37) - trouva en faisant faire "quelques déblais" à l'entrée de sa maison "des moules de médailles du temps des Antonins" (38). Or c'est en 1817 que ce "M. Billet" fit l'acquisition du domaine (39). C.-M. Grivaud de La Vincelle nous informerait donc d'une découverte faite l'année même de la parution de son livre. Quant aux "Antonins" dont parle F. Artaud (40), il doit s'agir d'avers à la légende ANTONINVS, c'est-à-dire d'empreintes de deniers à l'effigie de M. Aurelius <u>Antoninus Caracalla</u>. Cette découverte importante (F. Poey d'Avant dit avoir connaissance de 34 moules, mais "ils étaient en plus grand nombre") (41) n'a pas fait l'objet d'un inventaire, et l'on n'en entend plus parler jusqu'à la publication du Lyon souterrain de F. Artaud (1846), les indications de F. Poey d'Avant restant on ne peut plus imprécises !

D'autres trouvailles ont dû être faites dans le quartier de Fourvière, car un <u>Catalogue</u> (anonyme) <u>du Musée des antiquités de Rouen</u> paru en 1868 (2ème édition, 1875) mentionne des moules monétaires qui en proviendraient (42). Mais, à la différence des découvertes antérieures, ces moules n'appartiennent pas à l'époque sévérienne : ils sont aux effigies des deux Philippe (père et fils) et de l'usurpateur Postumus. De plus, ils sont d'un tout autre type que ceux du Verbe Incarné. A quand remonte et où se situe précisément cette nouvelle trouvaille ? Nous savons, en tout cas, que le sol de Lyon et le lit des fleuves ont livré aussi des monnaies coulées. Une allusion y est faite dans la <u>Revue Numismatique</u> de 1854. Mais A. Steyert qui était aux aguets de tout ce que révélait le terrain archéologique de Lugdunum, nous informe en 1895 de pièces fausses (d'époque) tirées de la Saône par un "M. Derriaz", qui aurait également trouvé des moules (44) : à quelle hauteur exactement ? au niveau du quai Saint-Vincent ? A. Steyert ne s'explique pas sur ce point ; mais on notera que, parmi les pièces coulées provenant de la Saône dont il reproduit un dessin (45), figure un denier de Caracalla au revers

VOTA SVSCEPTA X type qui compte au nombre d'une dizaine d'exemplaires dans le lot de moules exhumé au Verbe Incarné.

Récemment j'ai pu examiner deux moules en terre cuite conservés dans le petit musée des Lazaristes, à Lyon. En voici la description.

1. Moule de denier A/ ANTONI(nus-pius aug b)RIT Tête laurée à droite (avers de 210-213)
B/ PROFECTIO AVG Caracalla s'avançant à droite, un javelot à la main ; derrière lui, deux enseignes (revers de 210-213 : RIC, IV, 1, p 244, n°225).

2. Moule de denier A/ aNTONINVS-PIVS AVG BRIT Même tête laurée, même empreinte (une même pièce a servi à la confection des avers sur les deux moules).
B/ VENVS CAELESTIS La déesse debout de face, la tête à gauche, tenant une pomme et un sceptre ; étoile champ à droite (revers de Julia Soemias, 218-222 : RIC, IV, 2, p 48, n°241).

Le musée des Lazaristes (Montée Saint-Barthélémy) abrite un certain nombre d'objets exhumés sur le terrain de l'Ecole, mais beaucoup d'autres aussi qui proviennent de sites divers et même fort éloignés parfois de Lyon ou du Lyonnais. Le frère Adrien, qui m'a fort aimablement ouvert les vitrines de cette collection, m'a avoué ne rien savoir sur l'origine archéologique de ces deux moules. On se rappelle que C.-M. Grivaud de La Vincelle atteste la découverte à Lyon de moules formés sur l'effigie de Julia Soemias (46), et l'on a vu qu'il pouvait s'agir de moules déterrés à l'occasion de déblais dans le Clos du Calvaire : faut-il faire le rapprochement ? Souvent, lors de découvertes de genre - et surtout lorsqu'elles consistaient en objets réputés sans valeur, comme des moules - l'inventeur en distribuait généreusement quelques échantillons à ses amis et connaissances. Les deux moules des Lazaristes pourraient être du nombre du ceux que mentionne C.-M. Grivaud de La Vincelle et qui s'identifient, je suppose, avec les trouvailles de la propriété Billet.

On aimerait pouvoir comparer très précisément les empreintes ou les épreuves trouvées dans la Saône, ainsi que les moules relevés aux XVIe et XVIIIe siècles, tant à Fourvière que dans le Jardin des Chartreux, avec ceux du Verbe Incarné. Cette comparaison nous conduirait peut-être à reconnaître que tels exemplaires exhumés en des sites différents de Lyon avaient reçu l'empreinte d'une même pièce : autrement dit, qu'ils avaient tous été fabriqués dans un seul et même atelier.

Le fait qu'on ait trouvé en 1704 un rouleau entier dans son auget, à côté d'autres moules, ne prouve évidemment pas de façon irréfragable que le site du quai Saint-Vincent corresponde à l'emplacement d'un atelier central habilité à cette industrie. Cette activité probablement rentable - au moins durant une certaine période - a pu essaimer. Mais on ne doit pas oublier que le site des découvertes de 1704 coïncide avec un quartier industriel où prospéraient notamment au 1er siècle ap. J. C. les ateliers de poterie de La Muette. La présence d'argile à la Croix-Rousse et sur les bords de la Saône facilitait aussi bien la productivité des céramistes que des mouleurs de deniers. Il est vrai aussi que les secteurs de La Sarra et de Loyasse avaient des officines de potiers où ont pu travailler les fabricants des moules trouvés dans les Clos du Calvaire ou du Verbe Incarné (47).

Depuis le XVIe siècle on lie la présence de moules monétaires à celle d'un atelier lyonnais des monnaies qui fonctionna, comme on sait, d'Auguste à Domitien ; puis pour Clodius Albinus (de 195 ou 196 à février 197) ; enfin, d'Aurélien à la fin du Bas-Empire (48). Passons sur l'imagination fantaisiste de G. Symeoni qui voulait que les pièces fussent frappées après avoir été coulées (conjecture reprise par A. Le Pois, L. Savot, C. Ménestrier et D. de Colonia, entre autres). Il croyait - et beaucoup l'ont cru après lui - que les moules servaient aux monnayeurs officiels. Or on sait que l'hôtel des monnaies de Lugdunum a cessé son activité après la défaite de Clodius Albinus en 197 et donc les espèces sévériennes tirées des moules du Verbe Incarné, des Minimes ou du quai Saint-Vincent n'avaient rien d'officiel.

On a pourtant retenu - et ce jusqu'à nos jours - l'idée d'une connexion ou d'une complicité entre l'activité des ouvriers, voire des responsables de la Moneta Lugdunensis et l'usage des moules. Pour F. Lenormant (49), la substitution de la fonte à la frappe relèverait d'une pratique officielle dans les ateliers monétaires des provinces. Le même F. Lenormant (qui situait erronément à Fourvière toutes les découvertes de moules monétaires lyonnais) (50) allait jusqu'à tirer de ces trouvailles un argument en faveur de son hypothèse suivant laquelle le fonctionnement de la Moneta Lugdunensis aurait survécu à Clodius Albinus (51) ! C. Germain de Montauzan se rangeait, en somme, à l'avis de F. Lenormant (52). Plus récemment (1953), P. Wuilleumier affirmait que l'emplacement de l'atelier monétaire "est indiqué sur la colline de Fourvière par la découverte d'un coin en fer... et de moules en terre cuite à l'effigie des Sévères, qui ont dû servir à fabriquer officiellement de faux deniers en cuivre saucé d'argent" (53). Mais le coin en fer fut trouvé en 1857 sur le versant oriental du coteau, dans le passage dit "du Rosaire" (54), et donc à quelque distance aussi bien des Minimes que du Verbe Incarné... Déjà C. Germain de Montauzan hasardait la supposition que "l'atelier des monnaies ne devait pas être éloigné du réservoir" (où furent mis au jour les moules du Verbe Incarné) (55), sans aller pourtant jusqu'à dire qu'on était là "sur l'emplacement même de l'hôtel des monnaies" (56). L'atelier monétaire était installé sur la colline, peut-être près de la caserne de la fameuse garnison affectée à sa garde, ad monetam (CIL, XIII, 1499), donc plutôt du côté de l'actuel Lycée Saint-Just (57). De plus - et du fait même que les moules du Verbe Incarné se trouvaient pris dans un remblai - le lieu de leur extraction n'a rien à voir avec leur utilisation fonctionnelle et originelle. Enfin et de toute façon, le coulage des monnaies était, en principe, étranger à l'activité de l'atelier officiel, fermé de 197 à 274.

En fait, on constate que la présence de moules monétaires n'est pas liée à l'existence d'une Moneta. En ce qui concerne Lyon même, on y a exhumé des moules ailleurs qu'à Fourvière et, sur cette colline, ailleurs que dans le secteur probable de la Moneta. Mais sur-

tout, en France, en Angleterre, en Suisse et ailleurs (58), des sites dont on sait pertinemment qu'ils n'avaient pas d'atelier monétaire ont livré des moules en quantité : c'est notamment le cas à
Pachten, au nord-ouest de Sarrebruck (59). Pour nous en tenir à la
Gaule romaine, la carte provisoire reproduite ici (fig. 3) donne
une idée de la dispersion des trouvailles. Certes, on sera tenté
d'argumenter en faisant valoir par exemple que, pour le paiement des
soldes militaires, une Moneta comitatensis mobile a pu laisser des
traces ici et là, en fonction du déplacement des troupes qu'il fallait rétribuer partout et à tout prix... Mais cette hypothèse ne
vaudrait certainement pas pour les moules de sesterces et de "moyens
bronzes" trouvés à Vichy (60) ou à Pachten (61). Elle ne vaut pas
non plus pour les empreintes de type tétrarchique, puisqu'alors la
décentralisation confirmée des émissions monétaires et la multiplication des ateliers rend superflue la Moneta comitatensis.

D'autre part, tous les sites ne coïncident pas (tant s'en faut!)
avec des villes où pouvaient être cantonnées des légions ni même
avec celles où étaient postés des détachements (62). Dans une ville
d'eau comme Vichy, les moules ont évidemment servi à fournir les pélerins ou les curistes en monnaies de bronze divisionnaires qu'on
jetait dans les fontaines, en hommage à la divinité de source. Ailleurs - notamment dans les villes où le petit commerce était actif
et florissant ou même dans les localités qui se trouvaient en marge
des circuits commerciaux et, par conséquent, de la circulation monétaire, l'industrie des mouleurs permettait de pallier le manque
d'espèces courantes. Il ne s'agissait pas toujours d'émissions comparables aux monnaies obsidionales ou "de nécessité" qui, elles,
relevaient de l'autorité municipale ou de toute autre autorité locale (63). A Bordeaux, les moules ont été reconnus dans les ruines
d'un atelier de potier (64). L'atelier de La Coulonche (Vendée) (65)
n'avait rien non plus d'officiel ou de semi-officiel, apparemment
du moins. Nous savons qu'à Pachten (66), c'est un fondeur de bronze
qui se livrait à cette activité parallèle, mais toujours (semble-t-
il) pour répondre à la demande des boutiquiers ou des aubergistes
qui avaient besoin de monnaie d'appoint (67). Dans une ville comme Entrains (68) qui attirait des pélerins et donc des marchands,
la fabrication de moules n'a rien non plus de surprenant. Les pouvoirs locaux devaient, sinon encourager cette industrie, du moins
fermer les yeux sur les petits services qu'elle rendait dans la vie
quotidienne.

A une époque (second tiers du IIIe siècle) où, d'une part, le
monnayage officiel devient fiduciaire, à valeur nominale (c'est-à-
dire à proprement parler de la fausse monnaie) et où, d'autre part,
on thésaurise les espèces en fonction de leur valeur intrinsèque,
où l'on accepte le bronze en tant que bronze plutôt qu'en fonction
de l'empreinte officielle, la production des monnaies coulées ne
pouvait que prospérer. Les contrefaçons relevées à Pachten auprès
des moules sont d'une exécution assez pitoyable. Les 2 539 moules
qu'on y a trouvés démontrent pourtant que le fondeur travaillait et
faisait ses affaires. Certaines trouvailles comme celle de Damery
(69) ou celles de Lyon, en des villes où stationnaient des troupes,
soit en permanence, soit occasionnellement, prouvent que cette activité était sinon expressément autorisée, du moins tolérée. En effet, il faut attendre 326 pour qu'une constitution de Constantin in-
terdise explicitement de couler des monnaies : nummum falsa fusione

formare (70). Auparavant, on pouvait jouer des carences ou des si-
lences de la loi ... De fait, l'industrie des mouleurs n'a fleuri
qu'avant Constantin, jusqu'à l'époque tétrarchique.

On a dit qu'au moment où débutait le cours de l'antoninianus,
"on manquait donc en dehors d'Italie", et principalement dans les
garnisons, de l'espèce divisionnaire et que "c'est cette demande
que venait combler, en partie, le mauvais métal des séries offi-
cieuses" (71). En réalité, les espèces coulées n'étaient pas exclusivement, nous l'avons vu) des deniers, voire des sesterces et
des as. C'est essentiellement la notion de monnaie divisionnaire
qu'il faut retenir dans le dossier. Du reste, ce ne sont pas principalement et majoritairement (loin de là !) les lieux de "garnisons" qui ont livré des lots de moules monétaires.

En fait, c'est parce que l'Etat romain impérial ne monnayait
qu'en vue de payer ses légions, et non pas en fonction des besoins
du commerce, que la masse d'espèces frappées l'était en nombre in-
suffisant. Les préoccupations militaires primaient les besoins économiques. Or il semble bien que le numéraire émis officiellement et
mis en circulation n'était pas à la mesure nécessaire des échanges
(72). C'est peut-être ce qui explique aussi la fabrication et la
multiplication des plombs "monétaires", espèces de jetons qui servaient de monnaie fiduciaire, de numéraire d'appoint ou qui évi-
taient l'usage d'espèces monétaires, comme les tessères d'entrée
dans les thermes ou les hôtelleries (73). L'insuffisance de la
masse monétaire en circulation en tenait pas seulement aux carences
du pouvoir émetteur, mais à d'autres causes aggravées par la crise
du IIIe siècle : hémorragies d'or et d'argent, raréfaction des bonnes espèces qui incitent les gens à thésauriser, blocage d'une partie de la circulation monétaire consécutive à cette thésaurisation.
On n'a même plus de mauvaise monnaie officielle en billon pour ré-
gler les dépenses élémentaires de la vie quotidienne ... Alors les
particuliers, mais sans doute aussi les pouvoirs locaux coulent ou
font couler des monnaies qui peuvent au moins satisfaire aux besoins du petit commerce. Il se trouve que la loi n'a pas encore interdit formellement cette technique de contrefaçon. Ce qui est défendu, c'est de graver de faux coins pour frapper des pièces à l'effigie du prince régnant. Mais à partir des pièces officielles authentiques, on croit pouvoir se permettre de multiplier des "épreuves"
qui reproduisent très exactement l'image sacrée du prince, telle
qu'elle est sortie des ateliers impériaux. On ne fabrique pas de
types nouveaux, on ne contrefait pas le type authentique, puisque
c'est ce type authentique qui sert aux moulages et donc à toutes les
épreuves coulées dans les moules.

Naturellement, le manque de numéraire dut être ressenti d'autant
plus fortement dans les villes qui avaient bénéficié quelque temps
de la présence d'une Moneta, et l'on comprend que les Lyonnais, par
exemple, se soient ingéniés à suppléer cette insuffisance par tous
les moyens, même non expressément illégaux ! Mais la pratique du
coulage des monnaies s'est largement diffusée en Gaule et ailleurs,
sans relation nécessaire avec un hôtel des monnaies. On a conjecturé
que la révolte dès Lyonnais durement réprimée par Aurélien (74) a-
vait été provoquée par les artisans de l'atelier monétaire (75), et

l'on pourrait imaginer que les mouleurs de monnaies n'étaient pas
étrangers à cette affaire. Mais le soulèvement des monetarii lyonnais relève de l'hypothèse insuffisamment étayée.

Dans quel métal ou dans quel alliage étaient coulés les deniers
tirés des moules du Verbe Incarné ?

Sur plusieurs moules, on note à l'oeil nu des concrétions vert-
de-grisées qui attestent l'usage du cuivre ou du bronze. Mais ces
traces peuvent s'expliquer par le coulage d'un billon à fort pourcentage de cuivre. Certains bronzes contenant beaucoup d'étain ont
parfois l'aspect blanchâtre de l'argent, et les couleurs de monnaies
devaient largement profiter de cette fausse apparence. A propos des
moules découverts à Lyon, C.-M. Grivaud de La Vincelle (76) attirait
justement l'attention sur ce "lingot de billon dans lequel le cuivre
dominait l'argent", découvert dans le même contexte que les moules.
Mais ce lingot n'a pas fait, semble-t-il, à l'époque l'objet d'une
analyse précise, ni qualitative ni quantitative. A. Hiver (77) si-
gnalait à Damery un lingot de bronze formé par le métal surabondant
et trouvé avec les moules. Rien de tel n'a été relevé dans le lot
du Verbe Incarné. C. Germain de Montauzan notait seulement (78) :
"nous avons trouvé quelques rondelles où restaient adhérents quelques fragments de ce métal (sc. bronze ou cuivre), et un plus grand
nombre encore teintées de vert-de-gris".

J'ai fait analyser par l'Institut de Chimie et Physique Industrielle de la Faculté Catholique, à Lyon (79), les concrétions qui
subsistent sur certains moules, ainsi que la surface d'empreintes
qui conservent une couleur gris-clair ou gris argenté. Ces analyses
ont révélé la présence même du plomb qui en contient souvent d'in-
fimes quantités). Melle J. Condamin a bien voulu me rappeler que
M. J. Guey avait fait analyser des exemplaires de deniers coulés
qui étaient de faux antiques, approximativement contemporains des
espèces authentiques, c'est-à-dire de l'époque sévérienne. Ces pièces ne contenaient pas d'argent, mais beaucoup de cuivre et d'étain.
Dans la composition d'un de ces deniers (80) (qui aurait été trouvé
à Fourvière) le cuivre entrait pour moitié et l'étain pour près
d'une autre moitié (plus 40 %, en tout cas), à côté de traces de
zinc et de plomb.

C'est donc l'étain qui pouvait donner à ces exemplaires l'aspect de l'argent plutôt pâle que présentaient déjà les espèces officielles au temps de Caracalla, d'Elagabal et de Sévère-Alexandre.
C'est sans doute la présence d'étain aussi qui aura donné aux empreintes en creux ce teint gris-clair ou blanchâtre qui m'avait tout
de suite frappé. C. Germain de Montauzan (81) supposait que les moules avaient servi à fabriquer des deniers en bronze recouverts d'une
mince pellicule d'argent. De mon côté, je m'étais demandé si les
faux monnayeurs n'avaient pas plus ou moins badigeonné les empreintes avec un peu d'argent à l'état liquide, avant d'y couler du bronze. Mais l'analyse des "négatifs" en terre cuite est concluante :
aucune trace d'argent, pratiquement, ne s'y vérifie. L'étain seul
peut avoir donné aux moules comme aux pièces ce semblant d'argent.
On sait, du reste, les problèmes techniques que continuent de poser
aux numismates modernes, comme d'ailleurs aux spécialistes de la

physique industrielle, les monnaies dites "saucées" (82). Aucune
explication, aucune tentative de fabrication ou de reconstitution
du travail n'a tranché la question. C. Germain de Montauzan n'a
pas tenté l'expérience qu'appelait son hypothèse. En revanche, il
a coulé de l'étain dans quelques-uns des moules, et le résultat fut
décisif. Les épreuves "sont venues pour la plupart avec une netteté
et un relief parfaits" (83), attestés au demeurant par les reproduc-
tion photographiques (84). Mais dans l'Antiquité c'est essentiellement un alliage de cuivre et d'étain que l'on coulait dans les
"négatifs".

Cette industrie est un phénomène significatif de la situation
économique et monétaire en Gaule au IIIe siècle de notre ère. Il
y a un début d'inflation à l'époque sévérienne, inflation de deniers dévalués nécessaires au règlement des soldes légionnaires et
des traitements. Malgré cette inflation, la masse du numéraire en
circulation ne correspond pas aux impératifs quotidiens des échanges
commerciaux, car aussi bien l'inflation fait monter les prix et
cette augmentation des prix nécessite toujours plus d'espèces mon-
nayées. On manque d'espèces en argent, d'autant plus indispensables que l'or (qui seul garde intégralement sa valeur intrinsèque)
est volontiers thésaurisé. Cette carence monétaire se double d'une
carence législative, puisqu'aucune disposition n'interdit explicitement le coulage des pièces. On tire donc des moules et en série
des espèces qui ont l'apparence du billon officiel, et la carte des
trouvailles montre l'extension de cette pratique.

Chaque fois que l'Etat manque à ses obligations, les particuliers sont bien forcés d'y suppléer. Paradoxalement, le coulage de
faux deniers manifestait de leur part une sorte d'autodéfense de
leur économie monétaire.

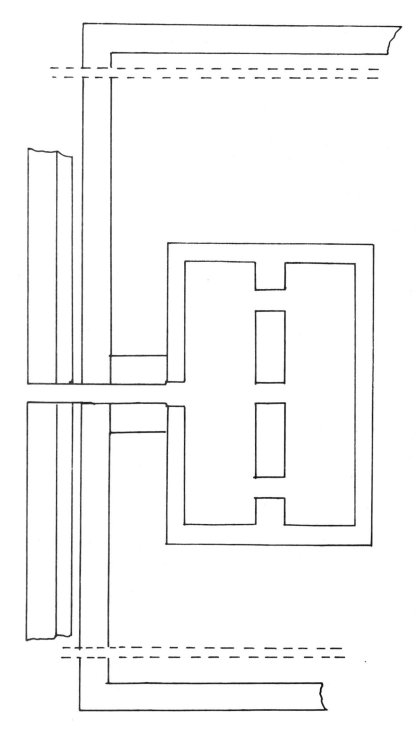

FIG.1   LE BASSIN DU VERBE INCARNE
        (D'APRES C.GERMAIN DE MONTAUZAN)

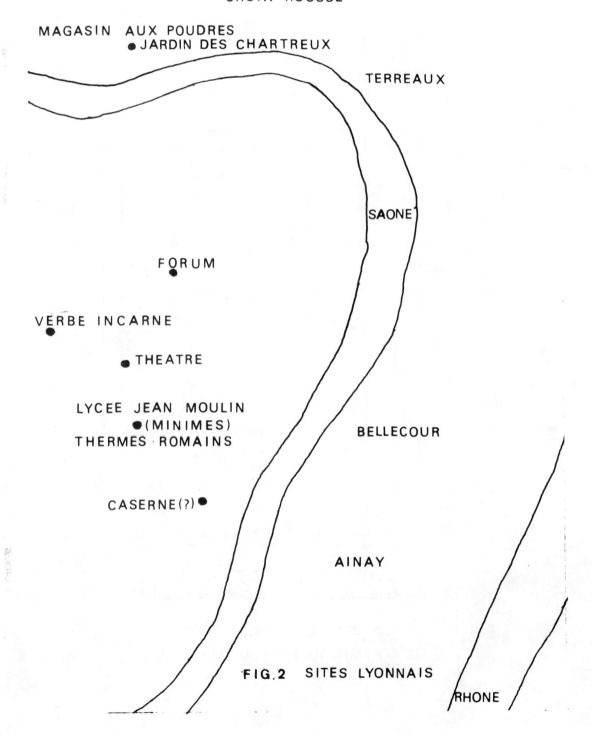

TROUVAILLES DE MOULES MONETAIRES

CROIX ROUSSE

MAGASIN AUX POUDRES
● JARDIN DES CHARTREUX

TERREAUX

SAONE

FORUM
●

VERBE INCARNE
●

● THEATRE

LYCEE JEAN MOULIN
●(MINIMES)
THERMES ROMAINS

BELLECOUR

CASERNE(?)●

AINAY

FIG.2 SITES LYONNAIS

RHONE

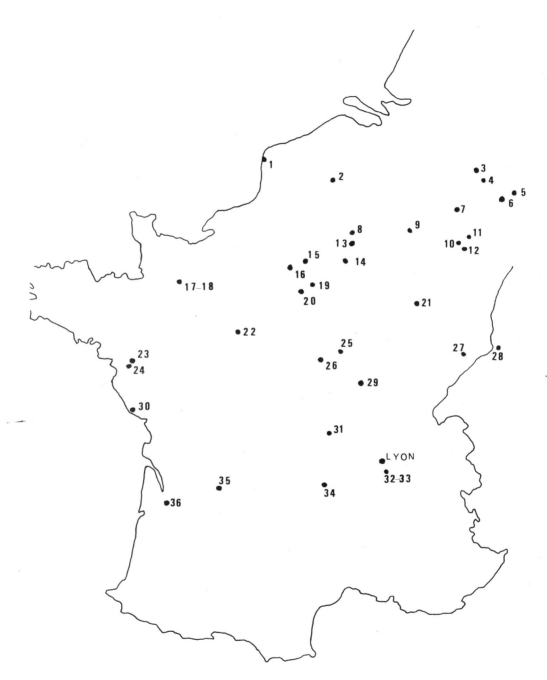

FIG 3   DISTRIBUTION DES MOULES MONETAIRES

Fig. 3. Découvertes de moules monétaires.

1 - Boulogne
2 - Famars (→ 275)
3 - Cologne
4 - Köllig- a:d. Mosel
5 - Saarburg
6 - Mayence (→ 222)
7 - Trèves (→ 235)
8 - Nandin (261)
9 - St-Mard (→ 244)
10 - Pachten (→ 257)
11 - Tholey
12 - Sarrebrück
13 - Reims (→ 267)
14 - Damery (→ 267)
15 - Meaux
16 - Paris (→244)
17 - La Coulonche (→ 305)
18 - Forêt d'Andaine
19 - St-Just-Châteaubleau (→ 273)
20 - Melun
21 - Grand
22 - Thoré-La Rochette
23 - Nantes (→ 305)
24 - Rèze (305)
25 - Fontaines-Salées (→ 400)
26 - Entrains (268 ? IVe s. ?)
27 - Mandeure (Domitien-Trajan)
28 - Augst (→238)
29 - Autun (→ 235)
30 - Le Bernard (→ 235)
31 - Vichy (2e s.)
32 - Vienne (→238)
33 - Ste-Colombe
34 - Brioude
35 - Périgueux (2e s.)
36 - Bordeaux (→244)

FIG. 4   EPREUVES DE QUELQUES MOULES
MONETAIRES

1 . Les fouilles de Fourvière en 1911, Annales de l'Université de Lyon, Nouv. Sér., II. - Droit, Lettres, Fasc. 25, Lyon-Paris, 1912, p 44 ss., en particulier 72-93.

2 . Ibid., p 78.

3 . Ibid., p 84.

4 . Ibid., p 86.

5 . Ibid., p 85.

6 . Ce qui pose un problème technique, car il fallait ménager des évents pour éviter les soufflures : ibid., n.1.

7 . E. Babelon, Traité des monnaies grecques et romaines, Théorie et doctrine, I, Paris, 1901, p. 959-960, FIG. 36 ; F. Lenormant, Monnaies et médailles, Paris, s. d., p 58, fig. 18 ; L. Breglia, Numismatica antica. Storia e metodologia, Milan, 1964, pL. I, 1 et p 30. L'authenticité de l'objet a été mise en doute par G. Dattari, dans Riv. Ital. di Numismatica, 1913, p 351 ss.

8 . A. Hiver, Notice sur un atelier monétaire découvert à Damery (Marne) en 1830, Rev. Num., 1837, p 174 et pl. VI, fig. 12-14.

9 . M. R. Alföldi, Die "Fälscherförmchen" von Pachten, Germania, 52 1974, pl. 53 A-B.

10 . On aurait utilisé aussi des gaines en métal : cf P. Gauckler, dans Bull. Soc. Nat. Antiquaires de France, 1899, p 368.

11 . Art. cit. (n. 9), p 432.

12 . Dont la publication détaillée sera faite ultérieurement.

13 . Recueil d'antiquités égyptiennes, étrusques, grecques et romaines, I, Paris, 1752, p286 s., commentaire de la pl. CV ; cf A. Steyert, Nouvelle histoire de Lyon, I, Lyon, 1895, p 438, fig. 552 ; H. Thédenat, dans Dict. des antiqu. gr. et rom., II, 2 ; s.v. Forma, p 1 247, fig. 3 187 ; E. Babelon, loc. cit.

14 . A. Hiver, loc. cit., p 174 s. et pl. VI, fig. 12-13, 15.

15 . RIC, IV, 1, p 105 s., n°122 b-d.

16 . Cf. P. Wuilleumier, L'administration de la Lyonnaise sous le Haut-Empire, Paris, 1949 ; ID., Lyon, Métropole des Gaules, Paris, 1953, p 25-32.

17 . Cf R. Turcan, Le trésor de Guelma. Etude historique et monétaire, Paris, 1963, p 53.

18. Cf H. Mattingly, Roman coins from the earliest times to the fall of the Western Empire, Londres, 1962, p 125 ; J.-P. Callu, La politique monétaire des empereurs romains de 238 à 311, Paris 1969.

19 . M. Jungfleisch, Les moules en terre cuite destinés à couler des monnaies impériales romaines, Bull. de l'Inst. d'Egypte, 35, 1953, p 239-244 ; M. R. Alföldi, Die Gussformen und gegossenen "Fälschungen" Kaiserzeitlicher Münzen, Chiron, 1, 1971, p.356 ; Id., Die "Fälscherförmchen" von Pachten (supra, n.9), p 433.

20 . Le origine e antichità di Lione, éd. Monfalcon, Lyon, 1846, fol 85. Opuscule écrit vers 1565 (G. Germain de Montauzan, op. cit. p 28, n.3) ou 1559 (P. Fabia, Pierre Sala, sa vie et son oeuvre avec la légende et l'histoire de l'Antiquaille, Lyon, 1934,p209) durant un long séjour que le florentin G. Symeoni fit à Lyon, et qui resta longtemps manuscrit à la Bibliothèque de Turin ;

une copie en fut faite par Gazzera en 1836. Le passage qui nous intéresse est cité en traduction française par C. Germain de Montauzan, op. cit., p 29, n.3 de la p. précédente ; texte italien transcrit par P. Fabia, op. cit., p 210 s.

21 . C. Germain de Montauzan, op. cit. p 28. C'est l'église qui porte le n°20 sur la Vue cavalière de Lyon de M. Mérian (les martyrs de Lyon (177), Colloque International du CNRS, Lyon, 20-23 septembre 1977, Paris, 1978, pl. IV, fig. 5).

22 . Trad. C. Germain de Montauzan, loc. cit.

23 . A. Le Pois, Discours sur les Medalles et graveures antiques, principalement romaines..., Paris, 1579, p 10 b (=verso).

24 . L. Savot, Discours sur les medalles antiques, Paris, 1627, I, p 30.

25 . P. Allut, Recherches sur la vie et les oeuvres du P. Claude-François Menestrier de la Compagnie de Jésus, Lyon, 1856, p 213 ss. ; Journal des Sçavans du 5 septembre 1701, p 413 ss.

26 . Lettre du Père Menestrier à M. de la Valette Président des Trésoriers de France en la Généralité de Lyon, sur quelques découvertes faites à Fourvières, Mém. de Trévoux, article CV, juillet 1704, p 1213.

27 . L. Niepce, Lyon militaire. Notes et documents pour servir à l'histoire de cette ville depuis son origine jusqu'à nos jours, Lyon, 1897, p 159. Le magasin aux poudres fut bâti en 1703. Je remercie M. Henri Hours, Conservateur des Archives Municipales de Lyon, qui m'a aimablement informé sur ce point de topographie.

28 . Nouvelle histoire de Lyon, I, p 438, fig. 552.

29. Recueil d'antiquités égyptiennes, étrusques, grecques et romaines, I, Paris, 1752, p 286-289 et pl. CV.

30 . Revers de Julia Domna : RIC, IV, 1, p 170, n°574 (196-211) et p 274, n°388 c (211-217).

31 . M. Jungfleisch - J. Schwartz, Les moules de monnaies impériales romaines. Essai bibliographique, Suppl. aux Annales du Service des Antiquités de l'Egypte, 19, 1952, p 10, n°8.

32 . D. de Colonia, Antiquités de la Ville de Lyon ou explication de ses plus anciens monuments..., I, Lyon, 1738, p 60.

33 . Observations sur l'usage de quelques moules antiques de monnoyes romaines, découvertes à Lyon, Histoire de l'Académie Royale des Inscriptions et Belles-Lettres, III, p 200-202 et 218.

34 . Monuments antiques inédits de l'ancienne Gaule, II, Paris, 1817, p 108-111 et pl. XIII.

35 . Ibid. p 109.

36 . Mémoire sur des moules de médailles romaines trouvés à Lyon, Rev. Num., 1837, p 165.

37 . P. Fabia, Recherches sur les mosaïques romaines de Lyon, Lyon, 1924, p 40.

38 . F. Artaud, Lyon souterrain, ou observations archéologiques et géologiques faites dans cette ville depuis 1794 jusqu'à 1836, Lyon, 1846, p14.

39 . Ibid. p 13 ; P. Fabia, Pierre Sala, p 291, n.4.

40 . Ibid., p 292, F. Artaud, Lyon souterrain, p 14.

41 . Art. cit. (n.36), p 165.

42 . 1ère éd., p 79 ; 2e éd., p 115. J. de Pétigny (Etudes sur l'histoire monétaire du IVe au VIIe siècle, Rev. Num., 1857, p 119) fait éyay de moules monétaires trouvés à Lyon et dont les plus récents porteraient l'empreinte de monnaies à l'effigie de Philippe l'Arabe.

43 . A. Colson, Monnaies romaines de bronze coulées dans les Gaules, Rev. num., 1854, ɔ 107.

44. A. Steyers, Nouvelle histoire de Lyon, I, p 438, fig. 553-556. La fig. 554 reproduit un denier coulé de Caracalla dont le revers (VOTA SVSCEPTA X = RIC, IV,1, p 234, n°150 ; p 237, n°179) se retrouve en creux sur plusieurs moules du Verbe Incarné.

45 . Voir note précédente.

46 . Op. cit. (n.34), p 108.

47 . Carte des ateliers céramiques : J. Lasfargues, Les ateliers de potiers lyonnais. Etude topographique, RAE, 24, 1973 (= Mélanges A. Bruhl, I), p 525-535 ; J. et A. Lasfargues, et H. Vertet, L'atelier de potier augustéen de La Muette à Lyon, dans Notes d'épigraphie et d'archéologie lyonnaises, Lyon, 1976, p78 s.

48 . P. H. Webb (RIC, V, 1, p 17), après O. Voetter (Valerianus Junior und Saloninus, Num. Zeitschr., NF; 1, 1908, p 92 ss.), attribuait à Lyon des émissions de Gallien, Salonine et Valérien qui appartiennent à l'atelier de Cologne, comme l'a montré G. Elmer : J. Lafaurie, L'Empire gaulois. Apport à la numismatique, ANRW, II, 2, Berlin-New York, 1975, p890.

49 . La monnaie dans l'Antiquité, I, Paris, 1878, p 278, III, Paris, 1879, p 207, n.2, Dict. des antiqu. gr. et rom., III, 2, s.v. Moneta, p 1972.

50 . Etudes sur les ateliers monétaires et leurs marques dans la numismatique romaine, Annuaire de la Soc. de Num. et d'Archéologie, 1881, p 498, Cf Th. Mommsen, Histoire de la monnaie romaine, trad. fr. duc de Blacas, III, Paris, 1873, p 15, N.1.

51 . Art. cit. (N;50), p 499.

52 . Op. cit. (n.1) p 92 s.

53 . P. Wuilleumier, Lyon, métropole des Gaules, p 30 ; la n.19, p 103, renvoie à C. Germain de Montauzan, mais aussi à A. Steyert qui ne fait état, on l'a vu, que de moules trouvés du côté du quai Saint-Vincent, et non pas à Fourvière.

54 . A. Allmer et P. Dissard, Musée de Lyon, Inscriptions antiques, II, Lyon, 1889, p 295. Ce coin reproduit dans L. Breglia, Numismatica antica, pl. II, fig. 2 a-d, a été suspecté.

55 . Op. cit. (n.1), p 93, n.1.

56 . Ibid.

57 . P. Fabia, La garnison romaine de Lyon, Lyon, 1918, p 73 ss.

58 . M. Jungfleisch - J. Schwartz, art. cit. (n.31), p 5 et passim ; J. Schwarts, Supplément à la bibliographie des moules de monnaies impériales romaines, Schweiz. Münzbl. (=Gazette Numism. Suisse), 13, 1963, p12-14.

59 . M. R. Alföldi, art. cit. (Germania, 52, 1974, p 426 ss.

60 . A. Morlet, Vichy gallo-romain, Mâcon, 1957, p172 s., fig. 110.

61 . M. R. Alföldi, art. cit. (Germania, 52, 1974), p 429 et pl. 53.

62 . Cf. C. Jullian, Histoire de la Gaule, IV, Paris, 1913, p 289, N.1.

63 . M. Jungfleisch, art. cit. (n.19).

64 . G. Lafaye, dans Bull. Soc. Nat. Antiquaires de France, 1899, p 195 et 283 ; E. Babelon, op. cit. (n.7), p 957.

65 . J. Appert et W. Challemel, Un atelier de monnaies romaines à La Coulonche, Rev. Normande et Percheronne, sept. 1893, p 273-278 (moules de l'époque tétrarchique).

66 . M. R. Alföldi, art. cit. (Germania, 52, 1974), p 426, 433.

67 . Ibid., p 433 ; ID., Die Gussformen und gegossen "Fälschungen" kaiserzeitlicher Münzen, Chiron, 1, 1971, p 362.

68 . J.-B. Devauges, Entrains gallo-romain, thèse du IIIe cycle, Dijon, 1970, I, p 91, 128 ; II, p 126. Cf. A. Grenier, Manuel d'archéologie gallo-romaine, IV, 2, Paris 1960, p 712 s.

69. A.Hiver, art. cit. (n.8), p 171-180 ; E. Balelon, op. cit. (n.7), p 962-963.

70 . Cod. Th., IX, 21, 3. Cf. M. R. Alföldi, art. cit., Chiron, 1, 1971, p 360 ; Germania, 52, 1974, p 433 s.

71 . J.-P. Callu, op. Cit. (n.18), p 260. L'auteur ne fait état pour Lyon (p 259) que de moules trouvés à Fourvière (d'après Rev. Num., 1837 : supra, n. 36), mais ni des découvertes du Quai Saint-Vincent et du magasin aux poudres, ni de celles du Verbe Incarné.

72 . W. Kubittschek, Antike Fälschungen vom Donau-Limes, Num. Zeitschr., NF, 14, 1921, p 164 ; M.R. Alföldi, art. cit., Chiron, 1, 1971, p 361 s. ; G.C. Boon, Les monnaies fausses de l'époque impériale et la valeur des espèces courantes, dans : Les "dévaluations" à Rome, époque républicaine et impériale (Rome, 13-15 nov 1975), Coll. de l'Ecole Française de Rome, 37, 1978, p 100, 102 s.

73 . Sur les plombs fiduciaires, cf. F. Lenormant, La monnaie dans l'Antiquité, I, p 208-210 ; G. Lafaye, dans Dict. des Antiqu. gr. et rom., V, s.v. Tessera, p 135.

74 . SHA, Quadr. tyr., 13, 1(II, p 231, 11 s. Hohl-Samberger-Seyfarth) : Lugdunensibus qui et ab Aureliano graviter contusi videbantur.

75 . M. Besnier, L'Empire romain de l'avènement des Sévères au Concile de Nicée, dans l'Histoire Générale de la Coll. G. Glotz, Histoire ancienne, 3e partie, Histoire romaine, IV, Paris, 1937, p 243.

76 . Op. cit. (n.34), p 109.

77 . Art. cit. (n.8), p 175 et pl. vi, fig. 15.

78 . Op. cit., p 90.

79 . Je tiens à remercier ici Mme Formenti, qui a fait les analyses, et Melle Condamin avec qui j'en ai longuement discuté.

80 . Il s'agit d'un denier à l'effigie de Geta (RIC, IV, 1, p 316, n°18) : J. Guey, L'aloi du denier romain de 177 à 211 apr. J.C. (étude descriptive), Rev. Num., 1962, p 135, n°111 ; cf p 113.

81 . Op. cit., p 91.

82 . Cf. L. Breglia, Numismatica antica. Storia e metodologia, Milan, 1964, p 45 ; L. Daniel, Monnaies saucées, Bull. de la Soc. Fr. de Num., 24, 1969, p 360 ss.

83 . Op. cit., p 85.

84 . Ibid., p 86, fig. 15.

NOTE SUR L'ABANDON DE LA VILLE HAUTE DE LYON

Armand Desbat

Parmi les grandes étapes de l'évolution de la ville de
Lyon, une des plus importantes est sans aucun doute l'abandon de la
ville haute, considérée comme le siège de la colonie proprement dite,
et le resserrement de l'agglomération sur les bords des fleuves
(Presqu'île Terreaux et St-Jean) qui formeront l'assiette de la ville
durant tout le moyen âge et la période moderne, jusqu'à nos jours
(fig. 1).

Jusqu'à une date récente il avait été admis que cet
événement capital se situait au 4e siècle. A la suite des travaux
d'A. Audin (1956-1965) l'hypothèse qui prévalut plusieurs décénnies
fut que cet abandon, qui avait été presque soudain, avait son origine dans la ruine des aqueducs. Cette destruction provoquée par la
convoitise des pillards voulant s'approprier les tuyaux en plomb des
siphons, en privant d'eau la ville haute, aurait entrainé l'exode des
habitants en direction des quartiers fluviaux aux alentours de 305.
La date de 305 était avancée à cause de la découverte de plusieurs
trésors monétaires de la fin du 3e et du début du 4e siècle dans la
région lyonnaise : Morancé, Lancié, Boistray (Audin 1956, 163 ; 1965,
200 ; 1975, 53).

Bien que dernièrement A. Audin (1979, 263), influencé par les découvertes récentes, ait remonté la date de cet
épisode aux alentours de 270, la ruine des aqueducs est toujours considérée dans son hypothèse comme la cause de cet abandon.

Les fouilles de sauvetage effectuées depuis une dizaine d'années à Lyon ont apporté des données nouvelles sur le problème de cet abandon comme sur celui des origines de la ville. Une
surface importante de la ville haute a été explorée par ces fouilles
dont certaines se poursuivent encore à l'heure actuelle. Il s'agit
notamment des fouilles de St-Just (1971-1975), des Hauts-de-St-Just
(1973-1974), de la rue des Farges (1974-1980) et du Verbe Incarné
(1977-1980). La séquence monétaire ainsi que le matériel céramique
recueilli permet de proposer une date d'abandon pour ces différents
sites :

- Saint-Just (Fig. 2, 1) : les fouilles des églises de
St-Just (Cf Reynaud, 1972, 1973) ont révélé l'existence, antérieurement aux églises, d'un établissement gallo-romain considéré comme
hors-les-murs. L'abandon de cet édifice qui semblerait être une
villa suburbaine est daté par plusieurs dépotoirs ménagers. Ces dépotoirs ont livré de la céramique dite africaine (sigillées claires
A et C de Lamboglia, 1958 et 1963 ; African Red Slip Ware de Hayes
1972) qui fournissent les éléments de datation les plus récents. On
relève parmi les formes, une coupe LAMB C.43, des vases de type HAYES
181, 196 et 197, ainsi qu'une coupe à marli LAMB C.35 (= HAYES 52),
qui représente l'élément le plus récent (fig. 3, 1). Hayes (1972)
propose , 280, comme date d'apparition pour cette forme, mais celle-
ci se rencontre déjà à Ostie dans un contexte daté de 240 (Carandini

et alii 1968). Les autres formes sont fréquentes dans les niveaux de
la fin du 2e siècle et du début du 3e siècle. La datation de ces dépotoirs et par là-même de l'abandon de l'édifice semble donc devoir
se situer durant la première moitié du 3e siècle.

   - Les Hauts-de-St-Just (fig. 2, 2) : la date d'abandon de
ce quartier d'habitation, également considéré comme hors-les-murs,
semble légèrement plus ancienne que celle de St-Just. La série monétaire, peu abondante il est vrai (20 monnaies), s'interrompt avec un
denier de Caracalla daté de 196 et un as de Plautille frappé entre
202 et 205. Il convient cependant de remarquer que le denier de
Caracalla a été recueilli dans les remblais supérieurs et que la
monnaie de Plautille provient, elle, de la couche de démolition d'un
secteur où une réoccupation des ruines a été constatée. Il s'agit
en effet de balnéaires dans lesquels a été installé un foyer domestique postérieurement à la ruine de la maison. Le matériel céramique
recueilli sur l'ensemble du site apporte les mêmes conclusions chronologiques. Le gros du matériel provenant des niveaux d'abandon est
datable de la fin du 2e siècle mais quelques éléments pourraient se
rapporter au début du 3e siècle.
   La sigillée claire C n'est représentée que par un seul
fragment de plat LAMB 40 = HAYES 50, provenant des remblais supérieurs (fig. 3, 5)

   - Rue des Farges (fig. 2, 3) : ce site qui a fait l'objet de fouilles beaucoup plus systématiques que le précédent
(Desbat et alii 1976 et 1977) a livré une série monétaire plus importante puisqu'elle compte 169 monnaies. Les plus récentes appartiennent au règne de Commode (180-192). Il s'agit d'un denier de
Crispine, de 3 as et d'un sesterce de Commode.
   La céramique recueillie dans les niveaux supérieurs et
les couches d'abandon se date de l'extrême fin du IIe siècle. Elle
compte de nombreux exemplaires de sigillée de Lezoux, en particulier
des vases estampillés CINNAMUS, PATERNUS, DOECCUS...
   Certains indices laissent cependant supposer la possibilité d'une datation plus basse puisque 4 fragments de sigillée claire C ont été recueillis sur le site. Le premier est un fragment de
plat HAYES 48 B (fig.3, 2) trouvé hors stratigraphie, le deuxième
un fragment de plat HAYES 42 (fig.3, 4) qui provient de la couche
d'abandon de la maison au char. Les deux derniers proviennent d'un
gros dépotoir (E4) ; il s'agit d'un fragment de plat HAYES 48 A
(fig.3, 3) et d'un tesson de coupelle LAMBOGLIA 44. Ce même dépotoir
contenait des fragments de vases des types HAYES 23, 24, 181, 196,
197. Les deux fragments de claire C tendraient à dater la constitution de ce dépotoir au début du 3e siècle puisque Hayes (1972) situe
l'apparition de la forme 48 A vers 220. Le faciès de l'ensemble du
matériel est cependant plus ancien que celui de St-Just. Aussi il
n'est pas exclu que ces deux tessons proviennent de la surface du
dépotoir, ni qu'ils soient à mettre en relation avec une réoccupation partielle du site au début du 3e siècle, comme aux Hauts-de-
St-Just.
   Notons enfin que les quatre tessons de sigillée claire
C trouvés rue des Farges sont très isolés sur l'ensemble du site
(à titre d'exemple, en E4 le matériel céramique représente
25 000 tessons).

- Le Verbe Incarné (fig.2, 4) : sur ce clos de près de 4 hectares qui avait fait l'objet au début du siècle de recherches menées par P. Fabia et C. Germain de Montauzan (1912-1915), se déroule depuis 1977 une fouille de sauvetage de grande envergure actuellement dirigée par B. Mandy.

L'ensemble du matériel céramique recueilli sur le site est en tout point comparable à celui de la rue des Farges. Seuls quelques rares tessons de claire C HAYES 40 ont été recueillis sur le site et la majeure partie du matériel semble devoir être datée de la fin du 2e siècle ou du tout début du 3e siècle.

D'autres témoins semblent cependant attester une occupation de ce quartier plus avant dans le 3e siècle. Des niveaux supérieurs proviennent en effet une monnaie de Victorien 268-270, ainsi qu'une monnaie de Otacilla Severa (244-249).

En dehors des fouilles pratiquées sur ces quatre sites, d'autres découvertes fournissent quelques jalons. Quoiqu'ayant fait l'objet d'observation beaucoup moins rigoureuses, les fouilles pratiquées entre 1960 et 1970 sur le terrain de la Solitude (fig. 2, 5) semblent indiquer une occupation de ce quartier presque contemporaine des autres sites avec un abandon se situant peut-être un peu plus tôt, à la fin du 2e siècle (Gruyer, 1973).

Il faut signaler également la découverte en 1962 d'un denier d'Alexandre Sévère sur le plateau de la Sarra (sondage du Groupe Archéologique du T.C.F. Gallia, 22, 1964-412).

Le quartier des théâtres et particulièrement l'alignement de boutiques situé derrière l'odéon, appelle une mention particulière. L'article consacré à ce "quartier commercial" (Audin, 1972) situe la dernière époque de construction à la fin du 3e siècle et son abandon au début du 4e siècle. Cette chronologie qui ne repose sur aucune datation fournie par le matériel s'appuyait sur l'hypothèse préexistante d'un abandon de la colline au début du 4e siècle. Il faut signaler par contre depuis la parution de cet article, la découverte dans une des boutiques d'un lot de monnaies dont la plus récente est un bronze de Philippe l'Arabe, frappé en 249.

Signalons par ailleurs, lors du dégagement de la voie du théâtre en 1948, la découverte d'un fragment d'assiette à Marli HAYES 45, (fig. 3, 5), qui nous ramène également au 3e siècle.

La comparaison avec les découvertes anciennes, en particulier les trouvailles épigraphiques, conduit à des résultats identiques. Les éléments les plus récents sont en effet antérieurs à 250. Si l'on excepte les inscriptions funéraires qui proviennent de la périphérie de la ville (Trion, St-Irénée), où les nécropoles ont été utilisées jusqu'à l'époque chrétienne, les inscriptions les plus récentes trouvées sur la colline de Fourvière se rapportent au premier quart du 3e siècle :

- la plus récente, datée de 226, est un poids en pierre "autrefois dans une maison de Fourvière" et retrouvé en 1875 dans un puits à St-Just. (Allmer Dissard 1888, I, p. 189) ;

- une autre inscription recueillie dans une vigne à Fourvière en 1695, avait été dédiée le 13 février 221.(Allmer Dissard 1888, I, P. 416) ;

- Il faut signaler enfin l'autel trouvé en 1912 sur l'emplacement de l'ancien séminaire (en face du chantier de la rue des Farges) et dédié dans la Schola Polonium le 5 novembre 207. (Fabia, 1918, 73).

A ces documents épigraphiques s'ajoutent les trouvailles de moules de fausse monnaie d'époque sévérienne, en différents points de la colline (Cf. l'article de M. Turcan consacré à ce sujet). Au Verbe Incarné même, les fouilles de 1911 (Germain de Montauzan, 1912) avaient fourni de nombreux exemples de ces moules de monnaies dont la plus récente est de 235, tandis qu'au 16e siècle les travaux de construction de la chapelle des frères de St-François-de-Paules, au nord de la rue des Farges avaient livré d'autres moules de monnaies des Sévères, ainsi qu'une monnaie de Julia Domna (Syméoni, 1841).

Les fouilles du théâtre romain ont cependant fourni des éléments plus récents. Du dégagement de l'édifice provient en effet une série de monnaies appartenant aux 3e et 4e siècles : Gordien (239) Trebonien Galle (251-253) Gallien et Salonine (253-268) Tetricus (270-273) Dioclétien (284-305) Maximien Hercule (286-305) Julien l'Apostat (360-363). (Wuilleumier 1951, 82-83).

On pourrait conjecturer que la rareté des témoins céramiques attribuables au 3e siècle (sigillée claire C en particulier) est due avant tout au fait qu'il s'agit d'une céramique importée en petite quantité à Lyon et/ou qu'une évolution des céramiques moins marquée qu'aux périodes précédentes, nous conduit à dater de la fin du 2e siècle des céramiques qui se seraient maintenues au 3e siècle. Peut-on être vraiment sûr, en particulier, que les productions de sigillée de Lezoux cessent vers 200 ?

Il convient cependant de noter que même les découvertes de monnaies du 3e siècle ont été relativement rares. Sur les trois chantiers où une statistique s'avère possible, Hauts-de-St-Just, rue des Farges, et Verbe Incarné, sur 350 monnaies, 4 seulement appartiennent au 3e siècle. Ces monnaies recueillies dans des couches de démolition peuvent d'ailleurs traduire des allées et venues, liées à la récupération de matériaux sur des sites déjà abandonnés. Ainsi la monnaie de 270, trouvée au Verbe Incarné, provient de la démolition du cryptoportique et semble démontrer que la transformation en carrière de cet édifice remarquable aurait déjà été entreprise dès la fin du 3e siècle, plutôt que la persistance d'une occupation du site à cette époque. De la même façon, les monnaies du théâtre ne constituent pas la preuve du maintien d'un habitat sur la colline.

On ne peut cependant exclure une réoccupation sporadique des ruines. Ce phénomène clairement attesté aux Hauts-de-St-Just, a été mis en évidence récemment en d'autres lieux, en particulier à Arles où des chaufourniers ont occupé les ruines des thermes de l'Esplanade (Conjes, 1980) ou à Fréjus, où l'on a retrouvé les traces de campements de fortune dans des habitats ruinés.

Si les découvertes effectuées sur la colline de Fourvière ne permettent guère de supposer une occupation dense au-delà de 250, les fouilles réalisées dans les quartiers fluviaux ont révélé des témoins d'une occupation à la fin du 3e et au 4e siècle. En différents points de la presqu'île ont été dégagées par le passé des mosaïques fatées du 3e siècle (Turcan, 1980) tandis que les fouilles exécutées en 1978 rue de la Martinière, au pied de la Croix-Rousse ont montré une occupation continue du 1er au 4e siècle. C'est également le cas à St Jean où les fouilles du groupe cathédral, conduites par J.-F. Reynaud ont mis au jour des niveaux des 3 et 4e siècles, ainsi que des vestiges de l'enceinte réduite (J.-F. Reynaud et alii, 1977 et 1978).

Tous ces éléments sont donc suffisamment convergents pour que l'on puisse supposer que l'abandon de la colline se situe entre le début et le milieu du 3e siècle. Il reste cependant à expliquer les causes véritables de cet abandon et à comprendre la façon dont il s'est effectué : s'agit-il, comme on l'a dit, d'un exode soudain qui en une nuit fit de Lugdunum une ville morte, ou bien cet abandon s'est-il au contraire étagé sur plusieurs années comme semblerait l'indiquer le décalage chronologique observé entre la rue des Farges et St-Just ou le quartier des Théâtres ?

L'abandon de certains quartiers de Lyon à l'aurore du 3e siècle ne peut manquer de faire ressurgie le spectre de la bataille de 197, dont les conséquences matérielles pour la ville de Lyon, ont été évaluées très diversement. Alors que pour certains auteurs, la ville fut "saccagée et brûlée au moins en partie" (Allmer et Dissard, 1887, 1, XCIV) voire même "détruite de fond en comble" (Lerat, 1977, 41 - Montfalcon 1866, I, 69), pour d'autres celle-ci n'eut à subit aucun dommage ou presque. Steyert, quant à lui, bien qu'en insistant sur le pillage et l'incendie, pense que"la ville ne fut pas rasée et que ne ruine ne resta pas irréparable" (1895, I, 431) et soutient que c'est un nouveau sac de la ville par Aurélien en 273 qui provoqua l'abandon de celle-ci. (1895, I, 455).

Il pourrait sembler tentant d'établir un lien de cause à effet entre la bataille de 197 et l'abandon, et d'interpréter la ruine de certains quartiers comme la conséquence voire le résultat de cette bataille, surtout si l'on considère avec Rougé (1980), à la suite de Montfalcon (1866, I, 70) et d'autres que les troupes sévériennes ont atteint la ville par St-Just.
La découverte dans les niveaux supérieurs de la rue des Farges en particulier, d'armes et de matériel d'origine militaire (fig. 4 et 5) semblerait apporter des arguments à cette thèse, d'autant qu'une bonne partie du site a subi un incendie lors de son abandon, tout comme celui des Hauts-de-St-Just, qui a également livré quelques objets militaires.
Il faut rappeler également la découverte en 1841, du trésor de la montée St-Barthélémy, (Comarmond, 1844 et 1855 - Steyert, 1895, I, 431) qui, en plus de 2 000 pièces d'or et d'argent malheureusement disparues sitôt découvertes, contenait un lot de bijoux dont une paire de bracelets avec des monnaies de Commode enchassées et une autre, avec des portaits de Crispine.
D'autres arguments cependant semblent aller à l'encontre de cette hypothèse. Les contextes du 1er siècle de la rue des Farges ont également livré des éléments d'équipements militaires ou des objets considérés comme tels (fig. 6), et la présence de tels objets sur le site pourraient s'expliquer par la proximité de la caserne de la cohorte urbaine.

D'autre part, le peu de matériel de valeur retrouvé dans les zones incendiées, semblerait indiquer que l'incendie a ravagé des édifices déjà abandonnés et partiellement ruinés, à moins de supposer une récupération postérieure toujours possible.

Aucun indice ne semble témoigner d'un abandon précipité, ni de violents combats dans le secteur : aucun cadavre enseveli dans les décombres ou d'inhumations opérées à la hâte comme dans l'exemple fameux du soldat sévérien retrouvé à la Croix-Rousse (Audin, 1965, 191).

Quand bien même la ruine des habitats de la rue des Farges et des Hauts-de-St-Just serait à mettre en relation avec le sac de la ville par les troupes de Septime Sévère, il resterait à expliquer que ces quartiers n'aient pas été reconstruits par la suite, alors que les découvertes épigraphiques, en particulier, attestent que l'occupation de la colline s'est maintenue au début du 3e siècle.

On peut évidemment se demander quel fut le tribut humain payé par la ville de Lyon. Si l'on en croit la plupart des auteurs, anciens ou modernes, il fut très lourd. (Rougé 1980, 227). Cela suffit-il cependant pour expliquer que des quartiers entiers aient été désertés ? Si comme Allmer et Dissard (1888, 2, 242) on accréditait le récit de la passion de St-Irénée faisant état du massacre de 19 000 chrétiens en 208 (soit au bas mot un tiers de la population de Lyon), on comprendrait sans peine qu'il n'ait pas été nécessaire de reconstruire ces quartiers. Mais il n'est guère possible de s'appuyer sur une source aussi contestable.

Malgré toutes les incertitudes qui subsistent, les données archéologiques actuelles sont suffisamment convergentes pour que l'on puisse admettre que la colline de Fourvière était pratiquement désertée au milieu du 3e siècle. Il apparait également que cet abandon a du s'échelonner sur plusieurs décades. On peut supposer, en effet, que certains secteurs ont été occupés plus longtemps que d'autres et que des habitats abandonnés ont été réoccupés par une population défavorisée. Il est très probable aussi que certains bâtiments officiels, en particulier les théâtres ou le cirque, dont on sait qu'il fut restauré après la bataille de 197, ont vu leur utilisation se poursuivre après que les habitats aient été désertés.

Les raisons de cet abandon de la colline se sont probablement pas à chercher dans une coupure d'eau qui aurait retransformé "l'oasis en désert", mais dans la crise autant politique qu'économique que traverse l'empire. Cette crise aigüe depuis le règne de Marc-Aurèle (Remondon 1970) s'est trouvée accrue pour Lugdunum et sa région du fait des conséquences de la crise politique de 197 qui, sans aucun doute marque une rupture. Ce n'est pas un hasard si de nombreux établissements ruraux sont abandonnés à cette même période (Cf. Les articles de Vallat et Walker) et si les données actuelles indiquent que les quartiers sud de Vienne et le site de Saint-Romain-en-Gal sont également désertés au début du 3e siècle.

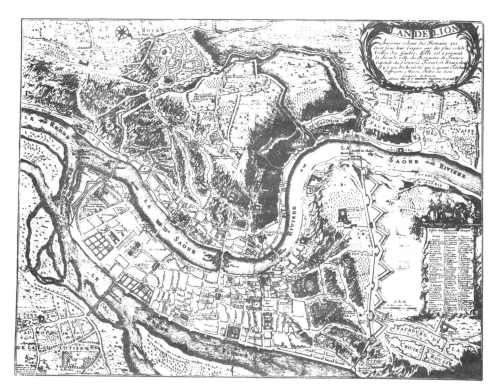

Fig. 1 : Plan de Lyon de 1767 par Desnos.

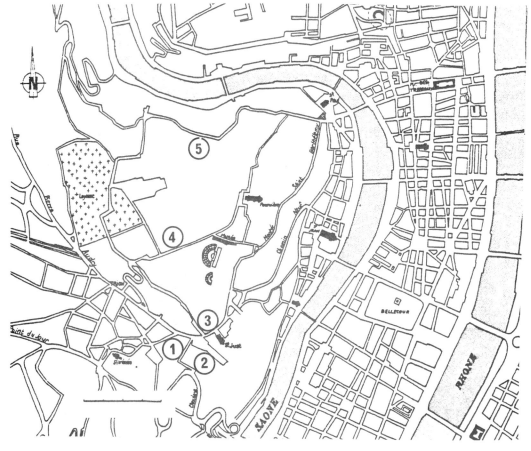

Fig. 2 : Plan de situation des différents chantiers mentionnés :
1 - St-Just. 2 - Hauts-de-St-Just. 3 - rue des Farges.
4 - Clos du Verbe Incarné. 5 - La Solitude.

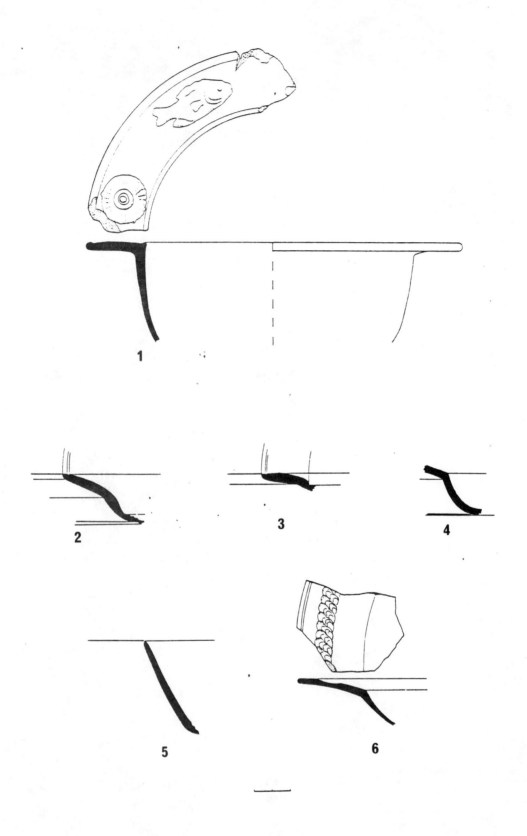

Fig. 3 : sigillée claire C : 1 : St-Just. 2, 3, 4: Rue des Farges.
5 : Hauts-de-St-Just. 6 : Théâtre dégagement de la voie (1948)

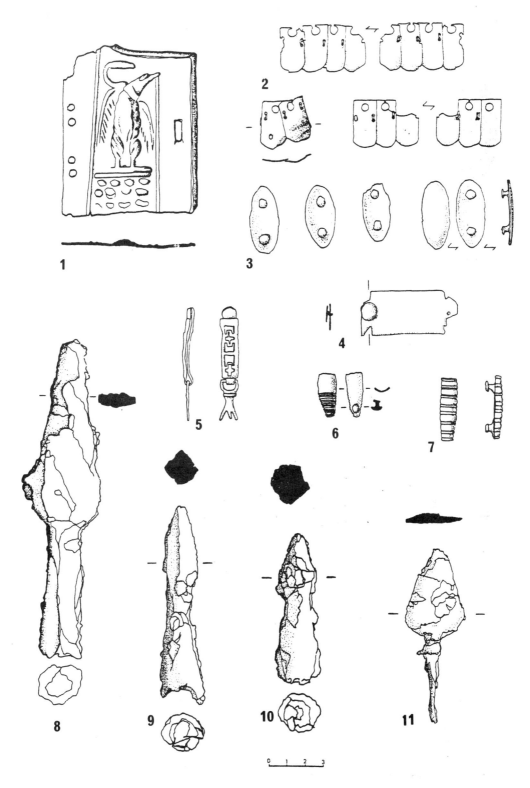

Fig. 4 : Rue des Farges. Objets militaires provenant des niveaux
d'abandon. 1 - Fragment de Lorica Segmentata ? (Cf. Webster
1979, 124. 14). 2 - Fragments de Lorica Squamata.
3 et 4 - Garnitures de ceinturon trouvées avec (2).
5 - pendeloque de ceinturon. 6 et 7 - Garnitures de ceinture.
8 - Pointe de javeline. 9, 10, 11 - Pointes de flèches.
(Dessin de M. N. Baudrand).

Fig. 5 : Rue des Farges. Objets militaires provenant des niveaux
d'abandon. 1 - umbo de bouclier en bronze. 2, 3, 4, - umbos
en fer. 5 - Lorica hamata en fer roulée en boule (Clichés
P. Plattier).

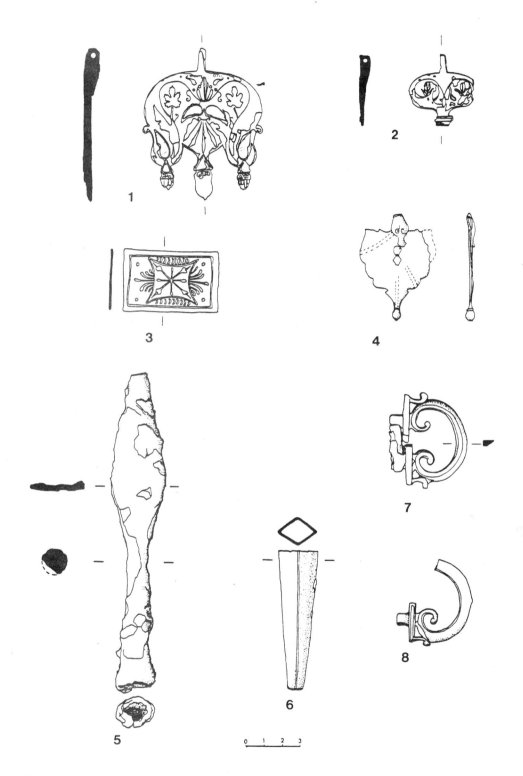

Fig. 6 : Rue des Farges. Objets militaires provenant des niveaux du
premier siècle.
1, 2 - Pendeloque de harnais en bronze incrusté. (Webster,
1979, 152, 23). 3 - Garniture de ceinturon en bronze incrusté. (Webster 1979, 123, 13 - Doppler, 1976, 29). 4 - Pendeloque en bronze. 5 - Pointe de javeline en fer. 6 - Talon
de lance en bronze. 7, 8, - Boucles de ceinturon (Doppler,
1976, 29). (Dessins de M. N. Baudrand).

BIBLIOGRAPHIE

ALLMER, A., DISSARD, P. 1888 : *Inscriptions antiques de Lyon*, 5 vol. Lyon 1888-93.

ALLMER, A., DISSARD, P; 1887 : *Antiquités découvertes en 1885, 86 et antérieurement au quartier de Lyon dit de Trion*, 2 vol., Lyon 1887-88.

AUDIN, A.,1956 : *Essai sur la topographie de Lugdunum*, Lyon 1956.

AUDIN, A.,1965 : *Lyon miroir de Rome dans les Gaules*, Paris, 1965.

AUDIN, A.,1972 : Un quartier commercial, *Archéologia*, 50, 1972, p 20 24.

AUDIN, A.,1975 : Lugdunum colonie romaine et capitale des Gaules, *Histoire de Lyon et du Lyonnais*, Lyon, 1975.

AUDIN, A.,1979 : *Lyon miroir de Rome*, Paris 1979.

CARANDINI, A. 1968 : Le terme del nuotatore - scarodell'ambiente IV, *Ostia* II, *Studi Miscellanei*, 13, Rome, 1967-68.

COMARMOND, A., 1844 : Description de l'écrin d'une dame romaine trouvé à Lyon en 1841.

COMARMOND, A., 1855 : *Description des antiquités et objets d'art contenus dans les salles du Palais-des-Arts de la ville de Lyon*, 7 vol., Paris, 1846.

CONJES, G., 1980 : L'histoire d'Arles romaine précisée par les fouilles archéologiques, *Archéologia*, 142, 1980, p. 9-23.

DESBAT, A., HELLY, B., TAVERNIER, D., 1976 : Lyon retrouve ses origines, *Archéologia*, 92, 1976, p. 8-19.

DESBAT, A., EYRAUD, A., HELLY, B., TAVERNIER, D., 1977 : Les thermes de la rue des Farges, une découverte récente à Lyon, *Archéologia*, 111, 1977, p. 6-15.

DOPPLER, H.-W., 1976 : Der Römische vicus Aquae Helveticae-Baden. Archeologische Führer der Schweiz, 8, 1976.

FABIA, P., 1918 : *La garnison romaine de Lyon*, Lyon, 1918.

GERMAIN DE MONTAUZAN, C., 1912-1915 : Les fouilles de Fourvière en 1911, 1912, 1913 et 1914, *Annales de l'Université de Lyon*, 25, 28 et 30, 1912-1915.

GRUYER, J., 1973 : Le site de la Solitude, *Revue Archéologique de l'Est*, 24, 1973. 449-463.

HAYES, J.-W., 1972 : *Late Roman Pottery, a catalogue of Roman fine wares* British School at Rome, 1972.

LAMBOGLIA, N., 1958 : Nuove osservazioni sulla terra sigillata chiara - tipi A et B, *Revue d'Etudes Ligures*,24, 1958, p. 257-330.

LAMBOGLIA, N., 1963 : Nuove osservazioni sulla terra sigillata chiara - tipi C, D,e Lucente, *R.E.L.*, 29, 1963, P. 145-212.

LERAT, L. 1977 : *La Gaule romaine*, Collection U2, 1977.

MONTFALCON, J.-B., 1866, *Histoire monumentale de la ville de Lyon*, 7 vol., Paris, 1866.

REYNAUD, J.-F., 1972 : les églises de St-Just, *Archéologia*, 48, 1972, p. 47-51.

REYNAUD, J.-F., 1973 : Les fouilles de sauvetage de l'église de St-Just et du groupe épiscopal de Lyon (églises St-Etienne et Ste-Croix), *Comptes-rendus de l'Académie des Inscriptions et Belles Lettres*, 1973, p. 347-364.

REYNAUD, J.-F., VICHERD, G., JACQUIN, L., 1977 : Lyon du IIIe siècle au Haut Moyen-Age, *Archéologia*, 111, 1977 p. 50-59.

REYNAUD, J.-F., VICHERD, G., JACQUIN, L., 1978 : L'enceinte réduite de Lugdunum, *Caesarodunum*, 1978, 2, p. 243-260.

ROUGE, J., 1980 : Septime-Sévère et Lyon, *Mélanges R. Gascon*, Lyon, 1980, p. 223-233.

STEYERT, J., 1895 : *Nouvelle Histoire de Lyon, I, Antiquité*, Lyon, 1895.

SYMEONI, G., 1841 : L'origina e le Antichita de Lione, manuscrit de la bibliothèque de Turin, publié par MONTFALCON en 1841. Collect. des bibliophiles Lyon.

TURCAN, R., 1980 : La presqu'île à l'époque romaine, problèmes historiques et archéologiques, *Revue du Lyonnais*, 1980, 2, p. 65-91.

WEBSTER, G., 1979 : *The Roman Imperial Army*, London, 1979.

WUILLEUMIER, P. 1951 : Les fouilles de Fourvière à Lyon, *4e supplément à Gallia*, 1951.

LYON DU IVe AU VIIIe SIECLE :
EDIFICES RELIGIEUX, NECROPOLES ET TOPOGRAPHIE URBAINE

J.F. Reynaud

-=-

Depuis 1970, les recherches archéologiques menées à Lyon ont fait progresser la connaissance des origines chrétiennes de la ville de Pothin, Irénée, Just, Eucher et Patiens. Les fouilles de Saint-Jean, Saint-Etienne et Sainte-Croix, permettent de retracer la naissance et l'évolution d'un quartier urbain où se trouvait l'un des groupes épiscopaux les plus anciens et les plus prestigieux de Gaule ; les fouilles de Saint-Just et de Saint-Laurent, plus complètes et plus approfondies, ont mis en évidence la qualité des constructions des IVe, Ve et VIe siècles, ainsi que l'originalité des solutions adoptées en fonction des besoins liturgiques (fig. 1).

Nous nous efforcerons au cours de cet article de montrer le rôle de l'archéologue qui doit allier les études de structures, de stratigraphie et de matériel aux analyses des sources iconographiques et des textes, anciens ou modernes, et prendre en compte les résultats obtenus sur le terrain par ses prédécesseurs. Nous rappellerons également les difficultés rencontrées par l'archéologue en ces temps de transition qui voient depuis une vingtaine d'années mettre en place des structures plus ou moins bien adaptées aux besoins, en particulier à la multiplication des sauvetages et à la destruction progressive des archives du sous-sol (1).

A Lyon, grâce à des initiatives personnelles, puis grâce à une action concertée d'un travail d'équipe, les efforts de tous se sont conjugués pour éviter des catastrophes et transformer des destructions parfois "programmées", en sauvetages puis en recherches méthodiques (2).

En 1980, le temps des conclusions définitives n'est pas encore venu, on peut toutefois dresser le bilan de dix ans de fouilles, préciser l'acquis et présenter des hypothèses de travail pour les années à venir.

I. LES DOCUMENTS HISTORIQUES ET ARCHEOLOGIQUES ANCIENS

Parmi ces documents, les textes du Ve ou du IXe siècles sont pour nous d'un intérêt majeur. Après avoir présenté ces textes anciens, nous rappellerons brièvement quelles étaient les interprétations des historiens et des archéologues lyonnais.

1. Les textes anciens

Trois textes capitaux vont attirer notre attention , nous en reprenons l'analyse pour en dégager les renseignements les plus précieux pour nous concernant les édifices religieux d'époque paléochrétienne ou carolingienne.

A. Le groupe cathédral

La lettre 10 livre II de Sidoine Apollinaire est un document majeur de l'année 469-470 (3).

Le terme *ecclesia* désigne bien la cathédrale et non une basilique funéraire voisine. L'église est située au bord de la Saône et près d'une voie ; elle a été achevée par Patiens et elle est inaugurée au moment de la rédaction de la lettre. L'auteur insiste sur le fronton de l'église qui regarde le soleil levant à l'équinoxe ; pour certains, l'église apparaît comme occidentée si l'on prend le terme *arx frontis* à la lettre, pour d'autres, elle serait orientée si l'on prend l'arc triomphal comme référence.
Un triple portique s'adosse à ce sanctuaire et un deuxième portique ferme l'atrium dans sa partie la plus reculée.
L'église est richement décorée de marbre et de mosaïques.

La lettre de Leidrade (début du IXe siècle) est un autre document majeur (4). L'évêque de Lyon chargé par Charlemagne de remettre en état son diocèse, restaure l'église principale dédiée à Saint-Jean *maximam ecclesiam que est in honorem sancti Johannis Baptistae de novo operuerim* et répare le toit d'une deuxième église dédiée à Saint-Etienne *similiter ecclesie Sancti Stephani tegumentum de novo reparavi*. Une église Saint-Etienne était déjà mentionnée dans la *Vita Boniti* au VIIIe siècle (5). Le martyrologe d'Adon signale le transfert des reliques de Cyprien , Speratus et Pantaléon *in majori ecclesia beati Johannis Baptistae, ac sancti martyris Stephani* (6). Par le Bref de Leidrade, on sait que les chanoines sont au nombre de cinquante-deux *in domno sancti Stephani* (7) et le *titulus libelli* rédigé par Florus *ad altare sancti Stephani* pourrait s'appliquer à cet édifice (8).

Ces textes qui ne prêtent pas à discussion nous forcent à mettre en doute la liste épiscopale de l'Obituaire de Lyon (9) rédigée au XIIIe siècle (Bibliothèque de Bologne) qui mettait en parallèle l'*ecclesia et baptisterium sancti Stephani* et l'évêque Alpinus - mention qui a toujours été interprétée comme une allusion à la construction par Alpinus de la cathédrale dédiée à Saint-Etienne et de son baptistère - . De même, l'obituaire attribue à Arigius (début du VIIe siècle) la construction de l'église Sainte-Croix.

B. La basilique funéraire de Saint-Just

La lettre 17 livre V de Sidoine Apollinaire a été écrite en 469 à l'occasion de la commémoration du *natalis* de l'évêque Justus sans doute le 21 octobre (10). La foule des pèlerins est trop nombreuse *(populus ingens)* pour une basilique pourtant très vaste *(capacissima)* et de plus agrandie par les cryptoportiques qui l'entourent *(quamlibit cincta diffusis cryptoporticibus)*. Le dernier terme doit attirer notre attention, il suggère en effet des espaces souterrains mal éclairés et mal aérés (*de loci sane turbarumque compressu deque numerosis luminibus inlatis nimis anheli*).

Un grand édifice à cryptoportiques existe donc dès 469 sur la colline. D'après Adon (IXe siècle), la basilique est dédiée, à l'origine, aux frères Macchabées. De nombreux évêques de Lyon y sont inhumés entre la fin du IVe siècle et la fin du Ve siècle, Justus et Viator son compagnon, Helpidius, Antiochius, Patiens, Lupicin, Etienne, Constantin et Peregrin (11). L'Obituaire de la cathédrale fait également d'Arigius le fondateur d'un monastère à Saint-Just *monasterium sancti Justi* (12).

Par la suite, quatorze chanoines de Saint-Just sont connus à l'é-
poque d'Agobard (13) et en 868 le chorevêque Rémy restaure le monastère (14).

2. Les historiens lyonnais (XVI - XIXe siècles)

Nous aborderons avec eux un thème qui se retrouve dans la plupart des ouvrages lyonnais, celui de l'emplacement de l'*ecclesia*
décrite par Sidoine Apollinaire avant d'apprécier l'intérêt des
descriptions fournies par ces mêmes historiens en tant que témoins de l'état des édifices qu'ils ont pu connaître.

A. L'emplacement de la cathédrale primitive et de l'*ecclesia* décrite par Sidoine Apollinaire

L'emplacement de l'*ecclesia* décrite par Sidoine Apollinaire
(lettre 10, livre II) a lui aussi fait couler beaucoup d'encre.
Alors que l'édifice était situé avec précision en bordure du
fleuve où le chant des hâleurs répond à celui des fidèles, les
auteurs du XVIIe siècle l'ont assimilé à Saint-Irénée (15), seule
construction ancienne connue à l'époque (Saint-Irénée domine la
Saône mais est éloigné de la rivière de plus d'un kilomètre). Le
texte a ensuite été appliqué à l'église de Saint-Just dont le
site connaît une certaine vogue au XIXe siècle, puis aux églises
de Saint-Nizier et de Saint-Laurent, effectivement assez proches
du fleuve (16).

B. Les descriptions d'édifices anciens avant leur destruction

Trois anciennes églises de Lyon sont décrites avant leur disparition, celle de Saint-Just en 1562 et celles de Saint-Etienne
et de Sainte-Croix aux XVIIe et XVIIIe siècles.

La description de Saint-Just rédigée au moment de la destruction de l'église par les Protestants en 1562, nous apporte peu
de choses par rapport au plan scénographique du milieu du XVIe
siècle. Elle nous précise les dimensions de l'église romano-
gothique et sa forme - transept débordant et façade à deux tours -.

Les descriptions du groupe épiscopal de Lyon aux XVIIe et
XVIIIe siècles nous concernent encore dans la mesure où à cette
époque, l'église Saint-Etienne passe pour l'édifice le plus ancien en raison de ses modestes dimensions, de son type de construction et de remplois dans les murs de sculptures antiques qui
recevaient un culte de tradition païenne ; nous y apprenons aussi
que "l'église est en forme de croix". Saint-Jean, qui aurait été
le baptistère à l'origine, ne serait devenue cathédrale qu'à l'é-
poque gothique (17).

De plus amples précisions sont fournies par A. Sachet, dans son
ouvrage sur le Pardon Annuel de la Saint-Jean (18). Ce dernier
nous renseigne en particulier sur les fonctions de l'église
Saint-Etienne où s'était maintenu le baptême des Juifs et des
Musulmans convertis après le transfert des fonts à Sainte-Croix.

3. Documents iconographiques

Ces documents apparaissent au XVIe siècle (Plan Scénographique) pour se multiplier aux XIIe (Simon Maupin, Israël Sylvestre) et XVIIIe siècles.

A Saint-Just, deux documents facilitent la compréhension de l'édifice roman achevé à l'époque gothique sous Innocent IV : le Plan Scénographique, achevé quelques années en 1562 (fig. 2) et qui illustre le texte de reconnaissance des lieux au moment de la destruction de l'église et un dessin de Syméoni, conservé à la Bibliothèque de Turin où les clochers de Saint-Just se dressent au sommet de la colline. Après le passage des Protestants, quelques plans mentionnent encore l'ancienne basilique.

Le groupe cathédral de Lyon est amplement représenté à partir du XVIe siècle jusqu'à la destruction de Saint-Etienne et de Sainte-Croix en 1793. Le Plan Scénographique et le plan de Simon Maupin sont assez précis, mais Saint-Etienne est cachée entre les deux grandes églises voisines , la cathédrale gothique de Saint-Jean (fin XIIe - fin XIVe) et l'église Sainte-Croix reconstruite au milieu du XVe siècle (fig. 2). L'implantation au sol de Saint-Etienne figure toutefois sur un plan du XVIIIe siècle (2 S 540 de la Bibliothèque Municipale de Lyon). Une précision quant aux dimensions de l'abside et quant à sa forme, circulaire à l'intérieur, nous est fournie par une gravure de même époque. A l'ouest, plusieurs gravures indiquent un grand portail ouvrant sur la rue Saint-Jean. Une autre gravure nous donne une vue de l'élévation intérieure de l'église Sainte-Croix.

4. Les documents archéologiques récents (1935-1957)

Deux fouilles d'édifices religieux ont été menées à Lyon entre 1935 et 1957, la première à la croisée du transept de Saint-Jean, la deuxième à Saint-Laurent de Choulans - nous laisserons de côté celle de l'abside de Saint-Irénée trop partielle pour fournir des conclusions solides - (19).

A la cathédrale, l'installation d'un chauffage par le sous-sol en 1890 avait fait apparaître une abside ancienne au centre de l'édifice actuel (20). En 1935, un dégagement des deux travées met au jour deux murs semi-circulaires concentriques et deux sols en béton de tuileau, le sol supérieur étant encore partiellement couvert de mosaïques (21) : l'ensemble est alors daté de l'époque paléochrétienne d'après le texte de Sidoine Apollinaire et d'après les mosaïques "de tradition antique" (22).

Ces renseignements sont utilisés dans les ouvrages de Jean Hubert et de May Vieillard - Troïekouroff (23).

En 1947, des canalisations de l'Electricité de France mettent au jour à Choulans des structures anciennes et de nombreuses tombes. Un sauvetage est organisé et des inscriptions funéraires des VIe-VIIe siècles précisent que l'on est bien en présence de l'église dédiée à Saint-Laurent. Deux problèmes subsistent, celui du plan de l'église -en particulier celui de son orientation- et celui de la construction, attribuée à l'évêque Patiens (24).

II. LA VILLE BASSE ET LE GROUPE EPISCOPAL

Aucune fouille systématique n'avait jamais été effectuée dans ce quartier, si l'on excepte les dégagements à l'intérieur de la cathédrale. Un projet d'agrandissement du Palais de Justice vers le sud a été à l'origine d'une étude des élévations de l'église Sainte-Croix, et d'une analyse des constructions anciennes dans les sous-sols des immeubles ou dans les rues (25).

En 1973, deux immeubles qui renfermaient d'importants vestiges de l'église Sainte-Croix, étaient abattus entre la rue Saint-Etienne et la rue Mandelot.
Quatre campagnes de fouilles ont été nécessaires pour mener à bien ce travail avec des moyens à la fois faibles, par manque de personnel qualifié, et importants, par les subventions qui nous ont été accordées.
Les sondages ont été effectués zone après zone en fonction des espaces laissés libres, des hypothèses de travail et des difficultés propres à la fouille urbaine.

Un véritable programme n'a pu être élaboré que tardivement après l'apparition des vestiges et après le repérage d'un grand mur en bordure de la Saône. Nous avons pu alors mieux rattacher nos recherches aux études effectuées sur les groupes épiscopaux en France ou à l'étranger (26).

1. La ville basse et son mur en bordure de la Saône (fig. 3)

Depuis plus d'un siècle, les historiens et les archéologues lyonnais se sont attachés à reconstituer la topographie de Lugdunum ; la plupart des grands monuments ont été retrouvés alors que le problème des enceintes successives restait entier ainsi que celui des installations gallo-romaines dans la ville basse.

A. Les rives de la Saône du IIe au IVe siècle et les premières constructions

Plusieurs sondages ont révélé en profondeur, tout d'abord des trous de poteaux bien nets dans les couches limoneuses et sableuses, puis d'épaisses couches de galets et de sable contenant de nombreux fragments d'amphores, un foyer renfermant quelques tessons de céramique commune du IIe-IIIe siècles, enfin, les premières constructions en dur.

B. Le mur des bords de Saône (fig. 4)

En 1976, une structure assez puissante est apparue à l'est du chantier où une fouille systématique a pu être menée (27).

a) les structures

Un mur de 1,85 m de largeur et un contremur ont été dégagés sur plus de trente mètres de largeur. Le mur principal est constitué d'une assise de gros blocs de calcaire du Bas Bugey (choin), fréquemment inscrits et provenant de la destruction d'édifices du quartier de la Croix-Rousse (amphithéâtre).

La partie supérieure du mur est construite en petits moellons irréguliers (calcaire jaune des Monts d'Or) liés par un mortier à tuileau assez cohérent et dur. Quelques blocs d'un contremur subsistent au nord et au sud.
Au sud ont été repérés deux caniveaux qui traversent les deux murs. Le conduit sud était prévu lors de la construction du mur. Le conduit nord a été entaillé dans les structures existantes.

b) stratigraphie et matériel (fig. 5)

Les fouilles excavées à l'est du contremur sur deux mètres de hauteur ont fourni un matériel d'une grande richesse, de la céramique claire et luisante, de la métallescente, de la sigillée grise "paléochrétienne", des monnaies du IVe siècle et du Ve siècle, en particulier à proximité d'un foyer où étaient conservés de nombreux fruits carbonisés (dattes, olives, noyaux de pêches ou d'abricots).

Un des sondages a livré en six couches 162 monnaies qui se répartissent de Constantin I à Honorius : petits bronzes très altérés et souvent brûlés, donc difficiles à identifier. On retrouve quelques marques d'ateliers (Lyon, Arles, Aquilée). Ces monnaies datent les couches d'occupation postérieures au contremur.

Au sud la tranchée de construction du deuxième caniveau contient quelques monnaies burgondes (fin Ve - début VIe siècles).

c) datation, nature et tracé du mur

. Datation
La présence de monnaies du début du milieu et du 3e quart du IVe siècle dans les couches profondes, ainsi que l'utilisation de sigillée claire et de métallescente nous inciterait à placer l'installation du contremur avant le milieu du IVe siècle.
En fait, ces monnaies du IVe siècle sont utilisées tout au long du Ve siècle et nous nous contenterons pour l'instant d'un *terminus ante quem* : construction du contremur avant la fin du Ve siècle - début VIe siècle.
La construction du mur principal, de peu antérieure au contremur, pourrait donc se placer entre la fin du IIIe siècle et le courant du Ve siècle.

. Nature et tracé
Pour comprendre la nature de ce mur, il faut considérer en même temps sa relativement faible largeur, mais aussi la proximité de la Saône qui constituait une défense naturelle ; la découverte de nombreux blocs inscrits dans le quartier Saint-Georges en bordure de la Saône suggère l'extension de ce mur assez loin vers le sud. Deux solutions peuvent être proposées, il s'agirait soit d'un mur de clôture pour le groupe épiscopal, soit d'un mur d'enceinte pour la ville basse. Son tracé reste inconnu du côté de la colline.

2. Les constructions du IVe siècle et le groupe cathédral

La fouille de la zone située entre la cathédrale Saint-Jean et le Palais de Justice a permis de mettre au jour des constructions du IVe siècle qui s'étendaient sur l'ensemble de l'espace, un baptistère paléochrétien au sud sous l'église Saint-Etienne et de rares vestiges d'un édifice antérieur au XIe siècle sous Sainte-Croix (fig. 3).

A. Les constructions du IVe siècle : la *maxima ecclesia* et le baptistère primitif

a) la *maxima ecclesia*

Nos sondages effectués à l'extérieur et à l'intérieur de l'abside mise au jour en 1935 (28), ont fait apparaître deux campagnes de constructions sous les structures déjà repérées : la plus profonde est caractérisée par de gros blocs de choin et un mortier gris, et au-dessus se distingue un mur de petits moellons liés par un mortier à tuileau avec un ressaut de fondation bien marqué.

On constate donc tout d'abord la remarquable qualité de la construction (emploi des gros blocs de choin) et les dimensions impressionnantes de l'abside dont le diamètre atteindrait 13 à 15 mètres. On note également une étonnante superposition des constructions sur un même emplacement : il faudra attendre le dernier tiers du XIIe siècle pour voir le chevet de la nouvelle église dépasser le mur d'enceinte du Bas-Empire.

Si l'on se réfère aux édifices lyonnais, viennois ou genevois (29) (Saint-Just, Saint-Laurent de Choulans à Lyon, Saint-Pierre et Saint-Ferreol à Vienne, et les églises du groupe épiscopal de Genève), on serait tenté de situer la grande abside de Saint-Jean au Ve siècle, par exemple à l'époque de Patiens.
On peut aussi supposer qu'un très grand programme de construction a été commencé dès le IVe siècle.

b) le baptistère

Au nord de la *maxima ecclesia*, une salle rectangulaire à exèdre présente à l'est une abside semi-circulaire et au centre une cuve octogonale ; des annexes sont attestées au nord, à l'ouest et au sud (fig. 8 et 9).

Plusieurs étapes peuvent être distinguées :

. étape 1 : conduits de chauffage en croix de Saint-André.
. étape 2 : cuve octogonale à évacuation d'eau par tuyaux de plomb. Ces tuyaux passent sous un hypocauste qui est assuré, en tout cas, vers l'est.
. étape 3 : rétrécissement de la cuve octogonale et évacuation de l'eau par le nord.
. étape 4 : nouveau rétrécissement de la cuve et évacuation de l'eau dans des auges de pierres (toujours par le nord). Ce conduit passe par-dessus des fosses qui contiennent des monnaies du 3e quart du IVe siècle.

On peut déduire de cette analyse que la construction du premier baptistère doit se situer assez tôt au cours du IVe siècle et que ce baptistère était chauffé (30).

c) Sainte-Croix

La construction de l'église Sainte-Croix n'est attestée que par un document tardif (31). Rappelons que Leidrade ignore Sainte-Croix (32) et que les structures anciennes sont rares sous l'église du XIe siècle.

Une première construction, sans doute du IVe siècle (monnaies), correspond à un vaste ensemble de conduits rayonnants (fig. 3).

Quelques arguments, certes fragiles, permettent également de supposer l'existence d'une église du Haut Moyen-Age :

- le culte de la Sainte-Croix se développe très tôt en Gaule.

- les deux portions connues des collatéraux de l'église du XIe siècle sont construits au-dessus de fondations plus anciennes. Un sol intermédiaire existe entre le sol des conduits rayonnants et celui du XIe siècle.

- au groupe épiscopal de Genève, une église nord existe dès le Ve siècle.

La fouille des bords de Saône, malgré son caractère improvisé au départ, a fourni des éléments nouveaux à la compréhension de la topographie urbaine. De même, on saisit mieux les origines du groupe épiscopal : le baptistère, sans doute dédié très tôt à Saint-Etienne, puis transformé peut-être dès le VIIIe siècle en église, la *maxima ecclesia* au sud, consacrée à Jean-Baptiste et dont les vestiges connus -abside- correspondent par la qualité de la construction et par l'ampleur des volumes aux descriptions de Sidoine Apollinaire. On peut seulement regretter l'exiguité des sondages sous Saint-Jean et l'ampleur des destructions sous Sainte-Croix.

III. LES BASILIQUES FUNERAIRES DE SAINT-JUST ET DE SAINT-LAURENT

Si les problèmes topographiques de la ville du Bas-Empire sont loin d'être résolus, la connaissance de la périphérie urbaine *extra muros* a avancé grâce à deux fouilles, l'une sur la colline, l'autre au bord de la Saône.

1. Les basiliques et la nécropole de Saint-Just (anciennement les Macchabées)

Commencées en 1971, les recherches archéologiques ne sont pas encore terminées (33). Après des débuts difficiles dus à l'inexpérience des fouilleurs et au manque de temps, la fouille a changé de rythme et de méthode. Après l'état gallo-romain, quatre grandes campagnes de constructions ont été distinguées : deux pour l'époque paléochrétienne, deux pour l'époque romane (fig. 11 et 12).

Pour l'époque paléochrétienne (IVe-Ve siècles), nous présenterons d'une façon simplifiée les deux édifices les mieux connus, c'est-à-dire l'état de la question en 1980.

A. Les constructions gallo-romaines

Le gallo-romain n'a pas été étudié de façon systématique sur le site. Il faut toutefois savoir qu'un habitat très étendu couvrait la presque totalité de l'espace : exèdres au sud-ouest, bassins au centre-ouest, hypocauste, nombreux sols en béton de tuileau. L'occupation du site s'étend du Ier au début du IIIe siècle avec peut-être une occupation partielle au cours des IIIe et IVe siècles inclus (sigillée claire et métallescente, verrerie de type rhénan).

B. La nécropole

Une nécropole s'installe dans un grand espace, apparemment laissé vide au sud-est du terrain en contrebas des exèdres. La fouille de sauvetage de cette nécropole a été très rapide et nous pouvons seulement donner une typologie des tombes (34) :

sarcophage de plomb à décor de baguettes entrecroisées et de cercles concentriques, comparable à des modèles rhénans ou tyriens, il peut être daté du IVe siècle ; amphores (sépultures d'enfants) ; caissons de tegulae ; caveaux de grandes dalles remployés, toujours bisomes (couples). On en trouve de nombreux exemples dans la vallée du Rhône ou dans le midi de la France ; sarcophages de demi-cuves accolées.

C. La première basilique (deuxième moitié du IVe siècle)

L'abside de cet édifice est relativement bien conservée, par contre, il a été très difficile de reconstituer les nefs correspondant à cette abside.

a) le plan d'ensemble (fig. 12)

Nous avons pu prouver que le chaînage occidental du chevet était bien lié à l'abside et qu'au sud, les structures postérieurement englobées dans le collatéral roman appartenaient bien à cette étape (au nord subsiste seulement le radier de ce mur).
A l'abside on rattache donc un édifice de près de 20 m de largeur dont malheureusement, on n'a pas encore pu déterminer ni les subdivisions intérieures, ni la longueur exacte. On peut seulement supposer que la façade occidentale n'a pas varié au cours des âges.

b) datation et fonction

Les destructions très poussées de l'édifice, l'urgence du sauvetage ont interdit une datation par le matériel.
La typologie de l'abside nous vient en aide : par ses proportions, par son dessin, cette abside rappelle de très près celle de l'église des Macchabées de Genève, récemment étudiée par Ch. Bonnet et datée avec précision du dernier quart du IVe siècle (35).

D. La deuxième basilique (Ve siècle) et ses aménagements

Cette construction pose des problèmes d'agencement et de datation (pl. 12).

a) le plan d'ensemble

Le fait essentiel consiste en un agrandissement de l'édifice vers l'est par l'installation d'un transept très largement débordant et d'une abside polygonale en élévation. Le transept est doté de cryptes à chacune de ses extrémités, avec accès de l'intérieur par les portiques latéraux ; une crypte correspond à l'extrémité du collatéral sud ; une galerie souterraine longe le bras sud du transept et l'abside ; des portiques jouxtent l'église au nord et au sud.

b) les étapes de construction

Deux étapes de construction sont d'ores et déjà acquises si l'on considère le mortier et l'appareil.

. à la première étape se rattache le transept dans son ensemble, les galeries latérales et peut-être la galerie orientale. Des cryptes existent déjà à l'extrémité des bras du transept et peut-être dans le prolongement du collagéral sud.
. la deuxième étape voit se reconstruire l'église en élévation et parfois même en fondation. Elle comporte un réaménagement des cryptes et du transept.

c) datation et typologie

La datation de ces différentes étapes ne va pas sans problèmes. Nous disposons des éléments fournis par les textes, les monnaies et la céramique, par les mortiers de l'appareil, enfin par les comparaisons avec d'autres monuments.

. les monnaies et la céramique :
Deux niveaux d'occupation ont été trouvés dans les cryptes du transept avec :

- des monnaies de la fin du IVe siècle et du début du Ve siècle avec de nombreux petits bronzes trouvés au nord et au sud dans le premier niveau d'occupation au-dessus du loess vierge, et une lampe en sigillée grise dans la tranchée de fondation du transept nord.
Malheureusement, on ne connaît pas la durée d'utilisation des monnaies de cette époque ou plutôt, on sait qu'elle peut s'étendre sur tout le Ve siècle. De même, la sigillée grise "paléochrétienne" est utilisée pendant tout le Ve siècle.

- des monnaies burgondes (début VIe siècle) trouvées dans le deuxième niveau d'occupation des cryptes du transept et céramique carénée à décor à la molette (même zone).
On note également la présence dans la crypte nord d'une monnaie d'or de Clotaire II (fin VIe siècle).
Le mortier blanc et très dur de cette deuxième étape de construction nous rappelle celui des édifices viennois de Saint-Ferreol outre Rhône et de Saint-Pierre (3e tiers du Ve siècle) ainsi que celui de Saint-Laurent de Choulans (VIe siècle) (37).

128

. typologie
Trois éléments doivent attirer notre attention.
Tout d'abord, les cryptoportiques : ces galeries et ces espaces
souterrains pour ainsi dire extérieurs à l'église, nous semblent
correspondre plus à une tradition antique qu'à une nouveauté
préfigurant les cryptes mérovingiennes et carolingiennes.

Le transept très débordant est dès l'origine un transept à croisée : deux blocs de choin rattachent l'abside au transept et
servent d'assise à deux pilastres qui devaient supporter les
grands arcs nord et sud ; la trace d'arrachement de gros blocs
à l'angle nord-ouest laisse supposer un même système à l'entrée
de la nef. Ce type de plan, connu jusqu'à présent seulement par
les textes pour la cathédrale de Clermont, et pour celle de
Nantes (38), préfigure le transept carolingien.

L'abside polygonale est peu représentée en France, citons celle
de la basilique paléochrétienne de Saint Blaise (Ve siècle),
celle des Mourgues en Arles (VIe siècle ?) pour la France,
celle de Saint-Laurent d'Aoste (première moitié du Ve siècle),
et celle d'Ardon (fin VIe, début Ve siècle) (39) pour la région
alpine qui a dû servir de relais entre la Gaule et l'Adriatique,
lieu de naissance de ce type d'abside.

Pour l'instant, nous nous contenterons donc d'une approximation :
l'église à transept est construite durant le Ve siècle. Elle
atteste de la capacité créatrice de cette période qui donne
naissance à des prototypes ; elle est profondément remaniée
au cours du VIe siècle (peut-être au début du VIIe siècle).

2. La nécropole de Saint-Irénée - Saint-Just (fig. 13 et 14)

Une fouille de sauvetage effectuée au printemps de 1980 est
venue compléter notre connaissance de la nécropole chrétienne qui
s'étendait entre les deux basiliques funéraires de la "colline
sainte". La typologie des tombes correspond exactement à celle de
Saint-Just (caveaux, sarcophages monolithes, demi-cuves accolées,
tombes d'enfants dans des amphores). Un travail un peu plus mi-
nutieux a permis de repérer plus de tombes en pleine terre ou à
cordons de galets ; l'absence de construction moderne sur le
site a rendu possible l'étude de deux mausolées, enfin, l'analyse des monnaies, de la céramique et du matériel vient préciser
les datations proposées en 1972 (40).

A. La nécropole païenne

Une nécropole païenne a précédé la nécropole chrétienne. On en
trouve la preuve dans la présence de fosses à incinération et dans
le matériel de la tombe T 72 (2 vases, 1 lampe à huile de la fin
du Ier siècle, une monnaie de Domitien). Un certain nombre de
tombes en pleine terre surtout localisées dans la zone sud du
chantier doivent appartenir à cette nécropole.

B. Les mausolées (fig. 15)

Ces petites constructions retrouvées l'une au centre, l'autre au sud du chantier, renfermaient soit une tombe, soit deux tombes monolithes.

C. Les remplois et le matériel

Les remplois provenant d'édifices gallo-romains sont très nombreux et particulièrement intéressants, qu'il s'agisse de stèles funéraires, de blocs inscrits ou d'éléments architecturaux. On a maintenant l'assurance que les demi-cuves sont taillées dans des blocs de dimensions moyennes arrachés aux monuments de la colline (par exemple, des cryptoportiques).

Des monnaies du IVe et du Ve siècle (2 Valentinien II dans T 105) ont été trouvées dans les tombes ou dans le mausolée central ; la T 46 renfermait une boucle de ceinture à moraillons (tradition hunnique) du Ve siècle, enfin, des fosses contenaient de la sigillée grise paléochrétienne.

Une datation du IVe-Ve siècle peut donc être avancée pour la nécropole chrétienne qui semble au VIe siècle se reserrer autour des lieux de culte voisins.

3. Saint-Laurent de Choulans (VIe siècle)

Si à Saint-Just, se succèdent de nombreux édifices sur le même site, à Saint-Laurent, les constructions sont plus simples.

Redécouverte en 1947 par A.Audin (41)et partiellement fouillée à l'époque, puis à nouveau par nos soins en 1976 (42), la basilique funéraire de Saint-Laurent est bien conservée dans sa moitié nord ce qui permet de reconstituer l'ensemble du plan (Cf. fig. 16 et 17).
Un seul édifice a été construit sur les lieux. Par son plan, par son type de constructions, Saint-Laurent s'intègre très bien dans l'évolution des églises lyonnaises et viennoises.

A. Plan

a) une église orientée

Un sondage profond à l'est de l'église nous a fait découvrir une abside semi-circulaire de grandes dimensions.

b) une seule campagne de construction

L'analyse des structures nous avait poussé à émettre l'hypothèse d'une construction en deux temps (43). Une étude plus approfondie nous a fait admettre une construction homogène : en effet, le doublage de l'abside a été exécuté en cours de construction pour mieux asseoir les fondations exposées aux crues du fleuve, les fondations ont été exécutées en tranches horizontales assises par assises et chaque fois que l'on posait une assise de gros blocs, on remblayait le niveau correspondant de la tranchée voisine, enfin des pierres d'attente étaient prévues pour rattacher les murs des collatéraux à ceux du transept.

Seuls les portiques pourraient - mais cela n'est pas prouvé - être postérieurs à la construction de l'ensemble : on peut en fait supposer qu'ils sont contemporains du reste de l'édifice.

c) un transept à croisée

Le transept diffère sensiblement de celui de Saint-Just. Très débordant, il ne dépasse pas 30 m de longueur contre 34 m à Saint-Just et l'on peut le subdiviser en trois carrés, le carré central correspondant à la croisée du transept. L'existence d'une croisée peut se déduire de la présence de gros blocs d'angle, manifestement supports des grandes arcades, de la liaison entre les chaînages qui délimitent cette croisée et les gros blocs d'angle, enfin par l'absence de reprise de construction dans la stratigraphie.

B. La nécropole : typologie des tombes (fig. 18)

On distingue plusieurs types de tombes échelonnées sur un seul niveau à l'intérieur de la basilique, sur plusieurs niveaux à l'extérieur au nord. Dans l'église, seuls le collatéral et les portiques sont garnis de sépultures - à l'est, les destructions ont fait disparaître toutes les couches superficielles -.

sarcophages monolithes à parois épaisses, de forme rectangulaire, peut être des remplois ; sarcophages monolithes à parois minces, de forme trapézoïdale ; sarcophages en demi-cuves accolées parfois pourvus d'une alvéole céphaloïde ; caissons de grandes dalles minces de forme trapézoïdale (moellons) ; tombes maçonnées avec enduit de surface (briques et pierres) ; tombes maçonnées avec mortier courant.

Au nord et à l'extérieur de l'église, les tombes des niveaux supérieurs sont faites de caissons de pierres non liées par du mortier et de forme grossièrement trapézoïdale.

Aucun matériel n'a été trouvé dans les tombes au cours des dernières fouilles, à part deux agrafes à double crochet.
Quelques vases à offrandes ont été recueillis dans les niveaux de cendres au-dessus des tombes.

C. Datation

La basilique de Saint-Laurent est assez bien datée par le type de construction, par la stratigraphie et par les tombes et par les inscriptions.

a) l'appareil et le mortier

La qualité de la construction est attestée par le nombre de gros blocs de choin utilisés en fondation et en chaînage d'angle, avec au-dessus des assises de petits moellons arrachés à des monuments gallo-romains, et par l'épaisseur des murs. On peut comparer Saint-Laurent à Saint-Ferreol outre Rhône et à Saint-Pierre de Vienne, édifices datés du 3e tiers du Ve siècle (44). Saint-Laurent nous semble également postérieure à la deuxième basilique de Saint-Just.

b) la stratigraphie

La céramique et les monnaies trouvées dans les tranchées de fondation sont peu significatives. Par contre, on a pu étudier au nord du transept une stratigraphie assez complète où des couches datées par des monnaies et de la sigillée grise estampée sont coupées par la tranchée de fondation de l'église.

L'église serait donc soit du Ve siècle avancé, soit du VIe siècle.

c) les tombes et les inscriptions

La datation des sépultures n'est pas toujours facile à préciser aussi les tombes de Saint-Laurent peuvent se situer entre le VIe et le VIIe siècle. Les inscription, dans la mesure où elles sont datées, nous aident beaucoup.

Depuis 1947, de nombreuses inscriptions ont été trouvées, la plupart remontant au VIIe siècle (45).
En 1977, une inscription trouvée en place au-dessus d'un sarcophage en demi-cuve à alvéole céphaloïde a permis de dater la tombe des années 608-609 et de corriger la date de l'inscription de Felemoda qui deviendrait la plus ancienne du site (599) (46).

Cet ensemble d'indices nous incite à proposer pour la construction de Saint-Laurent, une fourchette qui s'étend de la fin du Ve siècle à la fin du VIe siècle.

-=-

Depuis 1970, l'archéologie médiévale s'est développée à Lyon et dans sa région. Les médiévistes se sont efforcés de parer au plus pressé en s'occupant d'abord des sauvetages. Des programmes ont pu ensuite être élaborés pour déterminer les choix à faire. Ainsi, la fouille du groupe épiscopal de Lyon, de deux basiliques funéraires sont venus éclairer un certain nombre de problèmes et en poser de nouveaux.

Nous avons pu étudier le passage du gallo-romain au médiéval et constater que dans deux cas, l'orientation des structures antiques a été déterminante. A Saint-Just, on peut supposer maintenant une permanence au moins partielle de l'habitat dans cette zone de passage, à Saint-Jean, l'orientation des édifices religieux semble également correspondre à celle de l'habitat antique. Dans ces deux cas, les édifices religieux les plus anciens remontent au IVe siècle. A Saint-Laurent, la déviation d'axe est très nette et la construction a sans doute cherché à améliorer l'orientation de la basilique.

L'importance de la ville du Bas-Empire a pu être précisée du côté de la Saône, il faudrait maintenant étendre l'enquête du côté de la colline de Fourvière, ainsi qu'au nord et au sud où s'établiront très tôt les chapitres de Saint-Paul et de Saint-Georges. Dans la presqu'île s'installent des monastères et des basiliques funéraires mais des zones habitées ont été repérées au pied de la Croix-Rousse à Saint Vincent (céramique du IVe siècle), dans le quartier d'Ainay (mosaïques du IVe siècle).

L'importance de la ville aux IVe, Ve et VIe siècles apparaît
au travers de ses monuments dont le groupe épiscopal est le plus
représentatif avec sa *maxima ecclesia* dont on ne connaît que
l'abside, avec son baptistère construit au cours du IVe siècle et
qui présente la particularité d'être chauffé - il disparaît sans
doute au cours du VIIIe siècle, avec l'église Sainte-Croix, qui
a laissé trop peu de vestiges pour que l'on puisse en parler avec
assurance.

Les basiliques funéraires de Saint-Just et de Saint-Laurent font
mieux comprendre le rôle de Lyon, capitale du royaume burgonde et
capitale religieuse, on y saisit la naissance des cultes des con-
fesseurs (l'évêque Justus) au début du Ve siècle, la continuité
dans les pratiques architecturales avec les cryptoportiques de
tradition antique et les nouveauté comme le transept à croisée,
très proche de ceux que l'on trouve en Grèce continentale et qui
aura en occident une longue descendance.

Enfin, ces recherches nous conduisent à étudier pourquoi certains sites comme Saint-Laurent perdent pratiquement toute leur
importance à l'époque carolingienne, alors que d'autres comme
Saint-Just voient s'établir un chapitre qui deviendra bientôt
un des plus puissants de Lyon.

Ces disparitions plus ou moins récentes (1562 pour Saint-Just,
1793 pour Saint-Etienne et Sainte-Croix) expliquent les difficultés anciennes de l'archéologie urbaine qui manquait de moyens,
mais surtout de structures. A Lyon, la création, en quelque sorte
spontanée d'équipes spécialisées en archéologie gallo-romaine ou
médiévale débouche maintenant sur des structures stables qui vont
permettre à la recherche archéologique de se poursuivre dans l'a-
venir avec des moyens en hommes à la hauteur de la richesse du
patrimoine lyonnais ; autre raison d'espérer, un jardin archéologique est en cours d'installation sur le site du groupe épiscopal.

- = -

1. Création de l'U.R.A. 26 (Unité de Recherches Archéologiques), du C.R.A. (Centre de Recherches Archéologiques), du C.N.R.S. (Centre National de la Recherche Scientifique),dir.J.F. Reynaud.

2. Destruction de l'église Sainte-Croix dont des vestiges importants étaient conservés en élévation dans des immeubles du XIXe siècle entre le Palais de Justice et la cathédrale.

3. Apollinaire Sidoine, Lettres, ed. A. Loyen, 2 vol., Paris, 1970, lettre 10, livre II.

4. Leidrade, *Epistolae carolini aevi*, II, MGH, pp. 542-543, PL. col. 872.873.

5. *Vita S. Boniti, episcopi arverni*, BHL, I, 211 ; MGH, SRM, VI, pp. 110-139.

6. Adon, Martyrologe, PL CXXIII.

7. Voir note 4.

8. Florus, *Carmina varia*, PL CXIX, pp. 258-259, MGH, *Poetae latini aevi carolini*, t. 2, 1884, pp. 507-566.

9. Guigue M.C., 1902, Obituaire de l'Eglise primatiale de Lyon, Lyon.

10. Apollinaire Sidoine, op. cit.

11. Voir le martyrologe d'Adon, op. cit. et M.C. Guigue, Visite des corps saints de l'église Saint-Just de Lyon, BSNAF, 1879, pp. 116-117.

12. Guigue M.C., op. cit.

13. *Liber confraternitatium sancti Galli, Augiensis*, ed. P. Piper, MGH, Libri Confr. 1884.

14. Guigue M.C., 1885-93, Cartulaire lyonnais G.I. Documents antérieurs à l'année 1225.

15. Théorie reprise au XIXe siècle par D. Meynis dans la montagne sainte, Mémorial de la Confrérie des Saints Martyrs de Lyon, Lyon 1880, p. 36.

16. Wuilleumier P., Audin A., Leroi-Gourhan A., 1949, L'église et la nécropole de Saint-Laurent dans le quartier lyonnais de Choulans, Lyon.

17.Clapasson, Description de la ville de Lyon, Lyon, 1741, pp. 249-251.

18. Sachet Abbé A., 1914, Le pardon annuel de la Saint-Jean et de la Saint-Pierre à Saint-Jean de Lyon, 1392-1790, Saint-Jean du XIVe au XVIIIe siècle, Lyon, t. I, pp. 45-48.

19. Audin A. et Perrat Ch., 1959, Fouilles exécutées dans la crypte de Saint-Irénée de Lyon en 1956 et 1957, Bul. Mon., CXVII, pp. 109-118.

20. Sachet Abbé A., op. cit., t. I, p. 5.

21. Aubert M., 1936, Lyon, Cathédrale, Congrès archéologique de France, XCVIIIe réunion, Lyon Mâcon 1935, Paris, p. 98-125.

22. Seul H. Stern en 1962 met en doute la datation des mosaïques qu'il attribue au début du XIIe siècle. Voir son article sur les mosaïques de la cathédrale Saint-Jean de Lyon, Cahiers Archéologiques, XIV, 1964, p. 217.

23. Hubert J., 1953, La renaissance carolingienne et la topographie religieuse des cités épiscopales, Settimana di studio ... Spolète, I, pp. 219-225.
Vieillard-Troïekouroff May, 1976, Les monuments religieux dans la Gaule d'après les oeuvres de Grégoire de Tours, Paris, pp. 138-150.

24. Wuilleumier P., Audin A., Leroi-Gourhan, op. Cit., p. 13.

25. Reynaud J.F., 1973, Les fouilles de sauvetage de l'église Saint-Just et du groupe épiscopal de Lyon (église Saint-Etienne et Sainte-Croix), CRAI, avril-juin, pp. 346-364.
Reynaud J.F., 1975, Le groupe épiscopal de Lepan : découvertes récentes, CRAI, nov.-déc., pp. 475-490.

26. Nous avons bénéficié de subventions des Affaires Culturelles, du Conseil Régional, du Conseil Général, de la Ville de Lyon, du C.N.R.S. et de l'Université de Lyon II ; de l'aide efficace des étudiants en Archéologie et des membres de l'A.L.S.S.A.M. (Association lyonnaise de sauvetage des sites archéologiques médiévaux sous la direction de G. Franck) et des conseils de Ch. Bonnet, archéologue du Canton de Genève. Dessins de J.C. David, E. Boucharlat, M. Soubeyran, G. Martin. Photos B. Martin-Chave.
G. Vicherd, Luc Jacquin, G. Martin, M. Soubeyran nous ont assistés sur nos chantiers lyonnais. De plus, nous avons bénéficié des conseils de MM. Duval, Février et Piétri (voir l'article sur Lyon, pp. 33-58, dans le fascicule 2 de la topographie chrétienne des cités de la Gaule paru en 1980).

27. Reynaud J.F., Vicherd G., Jacquin L., 1978, L'enceinte réduite de Lugdunum, Colloque, Travaux militaires en Gaule romaine et dans les provinces du nord-ouest, Caesarodunum, pp. 243-260.

28. AUBERT M., 1936, op. cit.
Voir notre article dans C.R.A.I., 1975, op. cit.

29. Une fouille d'un intérêt exceptionnel pour nous est en cours
à la cathédrale de Genève sous la direction de Ch. Bonnet qui nous
a tenu au courant de l'avancement de ses travaux et nous a prodigué
ses conseils pour nos chantiers lyonnais et viennois.

30. Communication au Congrès d'Archéologie Chrétienne de Salonique,
1980 (à paraître).

31. GUIGUE M., Obituaire de l'église primatiale Saint-Jean, op.cit.

32. Voir note 4.
AUDIN A. et PERRAT Ch., op. cit.
VIEILLARD-TROIEKOUROFF M., op. cit., pp. 142-143.
COVILLE, 1928, Recherches sur l'histoire de Lyon du Ve au IXe siè-
cle (450-800), Paris.

33. REYNAUD J.F., 1972, Nouvelles recherches archéologiques à Lyon,
Les églises de Saint-Just, Archeologia, n° 48, juillet, pp. 47-51.
BONNET Ch., REYNAUD J.F., 1972, Les fouilles médiévales de Saint-
Just, Archeologia, n° 50, sept., pp. 44-50.
REYNAUD J.F., 1973, op. cit., C.R.A.I.

34. REYNAUD J.F., 1974, La nécropole de Saint-Just, Rev. Archéol.
de l'Est et du Centre-Est, janv.-mars, II, t. XXV, fasc. 1, pp.
111-123.

35. BONNET Ch., 1978, Découvertes à Genèves et remarques sur l'abside de la basilique dite de Sigismond à Agaune, Vallesia, XXXIII,
Mélanges A. Donnet, pp. 75-78.

36. Voir supra, note 3.

37. REYNAUD J.F., 1978, Saint-Ferreol, Une des plus anciennes
églises viennoises, Archeologia, n° 122, sept., pp. 44-51.
REYNAUD J.F., 1974-75, En collaboration avec B. Manipoud, M.Th.
Pio, M. Soubeyran, M. Vallat, Les églises Saint-Pierre et Saint-
Georges de Vienne. Documents du XIXe siècle et études archéologiques récentes, Bull. Arch. du Comité des Trav. Hist. et Scientif.
nouvelle série, 10-11, pp. 7-32.

38. VIEILLARD-TROIEKOUROFF, op. cit., p. 85 et p. 180.

39. ROLLAND H., 1951, fouilles de Saint-Blaise (Bouches du Rhône),
suppl. à Gallia III, Paris, p. 162.
BENOIT F., 1951, Le premier baptistère d'Arles et l'abbaye de
Saint-Césaire, Nouvelles recherches sur la topographie paléochrétienne d'Arles du IVe au VIe siècle, Cahiers Archéologiques, V,
p. 31-59.
BONNET Ch., 1974, Saint-Laurent d'Aoste, Rivista della Sopritenden-
za Regionale ai Monumenti Antichite e Belle Arti della Valle
d'Aosta, vol. I, p. 1-44.

DUBUIS F.O., 1961, l'Eglise Saint-Jean d'Ardon, Revue Suisse d'Art et d'Archéologie, vol. 21, fasc. 3-4, pp. 113-142.

40. WUILLEUMIER, AUDIN, LEROI-GOURHAN, op. cit.

42. REYNAUD J.F. en collaboration avec G. VICHERD, 1976, Fouilles récentes de l'ancienne église de Saint-Laurent de Choulans, à Lyon, C.R.A.I., juil.-oct., pp. 460-487.
WUILLEUMIER, AUDIN, LEROI-GOURHAN, op. cit., pp. 13-14.

43. REYNAUD J.F., op. cit., p. 468-471.

44. Voir note 37.

45. Voir note 16.

46. DESCOMBES F., REYNAUD J.F., 1978, Epitaphes chrétiennes récemment découvertes à Lyon, Rivista di archeologia cristiana, n° 3-4, pp. 265-302.

-=-

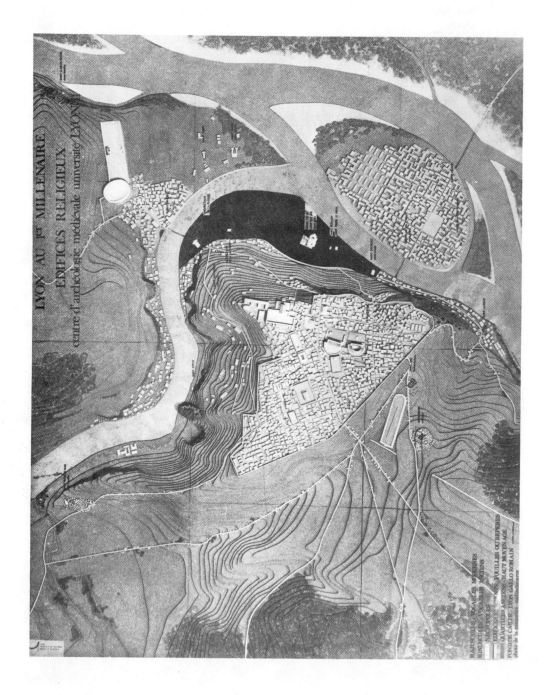

Fig. 1 Lyon au 1er millénaire.

Fig. 2   Plan Scénographique: Saint-Just.   (C.R.D.P.
            Simon Maupin: le groupe épiscopal.   LYON)

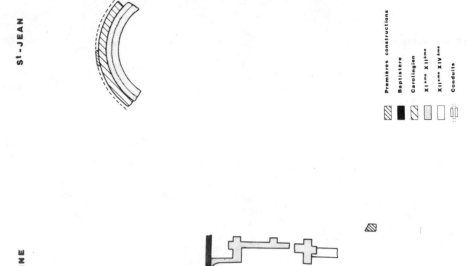

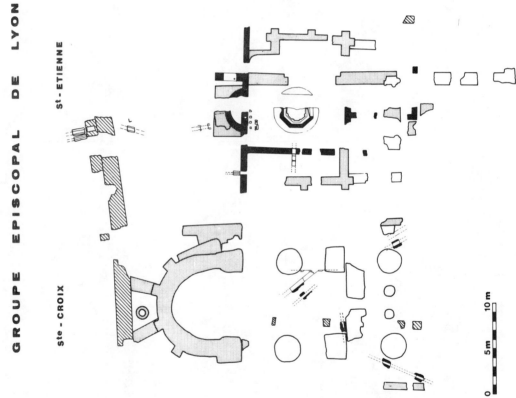

Fig. 3   Vestiges du groupe épiscopal de Lyon.

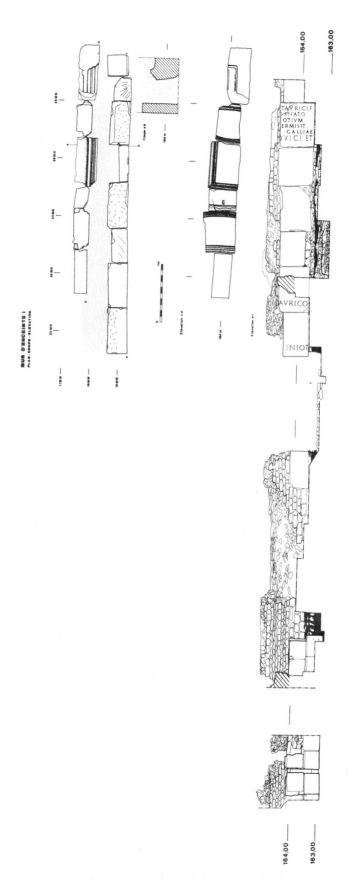

Fig. 4 Le mur des bords de Sâone.

Fig. 5 Coupes à l'est du mur du Bas Empire.

Coupe 4

167,56 166,56 165,56

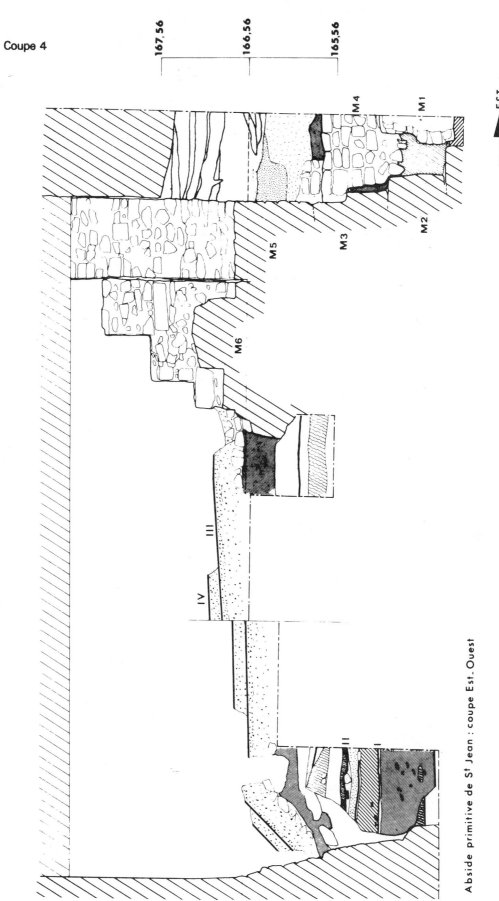

EST

M4
M1
M5
M3
M2
M6
III
IV
II
I

Abside primitive de St Jean : coupe Est - Ouest

Fig. 6 Coupe E.W. dans l'abside de Saint-Jean.

Fig. 7   Le baptistère Saint-Etienne.

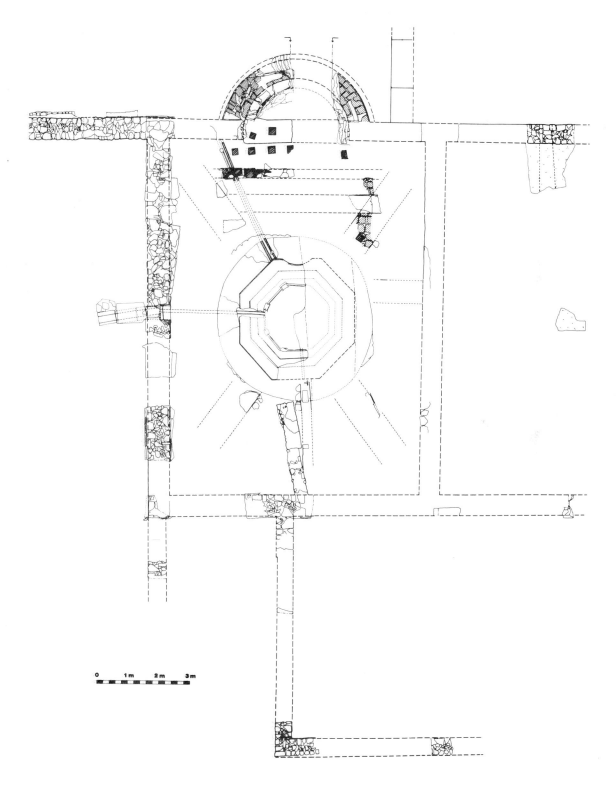

0   1m   2m   3m

Fig. 8   Le baptistère Saint-Etienne

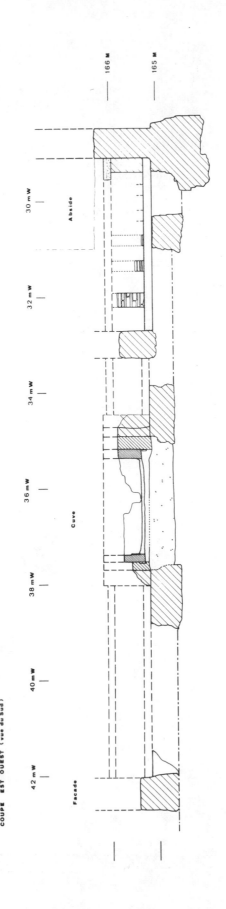

Fig. 9 Coupe longitudinale dans le baptistère.

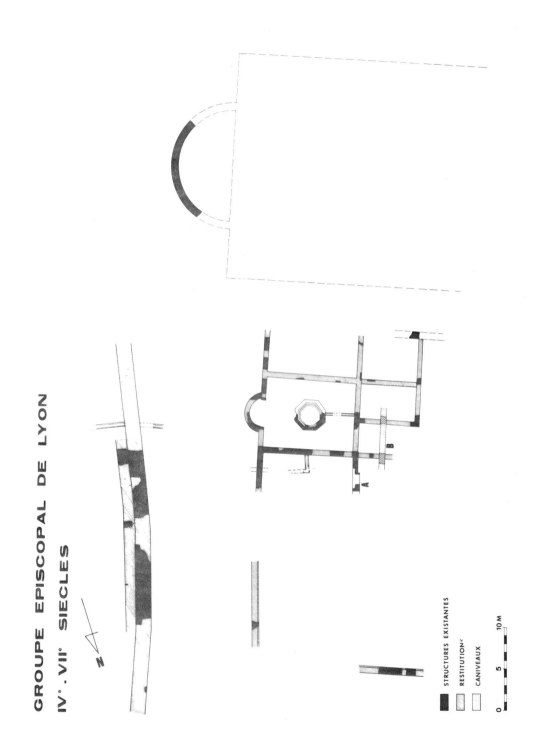

GROUPE EPISCOPAL DE LYON
IVᵉ . VIIᵉ SIECLES

N

STRUCTURES EXISTANTES
RESTITUTIONˢ
CANIVEAUX

0   5   10 M

Fig.10 Le groupe épiscopal (IVᵉ-VIIᵉ siècles).

Fig.11 SAINT-JUST zone est, zone ouest.

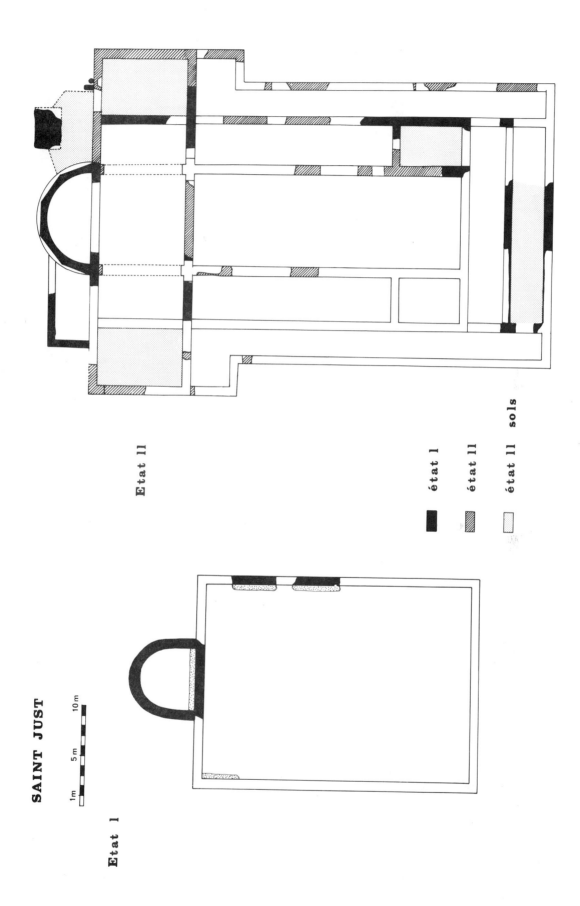

SAINT JUST

Etat ll

Etat l

état l

état ll

état ll sols

Fig. 12 SAINT-JUST: Eglises I et II.

Fig.13 SAINT-IRENEE: nécropole. Zone centrale.

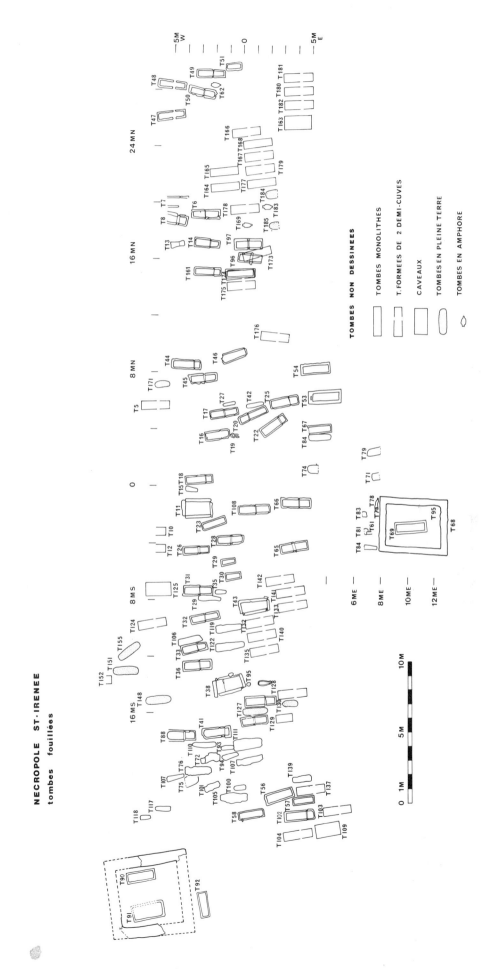

Fig.14 SAINT-IRENEE: plan d'ensemble de la nécropole.

Fig.15 Vue du mausolée central.

Fig.16 SAINT-LAURENT: vue d'ensemble du site.

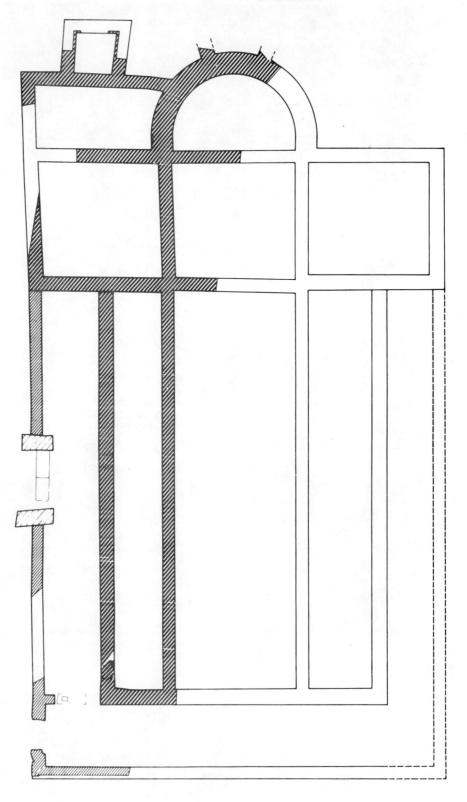

Fig.17 SAINT-LAURENT: plan.

Fig.18 SAINT-LAURENT: sépultures dans la basilique.

Fig.19   Inscription funéraire: MERCURINUS.

L'ARCHEOLOGIE RURALE DANS LES DEPARTEMENTS DU RHONE ET DE LA LOIRE :

CIVITAS DES SEGUSIAVES ET COLONIE DE LYON.

Stephen Walker

"Dans les Bulletins et Mémoires des Sociétés locales, des notes laconiques signalent la découverte, ici ou là, de tessons ou de tombes, de monnaies, de fragments de tuiles, exceptionnellement de fondations ou de caves. De tout cela il n'est guère possible de tirer une idée, même superficielle, de l'habitat rural et de son implantation à l'époque romaine", (Agache 1978, 253).

Cette citation illustre habilement les problèmes auxquels on est confronté lors de toute étude sur l'occupation rurale. Une lecture de la bibliographie archéologique régionale révèle un grand nombre de références ambiguës de ce genre, Harmand (1961) a déjà souligné le problème posé par ces références à des sites ayant fourni des tessons, des tegulae, et parfois des fondations. Bien que chaque site rural soit appelé "villa" il est évident que nous pouvons rarement dire s'il s'agissait d'une grande villa, d'une villa moyenne, d'un vicus, d'une grange ou d'un simple dépotoir. Cette méconnaissance de l'habitat rural de l'époque romaine est révélatrice "de l'état d'esprit qui régnait dans les sociétés savantes de province au siècle dernier" (Agache, 1978, 251). Pour les archéologues de cette époque (et même pour certains de la nôtre), la civilisation romaine fut essentiellement urbaine. Les synthèses et publications sur l'archéologie lyonnaise sont concentrées uniquement sur l'archéologie urbaine. Pour la région lyonnaise, nous ne disposons d'aucun rapport de fouille en milieu rural, nos seules références à des sites ruraux proviennent en principe des monographies locales où la découverte est résumée en quelques lignes. Artaud (1846) fut le seul archéologue dans le Lyonnais à s'aventurer hors de la ville mais ses références sont trop brèves et énigmatiques. Steyert dans son Histoire de la Ville de Lyon (1895) a écrit un chapître sur la vie rurale et les villae, mais la plupart de ces exemples proviennent d'ailleurs et Steyert ne cite qu'une villa pour notre région (celle de Feyzin dont il donne le plan). Gabut, dont le travail fut d'une importance fondamentale, fut un des rares archéologues à prospecter dans la campagne at à publier ses résultats (1899). Les mosaïques de la villa de la Grange-du-Bief ont fait l'objet d'une des rares interventions archéologiques à la campagne au 19e siècle.

Le grand archéologue du Forez, Vincent Durand résuma les problèmes concernant l'identification du site de Mediolanum (Table de Peutinger) et entreprit des recherches archéologiques sur le site du Miolan à Pontcharra-sur-Turdine. (Durand 1874). A la fin du 19e siècle, le préhistorien Savoye fit des recherches dans le Beaujolais et ses livres contiennent parfois des mentions concernant la découverte de matériaux gallo-romains. Les dictionnaires topographiques d'Ogier, de Rolland et Clouzet contiennent eux aussi des références très brèves à des découvertes archéologiques. L'activité archéologique se concentra sur le passé de la ville de Lyon (voir les travaux de Comarmond, Allmer et Dissard et Germain de Montauzan). Nous ne trouvons pas de sociétés locales archéologiques dans les

campagnes lyonnaises, la société des Sciences et des Arts du Beaujolais fut une exception. La richesse archéologique connue d'Anse
et de sa région encouragea les recherches et la publication de monographies locales. En 1926 le Docteur L'Héritier écrivit une synthèse
sur l'archéologie de Cours et de sa région, mais ses travaux n'eurent
guère de suite. Les manuels et synthèses archéologiques de Blanchet,
Esperandieu et Grenier fournissent quelques références à l'archéologie rurale de notre région. Les années 1930 virent la controverse
au sujet de l'identification des vici sur la voie Lyon-Mâcon, des
synthèses utiles furent publiées par Amable Audin et Pierre Wuilleumier et, en 1937 Descroix dégagea quelques pièces d'une villa
sur les bords de la rivière Ardières. Or, pour des fouilles dignes
de ce nom, il faut attendre les années 1960. En 1962, Robert Perichon
entreprit des fouilles sur le site de la Tène III du Terrail à Amplepuis et en 1964 l'aménagement d'une route près d'Anse nécessita
la fouille de la villa de la Grange du Bief dont les mosaïques
étaient connues depuis le 19e siècle. Il faut constater que la plupart des fouilles de structures romaines ont porté sur la mise au
jour de mosaïques et que les méthodes stratigraphiques ne furent pas
employées. La formation de groupes archéologiques locaux tels que
celui des Monts de Tarare stimula la recherche, mais le manque
d'encadrement professionnel de ces groupes fait que beaucoup de
sites ont été explorés mais que nous ne disposons que de peu de
renseignements sûrs.

Nous avons déjà parlé de la crise de l'archéologie lyonnaise, mais peu de gens se soucièrent de la crise archéologique aiguë
dans les campagnes. Le saccage des sites ruraux a été aussi grave
qu'à Lyon, sauf qu'à la campagne peu de voix se sont élevées pour
protester... Bien sûr la fouille de structures domestiques d'une
villa est beaucoup moins impressionnante que celle d'un monument
public ou d'un domus à mosaiques. La construction de l'Autoroute
du Soleil a sans doute engendré la destruction de nombreux sites,
voir la mention par Louis Jeancolas d'un site rural à Dardilly. Aucune surveillance des travaux ne fut entreprise et, de ce fait,
une occasion unique fut manquée. Les banlieues lyonnaises ont connu
plusieurs saccages. A Ecully, un groupe archéologique local (sans
assistance professionnelle) a écrit que "les terrassements ayant
été faits très rapidement par de gros engins, nous n'avons pu
exploiter qu'un gisement dont nous avons du reste été chassés rapidement par l'avancement des travaux", la villa en question était
connue depuis 1900 ! Toujours à côté de Lyon, la villa importante
du Bas-Empire de St-Genis-les-Ollières fut détruite après une
intervention archéologique très limitée et pourtant, ce site aurait
mérité une fouille exhaustive. La villa d'Alaï fut elle-aussi détruite après une fouille très limitée. Il convient ici de louer le regretté Louis Jeancolas qui lutta pour l'archéologie des banlieues
lyonnaises et qui s'intéressa à l'archéologie des aqueducs. Mais les
efforts de quelques personnes sans appui ne pouvaient guère faire
grand-chose contre les saccages. Beaucoup de sites ont été ravagés
lors de la construction de routes ou de pavillons mais le danger
agricole a rarement été considéré par les autorités compétentes.
Des sites ruraux sont progessivement saccagés chaque année par des
différents processus agricoles tels que le creusement de caniveaux
d'irrigation, le passage de la charrue, le boisement, la plantation
d'arbres fruitiers, etc.

Seuls deux sites récents éclaircissent un peu le tableau noir dépeint ici : le site de Meyzieu a été fouillé in extenso et nous espérons que la publication verra bientôt le jour. Les fouilles de Chessy-les-Mines ont permis de fouiller un site de la période de la Tène III et du Haut-Empire, la publication va paraître bientôt.

Dans le département de la Loire, la situation fut meilleure. En 1862, la Société Archéologique de la Diana fut fondée et depuis 1876, publie dans le Bulletin de la Diana les résultats des travaux de chercheurs locaux en archéologie et en histoire. Dans le Bulletin de la deuxième moitié de la fin du 19e siècle, nous trouvons des renseignements archéologiques précieux récoltés par des érudits locaux tels que Vincent Durand, E. Brassart, T. de Rochigneux et al. Les comptes-rendus des découvertes et des sondages sont souvent accompagnés d'une richesse inattendue de détails et mettent à notre disposition des plans et des relevés. Les articles de ces chercheurs concernent des disciplines très variées : l'archéologie, la toponymie l'histoire, l'ethnologie.

Le Forez Monumental, édité par Thiollier (1889) comprend un tour d'horizon de tous les sites préhistoriques et gallo-romains de la région. Le travail de P. Testenoire-Lafayette sur les monnaies découvertes dans le Forez est de première importance. Les monographies locales de l'époque contiennent elles-aussi beaucoup de renseignements archéologiques mais hélas souvent trop brefs ! Nous pouvons considérer cette époque jusqu'à 1914 comme l'apogée de la recherche archéologique locale. La guerre vit la mort de toute une génération, l'archéologue roannais Déchelette fut tué et nous pouvons dire que le travail archéologique d'après-guerre fut sporadique et manqua d'intensité.

Le Dictionnaire Topographie de la Loire (Dufour, 1946) contient d'utiles renseignements archéologiques, mais la plupart dérivent d'auteurs précédents. Malgré tout, ce dictioncaire est très précieux en ce qui concerne l'évolution du territoire et des structures ecclésiastiques. Le Manuel d'Etudes Foréziennes se concentra lui aussi essentiellement sur les époques historiques de la formation des seigneureries et du pouvoir religieux. Les années 1950 virent un renouveau d'intérêt pour l'archéologie locale, Jean Renaud s'intéressa à l'histoire de St-Rambert-sur-Loire et à l'archéologie des sites protohistoriques du Crêt Châtelard et d'Essalois. En 1957, Robert Perichon commença les fouilles sur le site de Joeuvre. Il a relancé l'étude de la préhistoire dans la région, et ses oeuvres sur la céramique peinte sont devenues des ouvrages de base. Les années 1960 ont vu la formation de plusieurs groupes locaux qui contribuent toujours beaucoup à la vie archéologique de la région. Ces groupes produisent des publications de valeur inégale, mais ce sont les seules publications dont nous disposons pour la région. Plus récemment, le Centre d'Etudes Foréziennes à l'Université de Saint-Etienne a produit une série de publications utiles, même si parfois les comptes-rendus de fouilles se révèlent imprécis et trop brefs.

Il ressort de cet historique que les problèmes archéologiques restent toujours les mêmes, c'est-à-dire que nous diposons de plusieurs centaines de références à des sites ruraux, mais la plupart du temps ce ne sont que des sondages qui ont révélé quelques fosses ou quelques substructions ainsi que plusieurs caisses de tegulae, de céramique et d'autres objets qui restent non étudiés. Gourvest a conclu qu' en Provence "nous manquons surtout de fouilles et de sondages véritablement scientifiques dans les habitats ruraux. Beaucoup de 'trous' ont été faits et sont encore faits sur l'emplacement de ces habitats, mais ils ne servent pratiquement à rien" (Gourvest, 1960, 39), cette conclusion s'applique facilement à notre région.

Ces sites font rarement l'objet d'une publication, les structures mises au jour sont rarement datées et sur la majorité des sites, il est totalement impossible d'analyser l'évolution et l'organisation de ceux-ci. Par exemple les publications (chose rare) de la villa de la Grange-du-Bief près d'Anse (Perraud, 1965 et 1968) ne nous permettent pas d'analyser l'évolution de la villa et l'absence de stratigraphie empêche toute datation fine des structures dégagées.

Il est très rare que les sondages ou fouilles portent sur la totalité d'un site, trop souvent ceux-ci portent sur une ou deux structures surtout celles qui contiennent des mosaïques, ou même sur un ou deux murs dont l'orientation et la signification exacte restent obscures. Il est donc d'habitude impossible de définir la vraie fonction du site. Les fouilles les plus étendues ont porté en principe sur la partie résidentielle de la villa, nous ne connaissons donc pas les structures agricoles (leurs plans, les objets associés avec eux, leur étendue, etc) associées avec les grandes villae. Nous ne disposons donc d'aucun plan complet ou même presque complet d'une villa dans notre région et, de ce fait, il est très difficile d'analyser l'évolution architecturale des villae. Trop souvent on ne peut même pas définir si la découverte correspond à une structure rurale dans les champs ou à un bâtiment qui fait partie d'une grande villa. Dans notre thèse, nous tentons une définition des sites à partir des renseignements archéologiques, géographiques, historiques et toponymiques. De même nous connaissons très mal les structures économiques et agricoles du milieu rural car il n'existe aucune étude compréhensive des ossements d'animaux qui pourrait déterminer l'élevage pratiqué dans la région, sans parler d'un échantillon représentatif qui pourrait aider la détermination de toutes les micro-régions géographiques. Nous espérons que l'étude des ossements de Chessy établira un précédent. Mais nous craignons que l'échantillon ne soit pas assez grand. Les modes d'agriculture pratiqués nous sont mal connus aussi, aucune étude sur la faune d'une villa n'a été faite, la seule étude effectuée est celle sur le site gallo-romain implanté sur l'oppidum de Joeuvre dans le département de la Loire (Périchon, 1973).

Nous avons déjà soulevé les raisons de notre méconnaissance du monde rural à l'époque romaine, c'est-à-dire la concentration sur l'archéologie urbaine et surtout sur celle des grands monuments publics. Le manque d'intérêt officiel pour l'archéologie rurale a engendré la continuation de fouilles de qualité scientifique médiocre. Trop souvent, les fouilleurs régionaux ont été laissés sans encadrement scientifique, sans contrôle archéologique, ce qui a engendré une absence de conservation et de publication des objets recueillis. L'absence d'une politique officielle pour l'archéologie

rurale fait que nous sommes maintenant confrontés à une situation
catastrophique sur deux plans : le premier problème est celui du
manque de chercheurs et d'équipes archéologiques susceptibles de
mener un programme de recherche sur le monde rural ; le deuxième
problème découle directement du premier, c'est-à-dire que le manque
de toute fouille systématique rend difficile, voire impossible,
des interventions rapides de sauvetage sur des chantiers menacés ;
une politique d'archéologie de sauvetage aurait pu marcher à con-
dition de disposer d'une masse de données de référence.

Ces réflexions nous incitent à poser cette question :
existe-t'il un avenir pour l'archéologie rurale dans notre région ?
L'archéologie actuelle nous conduit vers une impasse totale et seule
une initiative radicale au niveau de l'organisation officielle de
l'archéologie et de la recherche pourra secourir l'archéologie rurale. Il existe plusieurs équipes d'archéologues à Lyon, mais aucune
ne travaille sur l'archéologie rurale gallo-romaine et l'initiative
est souvent laissée aux groupes de bénévoles locaux. L'équipe de
Jean-François Reynaud est intervenue sur des sites paléochrétiens
dans la région, mais aucun habitat n'a été fouillé et la recherche
est concentrée sur des structures écclésiastiques. Mais il convient
de dire que cette équipe est la seule à avoir un programme de recherche bien défini. Récemment deux demi-postes ont été créés dans
le cadre d'un programme du CNRS sur le patrimoine archéologique, mais
deux demi-postes pour la région Rhône-Alpes, ce n'est pas suffisant.
Nous estimons que la multiplication de sondages à droite et à gauche
avec le ramassage de quelques tessons n'est pas une façon valable
de procéder dans la recherche archéologique. La multiplication des
sites de sauvetage nous aidera à remplir des cartes de distribution
mais les vraies questions sur les structures économiques, sociales
et agricoles resteront toujours sans réponse. Nous ne nions pas le
rôle de l'archéologie de sauvetage, mais celle-ci doit faire partie
d'un programme systématique de recherche sur le monde rural. Toute
stratégie archéologique doit découler d'un modèle et nous estimons
que si une équipe (hypothétique, bien sûr) n'a pas l'occasion de
faire autre chose que de l'archéologie de sauvetage, les résultats
seront peu intéressants.

Il est à souhaiter que la position officielle des autorités archéologiques changera et qu'il y aura une véritable prise
de conscience de l'importance que représente l'archéologie rurale.
Jusqu'ici le seul moyen de faire de l'archéologie rurale a été de
faire de l'archéologie de sauvetage, car les seuls crédits dispo-
nibles le sont pour ce genre d'opération. Il est nécessaire qu'une
équipe soit mise sur pied et qu'elle soit dotée de moyens nécessaires. Nous estimons que l'utilisation du système de vacatariat (contrats à courte durée de six mois, bas salaires, aucune sécurité
d'emploi) nuira au bon fonctionnement du programme.

A notre avis la résolution des problèmes suivants est
prioritaire pour tout programme archéologique sur l'habitat rural :

a) Nous avons déjà souligné le manque de fouille totale
d'une villa. La fouille totale d'une villa à proximité de Lyon pourrait nous apporter une richesse de renseignements sur l'agriculture
et l'élevage pratiqués dans la région, la structure sociale,

l'architecture, la chronologie et les liens du domaine avec la ville.

Une fouille totale devrait comprendre la fouille (si possible) du cimetière associé avec la villa, ainsi que les dépendances agricoles, etc. L'étude comprendrait celle des ossements et de la faune ainsi que celle de l'environnement avec des estimations possibles sur le terroir exploité et les différents modes d'exploitation probables. Un programme de filtrage optique des photos aériennes pourrait permettre de déceler l'orientation et l'étendue du cadastre antique et le lien des sites ruraux avec celui-ci.

Nous estimons qu'il serait possible de mener des fouilles de recherche tout en faisant face aux besoins les plus importants de sauvetage qui sont à formuler en fonction du modèle de recherche.

A la longue il faudrait fouiller plusieurs sortes de villae dans différentes régions géographiques pour pouvoir préciser les différences régionales de datation, d'architecture, d'évolution et d'exploitation.

b) Tout ce que nous avons dit ci-dessus s'applique à l'archéologie du vicus. En dépit de plusieurs fouilles de vicus, nous connaissons mal les structures trouvées sur ces sites ainsi que leur étendue et leur évolution. Les vici que nous connaissons sont des vici routiers signalés soit sur la Table de Peutinger, soit sur l'Itinéraire d'Antonin, nous ne connaissons pas les vici agricoles.

Notre travail actuel qui consiste à recenser des sites mentionnés dans la bibliographie archéologique et locale n'est que la première étape de la recherche. Celle-ci doit comprendre la prospection systématique des sites ruraux, prospection menée en coordination avec des géologues, médiévistes, historiens, etc. La prospection devrait se faire en surface et être aérienne.

Certains sites tels que des sites de La Tène, des petites exploitations romaines, sites du Bas-Empire, cimetières, etc pourraient faire l'objet de sondages de vérification en fonction de la problèmatique de la recherche.

Tout programme envisagé doit considérer les problèmes suivants qui sont les plus urgents à éclaircir.

L'archéologie gauloise a été souvent négligée dans notre région, les sites défendus de la Tène et surtout les sites gallo-romains ont attiré davantage d'attention que les sites gaulois qui sont souvent moins riches et moins voyants. Les travaux dans la Loire ont révélé l'existence de quelques oppida où l'on a découvert des importations d'amphores italiques (Dressel 1 A et 1 B) ainsi que des céramiques Campaniennes (A et B) ; le site d'Essalois est l'oppidum principal, le matériel du Crêt Châtelard étant moins important. Mais les autres catégories d'habitat restent mal connues, le site ouvert de Roanne étant une exception. La fouille de sites tels que Chézieu (Loire), Pontcharra-sur-Turdine et St-Georges-de-Reneins (Rhône) ont livré des preuves de l'occupation gauloise des plaines et des vallées, soit sur les meilleurs sols, soit sur des positions stratégiques. Malheureusement l'évidence pour la période de la Tène III est souvent ambiguë et les comptes-rendus expliquent rarement le contexte archéologique de cette occupation. Trop souvent notre évidence est d'ordre "céramique" et nous connaissons très mal les structures à l'intérieur des habitats ainsi que l'organisation interne de ceux-ci. La recherche sur les périodes de la Tène II et III est beaucoup plus avancée dans le Forez et le Roannais que dans le Lyonnais et une synthèse récente constata que l'occupation connue dans le département du Rhône donna l'impression d'une faible population, mais nos travaux à Chessy et notre synthèse sur l'Age du Fer nous entraîne à modifier les idées reçues. (Walker, 1981). Certains sites témoignent de la continuité entre les périodes de la Tène III et gallo-romaine, ceux-ci sont souvent des sites situés à des carrefours routiers. Ce préjugé inhérent à notre évidence ne nous permet pas de préciser jusqu'à quel point il existe une continuité d'habitat ou un changement radical des structures agricoles et sociales des campagnes de notre région. Certains centres de population tels que les vici de Roanne, Feurs et St-Georges-de-Reneins ont connu une occupation gauloise, mais il faut souligner le manque d'évidence pour la période de La Tène I et II, car la plupart de notre évidence se situe aux alentours de la conquête. Nous soulignons donc ici et ailleurs (Walker à paraître a et b) le besoin urgent de concentrer la recherche archéologique sur l'évolution de l'habitat de 200 av. J.C. jusqu'à l'époque augustéenne. La fouille de Chessy a démontré clairement la continuité d'un habitat entre les périodes gauloise (La Tène III) et gallo romaine.

La romanisation de la région, surtout sur les plaines fertiles et dans les vallées, semble avoir été intensive, mais, pour le moment nous avons peu d'évidence en ce qui concerne l'implantation forcée des "domaines classiques". Il s'agit plutôt de continuité et de développement lent. Nous manquons d'éléments sûrs pour voir l'équivalent rural du développement urbain important à Lugdunum sous Auguste. Il convient aussi de souligner l'importance de Roanne à cette époque, mais le manque de fouilles extensives des habitats ruraux ne permet pas de dire si le Roannais vit un développement parallèle. Les cartes de répartition des habitats ruraux montrent une préférence pour les plaines fertiles (Cf. la plaine du Forez) et pour les vallées principales (le Rhône, la Saône, la Loire, l'Azergues). L'apogée des villae se situe au 2e siècle ap. J.C. avec la pose de mosaïques et l'agrandissement des villae à galerie-façade, mais nous connaissons très mal l'évolution des villae et les premières phases des sites sont d'habitude complètement ignorées.

Notre connaissance de l'habitat rural dans les régions montagneuses et peu fertiles est maigre et il faudra davantage de prospection et de sondages pour éclaircir le problème du peuplement et de l'organisation des hauteurs. Nous nous accordons avec Vallat sur l'existence de bourgs ruraux dans ces régions, ceux-ci témoignent d'un niveau matériel peu élevé et beaucoup de structures auraient été sans doute construites selon les techniques de l'architecture de terre.

Dans les régions de forte implantation de villae, on ignore tout sur : la vie des paysans, leur habitat et le lien des petits propriétaires indépendants avec le domaine gallo-romain. Les seuls vici fouillés ont été ceux mentionnés dans les textes romains,

mais la fouille de Cheyzieu (Loire) a révélé l'existence d'un important vicus de 40 hectares situé près d'un carrefour routier au milieu
de la plaine fertile du Forez.

Nous constatons que le manque de renseignements sur
l'habitat indigène est dû en partie au fait que ces derniers cons-
truisaient surtout en bois et en pisé. Jusqu'à récemment on niait
l'utilisation des techniques de l'architecture de terre dans notre
région, un archéologue local constata en 1974, que les bâtiments en
pisé trouvés sur le site d'une villa ne pouvaient pas dater de l'époque gallo-romaine. Des fouilles récentes à Lyon ont nettement démontré l'absurdité d'une telle idée.

Les riches villae de Marclopt, Chalain d'Uzore (Loire)
et la Grange du Bief (Rhône) restent pour le moment des exceptions,
mais certaines références bibliographiques du 19e siècle laissent
présager l'existence d'autres riches villae à proximité de Lyon et
le long des vallées du Rhône et de la Saône. La carte de répartition
des villae montre une distribution assez dense de villae de taille
moyenne pendant le Haut-Empire.

L'économie des villae est mal connue, mais nous espérons que l'étude des ossements de Chessy (étude de M. Columeau) et
d'autres sites ruraux permettront d'approfondir nos connaissances
sur le rôle de l'élevage dans l'économie gallo-romaine de notre région. Plusieurs bâtiments à caractère agricole ont été fouillés mais
trop souvent les ossements ne sont pas étudiés et le manque de riches
se matérielle semble empêcher toute publication. Seule la fouille
programmée de plusieurs vici et villae pourra éclaircir le problème
de l'approvisionnement des sites ruraux en céramiques et autres
biens.

Des travaux récents ont démontré l'existence des restes
d'un cadastre antique dans la région de Feyzin - Saint-Simphorien-
d'Ozon entre Lyon et Vienne. Il semble   aussi vraisemblable que
les vallées du Rhône et de la Saône auraient fait l'objet d'une
centuriation antique, particulièrement sur les plaines fertiles
d'Anse et de Meyzieu. Nous ne savons pas pour le moment s'il y a
eu un cadastre antique dans le département de la Loire mais il nous
semble que des recherches pourraient être fructueuses sur la plaine
du Forez.

La richesse et la densité de l'habitat du 2e siècle
sont suivies d'un déclin dramatique à partir de la fin de ce siècle,
mais on ne peut absolument pas constater une contemporaneité des
abandons des sites. Il est clair que l'explication classique des invasions ne suffit pas d'expliquer la restructuration de l'habitat
rural et de la société. De même il est peut-être trop simpliste d'expliquer l'abandon progressif de la ville haute de Lyon à partir de
la fin du 2e siècle par les résultats de la guerre civile de 197 ou
par la destruction des siphons des aqueducs. Il convient de considérer des raisons raisons économiques par exemple l'importance nouvelle d'Arles et Châlon -sur-Saône ainsi que la concentration de la politique impériale sur la région du limes. Nous préférons donc des
explications économiques et sociales, par exemple l'insécurité dans
les campagnes engendrée par les Bagaudes (Walker 1981). La découverte

probable d'une caisse militaire enfouie en 225 dans un bâtiment sur
la voie Roanne-Lyon montre   l'établissement de postes militaires
sur les voies principales. La construction de l'enceinte d'Anse
(Rhône) et de celle de Lyon sur les rives de la Saône souligne la
nouvelle organisation de l'habitat et de la société au Bas-Empire.

        Il est clair que l'époque du Bas-Empire s'est carac-
térisée par une réorganisation et une restructuration radicale du
monde rural qui se traduisit par l'abandon de beaucoup d'habitats,
d'une diminution du niveau matériel (accompagné d'un certain repli
sur les domaines dont l'occupation continue aux 3 et 4e siècles) et
d'une réoccupation des sites en hauteur, souvent des sites de la
Tène III.

        Il semblerait que nous manquons d'évidence pour le
Bas-Empire parce que nos villages actuels occupent l'emplacement
de ces sites des 3e et 4e siècles. Le regroupement des domaines fut
accompagné par la formation de concentrations de populations qui
s'étaient souvent installées à des points stratégiques.

        L'époque mérovingienne est encore plus méconnue que
celle du Bas-Empire, aucun habitat n'a été fouillé dans notre région, nos connaissances de cette époque viennent uniquement des
découvertes de sarcophages. Mais dans le département de l'Isère
une villa mérovingienne a été découverte sur le plateau de Larina
(Porte 1978).

        Nous avons essayé dans cet article d'expliquer la
situation actuelle en archéologie rurale ainsi que le besoin urgent d'un programme de fouilles et de recherches orienté vers l'é-
lucidation de certains problèmes prioritaires que nous avons définis.

BIBLIOGRAPHIE

AGACHE, R. 1978. *La Somme pré-romaine et romaine*. Mémoires de la
        Société des Antiquaires de Picardie n°24.

ARTAUD, J. 1846. *Lyon Souterrain*. Lyon.

DUFOUR, J. 1946. *Dictionnaire topographique du département de la
        Loire*.Macon.

DURAND, V. 1874. Recherches sur la station gallo-romaine de Medio-
        lanum dans la Cité des Lyonnais. *Mémoires de la Diana*
        I, 38-104.

GABUT, F. 1899. Les villas, mas et villages gallo-romains disparus.
        Extrait de la Construction Lyonnaise. Lyon.

GOURVEST, J. 1960. L'occupation du sol en Provence Occidentale, *Actes
        du 83e congrès des Nat. Soc. Savantes*, Aix-en-Provence
        1958, 38-45.

HARMAND, J. 1961. Les origines des recherches françaises sur l'habi-
        tat rural gallo-romain, *Collection Latomus*, vol LI,
        Bruxelles.

PERCIVAL, J. 1976. *The Roman Villa*. Londres;

PERICHON, R. 1973. Une culture de céréales sur l'oppidum de Joeuvres,
        Rev. Archéol. de l'Est, 24, 545-51.

PORTE, P. 1978. Découverte d'un habitat mérovingien près de Crémieu,
        Archéologia 128, 68-70.

ROBLIN, M. 1971. *Le terroir de Paris aux époques gallo-romaine et
        franque*. Paris.

STEYERT, A. 1895. *Nouvelle Histoire de Lyon. I, Antiquité*, Lyon.

THIOLLIER, F. 1889 (ed). *Le Forez pittoresque et monumental*. Lyon.

WALKER, S. (à paraître). a - Les fouilles de Chessy-les-Mines et l'
        Age du Fer dans le Lyonnais. Communication au Congrès
        sur le 2e Age du Fer à Clermont-Ferrand, Mai 1980.
                b -*Les fouilles de Chessy-les-Mines (Rhône)*.
        La Cité des Ségusiaves pendant l'Age du Fer

                c - The third century in the Lyon region
        in (eds) King et Henig, *The Roman West in the Third
        Century*, BAR International Series

LA CITE DES SEGUSIAVES
A L'EPOQUE ROMAINE
(1° siècle av. J.C. au IV° ap. J.C.)

J. P. VALLAT

Nous avons essayé, dans le cadre restreint de ce travail, d'étudier l'une des circonscriptions administratives de la Gaule romaine, la "Civitas Segusiavorum".

Les Ségusiaves, ce sont, les habitants de la cité qui porte leur nom puisque la tradition celte a triomphé, sur ce point, de la romanisation : c'est le peuple qui a donné son nom au territoire administratif alors que celui des Eduens ou des Arvernes a disparu au profit de la ville chef-lieu pour devenir "cité d'Autun" ou "cité de Clermont".

"Civitas Segusiavorum", cela n'éveille pas la curiosité des habitants du Forez ou de Roanne, pas plus que celle des Lyonnais et pourtant, c'est bien de leur territoire qu'il s'agit, mais bien avant que le Forez ne soit devenu une entité grâce à la création d'un comté en 1173 et que Lyon ne soit passée sous l'autorité épiscopale.

En effet, la période pendant laquelle nous avons voulu cerner la réalité économique, sociale, culturelle du Forez va de l'occupation romaine, avec les expéditions de César (58 Av. J.C.) au début du IV° siècle.

Vouloir étudier quatre siècles d'histoire, cela est bien aventureux, surtout lorsque le matériel archéologique, numismatique, épigraphique, céramique commence tout juste à faire l'objet d'études synthétiques et scientifiques.

Nous avons, heureusement, bénéficié de conseils, de renseignements, de documents précieux. Il nous est donc agréable de remercier ici Monsieur LEGLAY, qui a supervisé ce travail et a revu avec nous quelques inscriptions problématiques, Monsieur GUEY, qui nous a aidé, lors de ses cours à l'Ecole Pratique, à mettre au point nos graphiques sur les trouvailles monétaires, Monsieur le Doyen FOURNIAL, qui a mis à notre disposition les répertoires archéologiques et travaux de maîtrise qu'il dirige à l'U.E.R. de St-Etienne, les archéologues locaux, membres de la Société de la Diana, professeurs à l'U.E.R. de St-Etienne, qui nous ont fourni les plus récents renseignements.

LA CITE DES SEGUSIAVES A L'EPOQUE ROMAINE
(1er siècle av. J. C. - IVe ap. J. C.).

J. P. VALLAT

*"Quelle que soit l'insuffisance des documents, c'est peut-être en
nous mêmes qu'il faut chercher la principale cause de nos erreurs ou
des idées inexactes que nous nous sommes faites de l'ancienne Rome"*

(Fustel de Coulanges, Questions Historiques, 1875)

Ce que nous voulons étudier ici, ce n'est pas un peuple, une
cité détachés du contexte historique, isolés de la Gaule, de l'Empire
romain, mais au contraire, une cellule vivante de cet ensemble afin
d'essayer, peut-être, de mieux comprendre l'un et l'autre. Aussi nous
bornerons-nous, en commençant ce travail, à poser les questions, qui
ont guidé notre démarche.

Lorsque les armées romaines ont pénétré de Narbonnaise en Gaule
Chevelue, quelles formes d'habitat, quel genre de vie étaient propres aux Ségusiaves, quels liens avaient-ils déjà noués avec les
marchands italiens et les citoyens du Sud de la Gaule, quelle idée
peut-on se faire du prélèvement effectué par les armées romaines et
gauloises sur le territoire de ce peuple ?

Au cours des deux premiers siècles de notre ère, de nouvelles
structures urbaines et rurales se sont mises en place : quel aspect
le parcellaire foncier prend-il dans la cité des Ségusiaves, quels
rapports s'établissent entre villes et campagnes ?

Enfin, comment ces structures évoluent-elles au III° siècle,
quelle est la place de la ville dans une cité où les courants commerciaux se sont modifiés, où la campagne se replie sur elle-même ?

L'étude des rapports entre ville et campagne nous paraissant
fondamentale pour analyser et comprendre l'évolution de la société
ségusiave, nous avons axé notre recherche autour de ces deux pôles
de la vie économique en formulant, peu à peu, des hypothèses sur les
rapports sociaux qu'elle détermine ; ce n'est qu'après ce travail de
détail que nous avons pu dégager un tableau des différentes classes
sociales, de leur(s) niveau(x) de richesse, de leur(s) culture(s).

- LE MATERIEL DE LA RECHERCHE : DIFFICULTES D'INTERPRETATION

L'archéologie permet de connaître, à travers les revues spécialisées qui, depuis le XIX° siècle, étudient le sol de la région
et, grâce aux fouilles en cours, une densité remarquable de sites
d'époques gauloise et gallo-romaine. Mais, des Bulletins de la Diana
aux Bulletins des groupes archéologiques, des recueils de mémoires
et documents sur le Forez aux Cahiers d'Archéologie Régionale, il y
a des différences de méthodes, une atomisation de renseignements
telles que les comparaisons entre les fouilles, l'étude d'une stratigraphie d'ensemble paraissent impossibles. Nous avons donc commencé par dresser une carte de tous les sites gallo-romains plus ou
moins "permanents" puisqu'ils ont laissé des traces durables : les
substructions.

Celles-ci n'ont pas fait, au XIX° siècle, l'objet d'études
précises lorsqu'elles se situent en milieu rural, la façon d'appa-
reiller les murs, le matériel de pavement ayant peu retenu l'atten-

tion en général ; par contre, à FEURS, MOINGT, les études de l'Abbé Roux (1851), d'A. Bernard (1858), servent encore de cadre aux synthèses qui sont faites par les Cahiers d'Etudes Foréziennes : les cloaques de Feurs, la disposition du Forum, la "basilique", les thermes, tout ceci a été reconnu il y a un siècle. Aujourd'hui, on ajoute, chaque année, à ces trouvailles, quelques tessons de céramique, les monnaies, l'amphore, résultats des dernières fouilles.

C'est ainsi que FEURS, MOINGT, ROANNE, par la "densité de leurs trouvailles" ont été définies comme villes et étudiées plus particulièrement, ce qui a permis, surtout à ROANNE, quelques découvertes récentes de la plus grande importance. Nous devrons chercher à définir les villes ségusiaves autrement que par "l'abondance des découvertes", car la "ville" tient dans la civilisation romaine une place fondamentale, comme l'indique clairement VITRUVE dans son "Traité d'Architecture" :

"Ut Majestas imperii publicorum aedificorum egregias haberet auctoritatem" (I, 1, 2).

L'habitat rural a fait l'objet de répertoires archéologiques qui, par ordre alphabétique, rendent à chaque commune du Forez les trouvailles qui lui sont propres (Hermuzière 1972 et Petiot 1972) ; mais la carte établie, à la suite de ces trouvailles, nous a paru fausser la réalité car tout le matériel était confondu et sous le titre de "Répartition de l'habitat" on retrouvait des sites comme Saint-Sixte qui a livré un trésor mais pas de substructions, comme Balbigny où les tegulae, les vases ne permettent pas de savoir avec certitude si un habitat permanent y était installé, comme Poncins "dépotoir ou marché" sans être villa rurale.

Nos cartes ne font donc apparaître que les substructions reconnues jusqu'à nos jours, les formes tangibles de l'occupation sans aucune "réunion" de sites par commune. Ce serait, en effet, ne pas tenir compte du groupement ou de la dispersion, du parcellaire foncier, du mode d'appropriation des terres que de considérer la commune d'Ailleux au même titre que le lieu-dit Mornand, alors qu'une dizaine de substructions bien individualisées a été identifiée dans la première et qu'une seule "villa" semble s'être implantée sur le second.

Nous avons voulu, également, replacer ces substructions dans leur milieu naturel car si des modifications sont intervenues depuis 17 siècles, la valeur intrinsèque des sols, leur fertilité n'ont pas subi de transformations telles que toute étude de ceux-ci à l'époque gallo-romaine soit impossible et la mise en relation des substructions avec les altitudes et la nature des sols nous a permis certaines hypothèses sur l'exploitation des plaines du Roannais et du Forez ainsi que des plateaux. C'est donc l'archéologie qui nous a donné ses directions de recherches, au sens purement géographique, puisqu'elle nous a montré où étaient installés les habitants de notre cité (Fig. 1).

Les trouvailles de monnaies et de céramique traduisent un tout autre aspect de la vie des Ségusiaves que les fondations de leurs habitats : en effet, quelle analyse pouvons-nous faire de la vie économique de cette cité à travers les trois cents pièces isolées ou les dix trésors de 8.000 pièces que l'on y a découverts ? Comment les estampilles de sigillée, les poteries communes, les amphores peuvent-elles rendre compte de la production, de la consommation, du (des) niveau(x) de richesse des Ségusiaves ?

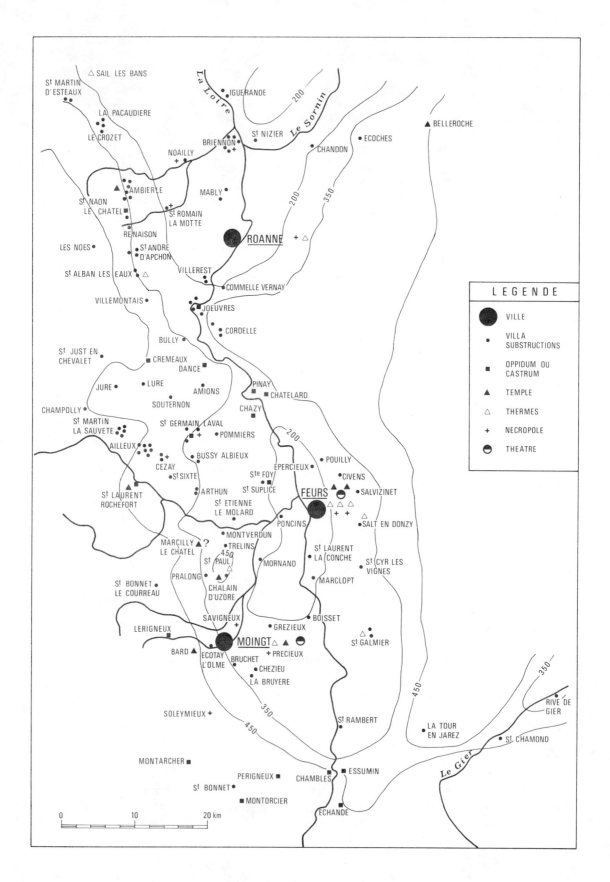

Fig. 1 – Répartition de l'habitat d'après les substructions.

Bien plus, quelle signification donner à l'abondance ou à l'absence de telle sorte de matériel : le grand nombre de pièces isolées d'Auguste doit-il être interprété comme une large pénétration de l'économie de marché, alors que la masse des monnaies de Gordien III accumulées dans les trésors marquerait la régression des échanges ? Comment la fin des importations de céramique sigillée pourrait-elle refléter le déclin économique de la cité alors que la source même des importations est tarie (la Graufesenque, puis la Gaule du Centre) et que ladite céramique n'a jamais représenté plus de 10 % de la consommation locale ?

Pour étudier ce matériel, rien n'est donc plus fondamental que de le situer, à chaque étape de notre démarche, dans son contexte local, régional, voire général, de le mettre en relation avec la modification des structures économiques, sociales, mentales.

Il ne faudra jamais oublier que les monnaies, la sigillée et, bien plus encore, les inscriptions ne nous renseignent que sur une partie restreinte de la population de la cité : le matériel épigraphique (40 stèles, dédicaces, bornes) suppose une culture, une attitude politique, religieuse, un rang social, une intégration à de nouvelles façons de vivre et de penser. Les monnaies romaines, la céramique d'importation, la construction de monuments marquent, également, l'appartenance à certains cadres de vie, une façon de se définir par rapport à la romanisation et donc aux indigènes.

Les interprétations doivent toujours rester prudentes et tenir compte de l'inégalité des découvertes, de leur sens différent selon le contexte géographique et historique : les 160 monnaies isolées de ROANNE n'ont pas la même signification que les 90 pièces de FEURS ; les 300 estampilles de sigillée reconnues dans la cité doivent, non seulement être analysées dans le cadre de chaque lieu de trouvailles, mais encore servir d'élément de comparaison entre deux sites semblables, voire très différents l'un de l'autre.

Notons, à titre d'exemple, que les 23 estampilles de sigillée italique identifiées à FEURS représentent environ 15 % des tessons importés dans cette ville (céramique italique, sigillée du Sud et du Centre de la Gaule). Ces mêmes 23 estampilles totalisent, par contre, 40 % de la sigillée italique achetée par toute la cité aux ateliers d'Arezzo ou de Lyon.

La campagne et la ville forment deux espaces aux caractères spécifiques, aux finalités différentes ; on ne peut séparer la production rurale de la consommation urbaine, l'échange des produits de luxe du marché des matières premières, la carrière de pierre et le théâtre ; pas plus que le paysan du propriétaire ou l'Administrateur de l'Administré.

1) EVOLUTION DES STRUCTURES FONCIERES :
DES OPPIDA AUX GRANDS DOMAINES

- APTITUDES AGRICOLES ET REPARTITION GENERALE DE L'HABITAT.

La cité des Ségusiaves ne présente pas d'unité, ni topographique, ni morphologique, ni pédologique.

L'effondrement des plaines du Roannais et du Forez, dans leur cadre de montagnes, frappe, tout d'abord, le voyageur : lorsque l'on vient d'Autun, aucune côte, aucune ligne de crêtes ne se manifeste jusqu'à Roanne et la plaine s'étend de part et d'autre de la Loire. Par contre, à quelques kilomètres au Sud de Roanne, une montée de plus en plus sensible vous conduit de 300 mètres d'altitude (L'Hôpital) à 600 mètres (Neulise). Si vous rencontrez alors un géomorphologue, il vous apprendra que vous avez franchi le seuil granitique qui sépare les deux plaines d'effondrement de la Loire et que vous allez descendre, ensuite, vers le bassin fermé du Forez, d'une superficie de 800 Km 2 (40 Km. du Nord au Sud, 20 Km. d'Est en Ouest). En effet, la descente est rapide et le paysage bien différent : la Loire ne sert pas d'axe médian à cette plaine, aussi, sur la rive droite, observerez-vous que la route et la voie de chemin de fer se serrent près du fleuve en raison des collines élevées qui la dominent par un vigoureux talus : ce sont les Monts du Lyonnais (800 mètres). En revanche, sur la rive gauche, des espaces presque plans s'abaissent vers la Loire et vont, très loin à l'Ouest, se raccorder, par un glacis de 20 Km. aux Monts du Forez. Vous quitterez l'axe Nord-Sud à Feurs et, en franchissant la Loire vers l'Ouest, vous approcherez d'une série de collines, élevées certes, mais cernées par de petites vallées, de telle sorte que la route, longeant un cours d'eau, ve peu à peu, à la différence de celle qui, à l'Est, emprunte d'é d'étroits couloirs, seules voies de pénétration vers la Saône (Vallées de la Dheune, Brévenne, Turdine) et vers le Rhône (Vallée du Gier).

Les paysages ont changé au cours de notre voyage : nous avons remarqué les prairies du Roannais, les landes de St-Germain-Laval, les champs labourés ou les prairies fourragères de Grézieu-le-Fromental, de Moingt ; les renseignements d'un pédologue joints à ceux des cultivateurs nous sont précieux pour comprendre la variété des productions, la médiocrité ou la richesse des terres (Fig. 2).

Les plaines de la Loire sont "historiquement considérées comme un mauvais pays aux sols pauvres" de cailloutis et d'argiles. En fait, une analyse détaillée montre que deux sols de structure très semblable portent des cultures plus ou moins riches selon l'orientation du versant, sa pente, son altitude absolue et selon les connaissances du paysan (Tomas 1971).

Dans le bassin du Forez, on peut distinguer deux sortes de sols avec, de l'une à l'autre, des stades intermédiaires de médiocrité et de fertilité :

- *Les Chambons et Fromentaux* couvrent 15 % de la plaine c'est-à-dire 8.600 hectares environ, ce sont les sols naturellement riches ; la fertilité est donc une chose rare en Forez. De plus, les chambons (8.000 ha), alluvions argilo-sableuses récentes, doivent tout à la Loire et à ses affluents : leur épaisseur - puisqu'ils

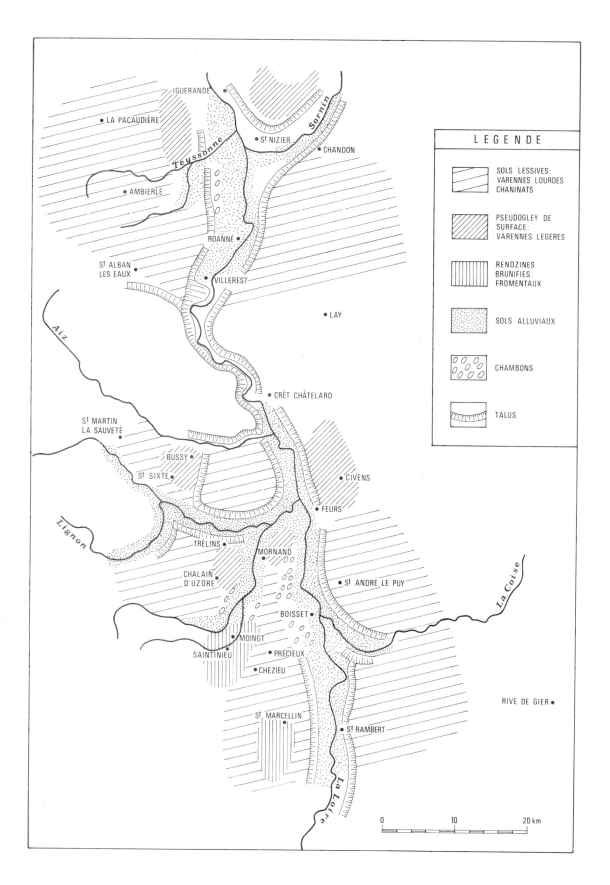

LEGENDE

SOLS LESSIVES:
VARENNES LOURDES
CHANINATS

PSEUDOGLEY DE
SURFACE:
VARENNES LEGERES

RENDZINES
BRUNIFIES:
FROMENTAUX

SOLS ALLUVIAUX

CHAMBONS

TALUS

IGUERANDE
LA PACAUDIÈRE
St NIZIER
CHANDON
Téyssonne
Sornin
AMBIERLE
ROANNE
St ALBAN
LES EAUX
VILLEREST
LAY
Aïz
CRÊT CHÂTELARD
St MARTIN
LA SAUVETÉ
BUSSY
St SIXTE
CIVENS
Lignon
FEURS
TRÉLINS
MORNAND
La Coise
CHALAIN
D'UZORE
St ANDRÉ LE PUY
BOISSET
MOINGT
SAINTINIEU
PRÉCIEUX
CHEZIEU
RIVE DE GIER
St MARCELLIN
St RAMBERT
La Loire

0   10   20 km

Fig. 2 - Répartition des principaux sites selon les sols.

sont formés de lentilles et de plusieurs horizons ("les lutons"), leur granulométrie, dépendent des crues bienfaitrices ou néfastes qui, en 1711 et à nouveau en 1846, transportèrent les bonnes terres de Feurs jusqu'à la plaine roannaise. Mais, la pente Nord-Sud étant faible, la Loire ne pouvait transporter sa charge d'où les apports fréquents d'alluvions grâce aux divagations du fleuve.

Les Fromentaux, "sols bruns développés sur des collines de calcaire ou marne rouge", riches en chaux, épais et humides, sont étroitement localisés sur 550 ha autour de Sury-le-Comtal.

- *Les Chaninats et Varennes*, sols constitutifs de 85 % de la plaine du Forez, sont très diversement appréciés. Le centre de la plaine, entre Naconne, Boën et Sury-le-Comtal, correspond, à peu près, aux 2.500 ha de Chaninats "sols à pseudogley de surface sur la nappe d'illites montmorillonites", selon le vocabulaire scientifique du pédologue.

En fait, ce qui nous intéresse dans cette étude c'est que jusqu'au XVIII° siècle, leurs productions ont fait la richesse des fermiers et des métayers, comme l'indique le toponyme de Grézieux "le Fromental". Depuis, les herbages sont préférés aux céréales et les rendements des cultures fourragères de Précieux sont remarquables.

Les Varennes, "sables grossiers ou argileux du stampien ou cailloutis du quaternaire", correspondent à des sols acides, lessivés, aux sources d'eau rares. Mais, sur ces 45.000 hectares, que de différence entre les sols légers, bien drainés du glacis de St-Germain-Laval, Bussy-Albieux où, selon les géographes, les défrichements ont été antérieurs aux Romains, et les varennes lourdes, humides, au labourage peu fréquent de St-Martin-la-Sauveté ou d'Ambierle ! Les premiers ont été colonisés très anciennement, les ravins colmatés, les pentes fertilisées et le travail de bonification dû à l'homme y est intense ; sur les autres, la lande à bruyère, quelques prairies de maigres qualités résultent de la pauvreté notoire du terrain.

Sur la carte des sols, dont nous venons d'étudier la variété des aptitudes agricoles, nous avons porté des substructions gallo-romaines reconnues et les trésors monétaires découverts. C'est à partir de ce travail, que nous allons essayer de retrouver la structure foncière des campagnes ségusiaves et leur évolution.

Remarquons, d'ores et déjà, que *l'habitat semi-dispersé*, réparti entre 250 et 400 mètres d'altitude, occupe les meilleures terres de la région, chambons et lutons de la plaine forézienne, chaninats et varennes légères des terrasses de la Loire autour de Feurs et de Roanne et de celles de Sornin au Nord-Ouest ; ce sont les sites de St-Galmier, Marclopt et St-Cyr-les-Vignes, Boisset et Mornand, Civens et Pouilly, ou ceux de Villerest, Mably, St-Nizier et Iguerande.

Au contraire, un *habitat de plus en plus concentré* s'est établi entre 450 et 650 mètres d'altitude, sur le plateau de St-Germain-Laval et au pied des Bois Noirs, terres réputées médiocres, varennes difficiles à drainer : ce sont les bourgs ruraux de Bussy-Albieux, Arthun, Ailleux et St-Martin-la-Sauveté, St-André-d'Apchon, Ambierle et la Pacaudière.

Si l'occupation la plus dense apparaît le fait de la Rive Gauche de la Loire, la topographie, la nature des sols expliquent cette inégale répartition plus que "le manque de fouilles sur la Rive Droite" (Périchon 1968).

Après ces quelques indications, il convient de dater ces habitats assez précisément afin de lier leur répartition, la structure foncière et l'évolution historique.

- FORMES D'HABITAT ET EFFORT DE GUERRE DES SEGUSIAVES (II° SIECLE - 40 AVANT J. C.).

Le tableau, (Fig. 3) a été établi grâce aux tessons de céramique, monnaies, objets divers trouvés sur nos sites, à quelques renseignements tirés de leur mode de construction et à l'étude des nécropoles. Il a servi de fil directeur à notre étude du parcellaire rural.

L'occupation des sites de Chazy, Crêt-Chatelard, Joeuvres, Essalois est antérieure à l'arrivée des Romains (V° - II° siècles avant J. C.) et se poursuit encore, avec ou sans discontinuité, jusqu'aux IV° - V° siècles après. Nous sommes en présence des "oppida" de la région, première forme de l'habitat ségusiave.

Au Sud de Roanne, sur *le plateau de Joeuvres*, (1), dans une boucle de la Loire, se situe l'oppidum le plus ancien du peuple ségusiave : une levée de terre en interdit le seul accès facile et un rempart de pierre la prolonge au Nord. De la poterie gauloise peinte sur fond écru sans engobe, des monnaies d'argent et de bronze, des fibules de bronze et de fer, de petits animaux de bronze ou d'argile rouge du VI° - V° s. avant J. C. au II° s. avant, des substructions rares, montrent que le site est surtout défensif et un centre d'échanges du fer, du bronze et d'objets d'utilité courante.

Cependant, fin II° et début I° siècle avant J. C., une nécropole et une fosse à céramique (400 av. J. C.) attestent que la population était plus nombreuse à la fin de l'Indépendance.

Avec la Pax Romana, une forme originale d'habitat caractérise Joeuvres : quinze caveaux rectangulaires de 2 m. X 1, 20 m. et deux chambres creusées dans le roc. Trois marches donnaient accès à l'une d'elles, masquée par un mur de mortier formant dalle.

A l'intérieur de ces chambres, des cendres, ossements nombreuses amphores nous font penser qu'il s'agit de tombes d'une grande importance, sans doute de guerriers valeureux que les Eduens, César et Vercingétorix ont recrutés abondamment chez les Ségusiaves.

L'oppidum était, en quelque sorte, consacré à l'indépendance perdue. Cette vocation particulière de Joeuvres nous paraît confirmée par l'absence de toute autre sorte d'occupation sur le plateau. Par contre, sur le versant Ouest, un habitat rural s'implante pour un siècle près d'une petite citerne ; ce site sera vite abandonné pour ceux de l'Ile (Garioux, Grèzelon, Pilon, Goutteclaire, St-Maurice-sur-Loire, le Ménard) généralement installés à moins de 400 m. d'altitude et florissants aux I° et II° siècles après J. C. La céramique dite "sigillée grise" serait la preuve de la réoccupation des oppida en période de crise mais les auteurs donnent peu de preuves (6). Au III° siècle après J. C. et, jusqu'au V° siècle, la remontée sur l'oppidum est parallèle à la descente dans la plaine quatre siècles plus tôt : d'abord, réoccupation de la villa du I° siècle à flanc de colline, ensuite réinstallation sur le plateau pour deux siècles.

Une évolution un peu semblable se retrouve à *Essalois* (2) son rôle commercial mis à part, l'oppidum a groupé, de la Tène II à la fin de l'Indépendance, une population nombreuse qui construisait ses maisons en pierre - les plus riches, du moins - mais en bois surtout, comme l'attestent la profusion de clous de charpente et l'appareillement de la fortification en pierres et poutres croisées (3). Des

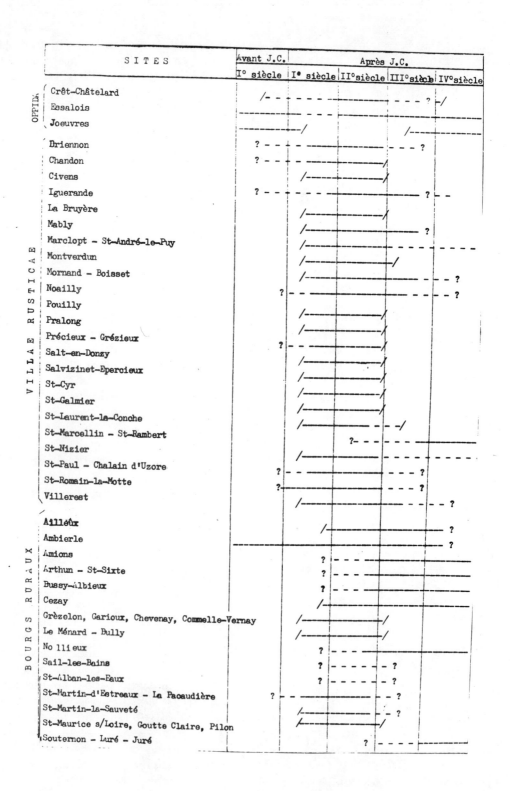

Fig. 3 - Périodes indicatives d'occupation des sites.

fouilles récentes ont mis à jour tout un quartier avec ses rues.

Essalois est alors un centre d'échanges (4) entre étain du Nord, produits locaux (travail du bois, cuir, tissage et céramique locale) et marchandises de Narbonnaise (amphores vinaires de type gréco-italique) qui, transbordés entre Rhône et Loire, aboutissent à l'oppidum "site le plus proche de la vallée du Rhône grâce à la vallée du Gier et premier port à la sortie des gorges de la Loire". La céramique campanienne, les poteries gauloises, les articles de bronze et d'argile utilisaient, ensuite, la Loire grâce aux chemins de halage, ou les voies de terre du pays ségusiave.

De 40 avant J. C. à 96 après J. C., la baisse de densité de la population est sensible, mais le rôle de marché demeure et semble même s'intensifier au début du II° siècle. La sigillée du Sud de la Gaule rend, en effet, à Essalois cette place de marché, concurrentiellement à Chézieu, Feurs, sur la nouvelle Voie Rodez-Lyon.

Crêt-Châtelard a connu une évolution bien différente qui s'explique, peut-être, par sa plus grande proximité de la ville de Feurs et de la campagne romanisée : en effet, les débuts de l'occupation datent, à peu près, de la fin de l'Indépendance ou de la période Augustéenne (5). Le matériel de la Tène, la campanienne, les amphores de type Dressel 1 B n'ont fait l'objet d'aucune étude stratigraphique, et les notices archéologiques régionales multiplient à plaisir les études dispersées et sans intérêt scientifique.

Comme à Joeuvres, il semble que de nombreuses sépultures, sous forme de puits funéraires, rendent compte d'un "culte des morts de l'Indépendance", d'autant plus que le site a pu être touché par la guerre si l'on en croit la couche d'incendie datable de 50 Avant J. C.

Puis, du I° au II° siècle, c'est une villa qui s'installe au centre de l'oppidum ; dans le courant du III° ou au début du IV° siècle, cet habitat est abandonné sans que les traces d'incendie indiquent un quelconque passage des "Barbares".

L'occupation antérieure à l'arrivée de César ne se limite pas aux oppida, mais ceux-ci représentent, sans doute, les seules constructions en dur et importantes de cette époque à tel point que cette période a parfois été nommée "civilisation des oppida" (6). Mais la fonction de ceux-ci se réduit, lors de l'Indépendance, au culte des morts ; c'est peut-être grâce à cette religion "conservatoire privilégiée des traditions que les oppida ont été réoccupés quelques siècles plus tard. Leur rôle, dans l'histoire du peuple celte, avait marqué profondément les mentalités.

Les fonds de cabanes trouvés à Roanne, les hauteurs du Lyonnais dont les Ségusiaves sont descendus vers la vallée du Sornin, les sites de Chazy, du Châtelard, de St-Germain-Laval, stades intermédiaires entre oppidum défensif et relais rural des échanges, nous montrent la variété et la densité de l'habitat indigène hors des oppida de Joeuvres, Essalois, et Chazy. Malheureusement, les études précises font encore défaut. L'étude du texte de la Guerre des Gaules, apporte quelques indications sur les activités des Ségusiaves et le prélèvement des armées romaines et gauloises sur leur territoire pendant la guerre d'Indépendance. Nous verrons de façon plus approfondie quels liens politiques unissaient Eduens et Ségusiaves mais signalons, dès maintenant, que César appelle "clients" les seconds et qu'il s'agit sinon d'esclavage, du moins d'une domination brutale.

Dans ces conditions, les Ségusiaves participent à chaque effort de guerre exigé par César, puis par Vercingétorix : lors du siège d'Avaricum, il faut fournir du blé aux légions (B.G. VII, 32), des fourrages dont Eduens et Ségusiaves sont les spécialistes (B.G. IV, 6-7) ; puis ce sont les hommes qui doivent rejoindre les armées du légat (B.G. VII, 32), les Ségusiaves formant une large part des dix mille fantassins alors que les Eduens arment la cavalerie.

Cette pression, sans cesse accrue, explique les soulèvements de Châlon, Nevers, Bibracte contre les citoyens romains et le légat M. ARISTIUS, lors de la résistance de Gergovie. Mais, rangés aux côtés de Vercingétorix, les Eduens se verront soumis à des exigences semblables, sans doute à cause de l'essor de leur économie. Après la victoire de Gergovie, le chef gaulois demande à ses nouveaux alliés "les Eduens et leurs clients, les Ségusiaves, qui sont à la frontière de la province, dix mille fantassins et huit mille cavaliers sous le commandement d'Epodorix ..... afin d'attaquer les Allobroges" (B.G. VII, 67).

Même si les chiffres cités tiennent, à la fois, du grandissement épique de la part de César et d'un certain "contingent forfaitaire" que l'on sait bien ne pas atteindre en réalité, il faut noter que, la même année, un autre prélèvement en hommes et vivres sera opéré lors du siège d'Alésia : "On demande aux Eduens et à leurs clients Ségusiaves, Avivarètes, Aulerques, Bramovices, trente-cinq mille hommes" (B.G. VII, 75), autant aux Arvernes et à leurs quatre clients, alors que les autres peuples fournissent douze mille hommes. De plus, le dénombrement de l'armée qui doit dégager Alésia se fait chez les Eduens et l'on peut imaginer ce que représenta comme effort économique l'entretien de 250.000 hommes.

Si la Gaule, à la fin de la guerre, a subi un véritable désastre, les Eduens et leurs clients - qui nourriront encore longtemps les légions de Q. Tullius Cicéron et Q. Sulpicius - sont des premiers à se soulever en 46 Avant J. C. : ce n'est plus une guerre nationale mais bien une révolte du peuple misérable : "C'est Corréos et la plèbe ignorante qui ont mené la guerre, contre l'avis du Sénat et des chefs ..... les habitants abandonnaient les villes, désertaient les campagnes pour éviter d'obéir aux Romains" (B.G. VIII, 21 - 22).

A travers ces textes, s'esquissent la "romanisation forcée" de la Gaule, les résistances et les ralliements à l'occupant ; mais, surtout, nous comprenons mieux le rôle des oppida ségusiaves à la fin de la guerre : abandonnés à cause des ravages et par suite de l'errance généralisée, pillés, comme l'écrit Suétone (7), ils sont devenus les centres de la résistance passive, les lieux de culte du peuple, comme nous l'avons dit précédemment.

Par suite de la guerre, du bouleversement des rapports entre les peuples et entre les hommes, consécutif à la crise économique et politique, de nouvelles structures ont pu s'établir dans la cité des Ségusiaves ; nous allons, maintenant, essayer de les cerner.

- ETABLISSEMENT ET EVOLUTION D'UNE NOUVELLE REPARTITION FONCIERE, LES VILLAE RUSTICAE (I° au III° SIECLE ap. J.C.).

De 50 Avant J.C. au II° siècle après J.C., l'occupation rurale devient très dense dans les plaines du Roannais et du Forez, avec une prédilection pour la zone comprise entre 250 et 400 mètres d'altitude.

. *La Vallée du Sornin* (8) illustre bien la transition vers de
nouvelles formes d'implantation rurale : à St-Nizier-sous-Charlieu
(lieudit les Varennes), à Chandon (lieudit La Grande Terre), à
Ecoches, les substructions et le matériel découverts montrent que
l'installation des villae se développe, sans doute, dès Auguste -
Tibère : Aux Varennes, les murs, en calcaire de la région, sont liés
au mortier ; un réservoir circulaire avec orifice de vidange pouvait
servir à drainer une terre aux aptitudes agricoles maigres si elle
n'est pas bien travaillée ; fin I°, début II° siècle, la céramique
sigillée, des aiguillères en bronze sont utilisées dans cette villa
où la prospérité se maintient au III° siècle, car certaines céramiques sigillées sont fort proches, selon H. Vertet, de celles produites au III° siècle à Lezoux.

Il n'est pas impossible que le sarcophage de Charlieu à Maria
Severiola (CIL 13 - 1650), soit celui des propriétaires de la villa
de Varennes, à moins qu'il ne s'agisse de celle de Chandon, à 4 Km.
de Charlieu. Là, une villa prospère achète (9), d'une part, des vases
peints, produits de l'artisanat roannais, de la céramique commune
oxydée (gros grains de quartz - rebords et cols épais), ou carbonifère (poterie à pâte siliceuse, montée sans l'aide du tour, sans
décor sauf quelques lignes incisées) et importe, d'autre part, de la
céramique sigillée (coupe Ritterling 8 estampillée "Nicia", potier
à Montans vers 50 - 80 après J.C.), des vases lisses à pâte rouge
sombre et des coupes de la même époque et du début du II° siècle
(Foury 1971).

L'Hercule, qui viendrait de l'atelier de Libertus (époque de
Trajan), montre la romanisation des grands propriétaires et l'influence de Feurs au II° siècle, puisque le culte d'Hercule était
l'un des plus développés dans la capitale de la Cité (10).

St-Nizier possède un matériel du III° siècle et l'on y trouve
des traces d'occupation évidentes du Bas-Empire (vases semblables à
ceux de Joeuvres et datant des IV° - V° siècles de notre ère) : il
est possible que nous ayons là les indices d'un regroupement de
terres, au cours du III° siècle, et d'un vaste domaine dont l'habitat principal serait situé aux Varennes et dont Chandon resterait
une annexe importante. La superficie ne serait pas inférieure à
1.500 hectares et la propriété, axée sur le Sornin, disposerait de
terroirs variés, nécessaires à l'autarcie : bas de versants humides,
propices aux praires et à l'élevage ; pentes bien drainées ; replats
vastes à forêts (Vertbois, Les Forêts) ou landes (Chervier, Chevre-
nay) et quelques champs labourés (Champagny, Les Cours) permettant
le petit et le gros élevage, les cultures de céréales pauvres.

. *Sur la Rive Droite de la Loire*, à 6 Km. au Nord de St-Nizier,
à Iguerande, deux sites ont été reconnus sur 1 Km 2 ; les fondations
sont vastes aussi bien à la Rivollière qu'à Pesselle mais le matériel semble surtout abondant sur le second.

Des portions de meules à bras prouvent que l'on cultivait des
céréales tandis que les importations de sigillée montrent que le
propriétaire disposait de certains moyens financiers : un riche
trésor monétaire dont l'analyse sera faite ultérieurement, nous en
donne confirmation. Notons, d'ores et déjà, que ce propriétaire a
accumulé, au début du III° siècle et jusque vers 253, une centaine
d'Antoniniens (malheureusement perdus sans inventaire détaillé) et
les a enfouis dans une cassette de bronze (11).

C'est encore un témoignage de l'occupation, au III° siècle, de

la Rive Droite de la Loire, à l'extrême Nord de la Cité des Ségusiaves.

. *Sur la Rive Gauche de la Loire*, entre ce fleuve et la Teis-
sone, des sites nombreux s'égrènent de Briennon à Roanne, sur 15 Km.
de long et 4 Km. de large : autour de Briennon, on trouve trois villae à Montely, Villevert, Grange Blanche.

Le matériel y est plus pauvre que précédemment : quelques amphores, de rares monnaies, des poteries noires sans doute de tradition celtique (cuisson à feu réducteur), un seul tesson de sigillée,
des mortiers et même des "vases brisés qui paraissent avoir été cuits
au soleil et non au four" (Communication orale du GRAR), quelques
urnes funéraires à Briennon.

Nous sommes sur des terres alluviales soumises aux divagations
et aux crues de la Loire et ces habitats des I° et II° siècles se
caractérisent par leur côté traditionnel et leur maigre richesse :
l'incinération traduit, à la fois, l'un et l'autre car elle restera
répandue chez les moins romanisés et les moins fortunés.

En revanche, à Mably (lieudit Bonvert), un peu plus au Sud, à
4 Km. de Roanne, un bâtiment important et riche a été fouillé en
partie : l'une des pièces mesurait 5,30 X 8,70 m. et les murs de
0,50 m. d'épaisseur laissaient une surface habitable de 33 m2. Le
petit appareil, en moellons bloqués disposés à l'intérieur et liés
au ciment de chaux, semble d'époque antonine ("opus caementicum" de
Vitruve) ; les murs étaient revêtus d'un crépi à la chaux recouvert
d'un enduit lissé et décoré de motifs géométriques bistres, noirs ou
verts.

La géométrie du décor, la faible polychromie et les pétales
lancéolés nous ont paru fort proches des mosaïques de la fin de
l'époque antonine, trouvées à Lyon (12). Le sol est composé d'un
ciment de chaux, briques pilées et tuiles que couvre un parquet
d'argile cuite à vernis vert. Il n'y a pas de fondations et un
bourrelet joint sol et murs. Le matériel agricole inventorié se
limite à trois meules tournantes en lave. Une statuette dite de
"Vénus" pourrait représenter simplement une déesse de la fécondité
destinée à assurer moisson abondante et troupeau florissant au propriétaire (13).

La céramique sigillée du Sud et du Centre de la Gaule a surtout
été utilisée vers 130 - 160 après J.C., mais on a fait un large usage
de la céramique commune cuite à feu oxydant ; outre quelques vases à
dégraissant grossiers, on trouve des vases à pâte fine ocrée, à col
cylindrique, produits à Lezoux, fin II° et début III° siècle et largement diffusés jusqu'au V° siècle. M. Cabotse a remarqué, fort
justement, que les céramiques sont cuites avec grand soin et qu'il
n'y a pas de recul technique au III° siècle, mais plutôt une difficulté à se procurer les "céramiques industrielles" d'où un travail
local avec des argiles moins fines (14). Ceci confirme que le domaine de Bonvert, comme ceux de St-Nizier, Chandon, Iguerande, s'est
replié sur lui-même et a produit les articles nécessaires à sa consommation.

Deux autres villae de ce type ont, sans doute, existé à Noailly
et St-Romain-la-Motte, mais les objets de bronze, le peu de poterie
et les quelques monnaies du I° au III° siècle ne permettent pas une
étude approfondie.

Les cinq sites de Chandon, St-Nizier s/Charlieu, Iguerande,
Briennon, Mably sont donc les seuls individualisés par les fouilles
au Nord de Roanne, le long de la Loire et du Sornin.

Cependant, à la limite Sud de la plaine du Roannais, à 6 km. de Roanne, un autre grand domaine s'est constitué autour de *Villerest ;* les terroirs de la région sont variés et les prairies, champs labourés, landes à pacage, cernent les côteaux viticoles. Le matériel de cette villa rustica se compose d'amphores de couleur rouge, de céramiques type Roanne à pâte fine et soigneusement polie, datées du II° siècle, de sépultures à incinération (15).

Dans la première moitié du III° siècle, la thésaurisation de 134 Deniers et Antoniniens, enfouis vers 260, invite à penser que Villerest était le centre d'une importante propriété.

De même, un peu plus à l'Ouest, les substructions, sépultures, débris de poteries de St-Romain-la-Motte nous font supposer qu'une villa, prospère au II° siècle surtout, a pu concentrer au III° siècle les terres des petits propriétaires d'Ambierle, St-Alban-les-Eaux, St-André d'Apchon. Les monnaies du III° siècle, indiquées par les archéologues en 1870, ont malheureusement disparu.

Entre 250 et 400 mètres d'altitude, sur des sols plus ou moins fertiles, une dizaine d'habitats s'est donc installée au cours du I° siècle, dans la plaine de Roanne, plus groupés et moins riches autour de Briennon, ils contrôlent, partout ailleurs, de grands domaines et, dès la fin de l'époque Antonine, Iguerande, Les Varennes, Bonvert importent des céramiques, possèdent des ustensiles de bronze, statuettes, mosaïques, qui montrent que les grands propriétaires du Nord de la cité disposent d'une certaine aisance et la manifestent en achetant à Roanne ou à Feurs les produits de luxe fabriqués en Gaule.

Avec le III° siècle, ces domaines se referment sur eux-mêmes, produisent leur céramique avec de bonnes connaissances techniques ; les monnaies s'accumulent ; les terres se concentrent (Iguerande, St-Nizier, Villerest, St-Romain-la-Motte, Mably).

La plaine du Forez a connu une évolution assez différente : l'habitat est plus dispersé que dans la région précédente et les substructions, situées surtout entre 220 mètres et 450 mètres d'altitude, sont disposées presque régulièrement tous les 4 ou 5 kilomètres.

C'est ainsi qu'autour de Feurs, sur la Rive Droite de la Loire, on trouve les villae de Pouilly-les-Feurs, Civens, Salvizinet, Epercieux, Salt-en-Donzy ; un peu plus au Sud, des substructions existent à St-Laurent-la-Conche, Marclopt, St-Cyr-les-Vignes, St-Galmier. Cette région, dont la balme vigoureuse domine la Loire, correspond aux varennes portant des prairies permanentes au Nord, et aux terres légères à fourrages au Sud. Nos habitats, assez semblables les uns aux autres, datent des deux premiers siècles de notre ère (L'Hermuzière 1972).

. A *Pouilly,* les substructions sont en petit appareil du début du II° siècle ; les monnaies vont de Tibère à Commode, la céramique - peu abondante - est commune, les sols carrelés, le niveau de richesse modeste.

. A *Civens,* les vases en céramique oxydée, grossière, à rebords épais (pots à anse, vases funéraires) très empreints de l'influence romaine ne dénotent pas non plus un riche propriétaire et un four de potier indique qu'il y a eu fabrication locale. L'orientation du cercueil de plomb, pieds à l'Est, a été interprétée comme signe de christianisme, mais nous resterons prudents en l'absence de tout autre indice.

Un siphon, des canalisations servaient à l'évacuation des eaux d'une demeure du II° siècle, dont les salles ont été reconnues sur six mètres de long.

. Les habitats de *Salvizinet* et *Epercieux* ont fourni trop peu de matériel pour permettre une analyse sérieuse. Notons, cependant, que les archéologues du XIX° siècle ont cru trouver des thermes à Epercieux et qu'une statuette de bronze représentant un homme nu assis pouvait confirmer cette hypothèse. Toutefois, les fouilles de 1972 n'ont rien produit.

A Salvizinet, le "petit appareil coiffé de cubes roses liés au ciment blanc" indique une époque assez tardive et l'épaisseur des murs suggère un besoin de défense ; nous ne pouvons nous risquer, cependant, à d'autres conjectures.

. A *Salt-en-Donzy*, la toponymie proche de celle de Sail-les-Bains, au Nord-Est de la cité, évoque les sources d'eau tiède (32°) et basique, qui ont été connues dès l'époque romaine : en effet, profitant d'une faille du rocher, des bains assez frustes ont été aménagés. Le sol, pavé de grosses pierres, en recoupe un autre en béton et maçonnerie, des piscines ont été installées progressivement, des entonnoirs de bois servent au filtrage, tandis que des canalisations en céramique aboutissent aux piscines les mieux appareillées (16).

Près de ce lieu dit "Gour Chaud", des colonnes en briques de trois mètres de circonférence, une inscription sur marbre blanc (CIL 13 - N° 1639), des murs en blocage de granit rose, interprétés comme "camp romain" il y a un siècle, sont plus vraisemblablement les vestiges d'un lieu de culte, dont l'inscription trop mutilée célébrait, peut-être, quelque divinité des eaux souterraines ou un dieu guérisseur. Quelques inscriptions de Feurs, Bussy-Albieux nous apprennent la dévotion à Silvain, dieu des morts et gardien des âmes aussi bien que des troupeaux et, également à Segeta et Dunisia, qui ressemblent fort aux déesses de la Terre Mère.

Le long de la voie Feurs Lyon, deux habitats ont été localisés : ce sont des maisons modestes où les clous de charpente indiquent un large emploi du bois, raison suffisante pour expliquer les traces d'incendie sans avoir recours aux "invasions barbares" ; les murs sont bâtis en briques, tuiles et débris liés d'une mauvaise chaux ; dans l'une de ces villae cependant, quelques rares tessons de sigillée de la Graufesenque et de Lezoux, des bols type Roanne, un as de Marc Aurèle, un four de potier à céramique commune ont permis de dater ces sites du II° siècle. Il n'y a aucun matériel du siècle suivant, ce qui confirme un déclin bien antérieur aux hypothétiques incursions des Alamans, qui auraient incendié le site (17).

L'abandon de Salt-en-Donzy s'explique, très probablement, par la baisse du niveau de vie des Ségusiaves, surtout des habitants de Feurs, utilisateurs privilégiés des sources distantes de deux lieues à peine de leur ville. Au III° siècle, la carte de Peutinger mentionne Moingt mais non plus Salt-en-Donzy comme lieu de cure.

Le sarcophage de Censonia Zosimen (CIL 13 - N° 1638) du II° ou III° siècle, trouvé à la Varenne, peut être celui d'un propriétaire de la région, mais aussi celui où un "tendre époux" aurait fait inhumer sa femme décédée au cours de leur voyage thermal à Salt et, sans doute, Moingt-Vichy (Pline - Livre X).

. Si les cinq sites, à l'Ouest et au Nord de Feurs, nous ont paru modestes, la ville de *Marclopt* doit retenir particulièrement notre attention. Au XIX° siècle, on y a fouillé un habitat d'une

vingtaine de pièces et découvert une inscription au duumvir de Feurs
Sextus Iulius Lucanus (CIL 13 - N° 1632) et une pièce de bronze de
Crispine. Non loin de là, on trouvait des fragments de colonnes, de
dalles, de bornes milliaires (18) et un sarcophage en granit dédié
par Titius Audax au membre d'un collège (Hors-texte page IV - inscription N° 1633 - cf Chapitre III, paragraphe 2).

L'analyse du matériel mis au jour au village même de Marclopt
permet de dater ce site du II° siècle : il s'agit, en effet, de
céramique commune à pâte fine et de coupes côniques, vases ornés à
vernis peu brillant (types Drag 36 et 37) de Lezoux, fabriqués de
Trajan à Antonin (19). Nous sommes en présence d'une villa importante, localisée sur les lutons de la Loire, les meilleures terres de
la région ; notons, également, que les méandres du fleuve cessent à
Marclopt pour se transformer en divagations le plus souvent fécondes
pour les terres.

Les personnages de nos deux inscriptions - puisque toutes deux
se rapportent au II° siècle - ont pu être les propriétaires de cette
vaste demeure à moins de sept lieues du centre de la cité et dont
les terres englobaient certainement les substructions modestes de
St-Laurent-la-Conche, où le béton de chaux, les cailloux et briques
concassés, la céramique commune dénotent un habitat secondaire.

Quant au trésor de St-André-le-Puy, que nous analyserons plus
loin, il se peut qu'il relève de cette même villa de Marclopt, qui
aurait concentré les terres de la région au cours du III° siècle.
D'ailleurs, non loin de là, à Valeille, on aurait trouvé en 1716 un
autre trésor du III° siècle composé, surtout, de monnaies de Gordien-
le-Pieux ; mais les renseignements sont insuffisants.

. A *St-Cyr-les-Vignes*, au sol dallé de brique, la céramique
commune ne se rapporte qu'au II° siècle et à *St-Galmier*, le matériel date encore de cette époque (20).

Sur ce dernier site, plusieurs habitats ont été localisés (21) :
près de la Coise, des bains peu luxueux semblent ceux d'une villa
particulière d'autant plus que, un peu plus loin, une lampe romaine,
des tessons de sigillée ont révélé une occupation ; d'autres bains
et un second habitat ont, également, fait l'objet de découvertes,
en particulier de briquettes d'hypocauste, d'ossements, de sigillée
du II° siècle, début III° siècle.

Toutes les villae localisées sur la Rive Droite de la Loire,
dans un rayon de quelques kilomètres autour de Feurs, occupées aux
deux premiers siècles de notre ère, ont connu une prospérité assez
remarquable de Trajan à Antonin, surtout à Marclopt, Salt-en-Donzy,
St-Galmier.

Le déclin, voire l'abandon, bien antérieur aux invasions de
270, a une raison économique et le lien étroit de ces villae avec
Feurs, que ce soit les bains et stations de cure ou les propriétés
des magistrats de la cité, permettra sans doute d'expliquer cette
récession.

D'ailleurs, sur les terres bien individualisées de la Rive
Gauche de la Loire qui, entre Poncins et Moingt, correspondent aux
2.500 hectares de chaninats et aux terrasses alluviales du Lignon
et de l'Aix, une structure foncière, à peu près semblable, a évolué
de façon identique.

De Poncins à Chézieu, de Montverdun à Boisset, on compte une
dizaine de substructions dont la répartition selon les sols et
altitudes doit être remarquée avant toute analyse :

- entre 350 et 450 mètres, les sites de Grézieux, Précieux, La Bruyère, Le Bruchet, Savigneux, Chalain d'Uzore, Montverdun et Pralong se partagent les chaninats, terres à fougères et céréales (Grézieux), les varennes légères à prairies permanentes ou fourrages (Prétieux) et les éboulis de pentes et terrasses alluviales propices à la vigne et aux céréales peu exigentes (La Bruyère, Pralong, Montverdun) ;

- entre 200 et 350 mètres, les villae de Vérin, Mornand et Boisset contrôlent les meilleures terres de la région, les chambons de la Loire, alluvions épaisses de 5 à 8 mètres sur la rive gauche, alors qu'il n'y a que 20 cm de terre végétale sur la rive droite.

Les villae autour de Moingt et jusqu'à Montverdun ont livré un matériel fort proche de celui de la Rive Droite autour de Feurs, mais plus riche et plus abondant :

Le site de *Montverdun* (22), en bordure de la voie Feurs-Clermont, présente des substructions très vastes en opus signinum, béton très fin, qui caractérise l'art de bâtir de la Gaule dès Hadrien. Les carreaux d'hypocauste permettent d'envisager un certain confort de la villa. Celle-ci a, sans doute, été occupée du I° au II° siècle, comme le montrent la "sigillée rouge", les jarres (ollae), cruches pansues (ampullae), vases culinaires (chytropus), dolia à larges bords.

Les patères dites "de Samos" à guirlandes de fleurs et d'oiseaux perchés sur un animal, palmettes et fleurons, ont été attribuées aux fabriques de Lezoux mais nous semblent assez proches du motif 2288 d'Oswald pour être rapprochées des vases de Scottius produits à la Graufesenque à la fin du I° siècle.

La villa a, d'ailleurs, possède son propre atelier de poterie : la sole elliptique d'un four de potier a été découverte, il y a un siècle, avec des ossements, lesquels ont, bien sûr, suggéré immédiatement le cataclysme des invasions, sans même qu'une couche d'incendie ou du matériel du III° siècle puissent étayer cette hypothèse (23).

Le site de *Chalain* et *St-Paul d'Uzore* est un type particulier d'habitat sur lequel nous manquons encore de renseignements. En effet, les trois substructions individualisées sur la commune peuvent être identifiées, l'une à un lieu de culte, l'autre à des bains ou à un second sanctuaire, le dernier à une villa. Celle-ci disposait, sans doute, d'hypocaustes aux carreaux assez grossiers mais sa richesse demeure modeste vu les poteries communes qu'elle renfermait (24).

Par contre, les deux autres édifices, l'un à Chalain d'Uzore, l'autre au flanc du Mont d'Uzore (altitude 534 mètres), ne sont pas des habitats privés : le premier est formé de deux bâtiments carrés emboîtés d'une superficie respective de 144 et 36 m2, probablement à charpente de bois et à colonnes de briques dont aucune trace de revêtement ne subsiste. Nous sommes, peut-être, en présence d'un sanctuaire, à moins qu'il ne s'agisse d'un site fortifié du III° siècle, tout indiqué en raison du relief (monnaie de Julia Mamaea).

Le second édifice, du II° siècle probablement, est pavé en opus signinum et comportait des mosaïques et débris de marbre : il est difficile de se prononcer sur la fonction de ce bâtiment. Les villae, alentour, disposaient sans doute de bains comme à Salt-en-Donzy, mais on peut aussi penser à une divinité honorée sur cette butte dominant la plaine.

La villa de *Pralong* se signale par de vastes substructions du

II° siècle et un matériel relativement riche : pavement du sol, céramique commune fixe oxydée (dolia à bords épais) et sigillée rouge avec monstre marin, probablement importée de la Graufesenque au I° siècle. Nous sommes ici, comme à Montverdun et Chalain d'Uzore, en bordure du chemin médiéval de Moingt à Sail-les-Bains qui, à l'époque romaine, venait se raccorder à la voie Feurs-Clermont au Nord, et à la voie Bolène au Sud (Thiollier 1889).

Autour de Moingt, dans un rayon de 5 km., des substructions ont été identifiées à Savigneux, Montbrison, Saintinieu, Plancieu, Surizet, Bruchet. Ces types d'habitat appartiennent plus à l'économie urbaine de Moingt qu'aux structures rurales et nous les étudierons donc en tant que villae suburbanae. Quant à Chézieu, par sa place dans les échanges commerciaux de la cité, un examen particulier lui sera réservé ainsi qu'à Poncins.

Notre étude des villae rurales va donc concerner, maintenant, les trois sites de La Bruyère, Précieux et Grézieux, situés sur des terres de richesse moyenne et qui ont dû, au II° siècle, contrôler des domaines d'une vingtaine de Km2.

. Les substructions de *La Bruyère* et celles fouillées à l'Est de St-Romain-le-Puy ont livré un abondant matériel agricole : serpe en fer, binette, ascia, meules à bras ; des poteries, en majorité communes, avec quelques tessons de sigillée, vases au vernis peu brillant produits à Lezoux après 150 (type Drag 37) et parfois réemployés comme des céramiques ordinaires, une marmite en fonte et un vase tripode en fer montrent que les deux ou trois habitats étaient assez modestes malgré l'hypocauste qui témoigne d'un certain confort. Une seule pièce de monnaie de Constantin ne peut fournir d'indice mais il faut remarquer que si une destruction violente s'est produite, sans doute par effondrement du toit, il n'y a pas eu de fuite précipitée des habitants car les outils étaient bien rangés contre les murs (25).

. Les substructions de *Grézieux-le-Fromental*, où des briques d'hypocaustes et des tessons de sigillée ont été trouvés, concernent une riche villa, dont une dépendance devait être *Précieux* où la sigillée vient des fabrications de Lezoux à l'époque Hadrien-Antonin et où les deux monnaies concernent Antonin-le-Pieux et Commode. Le matériel du cimetière par ustion, découvert à Précieux, indique une nécropole celte du II° siècle avant J. C., mais il semble bien qu'une sépulture plus tardive se trouve également sur ce site (26).

L'étude des villae situées entre les altitudes 350 et 450 mètres, sur les terres à fourrages et à prairies qui entourent Moingt, nous a donc conduit à des conclusions assez proches de celles concernant les environs de Feurs : matériel des deux premiers siècles de notre ère, niveau économique modeste, en général, mais assez élevé dans le cas de Montverdun, Pralong, Grézieux-Précieux c'est-à-dire des meilleures terres, qu'il s'agisse des éboulis de pente favorables à la vigne dans le premier cas, des chaninats à céréales et fourrages de qualité dans le second.

On remarque qu'à Pouilly, Civens, Salvizinet, St-Galmier, l'horizon est limité, à l'Est, par le vigoureux talus des Monts du Lyonnais et, à l'Ouest, par la Loire : de ce fait, la bande de terres comprise entre ces deux obstacles n'a jamais plus de 6 km. de large, sauf à Marclopt, notre plus riche domaine, centre vraisemblable d'une grande propriété aux III° - IV° siècles (trésors de Valeille et St-André-le-Puy).

De même, Chalain d'Uzore, Montverdun, Pralong, où les domaines disposaient de possibilités d'expansion limitées en raison du relief, ont dû se consacrer au I° siècle et, peut-être même au II° siècle, malgré l'édit de Domitien, à la culture spéculative de la vigne, ce que les vases aux formes variées de Montverdun, Pralong, nous avaient déjà suggéré.

Au contraire, à Grézieux-Précieux, à La Bruyère-St-Romain, de vastes espaces s'offraient aux cultures en direction de l'Est et le glacis qui raccorde les Monts du Forez à la plaine permettait même une extension du domaine vers l'Ouest, où nous pouvons remarquer des défrichements dans une auréole de bois à Mérigneux, Lézigneux, Cré-zieux.

L'évolution des structures foncières que nous avons discernée autour de Marclopt, sur la Rive Gauche de la Loire, nous semble mani-feste également sur la Rive Droite autour du site de Boisset. En effet, entre les sites des environs de Moingt, que nous venons d'analyser, et la Loire, trois villae ont occupé les meilleures terres de la région : les chambons de la Loire *(Vérin)*, les varennes légères *(Mornand)*, les cailloutis siliceux semblables aux chambons *(Boisset)*.

Ces trois villae, qui couvrent près de 4.000 hectares, ont été trop peu fouillées pour permettre une étude précise du matériel des I° et II° siècles, mais les tessons de céramique, tuiles à rebord, vastes fondations, indiquent trois demeures importantes (appendice I).

A Vérin, les tessons d'amphores, fûts de colonnes, débris de marbre, prouvent la richesse de cet habitat en bordure de la Voie Bolène, dont une partie a, semble-t-il, été détruite avant son achè-vement (Thiollier 1889).

De plus, à Boisset, un trésor monétaire s'est constitué de 193 à 260, ce qui suggère qu'un riche propriétaire en avait fait le centre de son domaine.

Nous remarquons donc, sur les meilleures terres de la plaine du Forez, de part et d'autre de la Loire, à *Marclopt* et *Boisset*, la constitution probable, au cours du III° siècle, de deux domaines qui pourraient atteindre la superficie de 2.500 hectares autour du pre-mier (Valeille, St-André-le-Puy, St-Laurent-la-Conche en étant les sites secondaires) et de 3.500 hectares pour le second (Mornand, Chambéon au Nord, Précieux et Grézieux au Sud, étant réunis dans la même propriété). Ces vastes concentrations foncières ne doivent pas nous surprendre si l'on considère que, parmi les nombreuses proprié-tés du poète Ausone, un "petit bien" comporte 300 hectares.

Il serait donc de la plus grande utilité d'étudier la structure foncière des plaines du Forez et du Roannais pendant les premiers siècles du Moyen-Age, afin de vérifier ou d'infirmer ce que nous a suggéré le matériel d'époque gallo-romaine découvert sur les sites installés à des altitudes moyennes (250 - 400 mètres) et sur les "bonnes terres" de la cité.

- LES BOURGS RURAUX ET LA COLONISATION DE TERRES NOUVELLES (I° – III° SIECLES).

En nous reportant, maintenant, à la carte de répartition de l'habitat (Fig. 1) et au tableau de datation des sites (Fig. 3), nous constatons qu'une forme d'habitats groupés, localisée à une altitude supérieure à 450 mètres et sur les terres réputées médiocres, voire infertiles, constitue de véritables "bourgs ruraux" à Ailleux,

St-Martin-la-Sauveté, Bussy-Arthun, autour de Joeuvres, et à St-André d'Apchon, St-Alban-les-Eaux, Ambierle, La Pacaudière et St-Martin d'Estreaux. Milieu particulier, structure foncière et évolution historique propres caractérisent ces sites.

Au Nord-Ouest de la cité des Ségusiaves, le long de la voie Roanne-Vichy, cinq bourgs ruraux se sont établis, au contact de la plaine et des Bois Noirs, sur le replat qui domine la route, de plus de 100 mètres parfois comme à Ambierle.

Les cinq habitats, qui se répartissent entre St-Alban-les-Eaux et St-André d'Apchon, n'offrent que des substructions modestes et des poteries communes, le plus souvent grossières, sans que la sigillée fasse la moindre apparition.

Les restes d'un établissement thermal ont été reconnus à St-Alban-les-Eaux, mais ils sont assez pauvres et nous sommes, peut-être, en présence d'un lieu de cure ayant mal résisté à la concurrence de Moingt et Vichy (27).

Les monnaies nombreuses qui concernent les quatre premiers siècles de notre ère nous donnent quelques indices sur l'occupation de ce site. En effet, le Iº siècle n'est représenté que par Auguste, alors que tous les empereurs du IIº siècle et un grand nombre du IIIº siècle sont présents ; mais les pièces du Bas-Empire avec Constance, Décence et d'autres empereurs sont les plus nombreuses. Malheureusement, la dispersion de tout ce matériel et la disparition des monnaies d'or ne permettent pas d'étude détaillée.

Nous pensons que les Eaux de St-Alban, peut-être liées à un Dieu tutélaire des Ségusiaves, ont connu un renouveau d'activité après le déclin de leurs concurrentes "Aquae Segetae" ; l'abondance des monnaies s'expliquerait par des offrandes, aux Divinités, de ce que les fidèles possédaient de plus rare : ces dons sont, effectivement, habituels sur les lieux de culte et nous sont suggérés ici par le lieu des trouvailles, fontaines et puits antiques.

Un peu plus au Nord, Ambierle possède, à flanc de colline, une dizaine d'habitats distincts fort intéressants pour déterminer l'évolution des bourgs ruraux de la région (28).

En effet, les murs celtiques, les poteries gauloises et grossières, "de tradition gauloise" mais d'époque augustéenne, des abris souterrains indiquent une occupation antérieure à la guerre d'Indépendance.

Aux Iº et IIº siècles de notre ère, le commerce entre les vallées de la Loire et de l'Allier s'amplifiant, des amphores vinaires d'Italie, d'autres servant au transport de l'huile de Bétique, des lampes, quelques tessons de céramique commune fine, voire de sigillée de Lezoux, montrent que la richesse des indigènes s'accroît peu à peu et permet la construction de maisons plus importantes en appareil pseudisodome. Les monnaies romaines sont nombreuses et celles de Septime Sévère tout particulièrement. Ensuite, un déclin se manifeste par la raréfaction du matériel : le bourg indigène revient à une économie plus traditionnelle (site de Collonge).

Autour de la Pacaudière, l'occupation gallo-romaine est si dense que la concordance avec l'Ariolica de la Table de Peutinger ne paraît pas impossible : sur les rives de l'Aruelhe, des substructions, urnes funéraires, tessons de céramique évoquent un habitat modeste probablement indigène ; l'inhumation reste, sous le Haut-Empire, la pratique des plus riches et des plus romanisés (29).

Des "amphores pleines de médailles" auraient été égarées et, seuls deux as de Trajan et Hadrien ont été retrouvés, ce qui nous fournit peu de renseignements.

Enfin, à la limite des cités Arvernes et Ségusiaves, à St-Martin-d'Estreaux, dont la toponymie traduit le passage de la voie Roanne-Voroux, plusieurs habitats modestes ont, eux aussi, livré de la poterie grossière et des vestiges d'aires bétonnées frustes ; par contre, à Sail-les-Bains, des thermes d'une certaine importance ont été bâtis, peut-être sous Vespasien, et réparés sous Caracalla : la présence de pièces de ces deux empereurs, scellées dans les fondations de la source captée à Sail, a suggéré cette interprétation aux archéologues.

On remarque donc que tous les sites étudiés sur le replat qui s'étend de St-Alban-les-Eaux à St-Martin-d'Estreaux, ont fourni un matériel modeste et des traces d'une longue occupation, souvent antérieure à l'arrivée de César, et qui se prolonge jusqu'au III° siècle.

Aux deux premiers siècles de notre ère, la route permet une certaine prospérité et les vieilles divinités des sources sont honorées dans des établissements thermaux, d'un moindre renom que ceux de Moingt ou Vichy, mais qui constituent des étapes pratiques lors d'un voyage de cure. Avec la régression des échanges et les modifications des circuits commerciaux, les bourgs ruraux retournent à une activité plus spécifiquement agricole et les monnaies conservées, rares témoins des échanges, sont jetées en offrandes dans les bassins et fontaines de St-Alban-les-Eaux et Sail-les-Bains.

Installés *sur le seuil granitique* qui sépare les plaines de Roanne et de Feurs, *les habitats des alentours de Joeuvres* offrent un bel exemple de traditions et d'intégration à de nouvelles nécessités économiques. En effet, nous avons vu comment l'oppidum de Joeuvres avait donné naissance, sur ses propres flancs, à une villa occupée pendant la période augustéenne, puis à nouveau au III° siècle, avant la remontée sur le plateau. Du I° au III° siècle de notre ère, ladite villa a été délaissée pour des sites plus proches des voies de communication, le long de la route Moingt-Roanne bifurquant vers Vichy à la hauteur des Ménards, et de celle qui joignait Feurs à Roanne par Cordelle.

A Grézelon, aux Garioux, à Chevenay, sur la Rive Droite de la Loire, les sites occupent des replats à 350-450 mètres d'altitude, dont chacun ne dépasse pas dix hectares et forme souvent un étroit éperon de 200 mètres de large autour de Cordelle (30).

La céramique sigillée n'est pas aussi abondante que dans les villae rusticae de Mably ou Villerest, mais indique que l'on va s'approvisionner à Roanne pour quelques vases de luxe ; d'ailleurs, les vases type Roanne à décor géométrique sur engobe blanc avec deux bandes ocre sur le col et près du fond se retrouvent sur tous les sites. A Commelle-Vernay, la topographie est moins contraignante et le domaine était sans doute plus riche comme en témoignent les amas de poteries et les tessons de sigillée du II° siècle plus nombreux.

Sur la Rive Droite, l'oppidum de Joeuvres a essaimé à St-Maurice-sur-Loire, Goutte-Claire, Pilon, et jusqu'à St-Sulpice au Nord, le Ménard à l'Ouest et Bully au Sud (31).

A Bully, au Ménard et à St-Maurice, le relief impose, là encore, de petits domaines et une agriculture vivrière. Le matériel est assez pauvre.

Les trois autres sites s'ouvrent sur la plaine et l'on est tenté d'y voir des dépendances de Villerest, du moins à partir du

III° siècle : à St-Sulpice, un bâtiment d'une certaine importance et la présence d'eaux curatives à Fondemange, font penser qu'un lieu de culte et de cure de tradition indigène y a existé.

L'ensemble des habitats situés entre les Bois Noirs et la plaine de Roanne, ainsi que sur le seuil granitique autour de Joeuvres, a connu une évolution semblable : lieux habités par de modestes agriculteurs à l'époque de l'Indépendance, ils se sont multipliés au cours des deux premiers siècles de notre ère et, se rapprochant des voies de passage vers Roanne ou la vallée de l'Allier, ont bénéficié de l'essor de la région et de la proximité du marché roannais pour se fournir en matériel de semi-luxe, les céramiques type Roanne, intermédiaires entre la sigillée et les productions communes. Des lieux de culte et de soins liés aux sources ont prospéré à St-Sulpice, Sail-les-Bains, St-Alban-les-Eaux. Au III° siècle, un mouvement de concentration foncière s'est, peut-être, axé autour des villae de St-Romain-la-Motte, Villerest et Joeuvres, avant que ce dernier site ne serve de refuge du milieu du IV° siècle à la fin du V° siècle.

Le plateau de St-Germain-Laval, qui forme glacis entre la Loire et les Monts du Forez, au Nord du Lignon et de la voie Feurs-Clermont, offre d'autres exemples d'habitations fortement concentrées.

Les sites de St-Martin-la-Sauveté, Ailleux, Cezay, Arthun, Bussy-Albieux et St-Germain-Laval forment des bourgs ruraux considérables où plus de vingt substructions différentes sont groupées sur à peine 3.000 hectares de terres fort inégales : varennes légères bien drainées à Bussy-Albieux, ou landes à bruyères de St-Martin-la-Sauveté, fonds de vallées colmatées et défrichées fort anciennement d'Arthum à Bussy-Albieux, ou replats stériles à St-Germain-Laval.

Une étude rapide de toute cette région permet de noter l'absence de matériel de la période antérieure à notre ère : il y a trop de sites fouillés pour que l'on puisse imputer cette carence au manque de recherches archéologiques. Par contre, dès la fin du I° siècle, certains sites vont connaître un essor remarquable :

. A *Cezay*, des substructions importantes, de la sigillée de Lezoux, un aureus de Titus (80 après J.C.), des sesterces et dupondii d'Hadrien et Marc Aurèle, des poteries communes du II° siècle le prouvent sur quatre sites ;

. Autour d'*Ailleux*, ce sont des poteries sigillées de la fin du I° siècle, des statuettes de terre cuite, quelques objets de métal, des vases à engobe blanc de type Roanne, un sesterce de Domitien qui forment le matériel abondant d'une dizaine de sites (32).

Sur ces deux communes, les habitats sont construits assez sommairement, les murs n'étant même pas cimentés à la chaux. Quelques meules à bras nous montrent que des fourrages ou céréales pauvres devaient être cultivés sur les meilleures terres. Une grande partie du matériel a été retirée de fosses dans un site appelé, sans justification apparente, "Camp romain".

. A *St-Martin-la-Sauveté*, les aires pavées ou bétonnées, la maçonnerie réticulée, les poteries plus fines, des monnaies de Plancus, Néron et Magnence indiquent, d'une part, une plus grande richesse sans qu'elle soit comparable à celle des domaines établis entre Poncins et Moingt, et permettent, d'autre part, une datation approximative (33).

Dans ces trois bourgs ruraux, le matériel concerne la fin du I° siècle jusqu'au début du III° siècle, de même que sur les trois habitats de St-Germain-Laval où la proximité de la voie Moingt-Roanne permet d'expliquer la présence d'amphores, vases importés, dénotant une certaine aisance.

. A *Bussy-Albieux*, à *Arthun*, *Nollieux*, le matériel du I° siècle est absent, mais les II° et III° siècles sont bien représentés : certains vases de Lezoux du début du III° siècle et qui auront cours jusqu'au V° siècle, des poteries de provenance espagnole des II° et III° siècles et, surtout, un vase portant l'inscription "Annius Albius Martialis" qui nous renseigne sur le propriétaire des terres autour d'"Albieux" au III° siècle.

Autre trouvaille des plus intéressantes : le trésor de St-Sixte (34) où un plat argenté porte le nom de "Sextus Iulius Basilus", ainsi que de nombreux vases également argentés. Selon M. le Doyen Bruhl, le cognomen est du IV° siècle et d'origine grecque (35).

Nous avons donc de fortes présomptions pour estimer que le plateau de St-Germain-Laval, colonisé seulement au II° siècle en raison de la moins grande valeur de ses terres, a connu une concentration foncière au III° siècle, semblable à celles qui se sont réalisées autour de Boisset, Marclopt, Villerest, Noailly ou St-Nizier.

Une autre villa était installée à Amions et ses poteries rouges et noires, fines et grossières, les carreaux d'hypocauste indiquent une richesse assez importante aux II° et III° siècles. Le cercueil en grès nous invite à penser que le personnage était plus romanisé que les occupants des bourgs ruraux où la pratique de l'incinération était largement répandue : les urnes cinéraires s'y comptent par dizaines (36).

Le dernier fait remarquable dans l'évolution des structures foncières de ce plateau réside dans la présence probable de colons barbares à Souternon, Luré, Juré.

En effet, sur ces terres sèches et arides, des habitants sont venus en nombre assez considérable et certains travaux auraient montré qu'ici, comme au Sud de Roanne, la présence d'hyper brachy-céphales et d'un rhésus anormal s'expliquerait par l'installation de Sarmates, ce que suggèrent les toponymes en "Sermaise", "Sermage" de ce secteur (37).

Trois grands moments d'évolution se sont donc dégagés de notre travail :

1) La guerre des Gaules, en obligeant le peuple des Ségusiaves à fournir blé, fourrages, fantassins aux Eduens, a jeté le pays dans une grave crise économique, qui a précipité la désagrégation des rapports privés et publics.

Une foule d'errants, de misérables, ayant perdu leur cadre de vie, retrouvant des oppida pillés, était plus facile à intégrer à de nouvelles structures agricoles qu'un peuple bien installé : aussi, au cours des I° et II° siècles, voit-on se multiplier les villae rusticae autour de Feurs, de Moingt et dans la plaine de Roanne, à côté d'habitats plus modestes, souvent occupés à l'époque de l'Indépendance et groupés des environs de Joeuvres à St-Martin d'Estreaux.

2) L'essor du II° siècle profite aux uns comme aux autres mais, alors que les propriétaires des villae importent amphores, vases, céramiques de luxe et produisent blé, vigne, fourrages, les moins riches se contentent d'acheter la céramique grossière de l'artisanat local et les vases de type Roanne, encore trop coûteux pour beaucoup.

Dans la plaine du Forez, une colonisation de terres nouvelles s'effectue, au cours du II° siècle, en direction du plateau, peut-être par de petits propriétaires enrichis ou des esclaves affranchis si l'on tient compte de la structure de l'habitat, du mode de sépulture, du matériel modeste qui semblent plus le propre d'indigènes que d'habitants très romanisés.

3) Au cours du III° siècle, une nouvelle évolution intervient avec la constitution de grands domaines où de riches propriétaires, dont certains ont laissé leur nom, accumulent des trésors en monnaies ou en vaisselle, comme c'est le cas à St-Sixte, Bussy-Albieux, Boisset, St-André-le-Puy, Marclopt, Villerest, Iguerande, Moingt, Savigneux.

Ces terres vastes sont mises en valeur dans toute leur étendue, même sur les plateaux jugés les plus infertiles jusqu'alors : c'est ainsi que des colonies de lètes et barbares ont pu s'installer chez le peuple des Ségusiaves.

Cependant, l'évolution des structures foncières ne peut s'expliquer sans le contexte économique général et sans comprendre le rôle primordial des villes dans l'évolution des campagnes.

Centres administratifs privilégiés, lieux de résidence des plus romanisés, sièges des cultes et de la culture officielle, les villes ont intégré les campagnes dans leur réseau de routes et d'échanges, y ont prélevé les ressources nécessaires à leurs constructions, ont vécu en symbiose ou en parasites avec leur milieu, de telle sorte que leur évolution économique et sociale nous aidera à éclaircir certains éléments de l'étude ci-dessus.

APPENDICE I

Les superficies mentionnées pour les propriétés de St-Nizier-
sous-Charlieu, de Marclopt ou de Boisset sont purement indicatives
et, comme nous l'avons déjà écrit, il faudrait étudier les structures foncières du Haut Moyen Age, pour voir nos hypothèses infirmées
ou confirmées.

Nos chiffres ont été établis de la façon suivante :
- Recensement précis des sites d'époque gallo-romaine découverts sur le territoire d'une commune,
- Datation absolue ou relative du matériel et des substructions de chacun des sites.
- On obtient ainsi un tableau semblable à celui de la Fig. 3,
pour des territoires plus restreints.

Il suffit alors, selon la méthode préconisée par R. Chevallier
(38), de comparer les territoires des communes à des époques différentes (cartes de Cassini, de l'I.G.N. de 1926 - 1932 - 1960),
d'étudier la disposition des bois, des cours d'eau, des chemins les
plus anciens (qui correspondent, bien souvent, au périmètre de deux
communes ou cantons, ce qui peut suggérer la délimitation d'anciennes propriétés) pour obtenir sur des calques successifs, un schéma
d'ensemble de la commune étudiée. On a, ensuite, reporté sur ces
cartes les sites archéologiques de ladite commune et utilisé avec
prudence la toponymie.

On a vu apparaître une carte fort sommaire et bien hypothétique des structures foncières à l'époque gallo-romaine : par exemple,
pour la commune de Charlieu et celles qui l'entourent, nous avons
reconnu des substructions à St-Nizier et Chandon et un sarcophage
à Charlieu. D'autre part, le matériel de la villa de Chandon devient
plus rare et aussi plus pauvre au III° siècle que celui du site des
Varennes où les III°, IV° et V° siècles sont encore bien représentés.
Il paraît donc évident que dans les communes précitées, la villa des
Varennes a eu la plus grande importance ; Chandon en est, peu à peu,
devenue une annexe.

Le territoire se trouvait ainsi défini par des limites naturelles, la Loire ou le Sornin, par la proximité d'autres villae dont
l'occupation avait été contemporaine de celle des Varennes (Iguerande, Pesselle, la Rivollière) ; ces considérations correspondaient
avec l'étude des routes d'époque romaine, Roanne-Autun par Avrilly
ou Clayette, avec la disposition des bois aux limites des propriétés
précitées, avec la configuration des parcellaires de communes ou
cantons.

Nous avons donc attribué, de façon approximative, 1.500 hectares au moins à la propriété des Varennes et à son annexe de Chandon :
cette superficie correspond à un périmètre de 16 km, soit environ
4 km d'Ouest en Est entre les bois de St-Pierre-de-Noaille - Mar-
changy et le ruisseau de St-Nicolas (au Nord de St-Nizier) et environ 4 km du Nord au Sud desdits bois à ceux de Chandon, où le ruisseau du Chandonnay et les bois de Villers ou St-Hilaire-sous-Char-
lieu correspondent aux limites des communes de St-Nicolas et St-
Pierre de Noaille.

Dans son article "Problématique de la villa gallo-romaine", R.
Chevallier cite des toponymes que nous retrouvons ici comme révéla-
teurs de villae : "La Grande Terre", "Les Places", "Vertbois", "Les
Bruyères" .... (39).

Si l'on en croit les hypothèses de cet article, les agronomes latins (40) et des travaux comme ceux de MM. Agache et Broise (41), une vingtaine de personnes aurait été nécessaire à la culture de 100 hectares (42).

On aurait donc pour les villae des Varennes et de Chandon 300 personnes pour ce domaine de 1.500 hectares. Le seul site où on ait trouvé des sépultures en grand nombre est Pouilly-sous-Charlieu (le Roannais illustré - 6° série - 1892-1894) à moins d'un kilomètre de St-Nizier. Il pourrait s'agir du lieu d'inhumation du personnel de la villa, alors que les propriétaires se trouvaient à Charlieu au coeur de leurs domaines, dans des sépultures du type du sarcophage découvert lors de la démolition de l'église du Prieuré (Duplessy 1818).

----.----

1) NOTES ET REFERENCES

1 : Périchon. R. 1957-8 - Bull. Diana 35 ; Gallia 22 1964 ; Ogam 17,
1953, fascicules 3-6
Chopelin. C. et Périchon. R., 1976 - Journée d'étude du 4 mai
1975 du CEF, RAC 15, 157-60.

2 : Renaud. J. 1962, Ogam 14, fascicule I.

3 : Preynat. J. 1960, Bull. Groupe Arch. Forez-Jarez ; Ogam 14,
1962, fascicules 2-3.

4 : Grand. J. P. 1970 - GRA Loire.

5 : Peyvel. A. et Pionnier. C. 1968-9 et 1970 - GRA Loire et RAC 15,
1976, 158.
Périchon. R. et Weiss. F. 1968 - Note de Céramologie, RAC 7,
311-15.

6 : L'étude de l'Age du Fer en Forez est encore malheureusement
embryonnaire, et il est difficile de connaître les lieux d'installation humaine de cette époque. Signalons cependant l'intéressant article de Befort. A. et Grand. J.P. sur le Mont d'Uzore, RAC 12, 1973, 37.

7 : César (25 à 54) : "Il pilla les sanctuaires et temples ...,
détruisit les villes, plus pour faire du butin que pour les
punir".

8 : Chopelin. C. 1963. Ogam 15, 339-43.

9 : Quey. J. 1963 - Ogam 15, 333-38.

10 : Catalogue de l'Exposition Archéologique du Forez, 1968.

11 : Jeannez. 1881-4. Bull. Diana 2 ; Perdu. L. 1895, Bull. Diana 8 ;
Bull. de la Soc. des Etudes du Brionnais 1933.

12 : Xe supplément à Gallia, planches 26-29, nos 47 et 48.

13 : Cabotse. J. 1963 - Cahiers d'archéologie régionale.

14 : Cabotse. J. 1968-9, RAC 7, 123 ; Gallia 24 1966 et Gallia 26
1968.

15 : Jeannez et Giardier. 1881-4 - Bull. Diana 2. Billard 1971.

16 : Guichard. G. 1940-1. Bull. Diana 27 ; Renaud. J. 1963, GRA
Loire.

17 : Cabotse. J. 1962 - Celticum 3 ; Vertet. H., Périchon. R., et
Perrot. R. 1969, RAC 8.

18 : Information orale de M. Robin.

19 : Dossier Marclopt – Circonscription des Antiquités Historiques Rhône-Alpes.

20 : Boissieu. M. 1901 – Bull. Diana 12 ; Torret. 1927-30. Bull. Diana 23.

21 : Pin. P. 1963 – GRA Loire.

22 : Durand. V. 1885-6 – Bull. Diana 3.

23 : Durand. V. 1877 – Recueil de Mémoires et Documents sur le Forez n° 4.

24 : Saint-Pulgent. A. 1893-4 – Bull. Diana 7 ; Brassart. E. 1906-7. Bull. Diana 15.

25 : Robin. A. 1972 – Bull. Arch. du Touring Club de France.

26 : Périchon. R. 1957 – RAE 8.

27 : Renaud. J. 1962 – GRA Loire.

28 : Gallia 16 1958, Informations Rhône-Alpes. Loire.

29 : Reure. 1895-6 – Bull. Diana 8 ; Poncet. J. 1961 – Bull. GRA Roannais.

30 : Périchon. R. et Cabotse. J. 1964 – RAE 15, 275-85.

31 : Périchon. R. 1965 – Ogam 17.

32 : Durand. V. 1889-90 – Bull. Diana 5, 1893-4 – Bull. Diana 7, 1896-7 – Bull. Diana 9. ; Gorce. J. 1975. RAC 14, 31-40.

33 : Durand. V. 1877 – Excursions de la Diana 4.

34 : Durand. V. 1881-4 – Bull. Diana 2, Thiollier 1889.

35 : Information orale – mars 1973.

36 : Durand. V. 1881-4 – Bull. Diana 2 ; Hugon 1971.

37 : Lettre reçue de M. Fournial 8.01.72 mentionnant la 'Notitia Dignitatum', édition O. Seack, Berlin 1876, p. 216.

38 : Chevallier 1972 ; Chevallier 1967 – Sur les traces des arpenteurs romains, Caesarodunum 2.

39 : Chevallier. R. 1970 – Giornata di Studi – Scocietà di Studi Romagnoli.

40 : Nisard-Duboclet – Les agronomes latins : Caton l'Ancien, Columelle (De Re Rustica). Palladius (opus Agriculturae). Varron (Rerum Rusticarum de Agricultura).

41 : Agache. R. 1970 – Détection aérienne des vestiges protohistoriques gallo-romains et médiévaux – Bull. de la Soc. de Préhist. du Nord 7 ; Broise. P. 1974 – Genève et son territoire dans l'Antiquité.

42 : Voir aussi de Parain. F. 1969 – Le développement des forces productrices dans la partie occidentale du Monde romain au Bas Empire, in Sonderdruck aus Studien über die Revolution.

2) ECONOMIE DE MARCHE

RELAIS RURAUX ET VILLES SEGUSIAVES

"Pour habituer les Bretons au calme par le bien-être, Agricola aidait les collectivités à construire des temples, forum, habitations ...... les fils de la noblesse s'initiaient aux arts libéraux. Leur naïveté prenait pour civilisation ce qui était une partie de leur servitude."

(Tacite - Agricola, 21)

Le pays ségusiave a été traversé par les marchands de Narbonnaise ou d'Italie bien avant la Guerre des Gaules, comme nous l'avons constaté en étudiant les oppida. Ces contacts n'ont, cependant, rien de comparable avec la politique impérialiste qui caractérise l'occupation romaine : installation de colonies en Gaule Chevelue, nouvelles structures administratives et politiques, cadastration et recensement des biens, organisation des échanges et contrôle de la campagne par des routes et des villes.

La cité des Ségusiaves est soumise à cette politique très rapidement : cela est dû à sa position géographique dont l'intérêt n'avait échappé ni aux marchands romains, ni à César (1), mais aussi à la nécessité pour l'occupant de rompre les liens de dépendance entre les Eduens et leurs clients.

Or, comme l'écrit si justement Tacite, les Romains avaient trouvé la meilleure façon de faire oublier leur servitude aux peuples soumis : on les "habituait au calme par le bien-être", on créait des villes où attirer les "cadres" du pays et l'on contrôlait la campagne grâce aux villes et aux voies qui les reliaient.

Les différents aspects de cette politique sont nettement marqués dans notre cité par la construction du réseau routier d'Agrippa, par les nouveaux circuits de distribution qu'il contrôle, par le rôle grandissant des villes aux deux premiers siècles de notre ère.

- ROUTES ET CIRCUITS DE DISTRIBUTION : DEUX ASPECTS DE LA POLITIQUE IMPERIALISTE ROMAINE.

A la fin de la guerre des Gaules, les places d'échanges des Ségusiaves et l'infrastructure des chemins sont désorganisées ; les oppida ont subi les ravages de la guerre, leur population a fui dans les campagnes et les marchands s'en désintéressent : l'axe Nord-Sud qui reliait, par Essalois et Joeuvres, la vallée du Rhône à l'important marché de Bibracte et à la route de l'étain, a perdu son rôle, essentiel à l'époque celtique.

En effet, pour bien comprendre la finalité des routes d'Agrippa, il faut tenir compte des deux nouveaux centres de production et d'échanges étroitement liés à la politique économique de l'occupant et aux besoins nouveaux créés chez les peuples soumis (2).

. A Lyon, colonie fondée en 43 avant J.C. par Munatius Plancus, un atelier de céramique se développe de 31 à 15 avant J.C. et imite les productions d'Arezzo à tel point qu'il est parfois difficile d'attribuer la sigillée à l'Italie ou à la Gaule. Les potiers signant "Hilarius, Atti, Aco", exportent alors leurs produits vers Roanne, Crêt-Châtelard, Chézieu surtout.

. Quelques années plus tard, les ateliers de la Gaule du Sud et ceux de la Muette à Lyon, vont prendre le relais des centres de production italiens, soit en imitant la sigillée d'Arezzo, soit en devenant une succursale de cette ville : c'est ainsi que, de 20 avant J.C. à 20 après J.C., les potiers Chrysippus, Rasinius, Thyrsus, Xanthus donnent à la Muette un essor remarquable et les marchés ségusiaves tels Roanne, Feurs, Chézieu recherchent cette céramique de luxe.

Le déclin brutal des produits lyonnais, sous le règne de Tibère, est assez mal expliqué mais il semble que la concurrence rutène n'y soit pas étrangère. Pendant tout le I° siècle, en effet, les ateliers de Banassac, Montans, la Graufesenque vont répondre à la demande sans cesse croissante de la Gaule Chevelue en sigillée, demande sensible surtout sous le règne de Claude dans la Cité des Ségusiaves.

On remarque donc que les deux centres de production et d'échanges de Lyon et du Pays Rutène orientent les courants commerciaux selon un axe Sud-Ouest - Nord-Est et non plus Sud-Nord : Essalois ne peut plus servir de marché de redistribution, par contre l'oppidum de Crêt-Châtelard et le site de Chézieu sont bien placés pour lui succéder. Ces quelques données fondamentales vont nous aider, maintenant, à comprendre la politique routière d'Agrippa et de ses successeurs en pays ségusiave.

Si nous lisons la carte de Peutinger, en considérant qu'elle "choisit des segments de voie selon leur intérêt à une époque donnée et dans un but donné", nous constatons qu'au III° siècle, l'axe Nord-Est - Sud-Ouest tient toujours une place importante dans la vie économique de la Gaule. Il passe par Lugudunum, Foro Segustavaru, Aquis Segete, Icidmago pour aboutir à Reuessione et Condate et l'on peut y reconnaître deux villes ségusiaves Feurs et Moingt, identifications qui semblent confirmées par l'épigraphie (CIL 13 - N° 1630, 1646, et 8866).

Cette *voie*, souvent appelée *"Bolène"* (Fig. 4), draine parfaitement les productions de Lyon et de la Gaule du Sud aux trois premiers siècles de notre ère. Son intérêt économique, grand pour la Gaule, l'est aussi pour notre cité et l'achèvement de la route, probablement sous le règne de Claude, explique, en partie, l'essor de Feurs à cette époque.

Par ailleurs, il est intéressant de noter que la table de Peutinger mentionne les sources de la Garonne en pays ségusiave et fait longer la voie Bolène à ce fleuve. L'erreur géographique est riche de sens du point de vue des circuits commerciaux : il suffit d'examiner les inscriptions de Luchon, Lyon et Rome (CIL 13 - N° 352, 1711, 7490) pour constater quels liens se sont établis entre Lyon, les marchands ségusiaves et ceux de Bordeaux et Bétique.

Il est évident que la Voie de Lyon à l'Aquitaine a eu, pendant trois siècles, un rôle primordial pour notre cité : sous Maximin en 236 et 237, sous Trajan Dèce en 250, sous Gallien vers 260, on le répare encore et on place des bornes leugaires entre Feurs et Moingt et à Usson en pays vellave (Fig. 5 et CIL 13 - 1644 - 8861 à 8867).

Il semble, d'ailleurs, que l'intérêt stratégique d'une voie rapide et bien entretenue entre l'Espagne, l'Aquitaine et Lyon-Rhin n'explique pas seul le souci des empereurs de maintenir la Voie Bolène en bon état. Nous avons constaté l'évolution des structures foncières vers de grands domaines et la mise en valeur des terres infertiles ; il n'est donc pas impossible que les Ségusiaves assu-

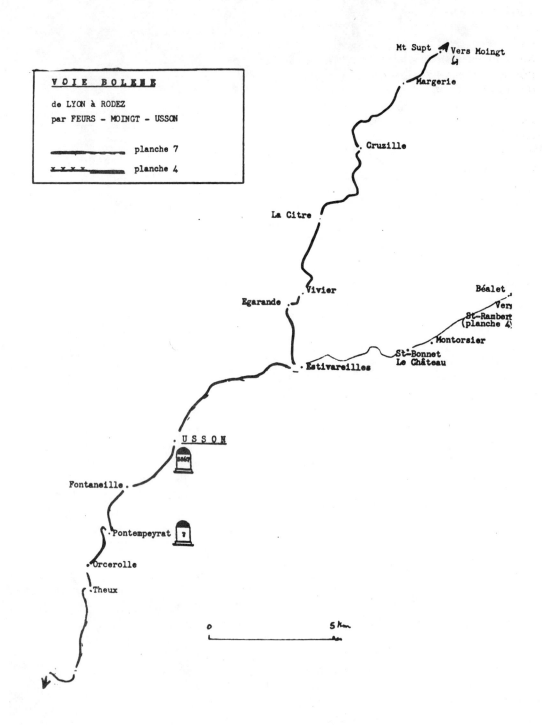

Fig. 4 - La voie Bolène.

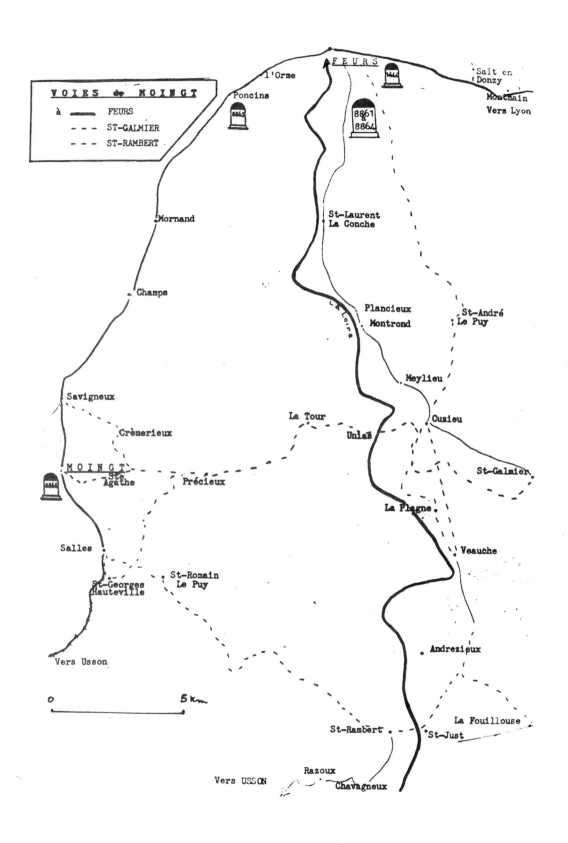

Fig. 5 – Voies de Moingt.

rent une part importante du ravitaillement des armées des Germanies et il faudra nous souvenir de cette hypothèse lorsque nous étudierons la signification des trésors du IV° siècle. Sur la Voie Bolène, viennent se greffer deux routes d'intérêt très différent : celle qui relie *Feurs à Roanne-Autun* (Fig. 6) et celle qui joint la vallée de la Loire à l'Allier, *Feurs à Vichy*.

La première correspond à l'axe Nord-Sud défini plus haut mais néglige le Sud de la cité, ce qui confirme que les Gorges de la Loire (oppidum d'Essalois) et la vallée du Gier ont perdu de leur intérêt économique. La voie Lyon - Feurs - Roanne, telle qu'elle figure sur la carte de Peutinger, nous montre clairement le rôle essentiel d'une liaison vallées du Rhône et de la Loire au Nord de la Gaule et à l'Océan par Autun et celui d'une communication entre Rhône, Loire, Allier par Roanne et Vichy. En effet, après Roidomna, la voie se dirige, d'une part vers la capitale des Eduens, Augustodunum et, d'autre part, vers l'importante station thermale d'Aquae Calidae. La "Garunra" se situe entre ces deux itinéraires grâce auxquels Lyon draine les productions de l'Ouest et du Sud-Ouest de la Gaule.

L'étude de la "migration des centres de sigillée" de la Gaule du Sud vers Lezoux et l'Allier, nous conduit à penser que la route Lyon-Feurs-Vichy a été construite un peu plus tard que la Voie Bolène pour contrôler leur production importante dès le début du II° siècle et jusqu'au III° siècle, puisque l'Empereur Trajan Dèce fait encore réparer cette voie (CIL 13 - 8903).

La carte de Peutinger pose aussi un problème plus strictement méthodologique et archéologique. Les distances et les villes sont assez faciles à identifier, qu'il s'agisse de Feurs, Roanne, Moingt ou Usson, mais la mention de "Mediolanum" entre Feurs et Roanne a toujours paru étrange.

Si nous examinons parallèlement les itinéraires de Feurs à Usson (Reuessio) et de Feurs à Roanne, nous remarquons que les sites d'Aquae Segetae et Mediolanum sont, tous deux, à neuf lieues de Feurs, soit environ 20 km. De plus, Roanne, placée à vingt-deux lieues de Mediolanum, se trouve donc à trente et une de Feurs, soit près de 70 km. alors que les trajets des voies par Crêt-Châtelard ou Lay ne placent pas la ville à plus de 50 km. de Feurs. Il paraît donc évident que Mediolanum fait double emploi avec une autre ville ou bien n'est pas sur l'itinéraire Feurs-Roanne.

La première hypothèse nous suggère que Mediolanum et Aquae Segetae (Moingt) ne font qu'un : l'importance économique de Moingt prouvée par les amphores d'Italie à col haut et étroit ou celles de Bétique, ventrues et pansues, et par le matériel numismatique et céramique découvert expliquerait la confusion. Le géographe du III° siècle aurait placé deux fois sur sa carte la ville de Moingt : une fois sur la Voie Bolène (Aquae Segetae), une autre fois sur la voie Feurs-Roanne (Mediolanum).

Mais une seconde hypothèse vient aussi à l'esprit. A neuf lie lieues de Feurs, en direction de l'Ouest, deux sites de "milieu de plaine" pourraient correspondre au Mediolanum de Peutinger : il s'agit de St-Marcel de Félines ou Crêt-Châtelard, de la fin de l'Indépendance au I° siècle de notre ère, et l'origine du mot Félines (figulinae : poteries, vases en terre), on est en droit de penser que ces sites ont été des marchés d'une certaine importance ; d'où leur inscription sur la carte entre Feurs et Roanne. De même, La Bouteresse (Boarium : marché aux boeufs) et Bussy (La Croix-Blanche) où se croisent les voies Feurs-Clermont et Moingt-Roanne,

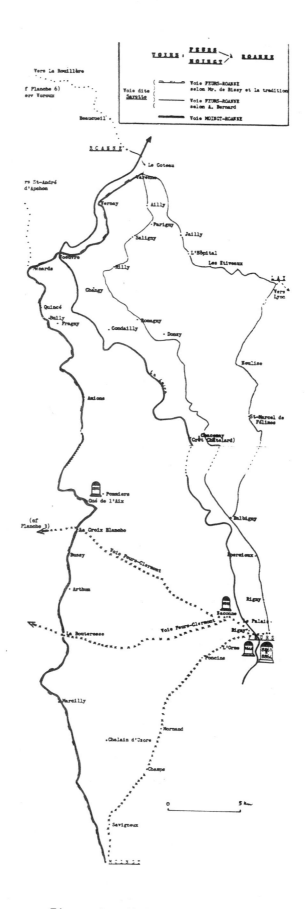

Fig. 6 - Voies de Feurs.

sont des carrefours privilégiés, étapes possibles sur la route de
l'Ouest.

Enfin, dans la querelle suscitée par Mediolanum, il faut aussi
noter que le toponyme gaulois peut fort bien dater du VI° siècle
après J.C. et ne pas rendre compte d'un site-relais ou marché de
l'époque gallo-romaine.

Nous laisserons de côté cette polémique pour ne retenir que les
grands axes routiers qui ont animé la vie de la cité des Ségusiaves :
du I° au III° siècle, la voie Lyon-Feurs-Moingt-Rodez reste la
principale aussi bien du point de vue économique que stratégique ;
par contre, l'axe Nord-Sud entre Feurs, Roanne et Autun, plus traditionnel, semble moins attirer l'attention des empereurs sans doute
parce que les échanges sont plus régionaux que le long de la Voie
Bolène. Mais, aux II° et III° siècles, les ateliers de poterie de la
Gaule du Sud n'exportent plus guère et c'est la vallée de l'Allier
qui fournit à notre cité la plupart de ses sigillées. Des relations
routières entre Lyon, Feurs et la vallée de l'Allier sont donc
indispensables, or, fait remarquable, la carte de Peutinger ne mentionne pas d'itinéraire Lyon-Feurs-Clermont, mais une voie Feurs-
Mediolanum-Roanne-Vichy.

Il est évident que la route Feurs-Clermont a existé, comme le
prouvent les bornes itinéraires de Naconne, Vollore (C.I.L. 13   -
8919), Billom (C.I.L. 13   - 8909) et les fragments que l'on peut
en retrouver vers Bussy-Albieux, St-Martin-la-Sauveté ou La Bouteresse. Cependant, au III° siècle, les cartes romaines ne retiennent
pas cet itinéraire : nous verrons quelles sont les hypothèses que
l'on peut en tirer pour l'économie ségusiave au II° siècle et au
début du III°.

Le réseau routier, dont la finalité nous apparaît mieux maintenant, a profondément modifié les courants d'échanges de notre
cité. Il a permis l'essor de relais ruraux importants et donné aux
villes les moyens de contrôler la production rurale et d'importer,
souvent de fort loin, certaines denrées (3).

- LES CAMPAGNES DANS L'ECONOMIE D'ECHANGES.

Les échanges, tels que nous allons les étudier ici, n'affec-
tent qu'une partie infime de la production et de la consommation
des campagnes et des villes. En effet, il est presqu'impossible de
connaître le volume de céréales, de fruits ou de vin, de viande ou
de légumes que les centres urbains prélevaient sur la campagne ;
pourtant, ces échanges ont tenu une place bien plus importante que
le commerce de la céramique dans la vie des habitants.

Par ailleurs, venir vendre des matières premières à la ville
pour se procurer les produits de l'artisanat, indispensables ou non
aux paysans, n'implique pas nécessairement économie de marché dans
le sens d'échanges monétaires. Il suffit de se rappeler la formule
employée par les Romains envers leurs Dieux : "Je donne pour que
tu donnes", pour être convaincu que le "don" qui oblige l'autre à
donner plus a été pratiqué par les Gallo-romains et a même permis
"une escalade de la consommation" (4), sans intervention de monnaie.

Enfin, il est fort probable que les unités de référence, autres
que la monnaie, ont largement prévalu et que la valeur d'usage de
telle amphore ou de tel soc d'araire permettait l'échange contre les
productions agricoles "sous la forme valeur de la marchandise, sa
forme naturelle d'objets utiles" (5). N'oublions pas la spécialisa-

tion du terme "pecunia" (valeur mobilière) dans la langue latine ou "pecus" signifie cheptel et la spécificité des verbes "donner, recevoir, prendre" (6).

Ces précautions sont indispensables, car on pourrait être tenté de croire, vu l'étude qui va suivre, que tous les achats et ventes de marchandises aussi bien en ville que sur les marchés ruraux se sont faits en "espèces" et que la principale préoccupation des paysans était de vendre contre monnaie pour acquérir ensuite céramiques et instruments de travail avec cet argent.

Cependant, notre matériel nous oblige à examiner le problème par le petit côté des choses, en essayant de déterminer la pénétration des produits urbains (monnaies, céramiques sigillée et commune) dans les bourgs et domaines ruraux.

Le matériel monétaire (Figs 7 et 9) trouvé à la campagne doit être considéré sous deux aspects : les monnaies isolées et les trésors des III° et IV° siècles que plus loin en raison de leur place particulière dans la vie économique et sociale de la cité.

Les monnaies isolées témoignent moins des échanges de produits ruraux contre "forme-argent de la marchandise" que d'une "attitude mentale" des paysans face à la monnaie (7). En effet, sur les 300 pièces de monnaie trouvées isolément dans la cité des Ségusiaves, 80 % l'ont été à Roanne et Feurs et 10 % à Trélins et Chézieu. Il est donc évident que les bourgs ruraux aussi bien que les grands domaines n'ont pas conservé aux deux premiers siècles de notre ère beaucoup de monnaies d'empereurs romains : le site de St-Alban-les-Eaux est, sans doute, l'un des plus riches en trouvailles isolées et nous avons vu que la monnaie y avait une valeur secondaire dans les échanges économiques puisqu'elle était offerte aux Dieux des sources et que l'échange se voulait, idéologiquement cultuel même s'il pourrait représenter pour les ministres du culte un revenu et pour les fidèles un prélèvement.

Non seulement la monnaie a peu circulé aux I° et II° siècles dans les campagnes, mais encore seules les pièces de bronze y sont connues et, sans doute, dépensées pour quelque modique achat ou pour acquitter le droit de marché ou d'octroi à la ville. Il n'y a que le long des routes ou sur des places d'échanges et de redistribution intermédiaires entre ville et campagne que les pièces isolées sont un peu plus nombreuses. Ainsi, à Cezay, St-Martin-la-Sauveté ou à Trélins, le long de la voie Feurs-Clermont, une pièce d'or de Titus, quelques sesterces de Néron, Hadrien et Antonin-le-Pieux attestent que l'on accordait un peu plus de crédit à la monnaie. Certes, il n'y a pas eu accumulation d'un seul trésor au cours des deux premiers siècles de notre ère, mais l'aureus de Titus a été *conservé* par un paysan (qui l'avait peut-être, lui-même, trouvé) et non *échangé*, malgré sa valeur libératoire forte.

De même, à Ambierle, Sail-les-Bains, La Pacaudière, quelques pièces nous prouvent que les amphores, dolia trouvés sur ces sites qui longent la voie Roanne-Vichy, ont peut-être été achetés avec des espèces. En ce qui concerne les villae rusticae, comme Précieux ou Marclopt, Noailly ou Mably, les monnaies isolées demeurent peu nombreuses par rapport au volume de céramiques importées : les propriétaires qui disposaient d'une certaine aisance puisqu'ils ont acheté à Crêt-Châtelard, Chézieu ou Feurs, les vases, plats, coupes fabriqués à la Graufesenque ou à Lezoux, n'ont pas gardé les pièces des empereurs du I° et du II° siècle.

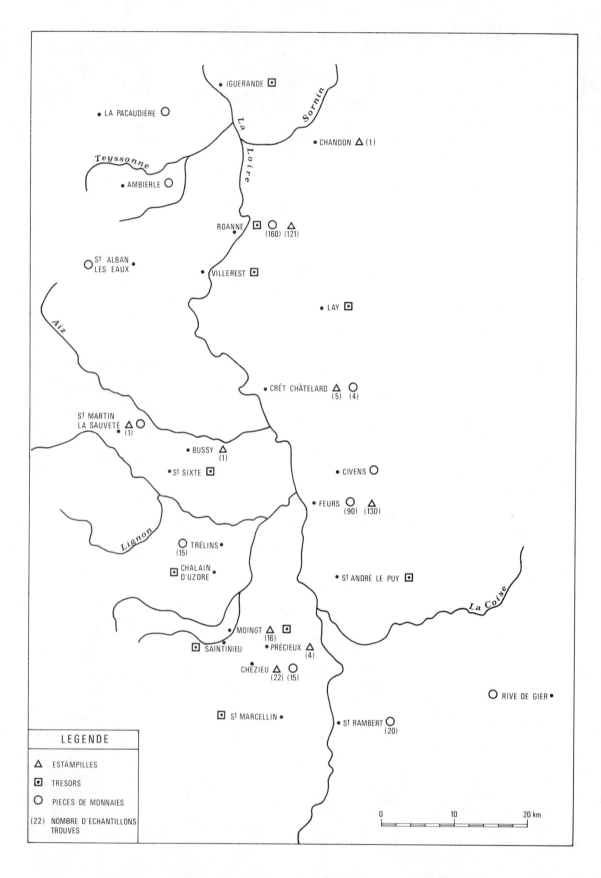

Fig. 7 - Répartition des estampilles de sigillées,
pièces isolées, trésors.

Deux explications nous paraissent possibles : tout d'abord, ce sont ces riches propriétaires qui ont le plus participé à la vie municipale et urbaine, et les *munera* entraînaient la dépense des quelques espèces monétaires dont ils ont disposé ; ensuite, l'achat des produits de luxe des potiers gaulois leur donnait une certaine manière de vivre, un "bien-être" (comme le dit Tacite), qui les rapprochait des habitants des grandes villes voisines, Lyon ou Autun. La monnaie ne pouvait pas encore, à leurs yeux, donner de prestige social vu la pénétration faible et progressive des échanges sous la forme de l'équivalent-monnaie aux deux premiers siècles. En fait, seules les productions de leurs domaines pouvaient leur permettre d'acquérir les articles d'importation (échanges entre valeurs d'usage).

D'autre part, il faut remarquer que les céramiques sigillées trouvées dans les villae rusticae de Précieux ou Marclopt et, plus encore, à Villerest, Mably ou Charlieu ne représentent qu'une faible partie des poteries utilisées : on préférait les vases communs, les dolia, les amphores, matériel dont la valeur d'usage est évidente, aux produits de luxe.

Nos deux hypothèses ne sont donc pas contradictoires : les propriétaires non résidents de la plaine du Forez, plus intégrés au système économique et politique urbain, ont dépensé leurs espèces dans les *munera* et en achetant la belle céramique, symbole d'un certain type de vie ; ceux du Nord se sont contentés d'un matériel plus commun mais fonctionnel. Ni les uns, ni les autres, cependant, n'accumulent de pièces de monnaie.

En dehors des villae et bourgs ruraux, des trouvailles isolées plus nombreuses ont été faites sur les sites de Crêt-Châtelard, Poncins, Trélins et Chézieu. Il s'agit, à la fois, de monnaies et de tessons de céramique dont le volume nous invite à penser que nous sommes en présence de relais d'échanges entre villes et campagnes.

. Nous avons vu que l'oppidum de *Crêt-Châtelard* est un cas particulier parmi les oppida ségusiaves puisque son occupation se situe entre la fin de l'Indépendance et le III° siècle après J.C. Sa situation géographique lui permettait d'assurer le rôle de relais tenu auparavant par Essalois et Joeuvres sur l'axe Nord-Sud et de profiter du nouvel axe Sud-Ouest - Nord-Est, entre la Gaule du Sud et Lyon.

Aussi, y trouve-t-on, en abondance, de la céramique sigillée dont deux estampilles du potier Ateius montrent l'origine italique. A la fin du II° siècle et au début du III°, les céramiques du centre de la Gaule sont représentées par les potiers Banuus et Ginnamus. Les monnaies se rapportent à Tibère et Néron, Julia Domna et Valérien. Il y a donc un hiatus aussi bien dans les céramiques que dans les monnaies entre I° et III° siècles.

Or, on sait qu'une villa s'est installée sur le plateau de la fin du I° siècle au milieu du III° siècle. Il semble donc que les bols, type Roanne, et la céramique grossière aient fait partie du matériel de la villa du II° siècle, alors que les pièces de monnaie, les amphores, les vases bitronçôniques et jattes à col cylindrique, la céramique sigillée, relèvent de la fonction de marché de Crêt-Châtelard à l'époque augustéenne, puis à nouveau, dès la fin du II° siècle. On aurait, ici, un aperçu de la différence entre valeur d'usage et valeur marchande de certains produits.

. Le site de *Poncins* a un caractère intermédiaire entre l'oppidum de Crêt-Châtelard et l'important marché de Chézieu. A quelques kilomètres de Feurs, il est placé au carrefour des voies vers Clermont et vers Moingt-Rodez, à la limite entre les riches terres de Mornand, Grézieu et le plateau de St-Germain-Laval. Il ne semble pas qu'il s'agisse d'une villa car si le matériel est abondant, les substructions sont presqu'inexistantes et la position géographique est tout indiquée pour un marché (Bernard 1858).

Dès la fin de l'Indépendance, des monnaies arvernes avec cheval marchant ou guerrier tenant enseigne au revers, et des pièces de type éduoségusiave y apparaissent ainsi que des céramiques à décors géométriques (arêtes de poissons, dessins à la roulette et au peigne) dites "du gallo-romain précoce". Les amphores de l'époque augustéenne et du I° siècle après J.C. y sont nombreuses et on y a lu quelques graphities (Neiron, Esex). Poncins est aussi un marché agricole, vu le nombre d'ossements de porcs et de défenses de sangliers qu'on y a recueillis.

La sigillée de la Gaule du Sud est peu représentée : cela tient sans doute, alors, à la concurrence de Chézieu. Par contre, la sigillée ornée de Lezoux a été importée des ateliers d'Albucius, Libertus et Aduocisus jusqu'à la fin du II° siècle. La céramique commune à cuisson oxydante ou réductrice, sans être absente, ne se trouve pas ici dans les proportions que nous verrons à Chézieu. Cela est dû, peut-être, au caractère spécifique de la demande, dans la proche ville de Feurs (8).

Le déclin est rapide dès la fin du II° siècle mais cela n'a rien d'étonnant puisque les ateliers de la vallée de l'Allier produisent de moins en moins et que la demande des habitants de Feurs diminue elle aussi. En étudiant l'évolution des structures foncières, nous avons vu que certaines villae ont désormais leur four de fabrication (Montverdun), ce qui contracte d'autant le volume des échanges.

. A *Trélins*, un matériel assez semblable, variant des vases d'époque augustéenne à la sigillée du centre, la présence de nombreux ossements de lièvres, volailles, cerfs et génisses, des monnaies de la colonie de Nîmes, de Néron, Trajan et Hadrien, notamment, permettent de penser que, là aussi, se tenait un important marché rural, bien situé au carrefour des voies Moingt-Roanne et Feurs-Clermont.

Cependant, ces marchés ont un rôle modeste en comparaison du site de Chézieu.

. Le relais d'échanges de *Chézieu* (Fig. 8) en bordure de la Voie Bolène et du chemin d'Essalois à Moingt (sans doute plus ancien mais secondaire à l'époque romaine), est le premier habitat important de la plaine du Forez que l'on rencontre en venant de la cité des Vellaves, après avoir franchi les limites entre Aquitaine et Lyonnaise. La route Lyon-Feurs-Rodez a donné à Chézieu une importance que les substructions nous suggèrent encore (9). Nos photographies aériennes, confrontées avec les trouvailles archéologiques du XIX° siècle et les fouilles actuelles, montrent que de vastes bâtiments devaient s'étendre sur près de 300 mètres le long de la route et que, peu à peu, des pièces ont été rajoutées sur une largeur de 400 mètres. Les différentes parties de l'ensemble sont encore mal identifiées mais si l'on considère la totalité des découvertes et la toponymie de "Cassiacum" (casa : cabane, chaumière) on est tenté de croire que ces substructions correspondent à une "mutatio" voire à une "mansio" importante. D'ailleurs, la distance d'une dizaine de lieues (22 kilomètres) qui sépare

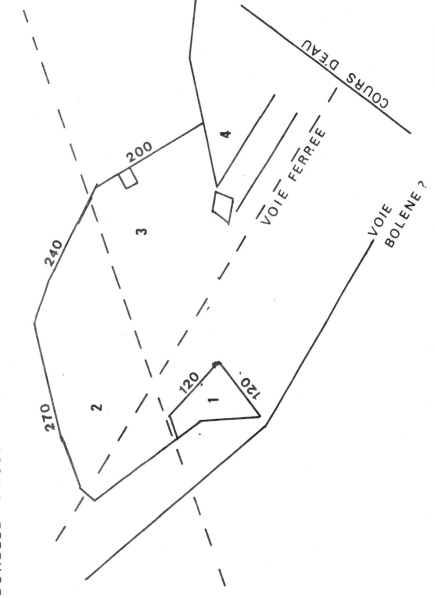

1-RELAIS , 2-ENTREPOTS . 3-AUBERGE , 4-BAINS

ECHELLE 1:6000

FIG. 8. SCHEMA POSSIBLE DU SITE DE CHEZIEU

(VOLS AERIENS EN 1971-2)

Feurs de Chézieu et les seize lieues (35 kilomètres) entre Chézieu et Usson prouvent que le site était tout désigné pour servir d'étape sur la Voie Bolène.

Certains murs en grand appareil isodome datent, sans doute, du I° siècle, mais il est évident que le relais a subi plusieurs remaniements et phases de construction. Les fosses talutées qui les flanquent montrent le soin particulier apporté aux bâtiments. Quant au riche matériel, il date du I° siècle avant J.C. au III° siècle après.

Les monnaies gauloises (une vingtaine environ), de frappe ségusiave pour au moins dix d'entre elles, permettent de penser que, dans la seconde moitié du I° siècle avant J.C., l'occupant romain a encouragé l'essor économique de Chézieu qui a dû servir d'étape aux entrepreneurs routiers lors de l'établissement de la Voie Bolène. De cette époque, datent également les monnaies de C. Bibius Pansa, Consul en 47 avant J.C. et d'Auguste (surtout des années 40 - 27 avant J.C.), une vingtaine d'amphores italiques, marquées Dio (Carus), Eca, Arte (mius) et une coupe campanienne, enfin des fibules très fines (10).

La céramique d'époque augustéenne et du I° siècle est riche et abondante : sigillée lisse ou moulée italique, représentée par les coupes d'Atéius et Comunis, vases du type Dragendorf 24/25 ou Ritterling 5 et plats, dolia sont nombreux. Toutefois, à côté de ces importations, il est intéressant de noter la prééminence de la céramique commune fort variée, d'ailleurs, : cuisson oxydante ou à feu réducteur, décor à l'ongle ou à la molette, formes diverses, montrent qu'une synthèse s'est effectuée entre les influences italiques et les traditions indigènes.

Aux I° et II° siècles, la sigillée de la Gaule du Sud, puis de Lezoux, est importée à Chézieu, mais la première plus largement que la seconde. Ceci ne nous étonne pas car la situation de Chézieu sur la Voie Bolène place ce marché à l'écart de la route Feurs-Clermont et, à fortiori, Vichy-Feurs. On a identifié les potiers Anextia, Crestio, Firmo, Perrus et Primus, artisans à Banassac, La Graufesenque, Montans, et Albucius, Cinnamus et Sacico, producteurs à Lezoux. Les formes Dragendorf 29/30 et 37 sont les plus prisées à Chézieu : vases ornés à moulures et perles de l'époque Caligula-Claude, ou à vernis de moins bonne qualité du milieu II° siècle. Les imitations de sigillée, vases à pâte claire et engobe de type pompéien, décorés avec des médailles impériales sont également fréquentes (Foury 1971).

Mais, pour le I° comme pour le II° siècle de notre ère, la céramique commune l'emporte, à nouveau, largement en quantité sur la sigillée : les pâtes sont fines, peintes ou engobées, barbotinées ; les "bols type Roanne", céramiques très répandues en pays ségusiave au II° siècle, sont nombreux : il s'agit de céramiques communes peintes à pâte épurée et à faible teneur en fer, bien polies et à cuisson soignée. Les motifs décrits par M. Périchon pour la céramique de Roanne se retrouvent ici : large bande blanche sur la panse ventrue, bandes ocre-rouge sur le col et le fond, parfois quelques motifs géométriques sur la partie engobée en blanc.

Les dolia ont été nécessaires en raison de la culture de la vigne le long des côteaux de Boën à La Bruyère, et les amphores sont importées en si grand nombre qu'on les a réemployées parfois au dallage de certaines pièces. Les monnaies isolées concernent les empereurs d'Auguste à Maximin, ceux du II° siècle étant les plus représentés, avec 50 % des trouvailles : pour toute la période considérée, Chézieu possède 10 % des pièces isolées trouvées dans la cité des Ségusiaves. A ce matériel, s'ajoutent une statuette d'amour ailé en terre blanche de l'Allier, des lampes à huile, fibules, médaillons et broches à intailles.

On a aussi découvert un dallage rustique et une mosaïque à motifs pisciolés qui nous semble d'époque antonine. Nous noterons, enfin, l'absence de matériel agricole mais la présence de métiers à pesons pour tisserands.

Le site de Chézieu permet donc des remarques d'ensemble qui éclairent, en partie, la vie économique de notre cité : occupés de l'époque augustéenne au III° siècle, les bâtiments de Chézieu ont eu des finalités variées, étape aux limites de la plaine lors du tracé de la Voie Bolène, relais d'échanges importants pour les marchands italiens, les amphores s'y accumulent par rangées dans les magasins situés le plus près de la route Rodez-Lyon. Aux I° et II° siècles, une mansio, des boutiques et ateliers de tisserands, peut-être des bains, traduisent l'essor du site qui redistribue les vases de la Graufesenque et Lezoux, écoule les productions locales. Le décor des bâtiments y devient plus raffiné (mosaïque). Mais au III° siècle, Chézieu se trouve à l'écart des routes liant vallée de l'Allier à la Loire et au Rhône, son rôle de marché cesse peu à peu.

Il n'y a pas de traces d'incendie à Chézieu et des invasions qui viendraient en 270 détruire un site dont l'activité n'a cessé de décliner depuis 170 - 180, paraissent plus qu'improbables. Par contre, si l'on tient compte de l'évolution des structures foncières dans la région de Moingt et des trésors qui s'accumulent à Saintinieu et à Boisset-les-Montrond, notamment, on conviendra que l'autarcie des grands domaines, la réduction progressive des importations de céramique et des échanges expliquent assez bien l'évolution de Chézieu.

Autre élément fort utile à l'étude de l'économie générale de la cité, Chézieu présente les proportions suivantes des différents types de céramique :

- céramique commune à cuisson oxydante   : 35 %
- céramique commune cuite à feu réducteur,

         grise   : 16 % } 60 %
         noire   : 9 %

- céramique à pâte plus fine ou barbotinée   : 8 % } 30 %
- céramique peinte "type Roanne"   : 22 %

- sigillée unie   : 8 % } 10 %
- sigillée ornée   : 2 %

Il est fondamental de noter la faible proportion de la céramique sigillée sur un site aussi importateur que Chézieu (Fig. 9). En effet, si cette céramique de luxe ne représente que 10 % des poteries trouvées sur le site, les estampilles italiques de la Gaule du Sud et du Centre donnent à Chézieu la troisième place au sein de la cité pour l'achat et la redistribution de ces produits avec 8 % des marques de potiers contre 45 % à Feurs et 40 % à Roanne. Ces 8 %, que nous attribuons à Chézieu pour l'ensemble de la sigillée impor-

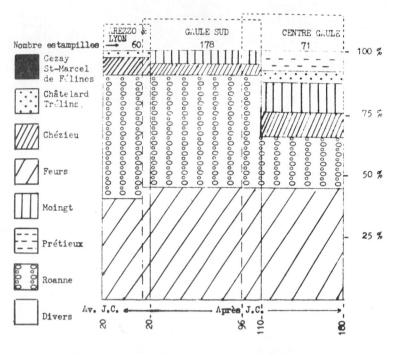

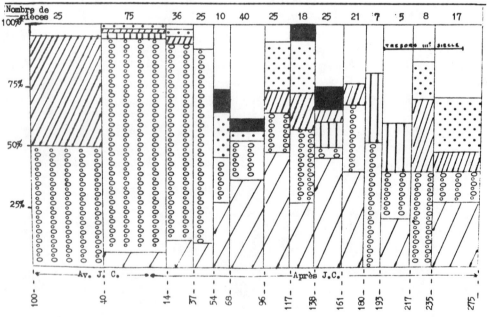

Fig. 9 - Pourcentage des estampilles de sigillées
et pièces isolées.

tée dans la région, se retrouvent, d'ailleurs, au niveau de chaque type : sur les 60 estampilles de potiers italiques reconnus dans la cité, 4 relèvent de Chézieu, sur les 178 de la Gaule du Sud, 11 viennent de ce site, et sur les 71 de la Gaule du Centre, 7 sont relatives à notre relais-marché.

Nous retiendrons donc que, malgré sa place dans le circuit d'échanges et de distribution des produits de luxe, Chézieu reste avant tout un marché de la céramique commune, de fabrication régionale ou locale et de prix sans doute beaucoup plus abordables pour la majorité des Ségusiaves. La céramique de la Gaule du Sud est prépondérante, celle de Lezoux disparaît vite et au IIIº siècle l'activité paraît réduite.

Nous avons vu quelle différence d'intégration à l'économie de marché il y a entre les villae ou bourgs ruraux et des sites comme Crêt-Châtelard, Poncins, Trélins ou Chézieu.

La campagne ne participe guère aux échanges monétaires et les céramiques grossières ou communes y forment presque tout le matériel: seuls les riches propriétaires importent de la sigillée ornée ou lisse mais beaucoup se contentent de poteries communes de qualité, à pâte fine ou peintes de type Roanne. Tous accordent le plus grand intérêt aux objets utilitaires. Là où les monnaies sont abondantes, on se trouve soit dans des sites proches des voies de communication (St-Martin-la-Sauveté), soit dans un contexte socio-culturel particulier (St-Alban-les-Eaux). Mais, entre ces habitats ruraux et les villes, des relais-marchés ont tenu une grande place dans l'importation et la redistribution des différentes productions : Chézieu nous semble le plus important par sa situation géographique (Voie Bolène), par l'étendue de ses bâtiments et par la richesse du matériel, de la guerre d'Indépendance au IIIº siècle. Pourtant, là encore, les importations chères sont bien moins abondantes que la céramique commune.

La valeur d'usage de la marchandise est plus recherchée par les Ségusiaves que la beauté des céramiques sigillées : les vases aux formes variées, les dolia, les amphores le montrent bien. En étudiant les villes ségusiaves, lieux privilégiés de l'économie de marché, nous devrons nous souvenir de ces quelques données afin de comparer les besoins des citadins et des ruraux, la différence des niveaux de vie et des mentalités.

---.----

L'ESSOR ECONOMIQUE DES VILLES (I° - II° SIECLES).

" Ut majestas imperii publicorum aedificorum
egregias haberet auctoritates "

(Vitruve - I, 1, 2)

Si la route a permis l'essor d'importants marchés ruraux, elle a surtout assuré aux villes un rôle dominant dans la cité : elles sont un "pôle d'attraction" où l'occupant attire "les fils de la noblesse" pour avoir des cadres administratifs et culturels, et un "centre d'échanges" à longue distance mais surtout à l'échelon régional.

Toutes les villes ne disposent pas de toutes les fonctions nécessaires à l'impérialisme romain pour assurer sa domination, mais toutes participent à la même volonté "d'asservissement" que les indigènes dans "leur naïveté prenaient pour civilisation" (Tacite, Agricola, 21), en même temps qu'à la diffusion des principaux éléments de cette civilisation.

Il convient donc de distinguer plusieurs types de villes dans la cité des Ségusiaves, chacune répondant à un besoin momentané et à une politique d'ensemble.

Roanne, Feurs, Moingt, considérées comme villes parce qu'elles représentent, généralement, une forte proportion de trouvailles de tous ordres, n'ont pas eu la même fonction à la même époque ; avant toute analyse, il faut remarquer, d'une part, la densité des monuments à Moingt et à Feurs, leur pauvreté à Roanne et, d'autre part, l'importance du matériel numismatique et céramique à Roanne et à Feurs, sa presqu'inexistence à Moingt.

D'ores et déjà, nous percevons la place capitale de Feurs dans la cité, comme centre économique et administratif, alors que Moingt et Roanne ont tenu deux rôles bien différents.

C'est avec **Roanne** que nous commencerons cette étude parce que cette "ville" présente un stade intermédiaire entre le marché rural et la ville et que, chronologiquement et géographiquement, elle répond fort bien à ce que C. Jullian a appelé, pour Bibracte ou Gergovie, "la descente vers la plaine". Au centre de la ville, à l'Institution St-Joseph ou rue Gilbertès, les fouilles permettent l'étude d'une stratigraphie particulièrement intéressante : sur quelques mètres de profondeur, on trouve des fonds de cabanes celtiques et du matériel de la Tène III au I° siècle avant notre ère, puis souvent dans les mêmes fosses circulaires ou dans des poches creusées dans le sable, du matériel du I° au III° siècle après J.C., monnaies, céramiques grises à décor de molette imitées de celles d'Italie, vases peints, sigillée italique, de la Gaule du Sud, de Lezoux. Les parquets en galets roulés, puis en argile cuite ou béton, des murs appareillés du II° siècle montrent l'évolution économique de Roanne dont nous allons donner maintenant un aperçu d'ensemble (11). De la fin du II° siècle à la guerre des Gaules, sans doute en fonction de l'importance des échanges sur l'axe Nord-Sud entre Essalois et Bibracte, quelques habitants s'installent sur

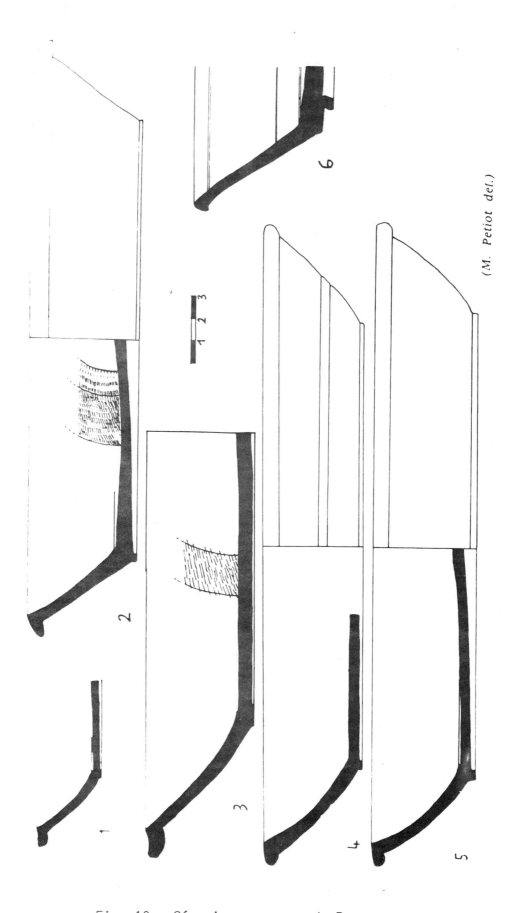

Fig. 10 - Céramique commune de Roanne.

213

la rive Gauche de la Loire, non loin du chemin de halage. Des monnaies gauloises au taureau cornupète et de type Séquane ou éduoségusiave, quelques fibules en fer, des objets de bronze, quelques gobelets à palmettes et vases du type Crêt-Châtelard attestent le passage de marchands et une certaine activité dans ce bourg celte aux habitations modestes, cabanes aux sols faits d'argile tassée, aux toits de bois (trous de poteaux, clous). Avec la fin de la guerre des Gaules, le marché le plus proche sur l'axe Nord-Sud se trouve être Crêt-Châtelard, ce qui assure une certaine indépendance de Roanne vis à vis de Joeuvres et lui donne une place de relais-marché entre Crêt-Châtelard et Autun.

On voit le niveau des échanges s'accroître très nettement à la fin du I° siècle avant J.C. et jusqu'au milieu du I° siècle après : c'est l'époque des importations de sigillée italique qui représentent le quart des estampilles identifiées à Roanne pour toute la sigillée (Italie, Sud et Centre Gaule) et la moitié des poteries d'Arezzo et de Lyon trouvées dans la cité. Les potiers les plus représentés sont Atéius, Sempronius Gellius et Thyrsus d'Arezzo et Tigranius, Xanthus (esclave d'Ateius), artisans à Lyon (12).

Dans le même temps, la céramique commune, souvent de tradition celtique, est très recherchée : plats et assiettes (Fig. 10), cruches ansées, vases à large ouverture, cuits à feu réducteur, du quartier de la Livatte ou de la rue de l'Hôpital, ou céramique grossière carbonifère à pâte siliceuse, sans décor, dolia et poterie grise à décor de molette imitée de la sigillée italique des rues Gilbertès ou J. Macé.

Les monnaies de César, Auguste et Agrippa, celles de la colonie de Nîmes ou de l'autel de Lyon, représentent près de la moitié des trouvailles isolées de Roanne : mais sur ces 70 pièces, il faut noter que 36 sont antérieures à 40 avant J.C., ce qui situe assez exactement le démarrage économique de la bourgade et en fait la première place d'échanges entre 50 avant J.C. et 40 après, avec près de 90 % des pièces d'Auguste trouvées dans la cité et plus de 40 % de toutes les trouvailles de céramique (13).

Notons, également, que là où la céramique a été importée ou achetée en plus grande quantité, là aussi se trouvent les monnaies les plus nombreuses. Ceci montre l'attitude différente des habitants de Roanne et des ruraux face à la monnaie : alors que ceux-ci ne conservaient guère les espèces vu leur faible intégration dans les échanges, ceux-là ont besoin de pièces de monnaies pour leurs achats.

D'ailleurs, si le bronze représente encore 80 % des échanges de monnaies, l'argent tient à Roanne un rôle non négligeable (15 à 18 % des pièces d'Auguste) et le sens social de la monnaie est évident si l'on se rappelle que l'argent est presqu'inconnu des campagnes.

Roanne (Fig. 11), premier site de plaine d'une certaine importance, a vu son centre se déplacer depuis la période celtique : le quartier de la Livatte, qui longe la voie romaine, est devenu prépondérant et la sigillée, les amphores, des parquets d'appartements d'une seule pièce faits d'argile cuite, quelques mosaïques, montrent qu'une certaine aisance s'est établie dans le centre de Roanne, entre la Loire et la route, tandis que les habitats un peu plus éloignés sont plus modestes, les sols faits de béton grossier ou galets roulés, la céramique grossière plus abondante.

PLAN DE ROANNE

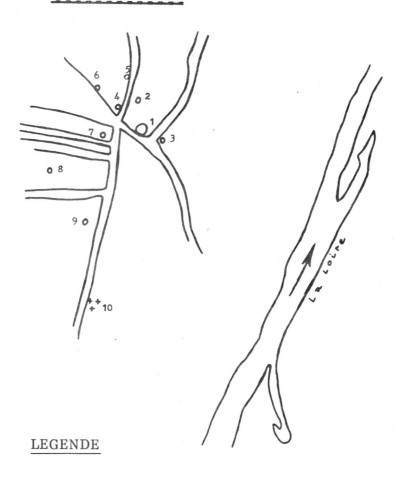

LEGENDE

1 - Chantier Gilbertes
2 - St-Joseph
3 - Hopital
4 - Maison Lauxerois
5 - Les Casernes (fours de potiers)
6 - Chamussy
7 - Thermes
8 - Le Marais
9 - Lycee J. Puy
10 - Necropole St-Jean

Fig. 11 - Plan de Roanne.

L'époque de Tibère-Claude marque l'apogée de Roanne, premier
centre d'échanges et d'artisanat de la cité : sur la cinquantaine de
pièces de ces deux empereurs, trouvée chez les Ségusiaves, Roanne en
détient 48, et 45 % des estampilles de la Gaule du Sud, reconnues
dans la région, l'ont été dans cette ville. Les dernières productions
d'Atéius, Xanthus et Tigranius arrivent entre 20 et 40 après J.C.,
tandis que les importations des artisans de Banassac, la Graufesenque, Montans, se font de plus en plus importantes entre 14 et 70
après J.C., avec des potiers tels Acutus, Bilicatus, Senicio ou
Volus.

Cependant, les importations ne suffisent plus aux besoins du
marché local à l'artisanat urbain de la céramique se développe pour
satisfaire la demande : rue des Aqueducs, au Clos des Casernes, à
Cadore (Ecole de Musique), six ou sept fours de potiers ont été
identifiés. Ils sont circulaires, construits en tegulae et non en
pierres et n'ont produit que de la céramique commune. Mais, comme
l'ont montré M. Périchon et M. Cabotse en étudiant le matériel de la
nouvelle poste, ces poteries sont fort variées : cruches ansées,
flacons, vases ovoïdes décorés de guillochis à la roulette, écuelles
et marmites à bords élevés. Ces ateliers vont surtout produire, aux
I° et II° siècles, les fameux bols "type Roanne" à pâte fine, à
panse renflée et décorée d'une bande blanche entre les bandes ocre-
rouge du col et du fond. Ces vases, dont l'emploi a sans doute varié
et qui sont devenus de plus en plus courants sur les sites ségusiaves, se retrouvent encore avec du matériel du III° siècle, ce qui
montre leur solidité et leur large diffusion. La céramique peinte,
souvent produite localement, est elle aussi fort répandue et offre
toute une gamme d'objets variés : vases ovoïdes ou tronconiques à
pâte marron foncé, vases en forme de gobelets, jattes carénées à
pâte mal dégraissée, parfois décorées de motifs géométriques simples
(Fig. 12 et note 14).

Autour de ces fours de poterie, l'occupation humaine est dense :
au Nord, le quartier de la Livatte, la rue A. Roche actuelle et la
Place L. Flandre sont le centre de la ville gallo-romaine. Des
fragments de marbre, quelques conduits en terre et des substructions
aux murs en moellons réguliers font penser que rue A. Roche, des
thermes assez modestes ont sans doute existé milieu I° – début II°
siècle. Rue du Collège, Place du Château, rue de Charlieu ou au Clos
d'Alery, le matériel est abondant : petits vases ou "guttus", amphores, urnes cinéraires, vases peints, pesons à fléau.

La densité de l'habitat mais aussi le niveau de vie assez
modeste des citadins de Roanne apparaissent dans le matériel de la
nécropole St-Jean et dans le mode de sépulture : pour deux ou trois
tombes à inhumation, on trouve plus de soixante urnes funéraires
avec des fibules, monnaies de bronze, céramique commune, mais pas
de sigillée. Cette nécropole continuera à être utilisée du I° au IV°
siècle, par contre, à l'Ecole de Musique, une nécropole mérovingienne succède directement au four du II° siècle. Partout, selon J.
Poncet, on note une couche de démolition et de la vase.
En effet, de l'époque de Néron au III° siècle, le déclin de Roanne
ne cesse de s'affirmer : de Néron à Commode, on ne trouve plus
qu'une trentaine de monnaies pour plus d'un siècle, c'est à dire
moitié moins que pendant le règne d'Auguste. De même, les importa-
tations de céramique sigillée de Lezoux représentent une proportion
de plus en plus faible des besoins de la ville, ceci s'expliquant
d'ailleurs par le rôle important de l'artisanat local dans les

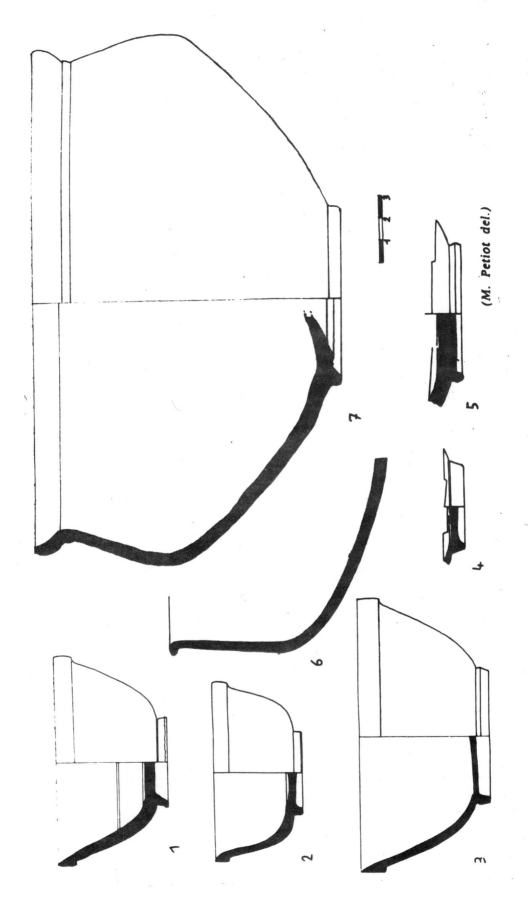

Fig. 12 - Coupes et jattes de Roanne.

217

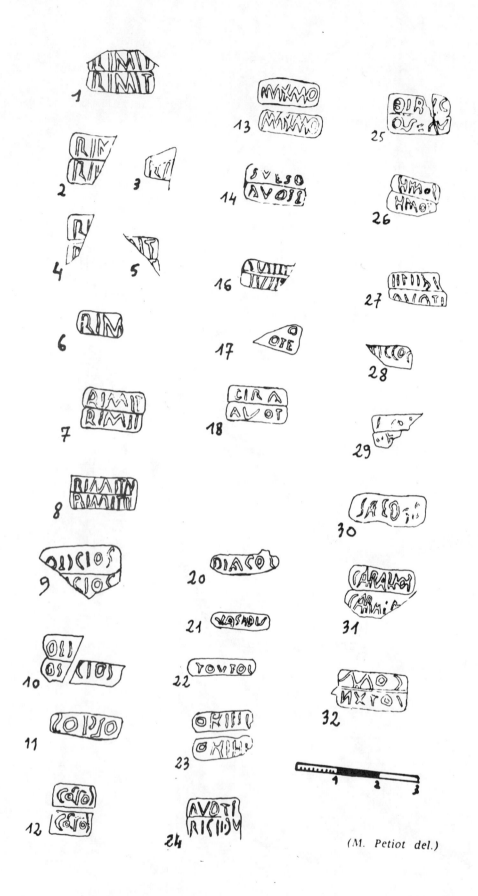

Fig. 13 - Estampilles trouvées à Roanne.

(M. Petiot del.)

fabrications d'objets courants.

On n'a identifié que 13 estampilles (Fig. 13) de la Gaule du Centre, soit 10 % de toutes celles importées à Roanne (Italie, Lyon et Gaule du Sud) ; la ville, pourtant bien liée à la vallée de l'Allier par la voie Roanne-Vichy, n'a importé que 20 % (13 estampilles) de la sigillée de Lezoux identifiée sur les sites ségusiaves, alors que Feurs en importe 50 % (32 estampilles) et Chézieu 10 % (7 estampilles). Les potiers Calendio, Priscianus, Saciro, qui ont produit de la sigillée à Lezoux d'Hadrien à Antonin surtout, sont les plus fréquents à Roanne, tandis qu'Aduocisus, Capellianus ou Maternus, artisans de la seconde moitié du II° siècle se font rares (Fig. 13).

Le déclin de Roanne n'est, cependant, que relatif et les habitats de Gilbertès ou de la Nouvelle Poste, la nécropole St-Jean possèdent encore un abondant matériel, mais la présence de meules à bras à la Livatte ou au Marais, l'abondance de la céramique commune, voire grossière, de fabrication locale montrent que Roanne est restée le gros bourg de la plaine, marché agricole et centre de production artisanale répondant à la demande et à l'offre des domaines qui se sont constitués dans ses alentours, à Mably, Noailly, Villerest, St-Nizier ou Chandon.

La seule inscription que nous possédons pour la ville de Roanne (CIL 13 - N° 1649) nous éclaire quelque peu sur les habitants de la ville : Q. Aufustus est un affranchi comme ses congénères qui lui ont fait faire une modeste plaque funéraire. Ces affranchis, les seuls Ségusiaves que nous connaissons, ayant ce statut juridique, appartiennent, sans doute, à ces artisans potiers ou petits commerçants du quartier de la Livatte où le cippe a été retrouvé avec du matériel du II° siècle, deux meules à bras, et à proximité des fours du Clos des Casernes.

Dès la fin du II° siècle, les quartiers les plus proches de la Loire s'envasent, certains tombent en ruine et le matériel archéologique se fait rare. On sait que de grands domaines commencent à se constituer dans la plaine roannaise et possèdent leurs propres ateliers d'où le rôle réduit du marché de Roanne. D'ailleurs, la constitution d'un modeste trésor au début du IV° siècle montre bien que le site est intégré à de nouvelles structures économiques et sociales.

L'activité de Roanne du I° siècle avant J.C. au III° siècle de notre ère s'est donc profondément modifiée. Premier marché de produits d'Italie et même de la Gaule du Sud, Roanne répond fort bien à la politique romaine, qui consiste à privilégier les sites de plaine aux dépens des oppida dangereuses politiquement et mal placées sur les axes commerciaux du réseau routier d'Agrippa (Fig. 14).

Le long de la Loire, au centre d'une plaine dont l'occupation était ancienne à Chandon, St-Alban-les-Eaux, Ambierle, Joeuvres, Roanne occupait une position excellente pour drainer les productions agricoles des domaines et bourgs ruraux qui se sont développés aux I° et II° siècles et pour les approvisionner en céramique de luxe, amphores ou vases d'usage courant, selon les besoins et les niveaux de richesse des propriétaires.

Ville indigène, Roanne subit, dès le milieu du II° siècle, le contre-coup de l'appauvrissement des bourgs ruraux et villae qui l'entourent si bien que ses importations cessent peu à peu. Au début du III° siècle, l'autarcie se généralisant, les productions de céramique commune ont cessé à leur tour, le bourg va participer

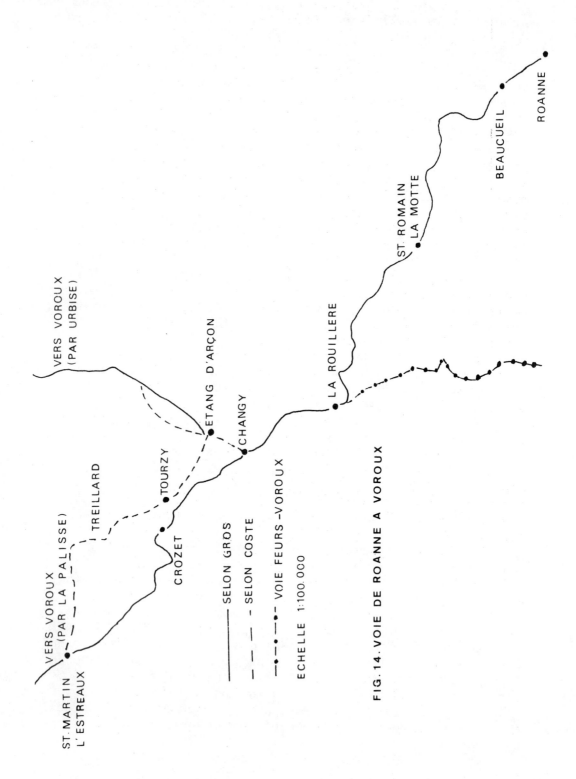

VERS VOROUX
(PAR URBISE)

VERS VOROUX
(PAR LA PALISSE)

ST.MARTIN
L'ESTREAUX

CROZET

TREILLARD

TOURZY

ETANG D'ARÇON

CHANGY

LA ROUILLERE

ST.ROMAIN
LA MOTTE

BEAUCUEIL

ROANNE

——————— SELON GROS

— — — — SELON COSTE

—•—•—•—•— VOIE FEURS -VOROUX

ECHELLE 1:100.000

FIG.14.VOIE DE ROANNE A VOROUX

220

d'une nouvelle manière à la vie rurale.

Ce n'est pas à Roanne qu'il faut chercher les témoignages les plus nets de la politique romaine d'urbanisation, car c'est au coeur du pays des Ségusiaves, "dans un cadre stéréotypé que se déroule la vie politique". (Clavel et Lévêque 1971).

Une évolution bien différente caractérise le chef-lieu de la cité, "Forum Segustavaru", comme l'appelle la carte de Peutinger, "Phoros Segusianon", comme l'écrit Ptolémée (II, 8,11) ou encore "Forum Segus (iavorum)" d'après l'inscription des Fabri Tignuari (CIL 13 - N° 1640).

Feurs n'a pas livré de matériel antérieur à la guerre des Gaules, si ce n'est deux demi-as que l'on n'a pu dater avec précision, un quinaire de C. Egnatuleus (100 avant J.C.) un denier de la Gens Rubria (85 avant J.C.), et un as de l'Atelier de Rome (187-155 av. J.C.).

Il semble donc que ce soit, réellement, une création romaine dont la date est difficile à préciser. Si l'on tient compte de la création de Lyon en 43 avant J.C., de la réforme administrative commencée en 27 avant J.C. où les "Segusiavi" forment, selon Pline (H.N. IV, 107) une "civitas libera" représentée à l'autel fédéral de Lyon (créé en 12 avant J.C. par Drusus), on peut penser que la ville de Feurs a été fondée dans les dernières années avant notre ère ou peu après. Chef-lieu de la nouvelle unité administrative qu'est la "cité libre des Ségusiaves" au sein de la province de Lugdunaise, Feurs va prendre un rapide essor qui n'est pas dû seulement à sa place privilégiée parmi les trois cités libres de la province, les douze de la Gaule.

En effet, son site, particulièrement bien choisi, répond aux conseils de Vitruve (De Architectura I, 7, 10) : "la région est fertile" puisque le fossé de l'Alliot, les chambons de la Loire et les terres argileuses s'étendent de Feurs à Moingt, Marclopt et Boisset : elle est "bien desservie en routes et rivières", au carrefour de la Loire, de l'ancien chemin des oppida (Essalois, Joeuvres, Bibracte) et des nouvelles voies de Lyon à Rodez et Clermont ou Vichy (16).

Les deux axes principaux de commerce entre Feurs-Roanne et Lyon-Moingt forment d'ailleurs le Cardo et le Decumanus de la nouvelle ville. Toutes les règles des Agrimensores sont respectées et à l'angle des deux voies, s'élèvent Forum et basilique (Fig. 15).

D'ores et déjà, nous nous sentons dans un autre monde qu'à Roanne, en présence de cette ville "créée de toutes pièces" dont le but impérialiste est déjà évident dans le seul plan, miniaturisation de celui de Rome.

Mais Feurs est aussi très différente de Roanne par son évolution économique, par l'énorme marché du travail que représente la construction d'édifices publics ou privés importants, par l'ampleur de sa consommation.

Pendant la période augustéenne, l'activité croît peu à peu, Feurs restant, cependant, un centre d'échanges secondaire par rapport à Roanne et guère plus important que Chézieu : la sigillée d'Arezzo ou Lyon est peu importée jusqu'au début de notre ère puisque les potiers qui ont le plus exporté à Feurs (Atéius, Xanthus, Tigranius) ont, en général, travaillé de 5 avant J.C. à 30 après (Foury 1971).

PLAN DE FEURS

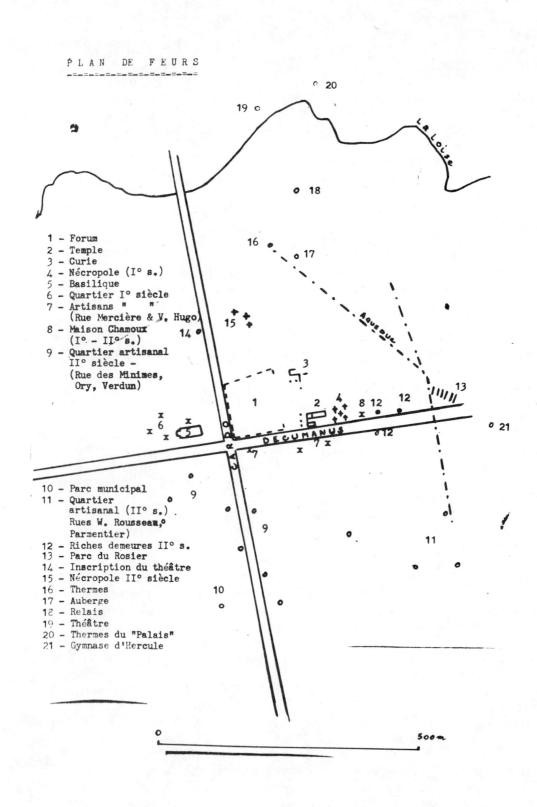

1 - Forum
2 - Temple
3 - Curie
4 - Nécropole (I° s.)
5 - Basilique
6 - Quartier I° siècle
7 - Artisans "   "
    (Rue Mercière & V. Hugo)
8 - Maison Chamoux
    (I°. - II°.s.)
9 - Quartier artisanal
    II° siècle -
    (Rue des Minimes,
    Ory, Verdun)

10 - Parc municipal
11 - Quartier
     artisanal (II° s.).
     Rues W. Rousseau,
     Parmentier)
12 - Riches demeures II° s.
13 - Parc du Rosier
14 - Inscription du théâtre
15 - Nécropole II° siècle
16 - Thermes
17 - Auberge
18 - Relais
19 - Théâtre
20 - Thermes du "Palais"
21 - Gymnase d'Hercule

Fig. 15 - Plan de Feurs.

De même, les 4 pièces d'Auguste n'ont rien de comparable avec la soixantaine de Roanne ; cependant, il faut tenir compte de la politique de construction qui a dû provoquer une perte importante d'espèces, notamment au profit de Lyon où la politique du légat, comme celle d'Agricola vis à vis des Bretons, visait, sans doute à "aider les collectivités à construire des temples, forum, habitations" et à les endetter pour les rendre dépendantes (Tacite - Ann. III). Aussi, ne faut-il pas nous étonner des faibles trouvailles monétaires pour le I° siècle. Par contre, il est intéressant de noter que celles-ci augmentent en chiffre absolu et surtout relativement à Roanne, de Trajan à Antonin. L'abondance des pièces des Antonins correspond alors aux nombreuses importations de céramique de luxe (Billard 1971).

Ces précautions prises, nous pouvons étudier la place grandissante de la ville au sein de "sa" cité.

Nous avons vu que, sous Auguste et Tibère, le volume de sigillée d'Arezzo et Lyon importé à Feurs est inférieur à celui qui arrive à Roanne ; cependant, Feurs est déjà le second centre d'échanges de la cité puisqu'avec 23 estampilles de potiers identifiées, elle représente 40 % des poteries italiques après Roanne (50 %). C'est peut-être à cette époque que les premiers édifices commencent à sortir de terre comme nous le suggèrent l'appareil des murs à l'Est du Forum et l'inscription de T. Claudius Capito (CIL 13 - N° 1642). Sur la place de la Boaterie, un bâtiment en grand appareil isodome fait de calcaire de Charlieu et flanqué de deux autres plus petits, semble dater du début I° siècle. J. Guey y a vu la Curie ou un temple avec pronaos et cella, attribué tantôt à la Triade Capitoline, tantôt à Mercure. Bien que l'entrelacs des caducées découverts par J. Renaud ne prouve pas la destination du temple - Mercure n'est pas le seul dieu à être doté du caducée - nous adopterons, cependant, l'hypothèse d'un temple à Mercure car on a trouvé à Feurs une statue en bronze probablement de cette époque figurant ce dieu et, d'autre part, les conseils de Vitruve : "il faut élever un temple à Mercure près du marché" et un autre " sur la hauteur pour le dieu principal" (Op. Cit. I, 7 et IV, 5) font aussi pencher en faveur de cette solution.

Autre édifice, construit peut-être sous Auguste, le théâtre en bois dû à Lupus, fils d'Anthus, bâtiment provisoire qui n'a peut-être été élevé qu'au début du règne de Claude et refait en pierre peu après par T. Claudius Capito, fils d'Aruca, (CIL 13 - N° 1642).

Le véritable essor de la ville se situe d'ailleurs dans la seconde moitié du I° siècle de notre ère : 20 % des monnaies trouvées à Feurs datent de cette époque ainsi que 60 % des estampilles de sigillée (Fig. 9). Un grand nombre de potiers qui ont travaillé à la Graufesenque ou à Banassac ont exporté leur production à Feurs sous Claude et Néron : c'est ainsi qu'on trouve les noms d'Anextia, Bassus, Felicio, Labio, Manertus ou Primus pour l'époque de Claude, de Caluus, Passenus pour Néron.

Correspondant à ces achats de céramique de luxe des riches citadins, la politique de construction s'amplifie : un seul personnage, "Sacerdos Augusti", peut offrir un théâtre "à ses frais", ce qu'il précise avec fierté. De telles dépenses expliquent que l'on trouve peu de monnaies dans les maisons des notables qui entourent le forum. Car si le forum, avec ses portiques, sa double colonnade, son temple, sa Curie, l'aerarium n'étaient probablement pas construits à la fin du I° siècle, à l'Est de la place, au Nord du temple de Mercure, des murs sans plan régulier montrent que plusieurs bâtiments successifs se sont élevés là. On peut y voir la Curie car l'inscription au "prince" C IVLIVS (CIL 13 - N° 1645), datée du premier siècle indique qu'il y avait un Sénat de décurions à Feurs, dès cette époque, et leur assemblée devait prendre place dans l'un des bâtiments du forum (17).

Dans un rayon de quelque cent mètres autour du forum, un quartier riche commence à se former : à l'Ouest de ce qui sera la Basilique au II° siècle, à moins 2 mètres de profondeur, des murs en grand appareil, détruits par incendie, un sol en béton poli, chaux et cailloux, des traces de *bois carbonisé* attestent une construction d'une certaine importance mais encore modeste malgré quelques fragments de marbre (Place A. Drivet).

Tout près de là, plusieurs mosaïques à rosaces et bordures d'arabesques ont été découvertes : sur trois d'entre elles au moins, se trouvaient des *charbons et ossements humains*, mais ni les unes ni les autres ne semblent avoir appartenu à un habitat puisqu'aucune substruction n'a été retrouvée sur leur périmètre. Nous avons pensé à des aires de "sacrifices humains", sans doute encore pratiqués au I° siècle puisque Tibère est obligé de les interdire (Pline XXX, 13) et que Claude doit promulguer un nouvel édit (Suétone Cl. 25, 5). Mais on peut émettre l'hypothèse plus probable d'une destruction violente de ce quartier à la fin du I° siècle, peut-être en relation avec les événements de la fin du règne de Néron dont nous reparlerons plus loin.

D'ailleurs, au Sud-Est du Forum, d'autres traces d'incendie existent à une profondeur de moins 2 mètres environ, ce qui pourrait correspondre à la même couche archéologique que celle décrite précédemment (- 2 mètres).

Le matériel découvert dans les fouilles de la maison Chamoux confirme que nous sommes toujours dans le quartier du I° siècle, la maçonnerie est en grand appareil, utilisant surtout le grès, des *os* et du *bois calciné* sont mêlés à des poteries de la deuxième moitié du I° siècle surtout, sigillée de la Gaule du Sud, vases peints, fonds de vases en céramique grossière oxydée. On y a vue, en raison de l'abondant matériel, le stock d'un potier.

On remarque donc que le quartier du I° siècle est très réduit et se situe le long du Cardo et du Decumanus à moins de 150 mètres du Forum : la nécropole de ce quartier se trouve tout près de la maison Chamoux, les urnes cinéraires y sont modestes avec des "couvercles primitifs" et toutes les oboles concernent les empereurs d'Auguste à Trajan. Cependant, à l'Ouest, deux sépultures à inhumation, sarcophages en calcaire de Charlieu, tendraient à confirmer que les plus aisés des citadins résident ici et les plus modestes à l'Est du Forum.

Quant à l'emplacement du théâtre, qui devait dater de Claude, la dédicace au Divin Auguste a été découverte à 50 mètres au Nord du Forum et à une profondeur de moins 1,50 m., mais les substructions qui devaient y correspondre n'ont pas été retrouvées ici. Par contre, à 500 mètres plus au Nord, au lieu dit "le Palais", sur un terrain en hémicycle, des blocs de maçonnerie et un abondant matériel du II° siècle ont été mis au jour. Ces quelques éléments nous suggèrent que le théâtre indiqué dans l'inscription a pu relever de la "pollicitatio", promesse du magistrat entrant en charge et qu'il n'a pu réaliser. Les travaux auraient alors été achevés par ses héritiers responsables de la promesse (Digeste 50, 12, 14) et réalisés près du "Palais" qui rassemble, au II° siècle, un nombre important d'édifices, comme nous le verrons plus loin.

Les traces d'incendie relevées dans tout le quartier du I° siècle, autour du Forum, sont fréquentes dans les villes romaines et l'on sait que pendant les années 70, une véritable psychose du feu a régné dans l'empire romain. En 65, c'est Lyon qui est détruite (Tacite - Ann. XVI, 13) et Néron lui "rend" sa participation de quatre millions de sesterces aux frais de reconstruction de Rome ; le 19 Décembre 69, c'est le Capitole qui brûle et les historiens, Tacite (H. IV, 54), Suétone (Vitell 14, 4), Dion Cassius (L XV, 1, 4) y voient des signes de la fin de Rome.

Ces incendies, souvent accidentels, relèvent aussi de la guerre civile et des révoltes sociales de la fin du règne de Néron : Vindex, Légat de Lyonnaise, appuyé par Eduens, Sequanes et Arvernes (Tacite - H. I, 51 et IV, 17), fait proclamer Galba qui confisque une partie des revenus de la colonie de Lyon (Tacite - H. I, 53, 65) ; Vitellius et les légions de Germanie, dont l'Ala Flavia Gallorum occupent Lyon, saccagent Vienne, ruinent les " principes civitatum" (Tacite - H. II, 62) pour fêter sa victoire. A la guerre civile s'ajoute le mécontentement populaire et la révolte éclate chez les Boïens en 69 : Maricc "provocare arma Roma ausus est" (Tacite - H. II, 61) avec ses paysans et ceux des plus proches "pagi" éduens. Vitellius arme la jeunesse d'Autun et envoie la cohorte de Lyon : les révoltés sont massacrés, Maricc égorgé à Lyon. L'année suivante, à Reims, les délégués des cités gauloises, effrayés par les soulèvements et par la guerre civile, qui a pris une allure "nationale" dans les Germanies avec Civilis et Velleda (Tacite - H. IV, 59), remettent leur sort entre les mains de Cérialis, Légat de Vespasien. L'intérêt des notables pour la "liberté et à la paix" (Tacite - H. IV, 67), leur peur de perdre les bienfaits de la "civilisation romaine", expliquent leur soumission à Rome : les paysans et la plèbe sont matés, le danger d'un retour aux anciennes divisions entre peuples gaulois, divisions néfastes aux échanges, est écarté.

La cité des Ségusiaves, placée entre les Arvernes et les Eduens, entre Lyon et les Boïens, n'a pas pu échapper aux troubles civils et révoltes sociales : ceci explique, sans doute, que des traces d'incendie se retrouvent dans le quartier du I° siècle, que la plupart des bâtiments ne datent que du II° siècle et que les échanges commerciaux subissent un léger déclin entre 70 et 90 après J.C.

Cependant, dès le règne des Flaviens, l'activité de Feurs a repris, comme dans toute la Gaule d'ailleurs, peut-être grâce à la réduction du tribut de 25 % (Tacite - H. I, 8). Iabus et Perrus, potiers à Banassac, y exportent leurs coupes en terre sigillée ; les monnaies isolées de Vespasien et Domitien représentent 20 % de toutes celles trouvées à Feurs et 60 % de celles découvertes dans la cité concernant les Flaviens.

Les maisons du I° siècle sont sans doute reconstruites, comme le montre la stratigraphie de la maison "Chamoux" : une maçonnerie en béton, briques et tuiles, opus caementicum solide et peu coûteux, forme le niveau supérieur de cet habitat, au-dessus de la couche de cendre ; des tessons de sigillée unie et ornée, des moules à sigillée, des bols, coupes, terrines, plats en céramique

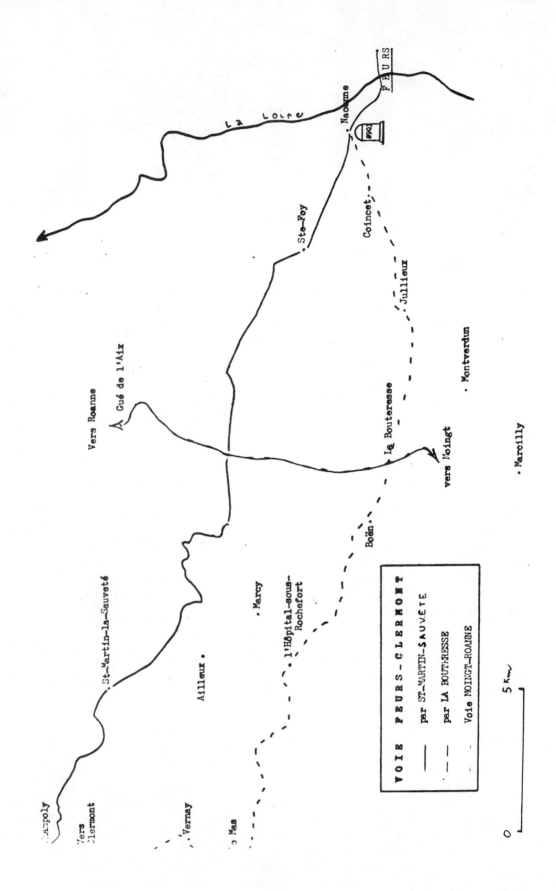

Fig. 16 - Voie de Feurs à Clermont.

commune prouvent l'importance de l'occupation tandis que les enduits
de murailles avec fleurs d'iris tigées sur fond rouge attestent un
certain confort.(18). Une grande partie du matériel, lampes, médaillons d'applique, paraît tardif (III° - IV° siècles) mais n'a jamais
été décrit in situ.

L'essor de Feurs va se poursuivre de façon ininterrompue tout
au long du II° siècle : les monnaies, les poteries, la densité des
habitats et la construction d'édifices publics témoignent bien de la
prééminence du chef-lieu de la cité sur les autres sites.

Feurs détient, entre les années 96 et 180 après J.C., 30 % des
monnaies isolées de toute la cité, à une période où Roanne en compte
25 % et Chézieu 5 %, c'est-à-dire à l'époque où la monnaie semble la
plus largement diffusée dans les campagnes (40 % des pièces isolées).
Les trouvailles récentes confirment, d'ailleurs, la constante de ces
ordres de grandeur.

Mais sous Trajan, Marc Aurèle ou Antonin, les proportions sont
encore plus remarquables : Feurs possède alors entre 50 et 70 % des
pièces de ces empereurs découvertes dans la cité, chiffre qui n'a
de comparable que celui de Roanne détenant 80 % des monnaies isolées
de Claude.

Ces chiffres ne peuvent que servir d'approche à une étude
précise, car les séries ne sont pas assez abondantes. Cependant,
elles ont valeur d'indices sérieux dès lors que la consommation de
poteries confirme l'importance de Feurs au second siècle.

Le règne de Trajan correspond à une diversification des sources
d'approvisionnement en céramique sigillée puisqu'on trouve à Feurs,
aussi bien des productions du Sud de la Gaule (Potier Frontinus) que
du Centre : mais les secondes conquièrent peu à peu le marché urbain
de Feurs avec les articles de Criciro, Malluro, Regulus (petites
coupes), notamment.

Dès le règne d'Hadrien et jusque vers les années 180, les
grandes coupes à décors érotiques d'Aduocisus ou Albucius, les vases
ornés de Banuus ou Censorinus, Mansuetus sont très recherchés des
habitants de Feurs, du moins des plus riches, car les trouvailles
concernent surtout les demeures les plus proches du Forum et de la
Basilique (Maison Chamoux, rue des Minimes, Avenue J. Jaurès). Sous
le règne de Commode, les derniers vases de ces potiers ainsi que
ceux de Martius, Cinnamus, Paternus sont importés en moins grande
quantité, ce qui s'explique, à la fois, par la crise de production
des ateliers de la vallée de l'Allier et par la réduction de la
consommation urbaine. Cependant, jusqu'au début du III° siècle, on
trouve à Feurs des "vases à déversoir" de Lezoux et des vases à
poucier de la période Septime-Sévère ; d'autre part, il est probable que la sigillée produite par des potiers comme Albucius vers
180-190 après J.C. était encore vendue à Feurs dans les années 190-
210. Tout au long du II° siècle, Feurs a importé, pour son propre
marché, 50 % des sigillées du Centre de la Gaule achetées par toute
la cité ; certains archéologues pensent qu'elle servait aussi de
centre de redistribution et que le marché de Roanne a pu s'y approvisionner. Vu les trajets que mentionne la Table de Peutinger entre
Feurs, Roanne et Vichy et l'absence d'une voie Feurs-Clermont sur
cette route, nous pensons que c'est plutôt Roanne qui a pu servir
d'étape aux produits de Vichy, St-Rémy en Rollat. Nous avons déjà
constaté la différence de nature dans la consommation de Roanne et
de Feurs : dans la plaine roannaise, on préférait les produits de
l'artisanat local et les "bols type Roanne" sont la céramique com-

mune la plus recherchée. Par contre, à Feurs, les poteries sigillée
trouvaient mieux à se vendre en raison du niveau économique des
"cadres" de la cité et de leur souci à "romaniser leur façon de
vivre". C'est, d'ailleurs, à Chézieu, Moingt, Précieux, Crêt-Châtelard, c'est-à-dire sur les sites les plus proches de Feurs que se
trouvent 30 % des céramiques sigillées du Centre de la Gaule. La
plaine du Forez, son chef-lieu compris, a donc acheté 80 % de ces
productions de luxe et détient aussi plus de 50 % des monnaies isolées du II° siècle, alors que seule Roanne a consommé de la poterie
du Centre (20 % des estampilles de toute la cité) et représente 20 %
des pièces isolées de cette période.

D'ailleurs, la construction d'édifices privés et publics corro-
bore ces données : la ville draine, au second siècle, la plus grande
partie des richesses de la cité à son profit.

Le Forum a, désormais, un aspect monumental : un vaste portique
de 80 m. par 60 m., à trois faces, s'élève bordant d'un côté le
Cardo, de l'autre le Decumanus, tandis que le troisième côté correspond à l'actuelle rue Gambetta. Les colonnes seraient de type ioni-
que. Deux ailes, en retrait sur l'intérieur, ferment la perspective :
entre les deux se célébrait, peut-être, le culte municipal de l'Empereur si l'on en croit la trouvaille, au XIX° siècle, "d'un fragment d'autel votif à Otacilia Severa, rue du Palais" - ? - (Abbé
Roux - Op. Cit.), ainsi qu'une plaque de marbre mouluré avec l'inscription "Voto".

Au Nord et au Sud, le long du portique, on a découvert, également, deux statuettes de bronze, l'une d'un "Pontifex Maximus, tête
voilée, faisant des libations" (hauteur 20 cm.) et l'autre d'un
"Dispater, nu, barbu, coiffé d'une peau de loup dont la queue est
enroulée autour du bras gauche du personnage" (hauteur 6,5 cm.),
(19). Sous ces portiques, les archéologues du XIX° siècle ont fouillé un vaste système de cloaques, de même dimension, qui aboutissent
à la Loise par un déversoir. Les parois sont en "petit appareil, lié
par un ciment grisâtre et dur", le sol "recouvert d'un limon épais
et noir constitué de charbon". Ces substructions ont été identifiées au cours de fouilles récentes et mesurent 1,85 m. de haut sur
0,60 m. de large. L'opus signinum ou caementicum nous conduit à
penser que ces égoûts datent de la première moitié du II° siècle,
ce qui ne ferait que confirmer notre hypothèse d'une édification du
portique Ouest sous les Antonins. Cependant, il faut remarquer que
rue du Palais, au centre de la place, d'autres égoûts en "grand
appareil" ont été reconnus il y a quelques années.

Il nous paraît de plus en plus évident que plusieurs phases de
constructions se sont succédées. Nous avons vu que le "Temple ou
Curie" ainsi que tous les bâtiments élevés à l'Est de la place ont,
soit des murs en appareils différents, soit des plans enchevêtrés
montrant les remaniements.

Le long du Decumanus, *le Temple ou Curie* a, sans doute, été
l'un des premiers édifices, comme nous l'avons vu plus haut. Son
aspect définitif devait être imposant puisqu'il mesurait 25 m. par
11,50 m. et était précédé d'une double rangée de colonnes. Les
bases carrées en calcaire de Charlieu (- 4 mètres) ne prouvent pas
que les colonnes n'étaient pas tournées et plaquées car on a découvert des fragments de marbres moulurés tout près du "temple" :
"marbres rosés de Bohême, marbres des Pyrénées, marbres de Skyros,
marbres veinés d'Italie, turquins". Devant ce temple, trois mosaïques, dont l'une a été détruite, reposaient sur du béton rose ;

leurs motifs géométriques noirs et blancs sont simples et nous semblent de la fin du I° siècle plutôt que du II° siècle. L'hypothèse d'un temple est encore confirmée par les proportions qui correspondent à celles préconisées par Vitruve (Op. Cit. V, 1).

Au Nord-Est de la place, d'autres bases de colonnes (à - 2 mètres environ), précédant de vastes bâtiments (250 m2) font face au temple et à l'aile Nord du portique du Forum : le plan des murs est très confus et il y a eu plusieurs édifices sur cet emplacement. C'est là que se tenait, peut-être, la Curie, avec son aerarium, les nombreux bouleversements traduisant la fortune croissante des décurions et les fonctions dirigeantes accrues du chef-lieu de la cité. Le Forum couvre ainsi non plus 80 mètres sur 60 mètres, ce qui n'est que le périmètre circonscrit par le portique Ouest, mais près de 200 mètres sur le Decumanus et l'actuelle rue Gambetta et 100 mètres sur le Cardo.

L'étude des matériaux de construction y est intéressante : l'emploi du calcaire de Charlieu comme celui des pièces de bois pour supporter les murs, nous apprend que Feurs utilisait les "ressources locales" par "économie des moyens" (Vitruve - Op. Cit. I, 5) ; les Fabri tignuari, maçons, charpentiers, stucateurs qui y ont travaillé, étaient peut-être eux-mêmes de la région de Roanne, dont l'artisanat qualifié nous est déjà connu par les céramiques communes. Mais, au II° siècle, avec l'essor de la ville, les sources d'approvisionnement se multiplient, Feurs dispose, alors, d'un marché local, régional et lointain : les marbres des Pyrénées, d'Italie, de Grèce suivaient les grandes routes commerciales, voie Bolène ou vallée du Rhône depuis Marseille, ou étaient achetés directement à Lyon, centre de redistribution qui a largement importé, à cette époque, les matériaux de luxe produits sur les côtes méditerranéennes. Cependant, ce qui a été identifié comme "marbre rosé du Bohême" ressemble, à notre avis, au calcaire de Mâcon utilisé aux thermes de Lyon et qui, poli, prend un aspect de "marbre rosé granité".

Parallèlement, les quartiers se sont étendus et diversifiés, des rues de deux mètres de large, en général, ont été aménagées. Répondant à la place de plus en plus grande de Feurs dans l'économie de la cité, une *basilique* est bâtie à l'Ouest du Forum, de l'autre côté du Cardo : c'est là que l'on a retrouvé l'inscription des Fabri tignuarii (Hors-Texte page V - inscription 1640) et que nous avons situé les premières habitations importantes du I° siècle (20).

Les murs de la basilique sont construits en petit appareil du II° siècle ; elle mesure près de 8 mètres de large, avec un hémicycle de 7 à 8 mètres de diamètre. On ne connaît pas la longueur, mais si les données des agrimensores sont respectées, elle devrait être d'environ 25 mètres.

Autour de la basilique, le long des axes Nord-Sud et Est-Ouest de Feurs, le quartier du I° siècle a été réoccupé après l'incendie - manifeste sur tous les murs en grand appareil -. Mais les demeures paraissent moins riches que précédemment, la céramique commune, rue Mercière, remplace assez souvent la sigillée du I° siècle (Rue Ory : estampille "Regenus", La Graufesenque, Claude-Néron), (21).

Plus on s'éloigne de la basilique et du Forum et plus les demeures sont modestes (sols en béton ou cailloux concassés), cependant, la céramique sigillée ou commune, les pièces de monnaie sont très abondantes. On se trouve, probablement, dans le quartier artisanal et commerçant qui va, des rues Ory et des Minimes, au jardin public et aux rues St-Antoine et E. Quinet : bols type Roanne, céramique grossière, dolia et gutti ou grandes amphores, urnes funéraires cuites à feu oxydant (rue de Verdun). La découverte, dans ce quartier, d'un "Mercure de bronze, imberbe, coiffé du pétase ailé, tenant la bourse et le caducée", les pesons de tisserands, fléaux de balances, meules à bras, confirment que nous sommes dans les rues marchandes de Feurs. C'est de part et d'autre du Decumanus, à quelque 200 mètres au Sud du Forum, que sont installées les boutiques les plus prospères : rue de Verdun, ont été découvertes plus de la moitié de toutes les monnaies de Feurs, des amphores et urnes funéraires et l'on est, sans doute, en présence d'une succursale d'Arezzo ou d'un entrepôt, car on y a trouvé des moules à sigillée en terre cuite orange dont les décors sont proches de ceux de Paternus et Cinnamus, qui ont travaillé à Lezoux de la seconde moitié du II° siècle au début du III°. De même, dans le jardin public, des vases de la Graufesenque ou Lezoux du II° siècle surtout, des dolia, et des monnaies d'Auguste à Théodose, attestent une activité continue dans ce secteur bien placé entre les routes vers Moingt-St-Galmier-Roanne.

La stratigraphie établie sur l'une des fouilles du parc est fondamentale pour confirmer ou infirmer nos précédentes hypothèses. Elle s'établit ainsi : à moins 0,40 m. ou moins 0,60 m., sur les sols de briques, se situe presque partout une couche d'incendie d'une dizaine de centimètres d'épaisseur. A moins 0,70 m., on trouve des remblais puis une nouvelle couche d'incendie qui recouvre des galets et du sable. Le matériel céramique et les monnaies ont été retrouvés au niveau du remblaiement ; celui-ci devient, un peu plus à l'Ouest, un amalgame "de mâchefers, clous, tuiles à rebords, sable grossier et os d'animaux" (L'Hermuzière 1972). En revanche les monnaies analysées par B. Rémy n'ont pas été situées dans la stratigraphie du Parc et sont d'interprétation difficile. Tous les tessons de sigillée proviennent de la Graufesenque, des potiers de l'époque de Néron (Formosus, Gallicanus) ou des Flaviens (tessons de Primus vers moins 0,50 m.). On a trouvé, aussi, un as de Domitien. Si l'on tient compte de ce que les produits de la Gaule du Sud ne sont pas exportés immédiatement et servent plusieurs années, cet habitat, important en superficie et trouvailles, date de la fin du I° siècle et début II° siècle.

La couche d'incendie trouvée vers moins 0,80 m. peut donc bien correspondre à celle rencontrée à moins 2 m. près de la basilique et de la maison Chamoux, ces divers sites n'étant pas à des altitudes absolues identiques et n'ayant pas subi la même densité d'occupation. Nous la daterions, alors, des années 68-69 après J.C. Il faut aussi noter que la couche supérieure d'incendie (- 0,40 m.) ne recouvre aucun matériel du III° siècle, mais un amalgame de cailloux et sables de la Loire. Or, déjà à Roanne, nous avions remarqué cet envasement dans certains quartiers de la ville : il semble que, dans les deux cas, on assiste à un demi-abandon des sites les plus périphériques et menacés par le fleuve. L'activité artisanale continue, cependant, au III° siècle, du côté Est du Cardo, dans les ateliers de la rue de Verdun que nous avons étudiés précédemment.

Si l'on quitte le quartier Sud-Ouest de la ville, où nous nous sommes attardés en sortant de la basilique, nous pouvons nous rendre plus à l'Est vers les rues W. Rousseau et Parmentier, sans être

très dépaysés : en effet, les vases en terre sigillée de la Graufesenque et Lezoux (Perrus, Passienus, Martius), les monnaies des
Flaviens et Antonins montrent l'intense occupation de ce quartier au
cours du second siècle. Nous sommes, sans doute, en présence de
demeures relativement aisées, où la sigillée lisse et ornée, les
amphores, les bols types Roanne sont recherchés et où, même la céramique commune, est de qualité. Il s'agit de vases ovoïdes, à pâte
fine, claire, couverte d'un engobe ocre foncé, de coupes très fines
à l'engobe marron foncé avec motifs floraux, de dolia et vases à
parfum, de lampes à bec et à volutes d'époque flavienne.

Un peu plus à l'Est, on retrouve un dépôt de céramique ou une
boutique de potier : M. Gorce a analysé ces vases de façon précise
et nous rappellerons seulement l'extrême variété des provenances
(La Graufesenque, Lezoux, Roanne), des formes (dolia, vases ovoïdes,
amphores, marmites tripodes et assiettes), des décors (scène de
chasse, Mars debout sur les vases d'Albucius, motifs géométriques).
La datation s'échelonne entre la fin du I° siècle et le début III°
siècle (vase à déversoir en forme de mufle de lion, de Lezoux).

L'intensité du travail artisanal et de l'habitat est aussi
attestée par les importantes découvertes de l'avenue des Platanes
où les murs et sols des maisons sont modestes, mais où, là encore,
les amphores, vases en sigillée de Lezoux et surtout la céramique
domestique fine, les monnaies de Claude à Antonin représentent les
plus fortes proportions des découvertes de Feurs avec le quartier
étudié précédemment. A peine plus à l'Est, boulevard Pasteur, aurait
existé un four à poterie commune. Sur ces mêmes habitats, une houe,
des mortiers, du fer en morceaux, une meule à bras et des os et
dents d'animaux nous suggèrent que la population devait vivre, à la
fois, d'activités proprement urbaines, commerce et artisanat, et
d'autres plus agricoles, culture d'un petit champ, chasse.

Nous venons de parcourir tout le Sud de la ville de Feurs, de
la basilique à l'aqueduc reconnu dans l'actuelle rue Parmentier, de
la limite Ouest du Decumanus (voie vers Moingt et Clermont) à sa
limite Est (voie de Feurs à Lyon). Les niveaux de richesses sont
divers et la proximité des grands axes commerciaux joue un rôle
direct sur ceux-ci. Entre la rue de la Loire et le Cardo, les trouvailles sont plus nombreuses et l'activité intense, de l'époque
Claude-Néron aux Sévères, semble vouée exclusivement à l'artisanat
(tissage, poterie, travail du fer) et au commerce (sigillée, céramique de Roanne, amphores). Au sud-Est, les demeures sont plus
modestes et, dans ce quartier périphérique, l'activité est parfois
mixte ; on est à la limite entre ville et campagne.

Dans ces quartiers, nous n'avons rencontré ni mosaïques, ni
marbres, ni riches demeures. Par contre, au Nord du Decumanus et à
l'Est du Cardo, les habitats, les trouvailles, les occupations sont
très différentes.

Les rues Mercière et de la République ont livré quelques céramiques diverses mais surtout communes, une bague et une cuillère en
bronze, des sols dallés, quelques fragments de marbre et des sarcophages et urnes cinéraires : nous sommes dans un secteur très proche du portique du Forum, au coeur de la cité, près de la nécropole
du I° siècle. Rien d'étonnant donc à ce que le matériel découvert
ici soit assez pauvre car les riches habitats de cette époque se
trouvent plus à l'Ouest - près de la future basilique - et derrière
le temple de Mercure (maison Chamoux). Des cuves cylindriques en
briques et cimentées "servant à préparer les peaux" nous apprennent

que des pelletiers devaient travailler ici au I° siècle (22 et Brou-
tin 1867).

Mais au II° siècle, tout au long du Decumanus, ce sont de luxueuses maisons qui s'installent : la nécropole est maintenant plus au
Nord et, à sa place ou guère plus à l'Est, on a découvert, à moins
0,50 m. de profondeur, des murs de 18 mètres de long et 15 de large,
la petite façade de cette maison ouvrant sur le Decumanus. A droite,
en entrant, une grande salle, divisée en trois, donnait à l'Est :
deux des mosaïques polychromes étaient ornées "de carrés, losanges
et triangles alternés en marbre noir et blanc" avec deux bordures de
courbes et dessins noirs ; le tout sur fond blanc. A gauche de l'entrée, plusieurs salles n'ont qu'un sol de chaux et de cailloux. Du
côté Est de la maison, une allée sablée, large de 1,20 m., condui-
sait à un bassin de 7 mètres de diamètre. Les monnaies de Vespasien,
Galba, Maximin et Alexandre Sévère ne permettent guère de se faire
une idée de la période d'occupation, mais les mosaïques, elles, nous
semblent d'époque antonine, pendant laquelle l'opus sectile et la
polychromie à décors géométriques et végétaux connaissent une grande
vogue à Lyon (120-170 après J.C. surtout). Face à cette habitation,
une autre demeure très semblable comportait, également "une mosaïque à petits cubes de 6 mm. d'arête, à frises blanches et noires,
reposant sur un lit de béton" (- 0,50 m.) et des salles dallées très
sommairement dans lesquelles on a découvert une "Victoire" en bronze
doré. C'est à côté de ces deux riches domus que se situe la maison
Chamoux, dont le matériel du I° siècle, situé à moins 1,80 m. de
profondeur environ, a été analysé plus haut. Mais, au-dessus de la
couche d'incendie, des os et bois calcinés et des remblais, une
nouvelle installation a eu lieu au II° siècle :

	- 0,50 m.	terre végétale
stratigraphie	- 0,80 m.	maçonnerie, béton, brique pilée
indicative	- 1,30 m.	céramiques, os (II° siècle ?)
d'après les	- 1,60 m.	sable
diverses données.	- 1,80 m.	grès, os, bois calciné
	- 2,30 m.	céramiques (I° siècle ?)

Bien qu'aucun archéologue n'ait donné la profondeur exacte de
chaque trouvaille, que ce soit lors des fouilles de 1922 ou de 1965,
il nous paraît évident que les céramiques des ateliers de Felicio
(Montans 60-80 après J.C.), ou Perrus (Banassac 60-90 après J.C.)
ou encore Censorinus (Lezoux 110-160 après J.C.), les enduits mu-
raux à fleurs d'iris tigées, la lampe à volutes angulaires et à bec,
n'ont pas été trouvés dans la même couche archéologique que la sigillée de Labio, Ingenuus ou Scotius (25-60 La Graufesenque) ou les
vases peints du I° siècle. A un atelier du I° siècle (moules à
sigillée) succède, sans doute, un riche habitat au II° siècle.

Plus à l'Est, toujours sur le parcours du Decumanus, d'autres
mosaïques polychromes seraient "encastrées dans les fondations du
bâtiment de l'E.D.F." et rue d'Assier, tandis qu'un fragment de
fresque existerait dans l'une des maisons de la vue V. Hugo, où une
couche de cendre a été repérée à moins 1,35 m.

Nous voyons donc que, sur quelque 150 mètres à l'Est du temple
de Mercure et du Forum, de part et d'autre du Decumanus et de la
voie Feurs-Clermont, s'est formé un îlot de demeures où les pièces

de réception sont souvent raffinées avec leurs mosaïques, leurs façades donnant sur les bassins et jardins, mais où de nombreuses salles sont très humbles.

L'aqueduc, qui a été retrouvé dans le parc du Rozier, marque la limite orientale de Feurs, comme rue Parmentier plus au Sud ; ce secteur a livré un matériel enfoui dans des cavités circulaires (- 0,40 m. de profondeur) et dont certaines, vides de leur contenu, nous apprennent que les propriétaires ont eu parfois la possibilité de le récupérer : il s'agit d'un denier de Julia Domna, de sigillée ornée sans estampilles, de casseroles en cuivre et flacons de verre, de crémaillères, ou d'outils (haches, marteaux, enclumes), ainsi que les grès pour les aiguiser, les creusets pour fondre les métaux. Une cavité plus vaste contenait, sur 2,50 m. de profondeur et autant de diamètre, des outils et ferrures, cadenas, lames de scies et balance en fer, une bouilloire, des clés et aiguilles en cuivre et divers objets de toilette - dont certains assez précieux - épingles à cheveux en ivoire, fibules, miroir, bracelets, cristal (23).

On conçoit combien cette découverte est passionnante et, pourtant, aucun sondage récent n'y a été fait et le matériel n'est même pas daté. D'après la pièce d'argent enfouie, on peut imaginer qu'il s'agit d'une sorte de "trésor" de la fin du II° siècle que les artisans et riches propriétaires de Feurs auraient constitué avec ce qu'ils avaient de plus précieux : instruments de travail pour les uns, objets de luxe pour les autres.

Si le matériel du puits n'a pas été récupéré, alors que les outils des petites cavités ont souvent été repris, on peut penser que les "fabri" de Feurs sont revenus dans leur ville, l'alerte passée, car ils ne disposaient que de leurs outils pour vivre ; au contraire, les riches n'ont pas éprouvé le désir ou le besoin de revenir.

Mais quel est l'événement prévisible, qui a laissé le temps aux habitants de creuser le sol près de l'aqueduc, et d'y ranger leur matériel ? Est-ce l'arrivée de Clodius Albinus à Lyon et la fuite du gouverneur de Lyonnaise (Herodien III, 7, 1-2 ; Dion Cassius LXXV, 5, 1) ou la bataille avec Septime Sévère qui justifient cette peur ? Y-a-t-il un lien avec les troubles intérieurs de 201-202 lors des mesures contre les Chrétiens ? Nous ne pouvons que poser des questions en l'absence de toute étude plus précise.

Il n'y a pas eu à Feurs d'autres découvertes d'édifices privés: on s'aperçoit donc, à travers les exemples précédents, du nombre réduit de maisons de notables par rapport à l'extension du quartier artisanal et commerçant et de la différence des activités et des niveaux de richesse dans la ville. Par ailleurs, il est étonnant de constater la faible quantité de poteries et objets de luxe trouvée chez les plus aisés : à part sur le site de la maison Chamoux, nous n'avons pu saisir le bien-être qu'à travers la superficie des propriétés urbaines et des pièces de chaque maison, leurs mosaïques ou leurs jardins. La céramique, sigillée ou commune, coupes ou amphores, fait surtout l'objet de transit, il faut que le stock d'un potier soit important pour que quelques tessons nous soient parvenus.

Ces indices sont assez remarquables car, que ce soit à la ville ou à la campagne, les céramiques sigillées apparaissent en grand nombre sur les places d'échanges et non dans les habitations : Feurs est un site de redistribution des poteries, un marché de revente plutôt qu'une ville de grande consommation. Son rôle reste assez semblable à celui de Chézieu ou Trélins, du point de vue économique. Par contre, ses habitants ont investi ailleurs et si leurs ustensiles en terre subsistent en petit nombre, nous constatons leurs dépenses grâce au forum, aux temples, à la basilique.

Cette politique de travaux a pris une grande ampleur au Nord de la ville. Le long du Cardo s'est peut-être élevé le premier *théâtre* en bois, reconstruit ensuite au flanc de la colline du Palais ; à 200 mètres du portique, l'aqueduc, que nous avons trouvé au Rozier, amène l'eau à *deux établissements de bains* avec hypocauste, plusieurs bassins, conduits de céramique, fresques à décor floral, mosaïques polychromes ; divers marbres couvraient les murs dont les appareils sont variés et attestent plusieurs étapes de construction. Un "Hercule" de bronze, oeuvre du style de Lysippe, protégeait, sans doute, les sources qui jaillissaient ici.

L'abondant matériel trouvé dans des substructions, près des thermes de la Font-qui-Pleut, nous a conduit à penser qu'il s'agissait d'une auberge, en effet : les murs des salles ont conservé leur "enduit rouge pompéien ou vert olive", la sigillée vient de La Graufesenque (Regenus, Annextia) ou Lezoux (Targillus), et la céramique commune comprend des vases type Roanne, des cruches, amphores, dolia, marmites à pâte assez fine ; à l'angle des rues de la Font-qui-Pleut et de l'Hercule Romain, ce sont des ornements de harnais en bronze (pelletas, clochettes), des hipposandales en fer et une céramique sigillée et commune considérable qui ont fait dire à M. Gorce qu'il s'agissait d'un "relais du cursus publicus" (24). Sa situation près des thermes et du théâtre et en face de ce que nous croyons être une "auberge", serait particulièrement bien choisie puisque "les bains", "la table" et "les distractions" sont le premier souci des voyageurs comme l'écrivent Cicéron (Ad. Atticum V, 14), Apulée (I, 5) ou Sénèque (III, 28).

Tout près de là, les nombreuses urnes cinéraires attestent le déplacement de la nécropole entre le I° et le II° siècle et son rejet à la périphérie de la ville, dans la zone Nord la moins peuplée.

A 500 mètres du Forum, dans ce même quartier, des édifices imposants ont occupé la colline qui domine la Loise : les constructions sont, en général, en petit appareil enduit de mortier de chaux et briques pilées (opus signinum). Des pièces de 3,50 m. de large avaient été comblées de briques, tuiles, marbres provenant des bâtiments (pilastres, frises, chapiteaux, corniches) ; les énormes colonnes de marbre cannelé précieux, les canalisations souterraines relèvent de *vastes thermes*, connus sous le nom de "bains de César" : les substructions et des murs hauts de 1,20 m., arasés au sommet ont été identifiés "sur 27 mètres à l'Est, 11 mètres au Sud, 15 mètres au Nord".

Un peu plus à l'Est, à flanc de colline, un terrain en hémicycle a livré de la sigillée du I° siècle, des amphores de Bétique, et des colonnes avec leur revêtement de marbre cannelé (Carrare surtout), dont toute une allée du Parc serait composée. Il s'agit, sans doute, du *Théâtre* promis par T. Claudius Capito (CIL 13 - N° 1642).

M. Périchon pense que le "Palais" constitue "un ensemble cultuel avec temple à Mercure, thermes, théâtre" : le tout aurait été détruit par un incendie (couche de 8 cm.) que nous sommes tentés de placer à la fin du II° ou au début du III° siècle vu la céramique et les monnaies recueillies. La présence d'un temple nous semble, par contre, assez contestable car la découverte d'un graffito

234

"M" sur de la sigillée trouvée ici est bien mince pour appuyer l'hypothèse du culte de Mercure (25).

Ces édifices publics étaient, peut-être, complétés à l'Est, près de la voie Lyon-Feurs, par un gymnase ou un temple à Hercule : Vitruve conseille d'honorer ce Dieu sur un site un peu éloigné de la ville, et l'on sait que Feurs possède quatre statues d'Hercule marchant, nu, barbu, dont l'une, sous les traits d'un "adolescent tenant disque dans la main gauche", évoque les éphèbes du gymnase ; or, à l'angle du Boulevard Pasteur et de la route Feurs-Lyon, les archéologues du XIX° siècle signalent les "ruines d'un monument de grande importance, construit dans la forme et les proportions du Forum". On l'a complètement oublié de nos jours, semble-t-il (26).

Feurs a donc prélevé, au cours des deux premiers siècles de notre ère, une part énorme des richesses de la cité pour financer sa politique de prestige (Forum, Thermes, Théâtre) et permettre à ses notables de faire construire quelques belles demeures.

Le chef-lieu de la Cité des Ségusiaves a connu deux périodes d'essor particulièrement remarquable, d'une part les règnes de Claude-Néron, d'autre part, ceux d'Hadrien-Antonin : la ville couvre alors environ 16 hectares d'habitats denses, quartiers du commerce et de l'artisanat au Sud du Decumanus et du Cardo, ou résidentiels à l'Ouest du Forum. Ces grandes périodes de construction correspondent, d'ailleurs, "aux temps forts" de l'urbanisation dans l'Occident romain (P. Lévêque - Op. Cit. page 41). Mais Feurs reste une petite ville, sa plus grande superficie représentant à peine le quart de la "colonie" de Lyon en 43 avant J.C. (Revue de Géographie de Lyon, 1956) et le dixième du territoire de Vienne.

Deux événements violents l'on touchée et ont laissé des traces d'incendie sur plusieurs sites : nous avons cru pouvoir situer le premier à la fin du règne de Néron. Lyon a pu profiter des bonnes dispositions de Vitellius à son égard pour éliminer momentanément Feurs, dont l'expansion sur la voie Bolène la gênait, de la même façon qu'elle a dirigé les appétits de l'empereur contre Vienne, rivale dans la vallée du Rhône (Tacite H. II, 59 à 62 et Histoire Auguste Comm. III, 8-6). Une révolte populaire n'est pas, non plus, impossible.

Quant à la couche d'incendie qui apparaît en superficie sur certains sites (jardin municipal, Palais), nous avons vu qu'elle ne recouvre jamais du matériel du III° siècle et nous sommes tentés de la rapprocher des événements de 197 qui ont touché, surtout dans la région lyonnaise, les riches qui avaient préféré Clodius Albinus à Septime Sévère (Hérodien - III, 8, 2).

Mais, dès le règne de Commode, une crise assez grave affecte toute la Gaule (Hérodien I, 10, 1-2) : nous avons remarqué que Feurs ne possède aucune pièce de cet empereur et que les exportations de Lezoux vers la cité cessent presque complètement. S'il n'est pas impossible qu'une certaine activité continue à Feurs sous les Sévères, la ville ne domine plus son territoire comme sous le Haut-Empire, même si les études récentes de B. Rémy sur des médaillons d'applique, difficiles à dater, cherchent à prouver le maintien d'une certaine activité au III° siècle (27).

Le déclin du chef-lieu de la cité, l'abandon plus que la destruction des riches demeures, s'expliquent peut-être aussi par un changement de résidence des notables : en effet, Moingt (Aquae Segetae) paraît encore prospère au début du III° siècle, ce qui n'est pas le cas de Feurs.

Moingt, dont la Table de Peutinger nous apprend la destination thermale à l'époque romaine, est située à une vingtaine de kilomètres de Feurs, à la limite Sud-Ouest des riches terres du centre de la plaine et des côteaux viticoles qui occupent le pied des Monts du Forez.

La voie Bolène, qui a assuré la prospérité de Chézieu à trois kilomètres plus au Sud, a donné à Moingt une place privilégiée dans le prélèvement des villes sur la campagne et lui a permis d'importer des produits de luxe. Sa richesse a reposé sur deux bases : le thermalisme et la proximité des grands domaines.

Il n'a été trouvé, à Moingt, que deux monnaies : l'une de la République, l'autre de Commode. Par contre, environ 1.500 pièces du III° siècle y ont été accumulées dans deux trésors. L'absence de pièces isolées confirme, à notre avis, ce que nous avions dit pour la ville de Feurs : là où s'est développée une politique de grands travaux publics, les monnaies sont rares, même et peut-être surtout dans les demeures des riches. Rémunérer les chefs de chantiers, payer les dettes occasionnées par la construction d'un théâtre, d'un autel, ... obligeaient les notables à se dessaisir des espèces acquises grâce à la vente des productions de leurs domaines.

Par contre, la céramique sigillée a été importée en quantité, et Moingt se situe au 4° rang des villes ségusiaves par ses achats : 5 % des estampilles de potiers de la cité ont été identifiées ici ; elles concernent les ateliers de Millau et La Graufesenque, dont les artisans ont travaillé dans la seconde moitié du I° siècle. Les mieux représentés sont Primus, Labio, Maccarus, Nigrinus, exportateurs du pays rutène jusqu'au tout début du II° siècle avant J.C.

Les poteries de Lezoux sont encore plus nombreuses ; elles commencent à arriver à Moingt dès l'époque flavienne (Attinus potier vers 70-110) et les productions de Paternus, Cinnamus seront exportées jusque vers 190-210 (Fig. 17).

La richesse de Moingt a donc été grande tout au long du II° siècle et les céramiques et trésors ne sont pas seuls à la traduire. En effet, l'importance des bâtiments publics de cette petite ville, qui possède des thermes et un théâtre, et le luxe des demeures privées sont étonnants par rapport à Feurs (38).

Les *Thermes* se situent près des trois sources "alcalino-gazeuses, chargées en carbonates de soude et magnésie de fer" (J. Renaud Op. Cit.), qui jaillissent près de la chapelle Ste-Eugénie et de l'Hôpital : les eaux sont curatives pour les dyspepsies, cachexies et constipations, tous maux que Pline dit fort répandus chez ses concitoyens (H. N. XXXI, 2, 6, 8).

Ces bâtiments datent du II° siècle de notre ère ou de la fin du I° siècle, car l'opus incertum employé ici est l'un des seuls types de petit appareil utilisés dès le I° siècle par les Romains alors qu'ils préfèrent, à cette époque, le grand appareil. Les fouilles ont permis de reconnaître une dizaine de pièces sur une superficie de 1.300 m2 environ : une grande cuve, à fond suspendu par des appuis dans les murs, a fait identifier l'une d'elles comme le frigidarium ; nous n'avons que peu de renseignements sur les cinq mosaïques découvertes il y a un siècle, pas plus que sur les pièces de monnaie trouvées alors. Trois statues ont été attribuées à Isis et Mars mais, en l'absence de précisions, nous nous garderons de tout rapprochement. D'autant plus que des cultes à ces divinités ne reposent sur aucun autre matériel alors que Silvain, Segeta, Dunisia, Hercule, Mercure, Minerve sont connus dans la cité par

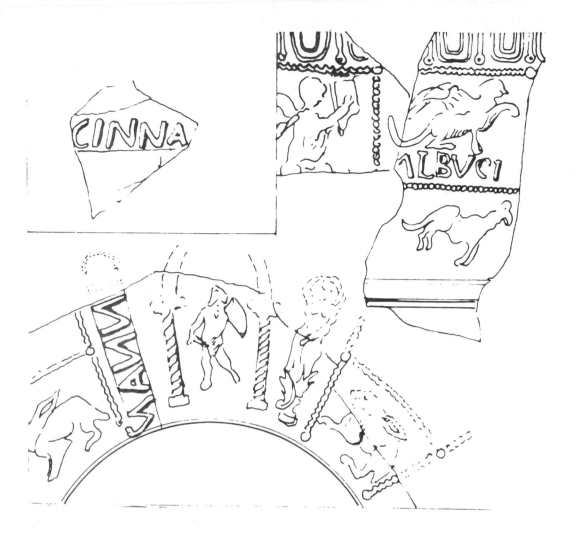

Fig. 17 - Sigillées de Moingt
- Le théâtre de Moingt.

diverses sources.

A l'Ouest, de l'autre côté de la voie Bolène, un *théâtre*
(Fig. 17), construit dans le même appareil que les thermes, occupe
une éminence à 50 mètres au-dessus de la ville : aujourd'hui, les
gradins sont occupés par une vigne, mais les dimensions sont faciles
à retrouver et nous avons fait quelques calculs.

En effet, pour savoir quel public s'intéressait aux spectacles
donnés là, il nous a paru utile de connaître le nombre approximatif
des spectateurs. J. Renaud a proposé le chiffre de 8.000, mais nous
pensons que l'hémicycle en a contenu beaucoup moins : entre le po-
dium et la summa cavea, on compte deux volées de 15 puis 11 gradins,
séparées par un promenoir. L'orchestre a un diamètre de 34 mètres
et le théâtre de 80 mètres : nous avons donc établi que sur chaque
gradin se tenaient, au maximum, de 100 à 240 personnes selon le
rang occupé, en considérant une largeur des places de 50 cm., ce qui
est assez peu. Le théâtre mixte de Moingt, "arène et odéon" à la
fois, grâce à sa scène amovible et à un aménagement intérieur à
charpente, n'a pas pu contenir plus de 4.500 personnes. Ceci est
déjà énorme si l'on considère la population approximative des villes
ségusiaves : en effet, pour une province aussi urbanisée que l'Afri-
que, C. Courtois ou G. Picard estiment à 5.000 habitants le volume
de chaque urbs et, pour Lyon, capitale des trois Gaules, les chiffres varient entre 15 et 50 mille personnes (MM. Lot. Audin).

On peut penser que les villes de Feurs, Moingt ne comptaient
guère que deux ou trois milliers de personnes : leurs théâtres
attiraient donc assez largement les ruraux.

Les seuls *quartiers* connus à Moingt sont occupés par de
luxueuses demeures, assez isolées les unes des autres et que desser-
vent des rues de trois mètres de large aux "pavés usés par le passage des chars". Les maisons, aux murs souvent très épais (de 0,45 m
à 2 mètres), parementés comme les édifices publics, disposent d'hypocaustes pour le chauffage et de canalisations dans les murs. Les
placages en marbres polychromes sont moins fréquents que les enduits peints dont les décors rappellent ceux du quartier riche de
Feurs : motifs géométriques ou floraux, fonds rouges ou roses, bordures et détails peints en jaune, vert, violet ou noir.

Les pièces ont souvent près de 30 mètres de long, leurs sols
sont pavés de carreaux de terre cuite et de béton très fin fait de
sable pur et briques (opus signinum, du milieu II° siècle), comme
rue St-Jean ou au Clos Poyet.

Mais, dans l'une des "domus", de belles mosaïques ont été
retrouvées : il s'agit d'une vaste habitation qui, dans le clos
St-Julien, couvre plus de 4.000 m2 et donne sur la voie Bolène ;
les diverses salles bâties sur hypocauste, pavées en marbres ou
mosaïques faites de petits cubes de basalte et verre bleu, ouvrent
sur une vaste cour. Des amphores à col haut et étroit (vin d'Italie) ou à panse ventrue (huile de Bétique, salaisons, poissons)
voisinaient avec une abondante sigillée de Lezoux, dont l'un des
vases était gravé au nom de sa propriétaire, IVLITTA.

Des coquilles et valves d'huitres, rangées en paquets, auraient
été trouvées sur ce site, ce qui a fait penser qu'il s'agissait
d'une hôtellerie. Mais la découverte d'un trésor monétaire de 1.300
pièces indique plutôt, à notre avis, une très riche villa suburbana
et les trésors de Moingt ont un sens économique et social bien particulier que nous examinerons plus bas (29).

Notons, d'ores et déjà, que ces villae sont nombreuses autour de la station thermale : au Nord, des substructions ont été reconnues à Pothémieu et Plancieu, dont la toponymie renverrait, selon J. Renaud, aux "domaines de Postumus et Plancus", tandis que ceux du Sud auraient appartenu à des Gallo-romains nommés "Surus ou Severus (Surizet), Cantrius (Cindrieu) ou Sentus (Saintinieu)" ; sur la villa de ce dernier, on a trouvé un autre trésor du III° siècle.

La ville de Moingt, dont l'essor comme lieu de cure a été favorisé par sa situation géographique sur la voie Bolène et dont la richesse est liée à sa position aux confins de la plaine et du côteau viticole, a connu une expansion remarquable de la fin du I° siècle au milieu du III°. A cette époque où Feurs est en pleine crise, les propriétaires d'Aquae Segetae accumulent de l'argent dans leurs luxueuses villae. Ceci est peut-être l'indice des changements économiques qui se manifestent depuis la fin du II° siècle dans la cité : arrêt progressif des importations de sigillée, réduction des échanges, ruine des "principes civitatum" qui cherchent à échapper aux magistratures en se retirant sur leurs domaines.

Tous ces éléments que nous avons notés, au fur et à mesure de notre travail, forment un tout dont l'approche détaillée et synthétique s'impose.

- CRISE DE CONJONCTURE OU MODIFICATION DES STRUCTURES ?

Nous avons constaté le déclin d'activité, l'appauvrissement de Roanne et Feurs de la fin du II° siècle au début du III° siècle et, à la même époque, l'abandon ou la réduction à un rôle secondaire de villae rusticae telles Chandon, Briennon au Nord de la Cité, Pouilly, Civens, Salvizinet autour de Feurs et Montverdun, Pralong, Mornand ou La Bruyère aux environs de Moingt.

Sur ces différents sites urbains ou ruraux, le matériel des I° et II° siècles est partout abondant ; mais, alors que la plaine du Roannais et la vallée du Sornin ne comptent que cinq ou six villae où l'aisance se manifeste par la décoration des murs et sols et l'achat de produits importés, la plaine du Forez en compte, au moins, une vingtaine où, certes, les niveaux de vie sont très différents (entre Civens et Pralong, par exemple), mais où l'on trouve toujours, céramiques sigillées, vases peints, objets de bronze, voire marbres, mosaïques, hypocaustes ....

Par ailleurs, les bourgs ruraux très nombreux dans le premier cas et d'occupation ancienne (Ambierle, La Pacaudière) ne se développent qu'à la fin du I° siècle, voire au second sur le plateau de St-Germain-Laval (Bussy-Albieux, Arthun).

Nous voyons, par ces quelques exemples, les rôles différents joués par Roanne, Feurs, Moingt dans la vie des campagnes aux deux premiers siècles de notre ère : alors que les importations de sigillée permettent à Roanne de répondre à la demande de quelques riches propriétaires seulement, l'artisanat de la poterie commune satisfait la plus grande part du marché de la céramique. Au II° siècle, même sur les grands domaines, on préfère souvent les "vases type Roanne" à la sigillée de Lezoux, tandis que dans les bourgs ruraux, on achète les productions plus grossières. Les imitations de céramique italique et leur échec traduisent bien cette tendance.

Au contraire, Feurs, Moingt et les villae qui les entourent consomment de l'époque flavienne à Commode plus des trois quarts de la céramique achetée par la cité aux ateliers gaulois, les fours à poterie commune de Feurs, Salt-en-Donzy ou Montverdun n'ayant qu'un intérêt très local.

Dans le même temps, Moingt et Feurs se couvrent de monuments, de belles demeures dont les frais de construction contribuent encore plus à ruiner les propriétaires ruraux non résidents que les achats d'articles de luxe (30). La croissance de ces deux villes, leur besoin en main-d'oeuvre et les possibilités de fortune rapide qu'offraient le commerce et l'artisanat ont dû également entraîner une pénurie de bras à la campagne et une moins bonne mise en valeur des terres. Tous les éléments se conjuguent dans les années 170-190, alors que s'ajoutent, peut-être, à ce cycle long, plusieurs crues dévastatrices de la Loire qui expliqueraient les envasements de certains quartiers de Roanne et Feurs à la fin du II° siècle.

A ce contexte de crise locale, correspondent la baisse de production des ateliers de la vallée de l'Allier (qui entraîne certainement la paupérisation des commerçants de Feurs, Chézieu ou Poncins) la généralisation des révoltes vers 186 et du mécontentement social (31), les épidémies, puis la guerre civile entre Clodius Albinus et Septime Sévère 197, qui aboutit à des confiscations de biens pour ceux qui avaient choisi le camp du vaincu.

La réduction des échanges, les méfaits de la guerre civile et les ravages du fleuve contribuent, sans doute, à la détérioriation des routes, sensible dès le règne de Maximin puisqu'en 236-237, des bornes leugaires attestent le besoin de réfection toujours nécessaire en 250 (" vias et pont es vetustat(e) con lapsas restituerunt" (CIL 13 - N os 8867 et, 8861 à 8866).

Nous verrons qu'au III° siècle, les grands marchands et notables ségusiaves ont émigré à Lyon ou à Rome, mais ce qui est encore plus remarquable, c'est le repli sur les grands domaines ruraux.

En effet, si certaines villae déclinent, un phénomène nouveau apparaît sur d'autres : la constitution de huit trésors dans la première moitié du III° siècle sur les sites de Lay, Iguerande et Villerest dans la plaine roannaise, à Moingt, Saintinieu, Boisset-les-Montrond, Chalain-d'Uzore et Saint-Sixte autour de Moingt et Feurs. Par leur localisation en milieu rural, par leur sens économique et social, les trésors nous indiquent qu'au delà de la crise de conjoncture, une modification des rapports ville/campagne se produit, et qu'une nouvelle répartition des richesses se met en place (Fig. 18).

En effet, que représente un trésor ? Nous pouvons faire une première approche de sa signification grâce au texte de Marx sur la thésaurisation (Capital I, 1) : "C'est surtout dans l'enfance de la circulation qu'on n'échange que le superflu en valeurs d'usage contre la marchandise-monnaie. L'or et l'argent deviennent ainsi d'eux-mêmes l'expression sociale dû superflu de la richesse. Cette forme naine de thésaurisation s'éternise chez les peuples dont le mode traditionnel de production satisfait directement un cercle étroit de besoins stationnaires". Ainsi, le trésor monétaire représente une part de la puissance sociale et sa fonction est d'autant plus grande que "la circulation des marchandises s'étendant, la puissance de la monnaie grandit".

TRESORS MONETAIRES DECOUVERTS DANS LA CITE
AU III° SIECLE

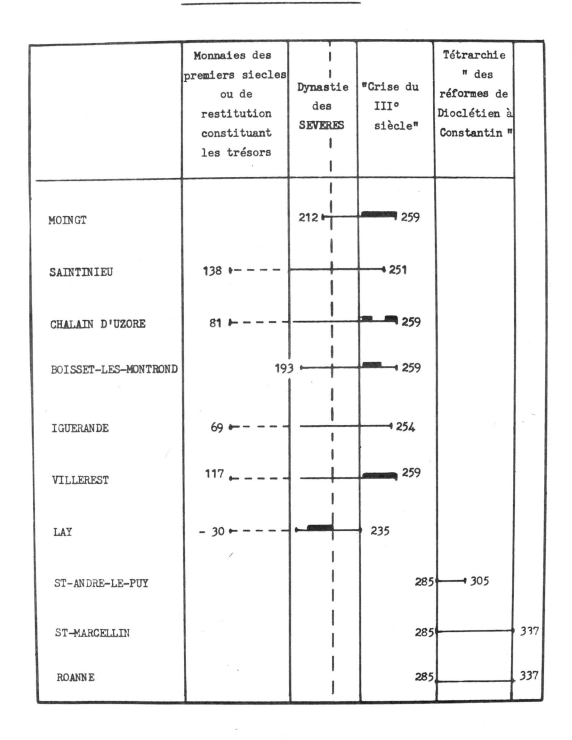

Fig. 18 – Trésors monétaires découverts dans la
cité au III° siècle.

Dans le contexte ségusiave, nous comprenons donc fort bien pourquoi de riches propriétaires ruraux accumulent des monnaies au début du III° siècle : jusqu'alors, résidant à la ville, ils avaient profité de l'intense mouvement d'échanges dû à la construction du réseau routier d'Agrippa et à la situation de leur cité entre les grands centres gaulois de fabrication de poteries et la métropole des Gaules, Lyon. Leurs ressources monétaires avaient permis de bâtir les édifices municipaux et leurs riches maisons urbaines. Mais, à la fin du II° siècle, alors que la "puissance de leur monnaie" a grandi du fait de ces courants commerciaux, les échanges se contractent, les terres produisent moins, les villes sont pressurées par le pouvoir. Les notables repliés sur leurs villae rusticae disposent donc de moyens de paiement inemployés, qu'ils accumulent puisque le prestige de l'argent renforce leur pouvoir en période de récession économique et déflation.

En effet, après une hausse spectaculaire des prix au cours du II° siècle, une période de stabilité se produit de 193 à 215 environ : les riches ont donc intérêt à différer leurs achats, d'autant que l'offre est moins grande, et à garder de l'argent en réserve, la pression fiscale étant plus forte (32).

La monnaie "forme absolue et toujours disponible de la richesse sociale" (Marx, 139) s'accumule sous la forme la plus courante qu'ait connue l'Antiquité, dans des "cassettes" en bronze, vases en terre ou argent, ou à même le sol. Ces dépôts confiés à la terre ne doivent pas nous surprendre, ils sont une alternative fréquente aux dépôts bancaires comme le montre la Parabole des talents transcrite par Mathieu (XXV, 14) et par Luc (XIX, 13) où les régisseurs cachent l'argent "en gê" (dans la terre) plutôt que de l'apporter "tais trapezitais" (aux banquiers).

Avant de passer à l'analyse détaillée de ces trésors, nous retiendrons qu'ils représentent, au début du III° siècle pour leurs possesseurs :

- un achat différé en raison de la réduction des échanges

- un moyen d'accroître leur pouvoir face à la paupérisation des commerçants, artisans, ruraux

- une manière pratique de fuir la ville avec des liquidités.

Les deux trésors découverts dans les villae suburbanae *de Moingt* nous intéressent au premier chef, car l'activité de la ville se prolongeant jusque sous les Sévères, cette thésaurisation répond parfaitement à la "fuite des cadres" de Feurs vers leurs villae-refuges dont nous parlions précédemment. Dans la ville même de Moingt, sur le riche habitat du Clos St-Paulien, un vase de bronze contenait une bague en or et 1.328 deniers d'argent dont 34 subsistent de nos jours (33). Il s'agit d'Antoniniani de Caracalla, Elagabal, Julia Moesa, des deux empereurs Pupien et Gordien III, des familles de Philippe l'Arabe, de Trajan Dèce, Trébonien Galle, Emilien et Volusien.

Tous les empereurs des années 212 à 259 sont représentés, sauf l'usurpateur Maximin et l'empereur Balbin, collègue de Pupien. Les pièces de la dynastie des Sévères ou de Pupien, au nombre de huit, ne peuvent être considérées comme "accumulation", mais pendant les six années du règne de Gordien III, 259 pièces sont thésaurisées, puis 270 pendant le règne de Philippe (244-249) dont la femme et le fils sont abondamment représentés (86 antoniniani). On sait qu'un autel s'élevait peut-être sur le forum de Feurs à Otacilia Severa, épouse de Philippe, d'où le prestige de la monnaie de cette impératrice pour un riche propriétaire qui avait dû, également, être sensible aux fêtes séculaires et à la célébration du Millénaire de Rome. De 249 à 254, notre personnage continue d'entasser les pièces de Trajan Dèce, de ses fils et de sa femme, de Trébonien Galle, Volusien et Emilien, à une vitesse considérable (278 pièces), mais il reste prudent lorsqu'il s'agit d'usurpateurs et nous nous trouvons en présence de seulement 7 pièces d'Emilien. Par contre, il conserve une quantité importante des monnaies émises par les empereurs issus "de l'aristocratie sénatoriale" : 599 Antoniniani, de Trajan Dèce, Valérien, Gallien, soit plus de 40 % du total.

On a pensé que ce trésor avait été enfoui vers 268, étant donné que les dernières pièces (au nombre de 368) se rapportent à Gallien et à sa famille (Billard 1972). C'est négliger la nature de ces monnaies et leur légende. En effet, les Antoniniani de Gallien sont de bon aloi, ce qui permet de les dater des premières années du règne, et portent à l'avers "restit(utor) Galliar(um)". Il n'y a pas de pièces de billon dans ce trésor, du moins à des taux d'argent aussi bas que dans les années 260-268. La constitution de ce trésor s'est donc effectuée entre les années 238 (règne de Gordien III) et 259 (premières années du règne de Gallien).

A la même époque, *un autre trésor* était constitué sur la villa de *Saintinieu* tout près de là, il est beaucoup plus modeste. Sa composition est bien différente puisque les empereurs du second siècle représentent 60 pièces (50 % des 128 pièces inventoriées) ; d'ailleurs, si le dernier empereur représenté est Trajan Dèce, cela ne signifie rien car la moitié du trésor a été perdue sans description (34). Nous pensons, cependant, que les pièces des empereurs du III° siècle devaient être assez abondantes (présence d'Alexandre Sévère, Gordien III, Trajan Dèce) et que le propriétaire, avec des moyens beaucoup plus faibles que celui résidant à Moingt, a accumulé son argent dans des proportions assez semblables. En outre, la présence d'Hadrien, Antonin-le-Pieux et Faustine, Marc Aurèle et Commode, nous montre le prestige social de la monnaie qu'on a préféré garder plus d'un siècle plutôt que de la réinjecter dans les circuits commerciaux.

L'intérêt des deux trésors de Moingt ne peut nous échapper :

- Dans la première moitié du III° siècle, deux individus accumulent quelque 1.500 pièces en une vingtaine d'années et à un rythme de plus en plus rapide puisque de 238 à 253, 850 pièces environ sont rassemblées contre 550 entre 253 et 259. Ces pièces, dont le poids varie entre 3,50 et 5 grammes, représentent à peu près trois kilos d'argent pur et les 1.300 antoniniens et 200 deniers correspondent, en unités de compte, à près de 12.000 sesterces. C'est bien peu par rapport au cens requis pour être chevalier (400.000 sesterces), mais c'est énorme par rapport aux trouvailles de monnaies isolées que nous avons analysées précédemment.

- La différence entre les 250 pièces de Feurs, Roanne, Chézieu, Trélins, réparties sur quatre siècles et les 1.328 d'un seul trésor constitué en vingt ans, nous permet d'imaginer quelles sommes ont été absorbées par la construction des bâtiments privés et publics et à quelle vitesse la monnaie a pu circuler.

L'attitude des riches Ségusiaves, vis à vis de la monnaie, s'est profondément modifiée avec la crise économique et sociale et, l'accumulation d'espèces se généralise dans la plaine du Forez, à Chalain d'Uzore, Saint-Sixte, Boisset-les-Montrond.

A *Chalain d'Uzore*, les monnaies, au nombre de 1.475, sont assez semblables à celles de nos précédents trésors puisque tous les empereurs de Septime Sévère à Gallien et sa famille sont représentés, avec aussi quelques pièces du II° siècle. Mais deux éléments nouveaux interviennent : d'une part, si nous ne connaissons pas les proportions pour chaque empereur, nous savons que l'aiguière en bronze contenait "395 pièces d'argent à très bas titre et billon, alors que les 1.080 pièces de bronze étaient enfouies à même le sol". Les pièces de Gordien III dominaient, mais les pièces de billon de Gallien étaient nombreuses. D'autre part, des objets précieux ont été cachés, qui prouvent l'évolution de la richesse du propriétaire de la villa au III° siècle : il s'agit de dix casseroles, douze cuillères et deux passoires en bronze argenté, de dix-huit bagues et neuf bracelets en argent, de trois bagues, deux colliers et un pendant d'oreille en or, ainsi que divers ustensiles en bronze (35).

Nous assistons, ici, à un phénomène monétaire et économique intéressant : le bronze, à valeur intrinsèque supérieure à l'argent et, à fortiori, au billon, est préféré aux pièces saucées ou fourrées ; les bijoux, objets divers en métal précieux font partie de la fortune du personnage et non des valeurs d'usage. La richesse se fige, se thésaurise et ne circule plus.

Il en est de même à *Saint-Sixte*, où le propriétaire a fait graver son nom "Sextus Iulius Basilus" au dos des vases et plats argentés. Les bracelets en or ou en argent massif, le service de cuillères, les intailles et bagues constituent, à eux seuls, sa fortune mobilière sans qu'aucune pièce de monnaie ne s'y ajoute. Comme le cognomen du personnage paraît être d'origine grecque du III° siècle, son nomen peut être rapproché de celui de l'empereur Philippe (M. IVLIVS Philippus), lui-même Syrien. On aurait donc un trésor à peu près de même époque que ceux de Moingt ou Chalain d'Uzore (36).

A *Boisset-les-Montrond*, nous retrouvons un trésor uniquement monétaire enfermé dans un vase de bronze et en tous points semblable à celui de Moingt : il compte plus de 1.500 pièces où tous les empereurs, de Septime Sévère (202) à Gallien (259), sont représentés, Gordien III et Philippe l'Arabe en totalisent près de la moitié alors que les monnaies de Septime Sévère et Gallien sont rares. Toutes ces pièces, de bon aloi, datent, au plus tard, de 259-260.

Les trésors accumulés dans la plaine du Forez ont donc, certainement, une raison tout autre que les invasions auxquelles on s'est empressé de les rattacher.

En fait, nous savons que les Alamans, après avoir pénétré en Suisse et en Alsace, ont été battus en 260 à Milan par Gallien et que les pillages francs se sont limités à l'Ouest de la Gaule (Eutrope IX, 8 ; Aurélius Victor 33).

Par contre, à Mayence, Gallien est proclamé "Restitutor Galliarum" en 259 et ce sont ses monnaies que possèdent les Ségusiaves, prouvant ainsi leur confiance en l'empereur ; or, en Juillet 260, Postumus fait assassiner, à Cologne, le fils de Gallien, Saloninus (Zonaras XII, 1 ; Zosime I, 38).

On comprend donc que les riches propriétaires aient été in-
quiets pour leur fortune considérablement accrue au début du III°
siècle : la guerre civile pouvait leur rappeler l'époque troublée
des luttes entre Clodius Albinus et Septime Sévère, elle généralli-
sait dans les campagnes les rapines des "brigands, déserteurs,
esclaves" (St-Cyprien, Ad Demetrianum, 3 - Rémondon, Op. Cit.,
page 109).

Les cinq ou six grands domaines qui se sont constitués sur la
rive gauche de la Loire couvrent, désormais, plusieurs centaines,
voire quelques milliers d'hectares comme autour de Bussy-Albieux
sur le plateau de St-Germain-Laval (vase d'Annius Albius Martialis
de provenance espagnole, du III° siècle) ou de Boisset-les-Montrond.
On voit donc que deux propriétaires, au moins, ont laissé leur nom
à des communes actuelles (Albieux et Saint-Sixte). La mise en valeur
de ces propriétés a, sans doute, été très différente selon la
richesse naturelle de leurs terres et les besoins en main-d'oeuvre :
il semble, comme nous l'avons vu précédemment que le plateau, répu-
té infertile, reçoive des colons barbares, alors que les bonnes
terres de la plaine seraient cultivées par des paysans de plus en
plus "soumis à résidence".

La plaine du Forez n'est pas la seule à connaître ce phénomène
de concentration foncière et de thésaurisation : autour de Roanne,
à Iguerande et Villerest, deux trésors se sont constitués au III°
siècle dans des conditions à peu près analogues, tandis que la découverte de monnaies à Lay nécessite, sans doute, une autre explication.

On ignore le nombre exact de pièces du trésor d'*Iguerande*, mais
on sait qu'outre des empereurs du second siècle, elles concernaient
ceux du III° siècle de Caracalla à Trébonien Galle, ce qui indique
une date d'enfouissement un peu antérieure aux précédentes (vers
254 au lieu de 259) et confirmerait que les troubles sociaux ont
plus inquiété les propriétaires ségusiaves que des invasions. On
sait, en effet, par Eutrope (IX, 4) que Dèce a dû réprimer "une
guerre civile en Gaule" mais ses adversaires étaient des "latro-
nes", c'est à dire, en fait, des vagabonds, des esclaves en fuite
comme l'écrivent Zonaras ou Zosime et non des "hostes" (37) la
guerre est devenue un "modus latrocinandi" (Hist. Aug. Proculus 12,
1), (38).

Le même sentiment d'insécurité a déterminé le propriétaire de
la villa de *Villerest* à enfouir les 134 pièces d'argent, deniers et
antoniniens, qui datent aussi des règnes de Septime Sévère à Gallien. En réalité, l'accumulation commence vraiment avec Gordien III
(26 pièces dont un denier où le buste de l'empereur est lauré et non
radié, ce qui signifierait, selon M. J. Guey, une valeur moitié
moindre) ; puis l'on trouve 24 antoniniens de la famille de Philippe l'Arabe, 29 de celle de Trajan Dèce, et 45 de Valérien, Gallien
et sa famille. Comme dans tous nos trésors, Maximin et Emilien sont
peu représentés (2 pièces).

Il faut remarquer, à nouveau, que les pièces de Gallien ne
concernent que le début de son règne, les années 253-60 pendant
lesquelles l'empereur et son fils sont présents en Gaule (39).

L'enfouissement de tous les trésors que nous avons étudiés se
situe donc aux alentours des années 260 et semble consécutif, non
au passage des Alamans, mais aux révoltes sociales. En une vingtaine d'années, sept grands propriétaires ont thésaurisé environ 5.000
antoniniens, dont le succès, après la réforme de Caracalla, semble

donc évident. Mais ils n'ont pas servi à irriguer les circuits commerciaux, à accélérer les échanges : ils ont été appréciés pour leur valeur intrinsèque en métal précieux plus que pour leur pouvoir d'achat et ont été thésaurisés de la même façon que des bijoux, plats argentés, vases de bronze.

L'attitude mentale de leurs possesseurs vis à vis de la monnaie est, cependant, différente de celle des gens qui, à Saint-Alban-les-Eaux ou Sail-les-Bains, jetaient leurs espèces dans les sources. En effet, la monnaie, la richesse en métal précieux confèrent aux premiers une puissance sociale d'autant plus forte que les échanges commerciaux ont été plus importants dans la région.

Ceci explique, sans doute, la relative pauvreté des trésors de la plaine roannaise à côté de l'opulence de ceux de Boisset, Moingt, Chalain d'Uzore ou Saint-Sixte. Alors que la crise a surtout touché les classes moyennes, artisans et commerçants des villes et relais d'échanges, petits propriétaires des environs de Feurs ou Moingt ou paysans des bourgs ruraux, les notables de la cité, repliés sur leurs domaines, ont concentré les terres "laissées libres par la ruine des plus humbles" ou les ont rachetées grâce au pouvoir social de leur argent auprès "des citadins appauvris" (Rémondon 1970, 113).

Nous avons laissé de côté l'analyse du trésor de Lay, car c'est un cas différent de thésaurisation. Les 1.127 pièces découvertes à *Lay* étaient enfermées dans une enveloppe "fort semblable aux capsae utilisées pour le transport des fonds publics" (P. Fustier - Revue archéologique de l'Est et Centre Est I, 3, page 175) et enfouies dans un petit bâtiment le long de la voie Roanne-Lyon, identifié comme "poste de police routière". En effet, les pièces, presque toutes à fleur de coin, n'ont pas été frayées et les empereurs représentés sont différents des précédents trésors, ainsi que le lieu de trouvailles (région accidentée, 450 m. d'altitude). Il ne s'agit sûrement pas de la fortune d'un riche propriétaire. Le denier de Marc Antoine (30 avant J.C.) et les onze des empereurs du second siècle paraissent étonnants s'il s'agit d'une "caisse militaire", à moins que ce soit des pièces de restitution frappées sous Gallien, comme c'est le cas dans le trésor de Moingt. Autrement, nous trouvons 73 deniers de Septime Sévère (7 % du total), 192 deniers de Geta, Caracalla et des impératrices (18 %) puis des antoniniens de Caracalla au nombre de 740 (70 % du trésor) et de Plautilla et Julia Domna (98 pièces).

Pour la première fois, dans une cachette ségusiave, nous trouvons 10 pièces de Macrin, tandis qu'un seul denier d'Alexandre Sévère confirme la faible représentation de cet empereur dans la cité. L'enfouissement de ce trésor, vers 222-235 sans doute, nous indique qu'un soulèvement a, peut-être, éclaté contre la garnison installée à Lay par Caracalla. En effet, on sait que, lors de son voyage en Gaule, l'empereur fit exécuter un gouverneur et "multa contra homines et contra jura civitatum fecisset" (Hist. Aug. Carac., 5, 1 - 3 et Philostrate "Vie des Sophistes", II, 32). C'est l'époque où les "beneficarii", postes militaires, s'installent sur les routes importantes pour assurer la sécurité et "lever, souvent par force, l'impôt en nature, l'Annone" (R. Chevallier - Op. Cit. chapitre IV, paragraphe 3). Si l'on en croit les chiffres donnés par Jones (The Later Roman Empire) et L.C. West (Gold and Silver Coin Standards in the Roman Empire), un soldat gagnerait environ 25 deniers ou 20 antoniniens par an, les salaires ayant presque doublé sous Caracalla. Nous aurions donc à Lay la solde d'à peu près cin-

quante soldats : Septime Sévère, ayant remplacé la cohorte urbaine
de Lyon par un détachement des quatre armées du Rhin, a très bien
pu installer ici une garnison.

La présence de ces soldats s'inscrit dans l'évolution générale
que nous avons constatée à travers la constitution des trésors sur
les grands domaines, la disparition des petites et moyennes villae,
le déclin des villes : la puissance des riches propriétaires, leur
résistance face à la levée de l'impôt en nature (40), les briganda-
ges fréquents, ont peut-être obligé les Sévères à généraliser la
surveillance militaire des cités. Cette coercition a provoqué la
révolte des aristocrates terriens qui disposaient, souvent, de plusieurs centaines d'esclaves (H. Aug. Proculus, 13, 3). Débarrassés
de ces soldats gênants au début du règne d'Alexandre Sévère, ils ont
pu continuer leur politique de thésaurisation et de concentration
foncière tout au long du III° siècle.

Entre les années 260 et 305, aucun enfouissement n'a lieu dans
la cité des Ségusiaves, mais dès 284, trois trésors sont à nouveau
constitués à Roanne, St-Marcellin, St-André-le-Puy.

Que s'est-il passé dans la seconde moitié du III° siècle ?

- Tout d'abord, un "empire romain des Gaules" s'est formé
autour de Postumus en 260, puis de ses successeurs Marius, Victorinus, Tetricus, et contrôle l'Ouest des Gaules, la Bretagne, l'Espagne. Mais, la province de Lyonnaise reste, en majorité, fidèle à
l'empereur de Rome, qu'il s'agisse d'Aureolus, Claude ou Aurélien.
Il s'agit, d'ailleurs, surtout d'une fidélité des villes, comme nous
l'apprend le Panégyrique IV (9, 4) : Autun a fait appel, en 269, à
l'empereur de Rome mais Victorinus met à sac la capitale des Eduens.
Les Ségusiaves ne conserveront aucune des monnaies de cette époque,
qu'il s'agisse ou non des usurpateurs (pourtant de très bon aloi
entre 260 et 265). Il n'y a qu'à Rive-de-Gier, au lieudit Egarande,
que sept pièces en bronze de Tetricus ont été trouvées dans un petit
vase, et des monnaies du II° siècle, de Claude-le-Gothique, Carin
et des empereurs de la Tétrarchie à même le sol. Mais on est ici
aux limites de la cité des Ségusiaves avec les colonies de Vienne
et Lyon et l'attitude des habitants est assez différente.

L'empire romain des Gaules se rallie, en 273, à Aurélien, vain-
queur de Tetricus à Châlons.

- De 260 à 276, les invasions se multiplient : en 260, les
Francs pillent Bavai, Paris, Troyes, puis Bordeaux et Alicante
(Eutrope IX, 8), tandis que les Alamans descendraient par la vallée
de l'Allier jusqu'à Clermont-Ferrand, Aps, Arles et Tarragone. Mais
Autun et Lyon semblent avoir protégé la cité des Ségusiaves et les
trésors de 259 ne sont sûrement pas liés à un évènement postérieur
d'une année (défaite de Milan, 260). D'ailleurs, les trésors ségusiaves contiennent les pièces de Gallien "Restitutor Galliarum" et
de Saloninus et non de Postumus dont les aurei célèbrent, en Juin
260, la "Victoria Augusti" et le "Restitutor Galliarum". En outre,
il semble que Aureolus et Claude, généraux de Gallien, tiennent
toujours en main la région de Lyon et les Alpes.

En 269, les Alamans ne vont pas plus loin que l'Isère et c'est
à ce moment qu'Autun réclame des renforts contre Victorinus, qui
semble donc plus inquiétant pour la ville que les Barbares. Dans
l'Ain, autour de Lyon, en Haute-Alsace, quinze strates de décombres
sur vingt datent des années 269-277 et les trésors enfouis se comptent par centaines ; or, il n'y en a aucun dans notre cité. De plus,
les invasions de 275-280 où soixante-dix cités sont dévastées (H.

Aug. Probus, 13, 6 et 15, 3) dont Autun, Bordeaux, Saintes ...... ne laissent pas de traces dans les villes et villae ségusiaves. Le riche propriétaire Proculus, avec ses deux mille esclaves, aide Lyon à se défendre, non contre les barbares, mais contre les révoltes rurales (E. Demougeot, Op. Cit. III, chapitre 3), et Probus répartit entre les cités ses prisonniers comme "soldats-laboureurs" (H. Aug. Probus, 15).

Ces violents événements ne laissent de "décombres", ni à Feurs, ni à Roanne, ni à Moingt et c'est cinq ans après les plus terribles invasions que deux trésors vont se constituer dans la plaine du Forez et un autre à Roanne même.

A *St-André-le-Puy*, c'est à dire tout près de la villa de Marclopt, un riche propriétaire réunit, de 285 à 305, deux cent une piècesdites "follis" également réparties entre les Augustes, Dioclétien et Maximien, les Césars, Constance Chlore et Galère. Une dernière pièce nous permet de dater l'enfouissement de l'année 305 : celle du César Sévère II, nommé à Milan en Mai 305 (41).

L'année suivante en 306, dans une région qui n'a livré aucun matériel des premiers siècles de notre ère, a été caché, à *St-Marcellin*, un autre trésor de 500 pièces, "folles ou nummi contetionales" des empereurs de la Tétrarchie, de Maxence et Constantin (42).

Cette reprise de la thésaurisation est, sans doute, consécutive aux réformes monétaires et fiscales de Dioclétien : en effet, l'or et l'argent sont très dévalués par rapport au bronze, la "follis", pièce de bronze argenté pesant, désormais, de neuf à treize grammes. Cette pièce a donc une valeur intrinsèque infiniment supérieure aux antoniniens des empereurs illyriens, espèces qui étaient composées de 86 % de cuivre, 7 % d'étain, 4 % de plomb, 1 % de zinc et fer et à peine 2 % d'argent. Ces mesures de revalorisation du bronze se sont, d'ailleurs, accompagnées d'un retrait des pièces en circulation, ce qui explique, peut-être, l'absence de monnaies d'empereurs de 260 à 285 : "la mauvaise monnaie a chassé la bonne" qui s'est accumulée.

Il faut aussi noter que l'autre pièce de bronze, créée par Dioclétien, le denarius communis (4,20 Gr.), n'a pas été thésaurisée. Mais, sous Constantin, les "folles" étant supprimées, les riches Ségusiaves conservent la nouvelle monnaie de bronze, les nummi (3,50 gr.).

A côté de ces raisons monétaires qui expliquent une reprise de la thésaurisation par une revalorisation des pièces, des mesures fiscales ont pu jouer : depuis le début du III° siècle, l'Etat a confisqué des terres, exigé l'impôt en nature, levé des "contributions en travail et sous forme de corvée" ; la monnaie ("aurum oblaticium") n'est qu'un moyen exceptionnel d'équilibrer son budget.

Or, sous Dioclétien, la monnaie réformée va servir de base à la reprise des échanges et à l'établissement de la nouvelle fiscalité (R. Rémondon 1970, 288) : sur les terres divisées tous les cinq ans, puis tous les quinze ans (indictio) en unités fiscales (jugum et caput), l'impôt sera levé partie en nature ("cœmptio" : achat par l'Etat de denrées au prix qu'il fixe), partie en argent ("adaeratio" : conversion en argent du montant de l'impôt).

On conçoit donc la nécessité, pour les propriétaires fonciers, de posséder des espèces, mais leur quantité assez faible par rapport aux sommes enfouies au début du III° siècle, montre le changement qui s'est opéré dans leur mentalité : ce n'est plus l'argent, mais la terre, qui confère un pouvoir social.

Nous pouvons voir dans le trésor de St-Marcellin, une manifestation de la concentration énorme des domaines, qui s'est opérée : sur les fromentaux, les terres les plus riches de la cité, mais à l'écart des grandes voies commerciales des deux premiers siècles, il faut attendre la Tétrarchie pour voir s'implanter une occupation importante. A la même époque, un peu plus à l'Est, une villa s'installe également à St-Rambert et prospère au IV° siècle (monnaies de Constantin II, Gratien ....).

A *Roanne*, un autre trésor des premiers Tétrarques et de Constantin I° a été accumulé, mais tout ce que nous savons c'est qu'il était enfoui dans le quartier de la Livatte, le plus prospère au II° siècle (43).

On a parfois imputé ces trésors aux édits de persécution contre les chrétiens en 302-305 : mais, en fait, ces édits ont été appliqués sans rigueur et de façon peu systématique et ne semblent donc pas justifier la fuite d'un riche Ségusiave. Les transformations économiques, notamment le retour à une perception de l'impôt en espèces, nous paraissent expliquer mieux le rassemblement des pièces des seuls empereurs qui ont présidé aux réformes fiscales et monétaires.

Depuis l'arrivée des premiers marchands italiens et des troupes de César, le cadre de vie des Ségusiaves s'est donc profondément modifié : descendus des oppida défensifs ou des Monts du Lyonnais et du Forez vers les plaines pour profiter de l'essor dû à la construction du réseau routier, ils se sont installés dans les bourgs plus semblables à leurs anciennes façons de vivre, ou ont travaillé dans les villae rusticae ou les villes. Cette intégration aux nouvelles structures économiques a profondément modifié les rapports sociaux en enlevant les hommes au contrôle de l'aristocratie guerrière locale et en dissolvant les liens de clientèle entre le peuple ségusiave et les Eduens.

Les villes, organes principaux de la domination romaine, ont attiré des cadres, leur ont donné la charge d'administrer les cités, nouvelles unités territoriales, de drainer les richesses des campagnes : dans le cadre de leurs moyens, les riches notables ont offert à ces villes des monuments pour rendre témoignage de leur romanisation.

Mais cette politique somptuaire où les profits se sont engloutis au lieu d'irriguer les circuits commerciaux, la crise de production et des échanges, ont ruiné les artisans, commerçants et la foule des ruraux venus à la ville, ont motivé le départ des plus aisés sur leurs domaines afin de sauvegarder leur fortune compromise. Au cours du III° siècle, ce processus s'est accéléré avec les difficultés économiques, les révoltes sociales, les guerres civiles et le danger extérieur : seules quelques villae subsistent dans la cité des Ségusiaves au début du IV° siècle, au moment où un renouveau se fait sentir à la campagne (Eutrope IX, 17 "Arantur Gallicana rura") où l'édit d'arrachage des vignes est aboli (H. Aug. Probus 18, 8) et où des Barbares viennent cultiver les terres.

Par contre, les villes "fondées à nouveau" se rétractent dans leurs murailles, telle Autun, qui doit attirer pour son repeuplement "des habitants choisis parmi les meilleures familles des provinces" (Panégyrique V, 4 - 6).

Ayant essayé jusqu'à maintenant de déterminer les principales
modifications économiques intervenues dans la cité des Ségusiaves,
il s'agit de cerner, désormais, les transformations des rapports
sociaux et des structures mentales qu'elles ont entraînées.

2) NOTES ET REFERENCES

1 : "Hi sunt extra provinciam trans Rhodanum primi" - B.G. 1, 10.

2 : Le Glay. M. et Lasfargues. J. 1972 - Archéologia.

3 : "Les routes ont servi la diffusion de la civilisation romaine comme l'un des supports les plus évidents de la politique unificatrice du pouvoir romain ..... les finalités des routes se situent dans des perspectives impérialistes", P. Lévêque in Chevallier 1972.

4 : Mauss. M. 1923 - Sociologie et Anthropologie.

5 : Marx. K. Capital - Tome 1, 1 - Editions Sociales, p. 74.

6 : Ainsi, en Grec, les héritiers se partagent (Nemo) l'héritage, alors qu'en Latin, ils reçoivent ce qui est déjà à eux (liberi heredes sui). Benveniste, "Vocabulaire des Institutions Européennes".

7 : Duby (1972) a montré pour le Haut Moyen-Age que "les phénomènes monétaires relèvent moins de l'histoire économique que de celle de la culture ou des structures politiques".

8 : Périchon. R. 1961-2 - Bull. Diana 37.

9 : Gorce. J. 1963, 1964, 1970 - GRA Loire
Gorce. J. et Camerini. A. 1966 - GRA Loire
Gorce. J. 1969 - RAC 32.

10 : Gorce. J. et Quitaud. R. 1962. - GRA Loire ; Gorce. J., Béfort. J-C. et Grand. J-P, 1968 - GRA Loire.

11 : Grelaud. L. 1961 - Bull. GRA Roannais et GRA Loire 1962 et 1964 ; Poncet 1970.

12 : Périchon. R. 1961 - Bull. GRA Roannais.

13 : Poncet. J. 1964, 1966, 1967, 1970 - Cahiers d'Arch. Régionale. Cabotse. J. 1962 - RAC 246-9.

14 : Périchon. R. et Cabotse. J. 1966 - Gallia 14, 29-75.

15 : Poncet. J. 1974 - RAE 25, 77 - 94.

16 : Périchon. R. 1970 ; Remy. B. 1973. Bull. Diana 43, 75-92.

17 : Guey. J. - Gallia 14 1956 et Gallia 16 1958.

18 : L'Hermuzière 1972 ; Remy. B. 1973, RAC 12, 243-52 et 1976, RAC 15, 299-310.

19 : Originaux au Musée de Feurs, moulages à St-Germain-en-Laye. Guichard. G. 1927-30 - Bull. Diana 23, il ne s'agit évidemment pas d'un Pontifex Maximus mais, peut-être, d'un prêtre.

20 : Renaud. J. 1970 - GRA Loire.

21 : Gorce. J. 1969 - RAC 32, 312-62 ; RAC 15, 1976, 157-60.

22 : Lassalle. C. 1953 - Registre d'Inventaire du Musée de Feurs, n° 51.1.1. et 52.10.1.

23 : Roux. J. 1846 - 'Chronique'. Revue du Lyonnais 23.

24 : Le Glay. M. 1964 - Gallia 22.

25 : Périchon. R. - Lettre à la Direction des Antiquités - 14 Mars 1969, Archives de la Circonscription Rhône-Alpes - Lyon.

26 : La Mure. J.M. 1674 - Histoire universelle, civile et écclésiastique du pays de Forez, dressée sur des autorités et preuves authentiques.

27 : Remy. B. 1976 - Les médaillons d'applique de Feurs, RAC 15.

28 : Renaud. J. 1970 ; Grand. J.P. 1976 - Les signatures de potiers de Moingt, RAC 15, 158.

29 : Fouet 1972 - Gallia 30.

30 : Dès M. Aurèle, un édit réduit les frais de gladiateurs afin de "restituere labentem cwitatim statum et praecipitantes jam in ruinas principitatium virorum fortunas" - CIL 2, 6278.

31 : Scadeczky-Kardoss. 1955 - Acta Antiqua Academiae Scientarum Hungaricae, 3, 149-250.

32 : Remondon. R. 1970, III ; et communication orale de M. Mrozeck et Congrès sur les Dévaluations, Rome 15.11.75, EFR 1978.

33 : Rochigneux. T. 1885-7 - Bull. Diana 3.

34 : Jeannesson. 1889-90 - Bull. Diana 5.

35 : Thevenet et Brassart 1889-90 - Bull. Diana 5.

36 : Durand. V. 1881-4 - Bull. Diana 2.

37 : Alföldi. Die etische grenzscheide am römischen limes.

38 : Jeannez 1881-4 - Bull. Diana 2 ; Perdu. L. 1895 - Bull. Diana 8.

39 : Tricou. J. 1948 - Bull. de la Soc. Française de Numismatique 3.

40 : Guey. J. 1953 - Un document du S. Sévère en Egypte, Papyrus Colombia 123, X, REA 61, 136-7.

41 : Desjoyaux. J. et Testenoire-Lafayette. P. 1889-90 - Bull. Diana 5.

42 : Thiollier 1889 ; Pinton. A. 1966 - Un village Forézien : St Marcellin.

43 : Labouré 1957 - Roanne et le Roannais, "lettre de A. Coste à A. Bernard de 1859".

3) STRUCTURES SOCIALES, RAPPORTS SOCIAUX

MENTALITES : UNE APPROCHE DIFFICILE

- RUPTURE DES LIENS TRADITIONNELS : de la "clientèle" à la "liberté".

Nous avons noté précédemment le prélèvement énorme subi par les Ségusiaves lors de la guerre des Gaules : fourrages à César, fantassins à Vercingétorix, entretien des armées de secours d'Alésia, puis des légions d'occupation installées chez les Eduens.

Cette mise à contribution du peuple des Ségusiaves s'est faite dans le cadre de ce que César appelle "les liens de clientèle". Ce terme reflète non pas la réalité des rapports entre peuples celtiques, mais la façon de voir d'un Romain. Or, à cette époque, le client, à Rome, est doté d'un statut semblable à celui de l'affranchi, c'est à dire "qu'il est libre de la puissance dominicale mais soumis à la juridiction du Maître, à qui il doit le respect (obsequium) et des services (opera) et qui exerce le droit de tutelle et hérite en cas de décès intestat (bona)" (Mommsen, Droit Civil, chapitre "Vie Privée" - paragraphe "Clients, Affranchis", page 237).

Pour César, les Ségusiaves ne sont pas vraiment considérés comme des esclaves, du moins en droit, mais, en fait, il peut affirmer "Galliae totius factiones esse duas : harum alterius principatum tenere Aeduos alterius Arvernos" (B.G. I, 31).

De plus, à travers tout le texte des Commentaires, nous voyons peu à peu s'éclairer les rapports réels qui lient les Ségusiaves au grand peuple voisin : ils ont participé à ses côtés à la guerre contre Séquanes et Germains, l'ont suivi dans sa fidélité au proconsul lors de l'agitation de l'année 54 avant J.C. (B.G. I, 31 et V, 55). Au livre VI de la Guerre des Gaules, César fait un plus long développement sur la clientèle : "non seulement toutes les cités, tous les cantons et fractions de cantons, mais même toutes les familles sont divisés en partis rivaux à la tête desquels sont les hommes à qui l'on accorde le plus de crédit ..... Il y a là une institution très ancienne qui semble avoir pour but *d'assurer à tout homme du peuple une protection contre plus puissant que lui*". (B.G. VI, 11)

César estime donc que ce ne sont pas les Eduens qui ont asservi leurs voisins, mais ceux-ci qui ont demandé de l'aide pour se protéger d'un autre peuple puissant. Ceci reflète bien la justification que cherche le proconsul à son arrivée en Gaule Chevelue : lui aussi a été "appelé" au secours de certains peuples lors de la migration des Helvètes. Déjà, il envisage les Gaulois dans des structures romaines et ne parle jamais de "peuples", il écrit "cités, familles, partis", comme s'il s'agissait des divisions administratives de l'Italie, des gentes romaines, ou de la conjuration de Catilina.

Aussi, sous les mots qu'emploie le proconsul, devons-nous prendre conscience de la position des Ségusiaves vis à vis des Eduens : s'ils ont toujours été dans leur dépendance, c'est parce que leur situation géographique les a mis à l'abri des transferts de populations, de territoires qu'ont entraînés les défaites des Eduens face aux Sequanes ou à Arioviste (B.G. VI, 12). "César rendit aux Eduens des otages et leur acquit de nouveaux clients" ; on voit bien ici combien les clients allaient, "de leur plein gré", chercher la protection de leurs patrons.

Or, après la victoire des Romains, la désorganisation est telle en Gaule que ceux-ci préfèrent laisser en place des aristocrates ralliés plutôt que d'installer une administration propre : aussi, les Eduens et les Arvernes ne sont-ils pas vendus en esclavage (B.G. VII, 90), mais on établit entre les peuples qui se partageaient l'hégémonie en Gaule de subtiles distinctions de statut. Il n'est pas certain que celles-ci interviennent dès la paix rétablie, mais, déjà à cette époque, des oppositions naissent non plus nationales contre l'occupant, mais sociales entre les nobles favorables aux Romains et d'autres factions qui ont l'appui du peuple. Tel est le sens du passage déjà cité du livre VIII "c'est Corréos et la plèbe ignorante qui ont mené la guerre *contre l'avis du sénat et des chefs*" (B.G. VIII, 21 et 22).

Dès 43 avant J.C., lors de la création de la colonie de Lyon, dont le but impérialiste est évident les Eduens seraient une "cité fédérée, les Arvernes une cité libre", et Pline écrit "Lugdunensis Gallia habet ..... Secusiavi liberi in quorum agro colonia Lugdunensis" (IV, 32).

Les Ségusiaves ne sont donc plus clients de leurs puissants voisins, mais "libres", c'est le premier pas vers la nouvelle organisation administrative qui va se mettre en place en 27 avant J.C. avec la définition des Tres Galliae (Aquitaine, Lyonnaise, Belgique) et des différents types de cités.

Que signifie la *"libertas"* pour la "cité des Ségusiaves" ? Nous l'avons vu, c'est d'abord l'indépendance vis à vis des Eduens, mais aussi une hiérarchie, non plus par rapport à eux, mais au sein de l'Empire romain. D'une part, c'est une position privilégiée en Gaule puisque, sous Auguste, il n'y a que trois cités *"liberae et immunes"* en Lyonnaise (Meldes, Pline IV, 107 et Turons, C.I.L. XIII, N° 3076-3077) et soixante dans les trois Gaules ; d'autre part, c'est un signe de soumission et non d'alliance avec Rome, puisque les Eduens et les Carnutes en Lyonnaise sont les seuls à être *"civitates liberae et foederatae"*. Cette autonomie des Ségusiaves leur permet d'être représentés au Conseil des trois Gaules et à l'autel du Confluent par ses plus riches notables, dont certains deviendront prêtres et présidents suprêmes du "Parlement Gaulois" au III° siècle.

Ces différents statuts, révocables au gré des empereurs, entraînent des obligations fiscales vis à vis de Rome car, si les Ségusiaves sont *"liberi et immunes"* c'est à dire exempts du tribut dans les toutes premières années de la conquête, le privilège d'immunité disparaît dès Tibère (Dion Cassius, L. XII, 33). Aussi, sans être soumis au pouvoir arbitraire du gouverneur comme les *"civitates tributariae ou stipendiariae"* (Suétone Aug. 40 - Pline XII, 6), les Ségusiaves paient un impôt fixé par traité ainsi que le "tributum soli" qui pèse sur toute terre non italienne et le *"tributum capitis"*, symbole de l'ancienne captivité (Tertullien, Apologétique 13), tous impôts qui doublent de César à Auguste, selon Suétone. La levée de ces contributions directes entraîne, d'ailleurs, des vexations nombreuses car les Ségusiaves, comme les autres peuples, doivent rendre compte de leur fortune, se faire recenser dans leur cité d'origine et payer toujours selon le cens précédent, ce qui fait que des propriétaires versent pour leurs esclaves morts (Dion Cassius, L. XII, 3, 4).

De plus, la perception de l'impôt par les "exactions", le ca-
dastrage et la mise en place de l'administration ont provoqué des
soulèvements si fréquents en Gaule, de 40 avant J.C. à 21 après J.C.,
que la présence d'Auguste, de Drusus, Tibère ou des princes de la
domus impériale y est sans cesse nécessaire.

Les plus violentes de ces révoltes se situent en 16 avant J.C.,
lors du cens prélevé par Licinius (Dion Cassius L. IV, 21, 3), et en
21 après J.C., après la mort de Germanicus, dernier membre de la
famille impériale à gouverner directement les Gaules : Tacite (Ann.
III, 40) décrit la révolte des cités libres (Trévires) et fédérées
(Eduens) mécontentes "de continuatione tributorum" et lui donne pour
cause, également, les prêts usuraires des banquiers italiens aux
cités "gravitate faenoris ..... magnitudinem aeris alieni", tandis
que Suétone l'impute plutôt à la restriction des privilèges accordés par César et Auguste "Plurimis etiam civitatibus et privatis
veteres immunitates et jus metallorum ac vectigalium adempta"
(Tibère, 49, 2).

Les Ségusiaves ont certainement été sensibles aux deux motifs
de soulèvement de leurs voisins : nous avons vu que la ville de
Feurs commence à se bâtir, d'où des emprunts sur la place de Lyon,
et que leur droit de frapper monnaie (pièces au taureau cornupète
et à l'Hercule, Blanchet N° 4622, 4627 et 4636) et d'exploiter eux-
mêmes leurs mines (Hors-texte page V, N° 1641) a pu disparaître à
cette époque.

Une fois la révolte de 21 après J.C. matée par le légat Acilius
Aviola, les titres de "fédérés et libres" sont enlevés momentanément aux Eduens et Trévires, de nombreux biens confisqués (Suétone
Tibère, 49, 2) et les villes *publice armis multati* (Tacite Ann.
III). Jusqu'à la révolte de Vindex, en 68 après J.C., la Gaule restera relativement calme : Feurs se développe au milieu de sa cité
et nous commençons, à cette époque, à connaître par les dédicaces,
stèles funéraires et inscriptions honorifiques, les premiers notables de la ville.

- MISE EN PLACE DES "CADRES" DE LA CITE : magistrats, prêtres,
collèges.

Le premier (et le seul) prince du Sénat que nous connaissions
pour la cité des Ségusiaves, se nomme C(aius) IVL(ius) IVLLVS (CIL
13 - N° 1645) et ses funérailles ainsi que sa sépulture ont été
payées sur les deniers publics. Le premier des décurions de Feurs
porte les tria nomina : son gentilice et son cognomen le rattachent
doublement à la famille impériale des IVLII dont il porte même le
prénom du fondateur. Toute trace d'indigénat a donc disparu de son
nom et, vu la carrière brillante du personnage, on peut estimer
qu'il descend des notables auxquels César lui-même a accordé le
droit de cité.

De toutes façons, comme nous le verrons par les autres exemples
de magistrats portant les tria nomina, la ville de Feurs (distincte
de sa cité "libre"), est certainement colonie honoraire ou municipe
de droit latin, puisque tous ses cadres, au moins, sont citoyens.
Mais, entre les différents droits de cité, l'Empire romain a insti-
tué des gradations complexes qui donnent aux indigènes l'impression
de franchir autant d'échelons dans la hiérarchie : dans une colonie
de droit latin (ancien statut des "alliés" de Rome dans la ligue du
Latium), tous les membres bénéficient du "jus commercium" (Latium

minus), mais seuls les magistrats ont les "jus connubii et patria potestas" (Latium majus).

De plus, à leur sortie de charge, lorsqu'ils deviennent décurions, ces notables accèdent au droit "de cité complète" c'est à dire qu'ils sont détenteurs des droits politiques - théoriquement du moins - (Digeste I, 4, 1) et pourraient exercer des magistratures à Rome, voire même entrer au Sénat et devenir consul selon le projet de Claude en 48 après J.C., du moins les "primores et foedera pridem assecuti" (Tacite XI, 24). Ils sont alors, véritablement "citoyens de Rome" et ne peuvent pas être jugés ailleurs. Ces privilèges les astreignent, bien sûr, à des obligations fiscales nouvelles puisque, s'ils ne payent plus le "tributum capitis" (Digeste L, 15), ils sont soumis au "vingtième sur les héritages les plus importants et ceux transmis à des étrangers ou parents éloignés" et à l'impôt sur les affranchissements (5 % également).

C. IVLIVS IVLLUS, décurion, prince du Sénat, est citoyen à part entière, il n'a même pas conservé la trace de son ancien nom celtique dans son surnom romain et s'assimile, par son onomastique, aux plus grandes familles de Rome, puisque selon M. Cagnat, l'habitude de porter les tria nomina ne se répand chez les citoyens qu'à la fin du 1° siècle et ne sera obligatoire que sous Marc Aurèle.

Le prince du Sénat préside les séances des décurions "dans la Curie ou dans le temple, a la haute main sur les cultes .... et sur tous les services municipaux (voirie, adduction d'eau, marchés, monuments)" (M. Clavel et P. Lévêque - 1971, 177).

Au 1° siècle, un autre personnage de la cité, Ti(berius) Claudius Capito, nous est connu (CIL 13 - N° 1642) : c'est lui qui, sous le règne de Claude, a fait "refaire en pierre, sur sa fortune, le théâtre bâti par Lupus fils d'Anthus".

Ce "sacerdos Augusti" porte, également, les tria nomina mais son gentilice le rattache à Claude et non plus aux IVLII, tandis que la mention du "cognomen" et non du "praenomen" de son père, Aruca, est un signe d'indigénat. Sa citoyenneté est, sans doute, récente et lui a peut-être été acquise à sa sortie de charge car le culte municipal à l'Empereur, particulièrement important depuis Tibère, est le couronnement de la carrière municipale. Le titre de flamine n'est pas encore généralisé et le terme de sacerdos, plus imprécis, permet une assimilation plus rapide des anciens prêtres celtiques sans heurter leurs susceptibilités.

Grâce à ces deux inscriptions, nous voyons évoluer l'attitude des notables vis à vis des nouvelles structures politiques et administratives : Aruca et son contemporain Lupus, qui a offert à sa ville un édifice de spectacle, étaient tous deux de riches Ségusiaves sur lesquels César, Auguste et Tibère se sont appuyés pour installer la domination romaine ; dès la création de l'autel du confluent et du conseil des Gaules, ils ont dû y représenter leur "civitas libera". Déjà leurs noms ont des consonnances latines : Anthus, Lupus. Mais, à la génération suivante, toutes survivances de pérégrinité disparaissent avec l'accès au cursus municipal, à la prêtrise, au Sénat local.

La langue latine est parfaitement parlée et les inscriptions, gravées sur marbre, sont une des manifestations de "l'art de classe" des notables qui se distinguent aussi des autres Ségusiaves en laissant une marque tangible de leur existence, de leur carrière, de leurs oeuvres, alors que le reste du peuple sombre dans l'oubli.

Cette attitude des magistrats et prêtres va s'affirmer encore plus nettement au second siècle où une dizaine d'inscriptions nous permettent de bien connaître l'organisation municipale et l'activité des Ségusiaves les plus influents.

Tout d'abord, le titre de sacerdos Augusti a été remplacé par celui de "flamen", ce qui marque un nouveau pas vers la romanisation (CIL 13 - N° 1629) et, si l'on tient compte du lieu de trouvaille de l'inscription à Moingt, on peut penser que Iulius Priscus (dont nous ignorons le prénom) était propriétaire de domaines dans cette riche région.

Il en est de même du duumvir de la cité, Sextus Iulius Lucanus (CIL 13 - N° 1632), dont l'inscription honorifique a été retrouvée dans la villa rustica de Marclopt, l'une des plus riches des environs de Feurs. Le duumvir, "maire en deux personnes", est, en théorie, élu chaque année par l'assemblée des citoyens, en réalité : désigné par le conseil des décurions ; Lucanus, après avoir rempli cette charge, peut-être pendant plusieurs années car la "pratique de l'iteratio est générale", a accédé à un sacerdoce, sans doute le flaminicat de l'empereur, d'où la place anormale du titre sur la plaque de bronze. A Rive-de-Gier (CIL 13 - N° 1623), on pourrait avoir l'exemple d'un quattuorvir devenu, ensuite, Pontife Suprême.

Quant aux "apparitores lib" qui ont fait graver l'inscription à Lucanus, on peut se demander s'il s'agit d'affranchis (Liberti), de jeunes gens sous puissance paternelle (liberi) ou d'un personnel spécialisé (librarii).

Le statut des appariteurs varie selon leur fonction et l'endroit où ils sont employés, à Rome ou en provinces : à Rome, selon un édit de Sylla (Dion Cassius 48, 43), ils doivent être ingénus et leur charge est donc incompatible avec le statut d'affranchi, le Digeste (48, 11, 1) et Suétone (Domitien, 9) insistant sur le fait qu'ils sont "libérés de la tutelle","qu'ils disposent de places réservées au théâtre comme des magistrats" ; ces précautions montrent que les affranchis s'étaient introduits jusqu'aux plus hauts postes, au grand mécontentement des tenants d'une stricte hiérarchie.

Les obstacles à la carrière des affranchis appariteurs se sont multipliés en droit et la Loi Aebutia, puis le Code Théodosien, en étendant les pouvoirs des appariteurs ("droit d'effectuer des prises de corps, d'effectuer des contrats de louage pour le compte de l'Etat" (1) obligent les magistrats à n'employer que des "ingénus".

Ces interdictions légales ne sont pas péremptoires pour permettre d'affirmer que les appariteurs du duumvir Lucanus ne sont pas des affranchis, comme l'avait pensé Mommsen, qui préférait transcrire "lib" par liberi. Au contraire, il nous semble évident que des textes de loi fréquents sur le même sujet prouvent que celle-ci n'est pas respectée et que les affranchis se multiplient aux charges d'appariteurs, effectuant des tâches, réservées en droit, aux seuls "citoyens nés tels".

Cependant, il faut aussi noter que l'abréviation de Libertus en "Lib" ne se généralise qu'au II° siècle, alors qu'auparavant on a la seule lettre "L". Enfin, il est également surprenant que les six appariteurs de Lucanus, s'il s'agit d'affranchis, ne portent pas les tria nomina et n'aient fait graver que leurs cognomina (Cocillus, Arda, Coltinus, Casurinus, Atticus), Titius pouvant, seul, passer pour un gentilice.

C'est pourquoi, nous avons pensé qu'il pouvait s'agir de péré-
grins, voire d'esclaves, employés à la tâche subalterne de "librarii"
qui sont, selon Aulu Gelle (10, 3) et Festus (Ep. page 31) des non-
citoyens jusqu'à l'édit de Caracalla, et que nous savons être les
derniers dans la hiérarchie des appariteurs des duumvirs grâce à la
table de la colonia Genetiva (Mommsen - Droit Public, tome I, chapitre : "De apparitoribus magistratuum Romanorum", pages 380-426 -
Edition 1892). Alors que les scribae gagnent 1.200 sesterces, le
librarius est payé quatre fois moins (2).

Il est intéressant de noter que ces charges "d'apparitores
librarii", véritables sinécures, sont devenues héréditaires, malgré
la loi précisant que le tiers des membres doit être choisi par le
magistrat entrant en charge.

Nous assistons à la formation d'une classe moyenne d'esclaves
ou affranchis accédant aux basses charges municipales auprès de
leurs domini, et qui, groupés en collèges (Digeste, 46, 1, 22), vont
participer de plus en plus aux liturgies de la cité et renforcer
ainsi leur rôle reconnu d'utilité publique sous les Sévères (H. Aug.
Alex. 33, 2).

Les collèges ont, d'ailleurs, pris une grande importance économique et sociale malgré les réticences des empereurs (3) et lé-
gistes du Haut-Empire, qui craignent toute forme d'association et
interdisent, notamment sous Marc-Aurèle, l'appartenance à des
collèges de communes différentes (Digeste XLVII, 22, 1-2).

La corporation des Fabri Tignuari (CIL 13 - N° 1640) correspond à une association de tous les travailleurs du bâtiment (stucateurs, maçons, charpentiers, hydrauliciens, voire forgerons ou
orfèvres (Digeste L, 16, 235). Ces collèges qui groupent citoyens,
affranchis ou esclaves, ont leurs propres finances avec lesquelles
ils participent aux frais de construction de la cité, aux célébra-
tions de jeux, aux cultes municipaux. Ici, l'association dans une
inscription du Numen d'Auguste et du Dieu Silvain montre la romanisation que pouvaient permettre de semblables "corpora" (culte
impérial), en même temps que le maintien des traditions (Silvain
"conducteur des troupeaux et des âmes, dieu des forêts", souvent
honoré avec Cérès).

Les liens entre les "affaires" et la "religion" apparaissent
dans une autre inscription de Feurs (CIL 13 - N° 1641) où un poids
de bronze de 10 livres (environ 3 kilos) est consacré à la Déesse
Seg(eta). Les décurions, qui prélevaient les vectigalia, droits
de marché, taxes sur les poids et mesures, les concessions d'eau,
sacralisaient ainsi les impôts indirects, ce qui devait rendre leur
contestation plus difficile.

Les "carrières" au sein des collèges remplacent le cursus
municipal pour les petites gens et ceux qui ont été viateur, scribe,
questeur, curateur, magister sont dits "omnibus honoribus functi"
(Clavel et Lévêque 1971, 241, note 2). C'est sans doute le cas du
Ségusiave Caius Vlattius, fils d'Asper (CIL 13 - N° 1711), dont nous
étudierons plus loin la famille (4) : notons que sa puissance a été
d'autant plus considérable que le collège, au III° siècle, a pris
plus de place dans la vie de l'Empire, Alexandre Sévère, puis Constantin y ayant vu un moyen de fixer les gens à leur métier, d'obtenir du travail sous forme de corvée et de suppléer aux magistrats
des villes déficients (J.P. Waltzing - Etude historique sur les
corporations professionnelles chez les Romains - page 570).

Au II° siècle, les collèges représentent, certes, un appoint utile en argent et, peut-être, en main d'oeuvre lors des travaux urbains mais ils ne sont pas encore au service de l'état comme au IV° siècle.

Il est difficile de dire si l'inscription dédiée par Titius Audax (CIL 13 - N° 1633) concerne le membre d'un collège ("omnibus officiis apud suos functus") ou un magistrat ayant fini sa carrière. Nous opterons plutôt pour la première solution, d'abord parce que seul le duumvir de la cité est connu, et qu'il n'y a peut-être jamais eu de cursus complet à Feurs, ensuite parce que la jeunesse du personnage, décédé à moins de 22 ans, rend plus plausible une carrière rapide au sein d'un collège à la tête duquel on élisait des gens en fonction de leur richesse. Il n'est pas surprenant de trouver le sarcophage à Marclopt, où déjà nous avions noté la présence de la dédicace à Sextus Iulius Lucanus : cette villa est, sans conteste, l'une des plus prospères aux deux premiers siècles de notre ère.

Dans cette cité, dont l'administration a pris de l'ampleur au second siècle, certaines divisions territoriales sont intervenues et nous avons la mention de deux pagi dont nous ignorons la date de création.

En 43 avant J.C., nous avons vu que la colonie de Lyon avait été prélevée sur la cité libre des Ségusiaves, puis en 12 avant J.C., il en avait été de même du territoire fédéral situé au Confluent entre Saône et Rhône. Or, C Gentius Olillus a occupé deux fois les fonctions de "magister pagi condat(ensis)" (CIL 13 - N° 1670), mais il ne se dit pas Ségusiave et l'inscription a été gravée "decreto decurionum" ce qui ne se trouve jamais dans les inscriptions de la civitas libera. Nous pensons que les terres autour de Lyon ont été détachées de toute appartenance ségusiave. Cependant, nous trouvons la mention d'un autre "pag(us)" (CIL 13 - N° 1646) dans une inscription de Bussy-Albieux, ce qui confirmerait que la cité comportait des subdivisions peut-être semblables à celles du Haut Moyen-Age : pagi, forensis, rodanensis, condatensis ?

Un autre problème de statut se pose avec la borne milliaire de Pommiers (CIL 13 - N° 8917), que l'on a datée de Trajan et dont on a induit que la cité, ou du moins la ville de Feurs, était devenue "colonie honoraire de droit latin" sous les Flaviens.

Tout d'abord, il nous a semblé que, vu la "création de toutes pièces" de Feurs, dans le courant du I° siècle, étant donné que tous les magistrats, prêtres, membres de collèges sont citoyens romains, le statut de "colonie ou municipe de droit latin" avait dû être attribué très tôt à Feurs. Pour qu'une promotion lui soit donc accordée, il faudrait que la ville obtienne le Latium Majus au lieu du Latium Minus car il ne peut s'agir du droit italique que Lyon n'a pas encore. Ce serait ajouter au "jus commercium", les autres droits civils pour tous les habitants de la ville. Or, nous ne constatons pas plus de citoyens privés au II° siècle qu'au I° siècle et ce sont toujours les magistrats qui semblent les seuls détenteurs des tria nomina.

De plus, il n'y a, sans doute, jamais eu "COL" sur la borne de Pommiers et M. Le Glay estime plus prudent de réserver, pour le moment, la lecture plutôt que d'en faire une erronée.

Nous avions prévu d'étudier, avec le problème des nouvelles définitions administratives, celui des limites de la cité. Nous avons soumis nos hypothèses à M. Audin, qui nous a répondu le 26 Avril 1973, qu'il était tout à fait d'accord avec nous sur le crédit à accorder aux toponymes en "rande, randa ..." sur lesquels nous nous étions appuyés pour essayer de connaître le territoire de la cité des Ségusiaves.

Nous pensons que des sites dénommés Iguerande, Egarande, Chougoirand se trouvant près des limites du département de la Loire, aux quatre points cardinaux, et du matériel archéologique y ayant été trouvé (trésors à Iguerande, près de Charlieu et près de Rive-de-Gier) (Substruction de type militaire à Egarande près de Montarcher, selon Bulletin de la Diana XXI - 1921-23, G. Bataille) - (Aiguerande près d'Arfeuilles, V. Durand - Bulletin de la Diana VII - 1893-94), on peut en aboutir à la définition de certaines limites :

- Avec la cité des Arvernes, il s'agit, très probablement, de la ligne de partage des eaux entre plaines de la Loire et de l'Allier (Monts du Forez) et des sites de la vallée de l'Andrable entre St-Bonnet-le-Château et Usson-en-Forez, dont les inscriptions se rapportent sans équivoque à la cité des Vellaves.

- La limite avec les Vellaves se situe vraisemblablement sur la vallée de l'Ance, fort disputée encore au Moyen-Age (Mlle Viallard - Congrès des Sociétés Savantes - 1973).

- Au Nord, avec la cité des Eduens, c'est l'Ardière qui a dû servir de limites selon M. Audin (Renseignements tirés de la Guerre des Gaules (César), de la toponymie, des bornes milliaires de la cité des Eduens).

Le problème des "frontières" avec les cités des Allobroges et de Lyon est encore plus complexe.

Près de Rive-de-Gier, le site de Egarande a pu être à la limite des cités ségusiaves et allobroges, une zone de bois devant s'étendre entre les Monts Pilat et la Loire et servir de "région franche". Quant au contact entre Ségusiaves et Lyon, on sait que le territoire de la colonie a été enlevé au peuple gaulois, puisque l'autel fédéral de Condate y a été prélevé. Le statut et les limites des régions à l'Est des Monts du Lyonnais paraissent donc fort complexes et, dans l'état actuel des connaissances, ce serait faire preuve de beaucoup d'esprit d'invention que de vouloir préciser quels sites sont demeurés ségusiaves et lesquels ont appartenu au territoire de Lyon. Nous ne nous y hasarderons pas, d'autant plus qu'il n'est pas certain que l'imprécision n'ait pas régné même à l'époque gallo-romaine. On sait que la notion de "frontières" est récente et qu'à l'époque médiévale, voire moderne, elle reste bien souvent imprécise ...

Nous avons pu constater que toutes les inscriptions des I° et II° siècles que nous avons étudiées concernant les sites les plus romanisés de la cité des Ségusiaves (Feurs, Moingt, Marclopt) et les cadres administratifs, religieux ou professionnels de celle-ci.

Cependant, une plaque de calcaire épigraphique a été découverte à Roanne et nous renseigne sur les différences sociales qui pouvaient exister entre les habitants de cette ville et le chef-lieu Feurs ou ses environs. En effet, nous y trouvons la mention des seuls affranchis que nous connaissions et leur inscription à un confrère est modeste et sans doute mal gravée car il semble, selon M. Le Glay, qu'une erreur se soit glissée dans le texte et qu'on doive le lire :

"D. M. S. / Q. AVFVSTI"

au lieu de

"D. M. / Q. S. AVFVSTI"

cela montrerait, peut-être, la moins bonne connaissance du Latin
dans le bourg de Roanne où nous ne connaissons pas de citoyens
romains. En outre, la présence d'affranchis prouve une certaine
promotion sociale d'esclaves enrichis, sans doute, par le commerce
ou l'artisanat (CIL 13 - N° 1649).

Au III° siècle, l'origine des inscriptions concernant les
habitants de notre cité change : il n'y en a plus une seule à Feurs
(excepté les bornes milliaires), au contraire, celles qui concernent prêtres, commerçants, propriétaires fonciers ségusiaves ont
été trouvées à Lyon, à Rome, à Bordeaux ou sur les sites de villae
rusticae.

- LA DESERTION DES VILLES SEGUSIAVES.

Au Nord de la cité, à Charlieu (abbatiale), on trouve une inscription du III° siècle, sur un sarcophage en granit (CIL 13 - N°
1650). On a émis l'hypothèse que, si l'on possédait aussi peu
d'inscriptions de la région roannaise, cela venait du fait que,
gravées sur le calcaire de l'endroit peu résistant, elles avaient
disparu. On voit combien cette supposition est fantaisiste puisque,
non seulement le matériau incriminé a servi de base à plusieurs
monuments de Feurs, mais encore l'inscription à l'affranchi Q.
Aufustus, sur ce même calcaire, subsiste en parfait état. En fait,
si nous possédons plus de matériel de Feurs et sa région que de
Roanne, cela est dû aux degrés de romanisation et de richesses de
l'une et de l'autre.

Dans la vallée du Sornin, tout près des importantes villae de
Chandon et St-Nizier-sous-Charlieu, Titus Magneius Severianus et
son père font faire une sépulture de grande taille à Maria Severiola, fille de Sacrius Severus et Maria Mariola, décédée à l'âge de
24 ans. On a tout lieu de penser que nous avons là le sarcophage de
riches propriétaires du domaine des Varennes, manifestement occupé
tout au long du Bas-Empire. Nous remarquons l'hésitation entre les
tria nomina (le fils et l'époux) et les dua nomina (Sacrius Severus)
qui montre, peut-être, que nous sommes à une période de transition
pour l'onomastique (vers 250 après J.C.). Quant au nomen de Magneius, fréquent au début du III° siècle (C.I.L. I, N° 1348 ; XIII,
N° 4207, Dessaü N° 7936), il est souvent porté par des gens d'origine syrienne ou grecque (Magneius Eutychus).

On voit ici très bien comment se transmettent les noms : Maria
Severiola porte le nomen de sa mère, Maria Mariola, et un cognomen
dérivé de celui de son père, Severus ; son fils, fort jeune sans
doute, porte vraisemblablement les prénom et nom de son père, Titus
Magneius, et un cognomen proche de ceux de sa mère et de son grand-
père, Severianus.

Alors qu'aux deux premiers siècles de notre ère, nous ne
connaissons que des affranchis dans la région roannaise, nous
savons qu'aux III° et IV° siècles, trois propriétaires fonciers
accumulent des trésors à Iguerande, Villerest, Roanne et qu'un
autre (ou bien le même ?) fait ensevelir son épouse à Charlieu.

261

Dans la région de Feurs, les témoignages épigraphiques se trouvent, tous, hors de la ville : à Randan, à Néronde (CIL 13 - Nos 1637 et 1647/8), deux cippes sont dédicacés, du vivant de deux Titius surnommés l'un Servandus, l'autre Messala. Il semble que ces deux inscriptions soient postérieures à 250, date à laquelle on abandonne généralement le prénom sur les inscriptions ; si cette datation est exacte, nous aurions une nouvelle preuve du repli des Ségusiaves les plus romanisés sur leurs terres et de l'abandon de Feurs par ses curiales.

Ce phénomène semble confirmé par la dédicace du sarcophage de Salt-en-Donzy (CIL 13 - N° 1638) qui nous paraît du III° siècle plus que du second si l'on tient compte, là encore, des dua nomina (IVL(ius) Orontas), du style "Karissima" et du nomen IVLIVS. Nous pensons que ce dernier peut fort bien se rapporter à M. IVLIVS Philippus, dit Philippe l'Arabe, oriental né à Bostra en Syrie, ce que rend plausible le surnom d'Orontas porté par notre personnage et celui de son épouse Zosimen, fréquent pour les femmes syriennes. Nous savons que les monnaies de l'empereur Philippe sont toujours très nombreuses dans les trésors ségusiaves, qu'un autel à Otacilia a peut-être existé devant le portique de Feurs et que la communauté orientale était fort nombreuse à Lyon (Le Glay - 1972).

Censonia Zosimen est peut-être décédée lors d'un voyage de cure à Aquae Segetae, indiquée sur la carte de Peutinger, lors d'une étape à Salt-en-Donzy ; mais il paraît fort possible que nous ayons là des propriétaires installés récemment dans la cité Ségusiaves.

Nous avons ainsi les noms de quatre ou cinq personnes résidant sur leurs domaines et non à Feurs ou Moingt, aux III° et IV° siècles : Titius Servandus et Titius Messala à Randan et Néronde, Iulius Orontas à Salt-en-Donzy, Sextus Iulius Basilus (encore un Iulius dont le cognomen est d'origine grecque !) à Saint-Sixte, Annius Albius Martialis à Bussy-Albieux ; à la même époque, à Moingt, à Saintinieu, à Chalain d'Uzore et Boisset-les-Montrond, à St-André-le-Puy, de riches trésors sont accumulés.

On constate donc que, si la plaine du Forez demeure plus riche au Bas-Empire que celle de Roanne, la même concentration de terres a lieu sur l'une et l'autre entre les mains d'un petit nombre de personnes, souvent d'origine étrangère, dont la fortune foncière se double parfois d'une grande richesse mobilière (Basilus, Martialis ....).

Mais les Ségusiaves repliés dans leurs villae rusticae ne sont pas les seuls à renforcer leur puissance économique et sociale : d'autres ont accédé à l'administration provinciale et au grand commerce et nous les trouvons installés à Lyon, à Rome, à Bordeaux ou à Vienne.

La famille des VLATTII (CIL 13 - Nos 1711-1712, 1851 et Dessaü 7490) offre un bel exemple des liens qui se sont établis entre les grandes villes et provinces de l'Empire, les présidents du Conseil des Gaules et les milieux d'affaires.

Au début du III° siècle, alors que la cité des Ségusiaves grave sur ses bornes leugaires "civitas libera", ce qui montre qu'elle tient à garder un statut privilégié après la promulgation de la "Constitution Antoninienne" (212), les Vlattii se disent "Segusiavi" sans autres précisions.

Nous pensons que les liens familiaux peuvent être rétablis de la façon suivante (5) :

```
                    C. VLATTIVS Priscus (l'Ancien)

                    C. VLATTIVS Asper ? fils de Priscus, sacerdos
                                         des Césars en 198 (C.I.L.
                                         XIII - N° 1712)

                    C. VLATTIVS    ?     fils d'Asper, Magister de
                                         Collège (?) (C.I.L. XIII -
                                         N° 1711)

VLATTIA METRODORA   C. VLATTIVS         dédicant du N° 1711 et
                                        peut-être sacerdos de Cara-
    (Dessaü 7490)                       calla en 213 (C.I.L. XII -
                                        N° 1851)
```

        L'ascension sociale de ces riches Ségusiaves est remarquable :
en 198, C. Vlattius, fils de Priscus (peut-être surnommé Asper)
accède au sacerdoce "de l'autel de nos deux Césars au temple de
Rome et de l'Empereur au confluent de la Saône et du Rhône". La
mention des deux Césars, Caracalla et Géta, permet de dater l'inscription du début de l'année 198, puisque dans le courant de cette
année Caracalla va être associé à Septime Sévère comme Auguste.
Lorsqu'on sait que la charge de prêtre du confluent correspond, en
fait, à la présidence du Conseil des Trois Gaules, c'est à dire des
délégués de toutes les cités, on peut penser que le Ségusiave Vlattius a certainement rendu service à Septime Sévère, après le conflit
avec Clodius Albinus (Février 197), sans doute en obtenant l'approbation par les cités du nouveau recensement et du Tribut : "sacerdos qui totius census reliqua sua pecunia dedit" (C.I.L. XIII -
N° 1694 et 4.248). La fonction le rend supérieur à tous les magistrats et lui donne un droit de regard sur l'activité du gouverneur.
        Mais cette famille ne se contente pas des charges politiques
et religieuses provinciales : C. Vlattius, fils d'Asper, est dit
"omnibus honoribus apud suos functus", c'est à dire, probablement,
magister d'un grand collège de Lyon. Sous les Sévères, ces collèges, dont les ramifications s'étendent dans tout l'Empire, sont au
service de l'Etat, reçoivent "faveurs et privilèges", incorporent
les marginaux et suppléent aux curiales dans le financement des
grands travaux. C'est donc un poste particulièrement important et
qui nécessite une fortune considérable (6).
        La puissance de ces corporations nous est, d'ailleurs, montrée
par d'autres inscriptions de Condate (C.I.L. 13 - N° 1688 et 1709)
où nous voyons, pour la première fois réunies, les nautes de la
Saône, du Rhône, d'Arles, de Condate et de la Loire : de véritables
monopoles des transports fluviaux et terrestres (transbordement
entre Saône et Loire) se sont donc établis.
        Les Vlattii sont étroitement mêlés à ces milieux d'affaires et
leur fille, Vlattia Metrodora, probablement épouse de L. Silenius
Reginus (Dessaü N° 7490) dédie une inscription honorifique au chevalier C. Sentius Regulianus, l'un des négociants les plus influents
de Lyon. Curateur des plus importantes corporations de la ville,
celles des "transporteurs d'huile de Bétique" et "marchands de vin",
il surveille leur gestion financière ; les nautes de la Saône l'ont
choisi pour patron et, en tant que "sexvir" de Lyon, il est le
responsable suprême de l'impôt. On conçoit combien l'appui du prési-

dent du Conseil des Trois Gaules et des relations avec le magister
d'un collège, tous deux Vlattii, devaient lui être utiles.

Cette famille semble, d'ailleurs, accéder au sacerdoce de
façon presqu'héréditaire puisqu'en 213, un autre de ses membres est,
à nouveau, prêtre, non plus à l'autel du confluent, mais à l'autel
de l'Empereur Caracalla à Vienne.

Les Vlattii ne sont pas les seuls à avoir des intérêts dans
plusieurs villes et nous trouvons une Ségusiave à Bordeaux (CIL 13 -
N° 352), tandis que Publius Maglius Priscianus et sa fille, Pama
Prisciana, honorés par le Conseil des Trois Gaules, ont un parent,
Virdomarus, qui réside à Bourges "Virdomarus .... domo Biturix ....
Pamae sorori".

Les Ségusiaves représentent une telle communauté à Lyon qu'ils
ont, désormais, un "curateur" qui gère leurs intérêts (CIL 13 -
N° 2013).

On assiste, au III° siècle, à travers ces quelques exemples,
au déplacement des centres d'intérêts économiques et aux changements de résidence qu'ils entraînent : alors que le chef-lieu de la
cité des Ségusiaves dépérit, les propriétaires fonciers accroissent
leurs terres, amassent des fortunes en espèces, bijoux, vases précieux, et les hommes d'affaires ou administrateurs s'installent à
Lyon, sont de plus en plus liés au pouvoir dont ils appliquent la
politique en présidant le Conseil des Gaules ou au sein des Collèges.

Cependant, si l'espace de la cité éclate pour les Ségusiaves
qui, participant au commerce et à la vie politique, sont le plus
intégrés aux structures urbaines de l'empire romain, au contraire,
cet espace se referme sur lui-même dans le cadre d'une économie
domaniale ou de la remontée sur les oppida.

Ainsi, la crise précipite-t-elle une évolution qui peut paraître, dans un premier temps, contradictoire : au moment où les échanges se réduisent, où les routes se dégradent, où la vie municipale
périclite dans la cité, des familles participent au grand commerce,
au monopole des transports, à la carrière politique ; alors que de
vastes domaines se constituent, que la puissance de leurs propriétaires repose de plus en plus sur la terre, que l'autarcie se généralise, d'autres abandonnent leur cité, constituent des fortunes
mobilières, multiplient les liens avec les autres villes de l'Empire.

Les transformations socio-économiques que nous avons essayé de
connaître, dans le cadre restreint de la cité, ont-elles profondément modifié les structures mentales des Ségusiaves ? Comment pouvons-nous, à travers nos textes épigraphiques, le mode de sépulture
et les monuments, appréhender les formes du culte et la culture de
nos habitants ?

- CULTES ET CULTURES.

Nous disposons de documents bien inégaux, en nombre et en
nature, pour apprécier les structures mentales des diverses classes
sociales car, si les notables ont laissé des inscriptions funéraires sur leurs sarcophages, si des monuments cultuels et culturels
ont été élevés à Feurs ou à Moingt, la majorité des Ségusiaves n'a
pas laissé de traces de ses croyances.

Cependant, une chose nous est connue : le mode de sépulture
d'un assez grand nombre d'habitants de la cité (Hugon 1971).

264

Tout d'abord, il convient de noter que l'incinération et l'inhumation se rencontrent conjointement aux mêmes périodes, sur les mêmes sites et qu'il n'y a pas d'opposition de croyances entre les deux modes de sépulture, du moins jusqu'à ce que le christianisme se répande (peut-être au milieu du II° siècle). En fait, il paraît plutôt y avoir une distinction tenant aux niveaux de vie et à la densité de la population : à Roanne, les urnes sont bien plus nombreuses que les tombes et les cippes et stèles sont presqu'inexistants, comme nous l'avons déjà constaté ; aux portes de Feurs, le long des voies vers Salt-en-Donzy ou Moingt, les sarcophages les plus imposants, les cippes et les inscriptions se multiplient au contraire, tandis que les urnes sont nombreuses dans les nécropoles urbaines.

Les cimetières par ustion et urnes funéraires se trouvent localisés, dans l'état actuel des recherches, sur une vingtaine de sites : il s'agit d'Ailleux - Boën - L'Hôpital s/Rochefort - Bussy-Albieux, c'est à dire des bourgs ruraux du plateau de St-Germain-Laval, occupés surtout au II° siècle ; puis de Villerest - Briennon - Ambierle - La Pacaudière, autres bourgs ruraux des environs de Roanne cette fois-ci ; enfin de Roanne même, Montverdun, Savigneux (Moingt).

Les distinctions entre ces différents lieux de trouvailles s'imposent : à Roanne, à la Pacaudière ou à Boën, on trouve de vastes "espaces consacrés aux incinérations, la terre y est noire, le charbon de bois abondant" (ustrinum), et sur les bourgs ruraux, les urnes se comptent par dizaines, surtout près de Cezay - Ailleux. Au contraire, à Néronde, Montbrison, Randan, sur les villae rusticae, on ne compte, le plus souvent, que deux ou trois grands vases avec des cendres, et parfois une stèle épigraphique confirme que nous avons affaire à la sépulture d'un Ségusiave plus riche, plus romanisé.

D'ailleurs, les urnes funéraires sont assez différentes les unes des autres. Celles de la rue Benoît Malon à Roanne sont fort modestes : "vases en terre cuite, ovoîdes, non ansés (ollae), bols blancs à décors géométriques bistres, coffret en pierre calcaire, urne en verre, seau en bois", parfois, "un simple tesson recouvert d'un fragment de poterie". Les cendres sont aussi accompagnées, quelquefois, des restes du bûcher et d'offrandes brûlées avec le cadavre (tessons, fibules, animaux), ainsi que de la vaisselle déposée "soit au moment de l'ensevelissement soit, plus tard, en offrande" : elles consistent alors en poteries, statuettes, oboles à Charon. Deux figurines de Vénus anadyomènes, en terre blanche de l'Allier, grossière représentation de la déesse de la beauté, ont été retrouvées "debout, figure contre figure" (7). Il s'agissait, vraisemblablement, d'honorer des déesses-mères, interprétation d'autant plus plausible que tout près de là, ont été découvertes, accompagnant une vingtaine d'urnes, deux autres statuettes en terre cuite : une femme nue couverte jusqu'aux pieds par sa chevelure était entourée de serpents et le nom de Pestika (mère d'Esculape) y avait été gravé ; l'autre femme assise, tenait deux enfants sur les genoux (8).

Près des sépultures les plus modestes, le culte des Matres est donc le plus répandu : on accompagne les cendres du défunt d'objets familiers et de poteries qui sont un dernier hommage d'ici-bas et lui seront utiles dans l'au-delà, mais on l'entoure aussi des déesses chthoniennes, dont la représentation est si semblable d'un peu-

265

ple à l'autre dans tout le bassin méditerranéen ; déesse aux serpents, couple de déesses, déesses et jeune dieu, symbolisant toujours ce cycle végétatif des saisons, de la divinité des moissons et de la prospérité agricole ravie par le Dieu souterrain, fécondée par un dieu de la végétation, adolescent. On voit que les divinités matronales "dispensent la vie sous toutes ses formes, fertilité, fécondité, éternité" (P. Lévêque, l'Aventure grecque - page 77).

L'incinération représente, en général, le mode de sépulture le plus courant des humbles et celui des bourgs les plus peuplés, bien que le matériel dénote, parfois, des niveaux de richesse très divers entre les personnes incinérées.

Quant aux tombes à inhumation, si elles se rencontrent plus fréquemment (une quarantaine de sites), elles ne correspondent, en général, qu'à un seul ensevelissement à la différence des urnes fort nombreuses. En outre, elles ont des aspects très divers : à Charlieu, Roanne, Soleymieux, Marclopt ou Salt-en-Donzy, ce sont des coffrages, souvent de grande taille, creusés dans du chêne imputrescible, dans le calcaire ou le granit. Les dimensions, fort variables, traduisent le rang social du défunt : ainsi, à Marclopt, la sépulture du fils (?) de Titius Audax mesure 2,80 m. de long et près de 1,40 m. de haut, dont 0,60 m. pour le seul couvercle ; de même, à Charlieu, le sarcophage de Maria Severiola a 2,37 m. de long, 0,85 m. de large, 0,90 m. de haut. Le premier est en granit, le second en calcaire du Lyonnais, longtemps pris pour du marbre par les archéologues.

A Roanne, les deux ou trois sarcophages en granit gris ou calcaire jaune, les sépultures constituées de briques assemblées sans mortiers, souvent du IV° siècle, ont suggéré à J. Déchelette une pénétration assez importante des "cultes solaires et chrétiens dans la région", car on retrouve presque toujours une orientation Est-Ouest. Ceci n'est, peut-être, pas significatif car l'importance de l'orientation se retrouve aussi dans le tracé des voies de la cité, dans le rituel des cérémonies romaines, sans qu'il y ait de culte particulier au Soleil ou au Christ.

Notons, également, que le travail de M. G. Griffon sur les sépultures de Roanne apporte des précisions remarquables sur les habitants de la ville inhumés ici : "il s'agit de gens modestes, Alpins brachycéphales, à l'alimentation végétarienne, d'âge moyen 36 ans".

En général, il faut remarquer que les sarcophages contiennent un matériel important de "plats, cruches, pièces de monnaies, bijoux" et que les plus riches appartiennent aux villae les plus considérables : Marclopt, Charlieu, Savigneux, Montverdun, Amions ...

Le mode de sépulture ne paraît donc pas le fait de croyances différentes, du moins aux deux premiers siècles de notre ère, mais tient plutôt à la place dont disposaient les habitants, au mobilier funéraire dont ils pouvaient se priver pour leurs défunts, au relief qu'ils voulaient donner à la sépulture. Le sarcophage représente le mausolée des Ségusiaves, réservé le plus souvent aux riches. Cependant, la généralisation de l'inhumation aux III° et IV° siècles, manifeste, notamment à Roanne, est peut-être liée au développement du christianisme dont la croyance en la résurrection des corps exigeait leur conservation.

Une autre façon de marquer son rang social et sa romanisation consistait à placer une inscription sur un cippe ou sur une stèle. Il ne faut pas confondre les inscriptions honorifiques de C. Iulius Iullus ou des Vlattii avec des stèles funéraires et penser que celles-ci "traduisent les sentiments populaires" (Rémy 1970). En effet, nous ne connaissons que huit dédicaces funéraires, c'est dire que le "peuple" s'est bien peu exprimé dans notre cité.

Si nous ne connaissons aucune épitaphe pour le I° siècle, au second, au contraire, les stèles épigraphes sont nombreuses et montrent que la romanisation et la maîtrise du Latin progressent nettement : à Marclopt (CIL 13 - N° 1633), à Feurs (CIL 13 - N° 1636), à Roanne (CIL 13 - N° 1649), on retrouve les termes "D(iis) M(anibus)" et la dédicace "sub ascia dedicavit", pour le magister du collège seulement. Au III° siècle, le nombre des épigraphes est encore plus important : à Salt-en-Donzy (CIL 13 - N° 1638), à Charlieu (CIL 13 - N° 1650), à Randan (CIL 13 - N° 1637), les deux formules précédentes sont gravées, mais à Néronde (CIL 13 - N° 1647/8), à Charlieu, à Randan, une nouvelle mention intervient, celle de la "Memoria Aeterna" ou "Quies Aeterna". Certains auteurs lient la croyance en l'éternité et la "dédicace sous l'ascia", bien qu'on ne connaisse pas très bien la signification de cet instrument de charpentier ou de maçon (sorte d'aissette) sur les monuments funéraires. Il est à exclure que ce soit un signe d'appartenance à un collège d'ouvriers du bâtiment par exemple. L'ascia est rare dans les autres cités, alors que même des cippes anépigraphes la portent chez les Ségusiaves (L'Hôpital s/Rochefort, St-Laurent-la-Conche).

Le mode de sépulture, les inscriptions funéraires nous ont fourni quelques renseignements parcellaires sur les attitudes mentales des Ségusiaves vis à vis de la mort ; les statues, les dédicaces à des divinités, les monuments de la cité vont nous permettre de comprendre leurs comportements religieux de tous les jours.

Nous avons noté la présence de déesses-mères et de Vénus près des urnes cinéraires : on retrouve une "Vénus" à Mably, sur la villa rustica alors qu'elle est, semble-t-il, absente de Feurs et Moingt, honorée uniquement à la campagne. Mais cette impression est corrigée par le culte à d'autres déesses dans les deux grandes villes ségusiaves : sur la carte de Peutinger, Moingt figure sous le nom d'Aquae Segetae où l'on retrouve le nom de la déesse Segeta, gravé également, sur un fragment d'inscription de Moingt (CIL 13 - N° 1630), sur le poids de bronze de Feurs (CIL 13 - N° 1641) et sur le texte particulièrement développé de Bussy-Albieux (CIL 13 - N° 1646).

Dea Segeta, dont la racine "Sego" (force, victoire) serait à rapprocher de "Ségusiave" ne paraît pas avoir laissé de traces dans la statuaire de la cité : il semble donc fort possible que cette divinité topique, aux fonctions multiples, honorée sur le marché et près des sources, ait été assez rapidement assimilée aux autres déesses-mères, à Cybèle tant de fois attestée à Autun ou Lyon (Duval 1957, 102-3), à Segesta ou Segetia dont nous avons remarqué la présence répétée, à l'avers des monnaies de l'impératrice Salomine, dans les trésors ségusiaves.

A cette déesse éponyme de la cité, s'ajouterait Dunisia, déesse des sources (?), celle qui est honorée dans un "lieu clos" (duno) ; mais il faut être prudent avec l'inscription de Bussy-Albieux où la mention, unique en épigraphie, d'un "praefectus tempuli" et d'un "praefectorius" fait craindre à M. Le Glay qu'il ne s'agisse d'un faux (9).

Nous nous en tiendrons donc à la seule déesse Segeta et à la Mater Conservatrix (CIL 13 - N° 1635), plutôt que Juno Magna Conservatrix, trouvée dans la villa de Marthoud, à la limite des terri-

267

toires de Vienne et des Ségusiaves.

Le parèdre le plus honoré dans notre cité est incontestablement Hercule : on a trouvé cinq statuettes de ce Dieu à Feurs même et une autre à Chandon, alors qu'on ne possède qu'un seul bronze de Mercure, une statue de Jupiter (ainsi qu'une plaque votive, CIL 13 - N° 1651), une de Minerve, de Mars et une tête de Bacchus, toutes découvertes dans le chef-lieu de la cité.

Les représentations des divers dieux sont, d'ailleurs, significatives du culte dont ils ont été l'objet et des assimilations qui ont eu lieu : Jupiter est un adolescent imberbe, Hercule est figuré trois fois nu et barbu et trois fois imberbe ; le Dispater de la place du Forum est, quant à lui "nu, barbu, coiffé de la peau de loup, jambe gauche légèrement repliée" (L'Hermuzière 1972). Ces derniers détails sont très intéressants car les "Hercules de Feurs" ressemblent étrangement à cette statuette : celui trouvé à la Font-qui-Pleut près des thermes et du théâtre (?), est "assis sur un tronc d'arbre, recouvert de la peau de lion", un autre porte "la peau du lion drapée sur le coude gauche", un troisième "a la jambe droite fléchie, le bras droit replié à hauteur du front" comme un athlète lançant le disque.

N'oublions pas qu'Héraclès est l'un des dieux les plus anciennement connus : en Grèce, l'épopée de ses descendants explique de façon mythique, le vaste mouvement des peuples doriens ; la religion romaine l'a largement emprunté aux Hellènes et honore, dès 312 avant J.C., "un Héraclès chthonien venu de Locres ou de Crotone" (10). Ainsi, Hercule était-il tout désigné pour se fondre avec quelque parèdre de la déesse Ségéta : il était, comme elle, le dieu de la force guerrière et fut représenté, à ce titre, sur les premières monnaies ségusiaves (N° 4622-4627 de Blanchet), mais aussi dieu ravisseur de la divinité des moissons, maître du monde souterrain. La statuette qui le figure, posant le pied sur un arbre, fait penser au Dieu Silvain, honoré par les fabri tiguarii : lui aussi est un dieu de la prospérité, un conducteur des troupeaux et des âmes.

A travers ces quelques exemples concommittants, nous voyons se dessiner une croyance assez générale : les Ségusiaves ont assimilé et honoré les dieux romains les plus proches des leurs, et ceux qui répondaient le mieux à leurs craintes ou à leurs intérêts. Dans un pays prospère, riche en fourrages dès l'époque de la guerre des Gaules, puis, dominé par des villes qui tirent d'énormes ressources des villae rusticae environnantes, on comprend que la fécondité des terres, la richesse en bétail soient les principales préoccupations : d'où la Dea Segeta, la Mater Conservatrix, le Dispater, Hercule et Silvain, Jupiter adolescent. Mais dans une économie urbaine et marchande, Mercure a connu un certain succès et l'un des temples du Forum lui a peut-être été consacré. Quant à Silvain, souvent rapproché de Sucellus, il doit avoir également un rôle de technicien pour les fabri de Feurs, peut-être au même titre que Minerve.

Cependant, si les Romains n'ont pas imposé de forme générale de culte et ont laissé les syncrétismes s'opérer, il est un domaine où leur intervention impérialiste est plus manifeste : c'est le culte à l'Empereur.

Les notables ségusiaves y participent de deux façons. Sur le plan municipal, la première manifestation de ce culte se place sous Claude, où un "sacerdos Augusti" consacre son oeuvre à Auguste divinisé et au salut de Claude (CIL 13 - N° 1642). Nous avons déjà remarqué l'habileté du terme général de "sacerdos" qui convient parfaitement à d'anciens druides, à des indigènes romanisés de fraîche date ; il continuera, par exemple, à être employé pour l'autel de Rome et d'Auguste au Confluent (où l'on ne parlera jamais non plus de Lyon, colonie romaine).

Au second siècle, sacerdos a été remplacé par flamine (CIL 13 - N° 1629), le titre exact des prêtres de l'Empereur dans chaque municipalité : à Feurs, nous n'en connaissons qu'un seul, bien que cette fonction collégiale et très importante ait "parfois donné accès à l'ordre équestre". Peut-être, n'y a-t-il jamais eu de collège de flamines dans notre cité, de même que le cursus municipal semble avoir été incomplet ?

A la même époque, les ouvriers du bâtiment exaltent le Numen de l'Empereur associé à leur Dieu particulier, Silvain. Le numen représente la force, l'énergie qui animent l'homme à la différence du genius qui est inhérent à sa nature, né avec lui. Célébrer le Numen impérial pour un collège, c'est en quelque sorte rendre hommage à toute l'oeuvre du souverain, à la bonne administration, à la prospérité économique. La mention du Numen rend compte, d'une certaine façon, de l'activité florissante des fabri tignuarii à Feurs au second siècle. Quant à la dédicace "au salut de l'Empereur", elle est fort répandue dans l'Empire romain (11).

Une autre forme plus discrète, mais peut-être tout aussi efficace, de signifier l'attachement à un empereur, réside dans les bornes milliaires et leugaires : celles du III° siècle nous ont été conservées et l'on y honore Publius Licinius Gallienus (CIL 13 - N° 1644), C. Iulius Verus Maximinus et son fils, C. Messius Quintus Traianus Decius (CIL 13 - N° 8864 et 8865). C'était une façon pratique de faire connaître au voyageur, au marchand, mais aussi au paysan, le nom du nouvel empereur et le soin qu'il prenait à l'entretien des routes dans leur cité.

Les monnaies, outre leur but économique, servent, également, d'agents de propagande et leur présence dans un trésor ou sur un site peut traduire, dans une certaine mesure, une attitude politique.

Parallèlement à ces témoignages municipaux de fidélité à l'Empereur, les "Segusiavi liberi" sont représentés à l'autel de Rome et d'Auguste, dès sa création en 12 avant J.C. Mais, nous ne connaissons aucun des délégués de la cité, qui a dû, pourtant, envoyer au Conseil des Trois Gaules, les plus influents de ses notables : le premier "sacerdos ad aram", président des "députés" des soixante cités est de la famille des Vlattii qui n'ont plus que des liens ténus avec leur cité d'origine au III° siècle.

On voit donc combien il est difficile d'affirmer que le culte municipal ou provincial ait "créé l'unanimitas" et "fait communier les notables et le peuple". Nous serions plutôt tentés de croire qu'il est demeuré le domaine réservé d'une élite, tant au sein de la cité qu'entre les cités. Le rapprochement des attitudes mentales et des formes de cultes s'est surtout fait autour du syncrétisme romano-celtique : le temple de Chalain d'Uzore, à bâtiments emboîtés permettant "les rites de circumambulation" autour de la cella (36 m2), serait le meilleur exemple du temple (144 m2) dit romano-celtique que l'on trouve en Gaule, Germanie, Bretagne.

Cette unanimitas que nous ne trouvons guère sur le plan cultuel, est-elle plus réelle dans la culture que diffusent les villes ?

Les théâtres de Feurs et de Moingt devaient pouvoir accueillir environ quatre à cinq mille personnes chacun et cela nous semble beaucoup pour des villes aussi modestes. Mais, quels spectacles les ruraux pouvaient-ils venir voir à la ville ? Le caractère mixte du théâtre, observé à Moingt, était sans doute indispensable car, si les "jeux et pantomines grossières" ne sont peut-être pas les seules à être prisées (12), du moins devaient-ils être à la portée d'un plus large public que les conférences des rhéteurs ou les pièces des auteurs de langue latine. Lorsque celles-ci étaient présentées aux Ségusiaves, seuls "les plus nobles rejetons" de la cité, ceux qui à Autun avaient dû "se former aux études libérales" (Tacite - Ann. 3, 43) devaient y assister dans l'enceinte réduite.

Il est bien certain que la cité des Ségusiaves, placée entre Lyon et Autun, n'a pas vécu à l'écart des lettres et des arts florissants dans ces deux villes ; les voyageurs, en cure thermale, les commerçants, les orientaux qui s'y sont, peut-être installés (Iulii Basilus et Orontas, anneau d'or gravé "Eupsuchei philose") ont véhiculé une culture brillante qui n'a pourtant pas laissé de traces durables, même chez les habitants les plus riches ou dans les villes.

Les cultes, les attitudes mentales des Ségusiaves traduisent une force d'inertie et un attachement aux traditions beaucoup plus importants que dans les domaines de l'économie et des rapports sociaux : le culte municipal ne résistera pas au déclin des villes et en subit le contre-coup dès Marc Aurèle, par contre, la fidélité demeure aux Dieux et Déesses tutélaires des moissons, des troupeaux, des sources, des morts et le christianisme mettra des siècles à assimiler ces croyances profondément enracinées.

----- . -----

3) NOTES ET REFERENCES

1 : M. Rostuvzew - Geschichte der Staatspacht in der romanische Kaiserzeit 1903.

2 : M. Le Glay nous a fait remarquer qu'en épigraphie, les librarii font toujours partie du personnel militaire.

3 : Le Glay. M. 1964 - Les Fouilles d'Alba - CRAI, 401-14.

4 : Rémy. B. 1974 - RAE 2, 5, 95-110.

5 : Rémy. B. ne se prononce pas sur les liens familiaux mais étend l'étude des Vlatti à 21 autres inscriptions dont beaucoup concernent le monde du commerce et de la religion, note 4.

6 : Le cas du C. VLATTIUS MELEAGER est un peu semblable puisqu'il est également à la tête des corporations (CIL 13, 1974), mais la mention 'Ségusiave' est absente de l'inscription.

7 : Déchelette. J. 1902-3 - Bull. Diana 13.

8 : A. Coste - Notice sur les Antiquités de Roanne, 1857.

9 : "Praefectus templi ipsius (Apollinis Granni) - ILS n° 9306.

10 : P. Lévêque - l'Aventure Grecque, 83 et 352.

11 : M. Le Glay - Satusne Africain, 248 et sq.

12 : M. Le Glay - Hommages à L'Herrmann, 490.

4) CONCLUSION

De l'arrivée de César à la crise du III° siècle, la cité des
Ségusiaves a connu une évolution socio-économique et politique à la
fois très liée à l'ensemble de l'Empire romain, et originale. Très
liée à l'évolution de l'Empire, elle l'était forcément par sa
position géographique et par la nature des rapports nés sous César
et Auguste entre la cité gauloise et l'envahisseur romain. La cité
des Ségusiaves ne sortit de l'orbite des Eduens et de sa lourde
contribution à la guerre de "libération" menée sous leur égide au
profit de César, que pour se romaniser par tous les moyens. Moyens
subtils que furent la construction des rotes partant de Lyon, la
construction des bâtiments publics de Feurs, de Moingt, la prospérité commerciale véhicule des produits importés. Moyens plus insi-
dieux : les nouvelles routes de commerce éloignent les oppida des
centres de la vie active, la multiplication des villae dans la plaine fait oublier les hauts lieux de la civilisation gauloise, les
cultes indigènes sont récupérés, transformés lentement, de même
qu'évoluent l'onomastique et les titres des magistrats et prêtres.
Espace matériel et espace mental se modèlent ainsi au fur et
à mesure de l'évolution des rapports économiques et sociaux dans la
cité des Ségusiaves. La clientèle, rapport de domination masqué
idéologiquement par l'appel à l'aide du dominé au dominant, dispa-
rait lorsque César apporte "sa" liberté : dans le même temps les
oppida désertées deviennent le conservatoire des traditions et du
culte des Héros. La liberté, c'est à dire cette autonomie municipale qui suppose des cadres romanisés, des terres cadastrées, des
cultes officiels, va de pair avec un large développement des villes
et des villae, une pénétration généralisée des produits commerciaux
d'autres régions, Italie d'abord, Gaule du Sud et du Centre ensuite.
Les villes, certes productrices - et sur ce plan Roanne l'emporte
largement sur Feurs ou Moingt - sont avant tout de grosses consom-
matrices, monuments publics, céramique de luxe, sont les signes de
leur prélèvement sur les campagnes, et la cause de leur ruine dès
la fin du II° siècle de notre ère.
A ce point de notre recherche se pose le problème de savoir
comment apprécier l'économie et la société de la cité des Ségusiaves à partir du matériel dont nous disposons. Mesurer les flux
économiques à partir des tessons de céramique, même estampillés,
des monnaies isolées ou accumulées dans les trésors peut sembler
dérisoire si l'on considère l'impossibilité de bien connaître les
instruments agricoles de la région, et partant d'avoir la moindre
idée du niveau de production. Comment parler des milliers de "sans
nom" qui cultivaient les terres, lorsque les inscriptions ne nous
renseignent que sur les dizaines de privilégiés capables de faire
graver ne serait-ce que leur nom sur une stèle. Les ensembles
d'habitats modestes et denses que nous avons appelé bourgs ruraux,
sont à cet égard particulièrement intéressant, car ils témoignent
de la civilisation matérielle des plus humbles : quels étaient leurs
rapports avec les villae, les marchés ruraux, les villes ségusiaves ? Sont-ils le plus souvent les témoins des communautés indigènes pré-romaines, refoulées à l'époque impériale sur les terres

272

pauvres et périphériques de la cité ? Dans quelle mesure ont-ils subi le poids des nouvelles structures économiques et sociales ? Il faudrait qu'une étude systématique du matériel agricole, des pollens ou ossements livrés par les fouilles soit entreprise, afin de comprendre comment s'est faite la mise en valeur des forêts des pacages aux limites des plaines du Forez et Roannais à l'époque antique. Notons que le vaste ensemble de bourgs ruraux du plateau de Saint Germain Laval semble ne relever que de l'époque romaine : à quels besoins ces petits domaines aux bâtiments modestes, au matériel archéologique pauvre, ont-ils répondu ? Les habitants de ces bourgs étaient-ils propriétaires ou dépendants ? Comment ont-évolué leurs rapports avec les grands propriétaires de la plaine ? Cultivaient-ils d'autres produits les consommaient-ils sur place ou en vendaient-ils une partie ?

La fin du I° et le début du II° siècles correspondent à la plus grande prospérité de la cité des Ségusiaves, avec une prédominance affirmée pour la plaine du Forez sur celle de Roanne : des villae aux marchés ruraux, des bourgs aux villes, se diffusent céramique, monnaies, cultes et culture, se multiplient les inscriptions. Malgré les différents niveaux de développement que nous avons discerné, une certaine uniformisation semble s'affirmer. C'est la récession manifeste dès la fin du II° siècle qui va accroître les différences entre villes et campagnes : le prélèvement des premières sur les secondes s'atténue, voire cesse, certains quartiers urbains sont abandonnés et s'envasent à Roanne comme à Feurs, les importations de céramique se raréfient. Les grands domaines se constituent peu à peu, tandis que la thésaurisation traduit, à notre avis la prépondérance de la terre et du prélèvement en nature, dès l'époque des Sévères.

Une étude de la cité des Ségusiaves du IV° au IX° siècles permettrait sans doute d'infirmer ou confirmer nos hypothèses, tandis que des fouilles systématiques respectant scrupuleusement la stratigraphie devraient apporter des solutions aux problèmes que nous nous sommes posés dans le cadre de cette recherche.

V I L L E S	THEMES	R E F E R E N C E S	
BUSSY-ALBIEUX	A. R.	C.I.L. 13	1646
CHARLIEU	R. O.	– d° –	1650
FEURS	R. O.	– d° –	1636 – 1637
	R.A.E.		
	R. E.	– d° –	1641
	R.O.E.	– d° –	1642
		– d° –	1644
	A. O.	– d° –	1645
	A.	– d° –	8861 à 8864
		– d° –	10010
LUCHON	O.	– d° –	352
LYON	R.A.O.	– d° –	1670
	E.A.O.	– d° –	1688
	O. R.	– d° –	1701
	O. R.	– d° –	1711 – 1712
	O. E.	– d° –	1709 – 2013
MARCLOPT	A. R.	– d° –	1632
	R. O.	– d° –	1633
MARTHOUD	R.	– d° –	1635
MOINGT	R. O.	– d° –	1629
	R.	– d° –	1630
		– d° –	8866
MONTJOU	R.	– d° –	1651
NACONNE		– d° –	8903
NERONDE	R.	– d° –	1647/8
POMMIERS	A.	– d° –	8917
PONCINS	A.	– d° –	8865
RIVE-DE-GIER (CHAGNON)	E.	– d° –	1623
	A.	– d° –	1624
ROANNE	R.	– d° –	1649

ROME	O. E.	Dessaü		7490
SALT-EN-DONZY	R.	C.I.L. 13	1638 -	1639
ST-LAURENT-LA-CONCHE	R.	- d° -		1634
USSON		- d° -		8867
VIENNE	R. O.	C.I.L. 12		1851

Thèmes : R = religion   –   O = onomastique

          A = administration   –   E = économie

BIBLIOGRAPHIE

Abréviations employées :

Bull. Diana : Bulletin de la Diana, Montbonson, Loire.

CEF   : Centre d'Etudes Foréziennes, St-Etienne.

CIL   : Corpus des Inscriptions Latines.

CRAI   : Compte-Rendus de l'Académie des Inscriptions et Belles-Lettres.

EFR   : Ecole Française de Rome.

GRA Loire : Groupes de recherches archéologiques du département de la Loire.

GRA Roannais Groupe Archéologique du Roannais.

RAC   : Revue Archéologique du Centre.

RAE   : Revue Archéologique de l'Est et du Centre-Est.

REA   : Revue des Etudes Anciennes.

Ouvrages généraux :

Agache R. 1970 – Détection aérienne. Bull. de la Soc. de Préhistoire du Nord n° 7.

Chevallier R. 1972 – Les voies Romaines.

Clavel M. et Lévêque P. 1971 – Villes et Structures urbaines dans l'Occident Romain.

Demougeot E. 1962 – Les Martyrs du Sud-Est. Annales du Midi n° 57.

Demougeot E. 1969 – La formation de l'Europe et les invasions barbares.

Duby G. 1972 – Guerriers et Paysans.

Duval P.M. 1957 – Les Dieux de la Gaule.

Grenier A. – Manuel d'Archéologue, tomes 3 et 4.

Guey J. 1961 – La fondation de Lyon. Année Epigraphique.

Jullian C. 1920 – Histoire de la Gaule, tomes 4 et 5.

Lasfargues J. 1972 – La Céramique de Lyon. Archéologia, septembre.

Le Glay – Hommages à l'Herrmann. La vie intellectuelle d'une cité africaine des confins de l'Aurès.

Le Glay 1972 – Lugudurum. Archéologia, septembre.

Marx K. – Le Capital, tome 1.

Mauss M. 1923 – Sociologie et Anthropologie.

Remondon R. 1970 – La crise de l'Empire romain.

Scadeczky - Kardoss, 1955 - Sur les mouvements sociaux de la Gaule au I° siècle (français). Acta Antiqua Academiae Scientarum Hurgaricae 3, 149-240.

Stern H. 1967 - Les mosaïques de la Gaule. Supplément à Gallia 2, fasc. 1.

Susini G. 1970 - Sur les rapports ville-campagne et leur évolution dans l'Empire romain (en Italien). Giornata di Studi Russi - 10 Maggio 1970.

Waltzing J.-P. - Etude historique sur les corporations profession-nelles chez les Romains.

Histoire locale :

voir références dans le texte pour les périodiques locales.

Bernard A. 1858 - Description du Pays des Ségusiaves.

Cabotse A. 1966 - Roanne à 2000 ans.

Duplessy J. 1818 - Essai statistique sur le département de la Loire.

Perichon R. 1971 - Feurs. Fonim Ségusiavonim. CEF. Thèse n° 2.

Perichon R. 1974 - La céramique peinte celtique et gallo-romaine en en Forez et dans le massif-central. CEF - thèse n° 6.

Poncet J. 1968 - Les recherches archéologiques à Roanne - problèmes et premier bilan. CEF - thèse n° 1, 25-40.

Poncet J. 1970 - Rodunna. Roanne dans l'antiquité. CEF - thèse n° 3, 83-108.

Ramet H. et Guichard G. 1927 - Feurs, La plaine du Forez.

Rémy B. 1970 - L'administration et la religion des Ségusiaves d'après les inscriptions. CEF - thèse n° 3, 109-35.

Renaud J. 1970 - Moingt. Aquae Segetae. CEF - thèse n° 3, 59-79.

Maîtrises dirigées par E. Fournial (UER d'Histoire - St-Etienne).

1971 - P. Fournel "Les habitats gallo-romains dans le Forez".

J.-L. Foury "Les estampilles de potiers sur céramique sigillée recueillies dans le Forez".

R. Billard "Trésors et trouvailles de monnaies romaines en Forez".

L. Hugon "Cimetières et sépultures gallo-romains et barbares en Forez".

1972 - Th. de l'Hermuzière "Répertoire archéologique du canton de Feurs (de la préhistoire au XVI° siècle)".

M. Petiot "Répertoire archéologique du canton de Roanne".

LA CAMPAGNE LYONNAISE DU 1ER SIECLE AV. J.C.

JUSQU'AU 5EME SIECLE AP. J.C.

Stephen Walker

Il est frappant de constater qu'il n'existe aucune étude archéologique sur la campagne lyonnaise aux époques gauloises et gallo-romaines. Lugdunum devait être entouré de villae opulentes, vu la richesse et l'importance économique, sociale et politique de la ville. Le développement de la vie urbaine et de la vie commerciale devait influencer la campagne, surtout celle comprise dans la zone d'influence de la Métropole des Trois Gaules. Nombreux sont les érudits locaux du siècle dernier qui déclarent (sans toutefois fournir des preuves concrètes) du peuplement rural dense du Lyonnais, pour Clerjon (1829,149), "les nombreuses mosaïques trouvées dans les environs (de Lyon) attestent les fréquents séjours que faisaient les riches sénateurs".

Il était donc évident qu'un recensement systématique des sites ruraux du Lyonnais (c'est-à-dire le département du Rhône) était nécessaire. Cet article n'est qu'un résumé de notre travail sur l'archéologie rurale des départements du Rhône et de la Loire qui correspondent plus ou moins à l'antique cité des Ségusiaves. L'inventaire des sites dans le texte de cet article n'est pas la liste complète des sites ruraux, de même nous n'avons pas jugé bon de signaler la bibliographie totale de chaque site. Il faut aussi signaler au lecteur que d'autres articles complémentaires à celui-ci sont en cours de publication.

LE DEPARTEMENT DU RHONE ne forme une unité géographique ni au nord ni au sud, à l'est les vallées du Rhône et de la Saône et à l'ouest les élévations des Monts du Lyonnais, Tarare et Beaujolais constituent tous des barrières naturelles. Les contreforts de ces massifs, le Plateau Lyonnais et la Côte Beaujolaise se prolongent jusqu'aux bords de la Saône et du Rhône. Nous pouvons en effet dire que l'est du département regarde vers Lyon et la partie montagneuse de l'ouest regarde vers les plaines du Forez et de Roanne (Fig. 1).

Il convient donc de distinguer plusieurs zones géographiques et climatiques qui ont beaucoup influencé l'évolution de l'habitat rural.

LA VALLEE DE LA SAONE est une large dépression ou fosse tectonique qui forme un couloir de 40-50 Km, dans lequel s'étagent une série de terrasses alluviales. Le manque d'encaissement n'est pas sans inconvénient, car lors des crues, et les textes médiévaux mentionnent souvent les innondations de la Saône surtout dans la région d'Ambérieux d'Azergues. Les sols les meilleurs sont bien sûr les sols alluviaux de la vallée et les premières terrasses. Des prairies occupent le fond des vallées et Brisson (1770, 76) remarqua que "le long de la Saône ce sont des prairies d'un excellent

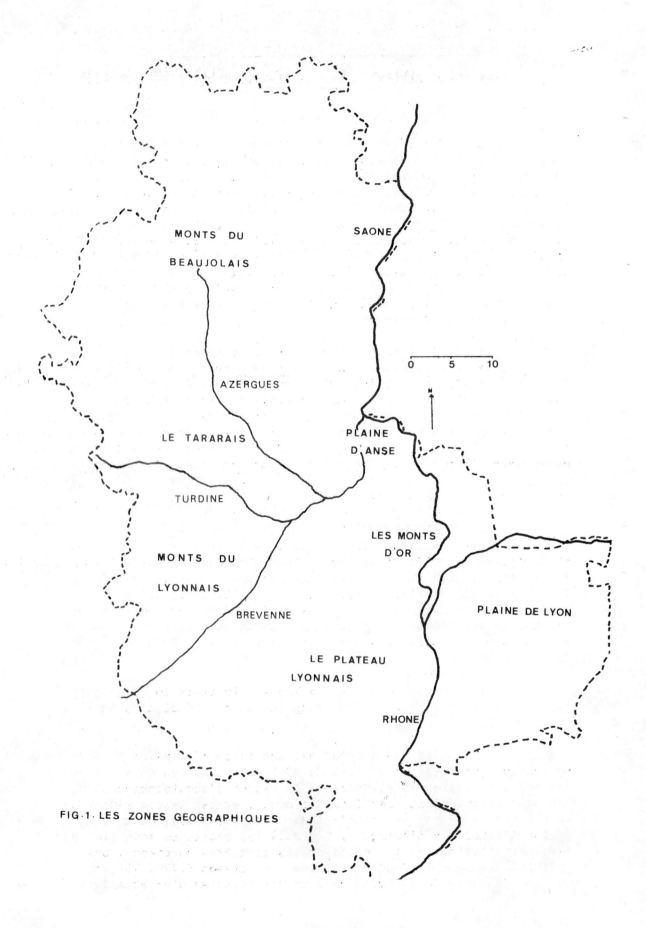

MONTS DU
BEAUJOLAIS

SAONE

AZERGUES

LE TARARAIS

PLAINE
D'ANSE

TURDINE

LES MONTS
D'OR

MONTS DU

LYONNAIS

PLAINE DE LYON

BREVENNE

LE PLATEAU
LYONNAIS

RHONE

FIG·1· LES ZONES GEOGRAPHIQUES

0   5   10

280

rapport quand la rivière ne les a pas inondées". Notre carte de
distribution montre la concentration des villae le long de la Vallée
de la Saône surtout dans le région d'Anse, au nord de Villefranche
(ville de fondation médiévale)la densité est nettement moins importante. L'occupation est concentrée sur les premières terrasses pour
être hors de l'atteinte des eaux, voir le site de Boitrait qui est
situé sur une petite éminence. L'importance de la région d'Anse est
clairement illustrée par cette citation ancienne, "entre Villefranche et Anse est la meilleure lieue de France... collines remplies
de vigne... les terres labourables, grandement fertiles en blés...
puis de belles prairies abondantes en foin, au bout desquelles
est la rivière de Saône", (Louvet in Galle et Guigue 1903, 151). Les
productions agricoles sont donc nombreuses et variées : le blé, la
vigne et les prairies dominent, autour d'Anse les écclésiastiques
et les bourgeois de Lyon acquièrent beaucoup de prés au 15e siècle.
Il faut aussi souligner l'importance de la vallée de la Saône comme voie de communication, depuis toujours, de même à l'époque romaine la voie principale Marseille-Lyon-Chalon-Rhin y passait.

LA VALLEE DE L'AZERGUESfut aussi un couloir important de
communication, cette fois vers la Loire et le Charollais. L'Azergues
au nord est coupée dans les Monts du Beaujolais, mais vers le sud
les monts de la Côte Beaujolaise (partie basse) s'inclinent vers
la vallée de l'Azergues. La vallée est d'une grande fertilité mais,
comme dans la vallée de la Saône, l'occupation dense se trouve à
l'abri des crues fréquentes de l'Azergues sur les premières terrasses. L'Azergues était toujours une rivière fort traître ou "un tor-
rent des plus fougueux lors de ses crues" (1760, Almanach de la
Ville de Lyon). A l'époque médiévale il n'y avait que deux ou peut-
être trois ponts sur l'Azergues à Anse, Dorieux et peut-être à
Chazay. Les fréquentes innondations ont dû beaucoup influencer l'habitat surtout vers le territoire d'Ambérieux d'Azergues. Les sols
alluviaux de la Basse Azergues produisaient de bonnes récoltes de
froment ainsi que de bonnes prairies. Il n'est donc pas étonnant de
constater une assez forte densité d'occupation gallo-romaine dans
la région de la Basse Azergues, la présence de plusieurs stations
paléolithiques montre aussi l'importance de cette région.

LA COTE BEAUJOLAISE forme une zone intermédiaire au pied
des Monts du Beaujolais et au-dessus de la plaine alluviale de la
Saône. Les côteaux et collines arrondies de la Côte ont une transition brutale avec la zone montagneuse au nord et au sud, ils s'inclinent vers la vallée de l'Azergues. L'Ardières est la plus considérable rivière, elle se jette à Belleville dans la Saône et ferti-
lise les prairies immenses. Avant le 18e siècle, il n'y avait que
peu de vignes et la région était pauvre, les récoltes principales
étant le froment et le seigle. Il est intéressant de constater que
nous avons trouvé peu d'indices d'occupation gallo-romaine dans la
région nord de Villefranche. Il y avait beaucoup de bruyères qui
fournissaient à quelques moutons un maigre paturage (Cochard et Aigueperse 1829-30, 242).

L'occupation gallo-romaine se trouve surtout sur les côteaux du Beaujolais de Villefranche à Lozanne. Au moyen-âge, la
viticulture est une spécialité bien localisée (Lorcin 1974, 29),
voir les vignobles de Chatillon, Anse et la paroisse nommée Saint-
Jean-Les-Vignes. La densité et la richesse de l'occupation gallo-

romaine ne peuvent pas être expliquées seulement par la culture des céréales et l'exploitation des prairies, on peut se demander s'il n'y avait pas une culture limitée de la vigne dans cette région. Thévenot (1959, 318-9) a conclu que la prospérité de la région Beaune-Dijon au 2e siècle venait du développement des vignobles de la Bourgogne. Dion (1959, 131) a écrit qu'à la fin du 1er siècle il y avait des vignobles en amont de Lyon mais il contredit la théorie de l'existence en Bourgogne d'un grand vignoble commercial en pleine production. Il semble tout à fait probable qu'il y avait une production limitée dans le Lyonnais, Dion (1959, 149) se demanda si le privilège de la création d'un vignoble serait donné à quelques cités privilégiées par leur importance économique.

LES MONTS DU BEAUJOLAIS appartiennent aux monts de l'ouest marqués par le froid et l'humidité. Les monts du Beaujolais sont une subdivision des Cévennes, ils se relient au nord par le Mont Ajoux aux monts du Charolais et au sud à la chaîne du Lyonnais par le massif de Tarare. Les deux principaux chaînons orientés ouest-est sont séparés par la profonde vallée de l'Azergues. Ces montagnes comme toutes celles où le granit ou le porphyre dominent, ne sont pas coupées de profondes fractures, la roche étant trop dure. Les cours d'eau qui prennent leur source dans cette région sont nombreux mais peu importants.

La montagne est peu favorable au développement agricole, la terre est pauvre et difficile à travailler car la couche arable est très peu épaisse et les sols soumis à un ravinement intense, dans le fond des vallées, les prairies sont de qualité médiocre. Même au Moyen-Age les massifs montagneux de l'ouest ont encore de grandes surfaces incultes. Dans ces régions la couverture forestière s'est bien maintenue et elles passent pour avoir été beaucoup plus boisées autrefois. Dans les Monts, les toponymes prétendus gallo-romains sont rares, de même nous avons trouvé peu d'indices d'occupation gallo-romaine, à part quelques sites à proximité des voies telles que celle de Belleville à Autun via Avenas ou celle de la vallée de la Trambouze. Quelques sommets furent occupés, voir la présence du temple classique sur un sommet vers Lamure d'Azergues. Les toponymes de la région indiquent une région couverte de forêts coupées de noires vallées, les terres ne produisant en général que du seigle. On doit aux défrichements médiévaux (Lorcin 1974, 39) l'habitat actuel des fermes et hameaux isolés. Même au 18e siècle Brisson (1770, 120-4) écrit que "la plupart des terres ne produisent que de trois en trois ans, une grande quantité est laissée en friche jusqu'à ce que les genêts y aient poussé en certaine abondance et il faut pour cela six, huit, dix ans".

Le Tararais est moins humide et encore moins fertile que le Haut-Beaujolais. Selon l'Almanach de la Ville de Lyon pour 1760, le région de Tarare est aride, inculte et n'y-a-t-il pas un village nommé "les Sauvages" où le climat est extrême avec des hivers rigoureux, les neiges bloquent parfois les voies naturelles. Evidemment, il y a peu d'occupation gallo-romaine dans cette région à part quelques sites le long de la Vallée de la Turdine -le trajet naturel vers la Loire via le Col de la Chapelle et la vallée du Gard.

LES MONTS DU LYONNAIS : le rebord des Monts du Lyonnais fait transition entre les hauteurs et la vallée. Les gneiss et le granit se décomposent en sols assez profonds mais sablonneux et secs, les précipitations sont moins abondantes que dans le Tararais. Les meilleures terres se situent sur les replats, mais ailleurs l'épaisseur de la terre arable dépasse rarement 30 cm. Le massif est profondément coupé par la vallée de la Brévenne. Le granit donne des terres peu profondes qui conviennent bien au pin sylvestre, seul le fond des vallons granitiques présente des terres profondes, sablo-argileuses propices aux prairies, tandis que le gneiss donne un sol rocailleux, sablonneux, sec et aride où seul le seigle prospère. C'est une région de prairies et de champs qui montent presque jusqu'aux sommets qui sont boisés. Cette région est plus peuplée que celle de Tarare ou du Haut-Beaujolais, l'occupation étant concentrée sur les replats ainsi que sur quelques hauteurs.

LE PLATEAU LYONNAIS forme au pied des Monts du Lyonnais une banquette, coupée de nombreuses vallées étroites, constituée essentiellement de gneiss, micaschiste et granit. Le plateau plonge à l'est sous les alluvions des vallées du Rhône et de la Saône. Il s'agit d'un lieu de passage qui évite les zones fluviales instables. Les Monts d'Or continuent au nord le plateau, le lambeau de couverture calcaire laisse affleurer la pierre jaune appelée "pierre dorée" dans le pays, cette pierre fut beaucoup exploitée à l'époque médiévale et il est intéressant de constater que la fouille de Chessy apporte une première preuve pour l'exploitation gallo-romaine de la "pierre dorée". La présence de bonnes terres à froment qui permettent la culture de céréales en font une région prospère. Les sommets tels que le Mont Ceindre et le Mont Verdun ont été occupés depuis longtemps, dans cette région nous avons relevé plusieurs indices d'occupation préhistorique et protohistorique. Les sommets dominent la voie de passage de la Saône, le Mont Verdun étant tourné vers Trévoux et la plaine d'Anse. De même nous avons révélé une forte occupation gallo-romaine dans cette région d'altitude moyenne à proximité de Lyon. La densité d'occupation indique que les exploitations étaient de taille moyenne et nous ne voyons pas de grandes villes comme en Bourgogne.

LA PLAINE DE LYON s'étend à l'est de Lyon, cette région faisait partie jadis du département de l'Isère. La plaine est bordée au nord et à l'ouest par le Rhône, au sud par les collines du Dauphiné et à l'est par l'île de Crémieu. Une partie de cette région fut souvent inondée, le toponyme des Brotteaux indique une région d'îlots instables et marécageux en bordure du Rhône et de la Saône, les îlots étant submergés lors des crues. Ce phénomène explique le peu de vestiges gallo-romains trouvés à l'est de Lyon dans la région Brotteaux-Villeurbanne-Vaulx-en-Velin. Par contre, les Balmes viennoises dominant le Rhône et ses terrains marécageux (occupés maintenant par le canal de Jonage) étaient densément occupées et les villas de cette région, riches. Pourtant le sol de la plaine manque d'eau, la terre arable a peu d'épaisseur et elle est sensible à la sécheresse à cause de sa perméabilité. Mais l'exploitation agricole a toujours été rentable, l'occupation gallo-romaine était dense surtout sur les Balmes viennoises et à proximité du compendium Lyon-Vienne.

LA VALLEE DU RHONE ET LE PLATEAU DE CONDRIEU. Le long du
Rhône, le sol est très fertile, les alluvions assurant de bonnes récoltes. L'occupation gallo-romaine se situe à proximité des alluvions au-dessus du cours du Rhône. Au-dessus des côteaux de Condrieu
à Sainte-Colombe, il y a peu de ressources, ce qui explique pourquoi
l'occupation gallo-romaine s'étale sur les côteaux du fleuve
(Cochard 1815). Cette région faisait partie du pays allobroge, et
la richesse des villas pourrait être expliquée par la culture, et
de la vigne et des céréales, selon Dion (1959, 112) le désir d'élar-
gir le midi vinicole du pays allobroge jusqu'au sud du Pilat explique le remaniement territorial qui a rattaché la région d'Ampuis et
de Condrieu à la cité de Vienne. La proximité de Vienne et les
quartiers luxueux de St-Romain-en-Gal et Sainte-Colombe expliquent
aussi la richesse et l'importance de cette région.

Il ressort de cette étude l'écart de richesse entre la
montagne, le plateau et la plaine. Nous voyons dans les plaines des
régions bien cultivées et densément peuplées, la culture du froment
et de céréales domine, l'élevage joue un rôle important aussi. Les
massifs montagneux sont par contre peu peuplés et restent largement
incultes.

L'OCCUPATION GAULOISE (Fig. 2).
Dans notre introduction à cette partie du volume, nous
avons souligné le manque d'intérêt témoigné pour l'archéologie
gallo-romaine rurale, or la situation est encore plus grave en ce
qui concerne l'archéologie du deuxième Age du Fer.

Il n'existe aucune synthèse sur l'occupation celtique
de notre région, peu de sites ont été explorés ou fouillés et notre
connaissance de cette période de la Tène II et III vient presque
exclusivement de découvertes anciennes. Certaines fouilles récentes
de sites gallo-romains ont révélé l'existence de contextes gaulois,
or ceux-ci sont mal définis et nous ne connaissions jusqu'à présent
aucun habitat.

Dans le volume récent sur la préhistoire française,
Nicolas conclut (1976, 699-707) que la distribution connue des sites
dans notre région donne l'impression d'une faible population. Mais
des travaux récents (Walker, à paraître a et b) ont démontré que
l'occupation gauloise fut beaucoup plus importante qu'on ne le
croyait jadis.

Pour le moment, seuls deux sites peuvent être sûrement
datés de l'époque de la Tène II, ceux du Terrail et de Genas. Malheureusement aucun des sites n'est un habitat. Le site de Genas est
situé en plaine, dans la vallée du Rhône, et celui du Terrail se
trouve dans les Monts du Beaujolais.

Genas : ce site est le seul, à proximité de Lyon, que
nous pouvons dater de l'époque de la Tène II. Il s'agit d'une nécropole découverte en 1895, les sept ou huit tombeaux contenaient
trois épées, une lance en fer, une fibule à ressort double et trois
vases (Bocquet 1969, 273).

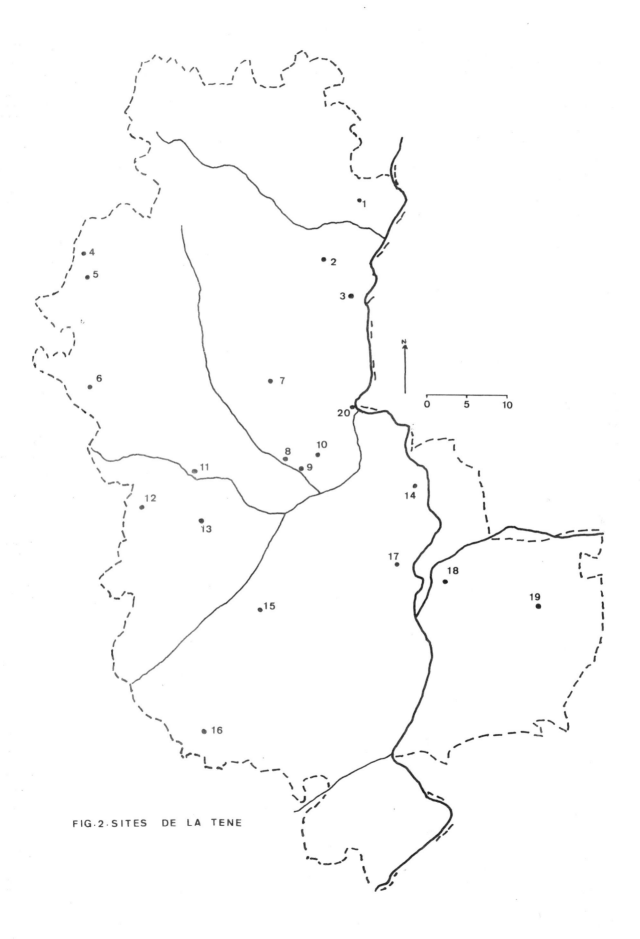

FIG.2·SITES DE LA TENE

FIG. 2. SITES DE LA TENE II ET III et sites mentionnés dans le texte

1 - Corcelles-en-Beaujolais
2 - Charentay
3 - St-Georges-de-Reneins
4 - Le Châtelet, Cours-la-Ville
5 - Bois Durieu, Mardore
6 - Le Terrail, Amplepuis
7 - Ville-sur-Jarnioux
8 - Chessy-les-Mines
9 - Pont-Dorieux, Châtillon d'Azergues
10 - Charnay
11 - Pontcharra-sur-Turdine
12 - Manderon, Affoux
13 - Le Crêt d'Arjoux, Ancy
14 - Poleymieux
15 - Le Châtelard, Courzieu
16 - Larajasse
17 - Ecully
18 - Les Brotteaux
19 - Genas
20 - Anse

Le Terrail (Amplepuis) - Perichon 1962 et 1966. Site important, situé sur un plateau limité de trois côtés par des pentes assez fortes. Le Terrail fut connu et exploré au siècle dernier et plus récemment Robert Perichon y a fouillé et étudié le matériel provenant de fouilles anciennes.

Il s'agit d'une enceinte quadrangulaire de 80 m délimitée par un fossé en forme de U. La terre provenant du creusement de celui-ci avait été rejetée à l'intérieur de l'enceinte pour former une butte, il est possible qu'une palissade de bois se soit trouvée sur cette terre, car on a trouvé des débris calcinés dans le fossé. Le matériel archéologique provenait surtout de puits situés à l'intérieur de l'enceinte et du remblai du fossé de celle-ci. Le matériel comprenait des fragments d'amphores de type Dressel 1A des fragments de céramique à vernis noir campanienne A et des tessons de céramique commune avec peu de décor. Ce matériel homogène incita une datation de la fin de la période de la Tène II.

Le manque d'ossements d'animaux et de structures domestiques ont amené R. Perichon à suggérer que cette enceinte pouvait être un lieu de culte. Millotte a remarqué que le Terrail est l'une des rares enceintes quadrangulaires celtiques de notre **région**, de telles enceinte**s étant** surtout trouvées **en Al**lemagne du Sud où on les date de la période de la Tène III. Mais le manque d'amphores Dressel 1B, de Campanienne B et d'autres éléments plus récents font ressortir la datation précoce de ce site.

Lyon : nous avons déjà parlé dans ce volume du manque de preuves historiques pour l'occupation celtique du site de Lyon.

Par contre, plusieurs découvertes de monnaies celtiques ont été faites dans les environs de Lyon :

- Rue Ste-Elisabeth, Brotteaux -(Blanchet 1905 n°203) - importante trouvaille de pièces en argent ;

- Près de Lyon (Blanchet 1905 n°205) - environ 300 pièces en argent ;

- environs de Lyon (Blanchet 1905 n°204) - dépôt de pièces semblables à Blanchet 203 ;

- environs de Lyon (Blanchet 1905 n°206) - dépôt très considérable de pièces à la **tête casquée** et au cavalier, série très répandue dans la vallée du Rhône.

Malheureusement l'identification de la plupart de ces monnaies n'a pas été faite et il en va de même en ce qui concerne la datation. Nous ne pouvons pas facilement interpréter la signification de ces trésors monétaires, car leur provenance est pour la plupart inconnue, le seul trésor localisé provient du quartier des Brotteaux qui fut un quartier très marécageux jusqu'à récemment et il semble très peu probable que ce trésor indique la proximité d'un habitat.

Larajasse : (Blanchet 1905 n°207) - trouvaille considérable de monnaies dont neuf pièces des Volques arécomices anépigraphes et douze des Allobroges de l'hippocampe.

Manderon (Affoux) - Gallia 31,1973,525 et Gallia 33,
1975,544.
Un site situé sur un sommet de 732 m, 3 km à l'est d'Affoux.
Sous le site gallo-romain du Haut-Empire se trouvait une
mince couche de terre noire qui contenait des fragments de céramique noire fristre. Ce niveau primitif de l'habitat fut associé avec
des tessons de sigillée italique. On a aussi trouvé de la céramique
fine noire décorée à la molette semblable à celle de Chessy. Le manque d'étendue de la fouille n'a pas permis de définir la nature
exacte de ce site, mais la datation s'échelonne de la fin de la période de la Tène III et le début de l'époque augustéenne.

Miolan (Pontcharra-sur-Turdine) - Gallia, 26, 1968, 578-
80 ; Gallia, 29, 1971, 421 ;et Gallia 32 1973, 526 ; Chambost 1974,
292-5.
Le Miolan est situé à 326 m en amont de la rivière Turdine
et à proximité de la voie antique vers Tarare et la Loire. Durand
(1874) fut le permier à signaler l'existence d'un site important
au Miolan et à suggérer que celui-ci pouvait correspondre au Medio-
larum de la Table de Peutinger, or, Guigue (1877,59) placa celui-ci
dans le Forez à Moingt (Montbrison).

Les sondages récents de Jacques Chambost ont révélé
l'existence d'un site de la période de la Tène III (aux alentours de
la conquête). Sous le sol d'une structure romaine dut découverte une
énorme lentille de fragments de dolia et d'amphores italiques de type
Dressel I. Dans cette fosse il y avait aussi des tessons de céramique peinte et de la céramique à vernis noir avec un décor exécuté
à la molette. La présence sur le site d'une monnaie gauloise très
usée ne nous apporte rien sur le plan chronologique, car des monnaies gauloises ont continué à ciruler jusqu'au milieu du 1er siècle ap. J.-C. La seule monnaie qui est signifiante est un denier
d'argent daté vers 129 av. J.-C.

L'absence de toute fouille systématique et de publication
ne permet pas de préciser si l'on a découvert des tessons de céramique campanienne, la découverte du denier de 129 av. J.-C. pourrait
indiquer une origine encore plus ancienne du site que ne laissait
suposer le matériel archéologique fouillé. L'absence de fouille de
grande étendue et de stratigraphie ne permet pas davantage de conclusions sur l'organisation et l'évolution de ce site intéressant.

Les Tournelles (St-Georges-de-Reneins) Audin, 1931 et
1951, Wuilleumier 1939, 245-51, Chapolat, 1956, 1959-61.
Ce site est signalé sous le nom celtique de Ludna comme
relais par la Table de Peutinger sur la route Lyon-Macon. Le site
antique est situé près de la Colline d'Aiguerande, toponyme qui pourrait indiquer la frontière de la cité des Ségusiaves avec celle des
Eduens. A l'est du site se trouve le gué important de Grelonges sur
la Saône, importance soulignée par la découverte de deux trésors monétaires gallo-romains à proximité du gué.

Ludna fut un carrefour routier important à l'époque gauloise, se croisaient ici les voies de Marseille-Lyon-Chalon et Bribacte et Loire moyenne avec celle de Genève et les plateaux suisses.
L'étendue du site gallo-romain du Haut Empire montre bien que le
site a pu garder son importance.

L'occupation celtique ce de site trop partiellement fouillé est signalée par la présence de quatre monnaies gauloises, de
céramiques peintes et de quelques fragments de chenets gaulois.

L'absence de fouille systématique et statigraphique et
l'inexistence de tout inventaire du matériel déjà recueilli sur le
site ne permettent aucune conclusion sur l'organisation, l'évolution
et la chronologie exacte du site.

St-Clair (Ville-sur-Jarnioux) - Carra, 1901.
Découverte ancienne d'un site important au sujet duquel
nous possédons trop peu de renseignements archéologiques. La présence de monnaies gauloises des Allobroges et des Séquanes ainsi
que de quatre bracelets est signalée. Il semblerait qu'il existe
des traces importantes de continuité sur ce site car des monnaies de
l'époque gallo-romaine précoce sont aussi signalées. Il faut aussi
mentionner la présence d'urnes funéraires dites gauloises.

La Glande (Poleymieux) - Beauvery, 1977.
Des sondages récents ont révélé la présence d'un site
protohistorique ainsi que d'un site important du Bas-Empire. Le
site domine la vallée de la Saône et la voie principale de Lyon
vers Chalon. On a trouvé des céramiques à vernis noir et gris ainsi
qu'une monnaie gauloise de type Eduo-Séguslave. Il est très regrettable que ce site mystérieux n'ait pas fait l'objet de véritables
fouilles.

Le Chatelard (Courzieu). Site important sur une hauteur
qui a été datée de l'époque de la Tène III, malheureusement ce site
n'a jamais fait l'objet de fouilles. Quelques prospections du
regretté Jeancolas ont révélé la présence d'une muraille de pierre
ainsi que des fonds de cabanes.

Charentay - Savoye, 1899. Découverte ancienne de cinq
foyers associés avec des os (boeuf, mouton et porc), de la poterie grossière et de trois manches d'outils de fer. Dutraive signale
(1978,9) que la forme des céramiques se rapproche de la céramique
gallo-romaine.

La datation n'est pas claire, or une date de la Tène II
ou III semblerait probable.

Le Bois Durieu (Mardore) - Gallia, 16, 1958, 363. Eperon
barré où l'on a trouvé des graines de blé, des céramiques de la
Tène III et cent flèches romaines dont la signification reste obscu-
re.

Le Chatelet (Cours-la-Ville) - Nicolas, 1976, 363. Eperon
barré qui daterait de la Tène III.

Il existe d'autres sites protohistoriques dans la région, les monographies locales en signalent assez souvent l'existence. Le manque total de prospections et de sondages de contrôle font que la datation et la nature exacte de ces site ne sont pas claires ; il convient donc d'utiliser ces dernières avec prudence.

Il convient maintenant de signaler l'existence d'un habitat important de la Tène III à Chessy.

Le Colombier (Chessy-les-Mines). Nos fouilles récentes à Chessy nous obligent à mettre en question les idées recues sur l'occupation gauloise de la région lyonnaise. Chessy est situé dans la vallée de l'Azergues sur des alluvions fertiles, la vallée elle-même est un axe important de communication vers le Charollais. Les fouilles ont mis à jour un fossé sur une longueur d'au moins 70 m, celui-ci est peu profond mais son comblement est homogène (argile riche en cendres et charbon de bois) avec un abondant matériel céramique. La majorité de la céramique consiste en productions indigènes grossières de la fin du 1er siècle av. J.-C., mais il y a aussi une forte proportion de céramique fine lisse (dont quelques fragments sont décorés à la molette) qui serait vraisemblablement une importation (fig. 3). Les influences romaines sont montrées par la présence d'amphores républicaines surtout (Dresel 1A et 1B), de la campanienne A et B) et quelques tessons de sigillée italique (service 1 de Haltern) font remonter la datation du remblaiement jusqu'à la période augustéenne. De même, la forme régulière et droite du fossé incite une datation gallo-romaine précoce, dans le nord, Agache a démontré que les enclos gaulois sont plus réguliers et carrés à la fin du 1er siècle av. J.-C. La présence de tant de céramique de bonne qualité, d'importations italiques et de beaucoup d'ossements d'animaux démontrent l'existence d'un habitat important, il s'agit sans doute d'un aedificium. Agache (1975) souligne que les aedificia apparaissent comme des points de localisation des richesses agricoles, du bétail et des hommes. Les bâtiments à l'intérieur de ces enclos auraient été en bois et en terre, ce qui explique pourquoi nous n'avons trouvé aucune structure. Nous savons bien que la puissance de la noblesse gauloise dérivait du contrôle de la terre, la construction d'une villa gallo-romaine sur le site et la continuité (semble-t-il) des limites territoriales montre la continuité du domaine.

L'existence d'un site important à Chessy nous fait poser de nouveau la question de l'exploitation des mines de cuivre de Chessy. Pour les érudits locaux, les mines étaient exploitées dès la conquête et même avant, mais pour le moment nous ne disposons d'aucune preuve archéologique qui nous permettrait de résoudre cette question intéressante.

Nous insistons longuement sur les fouilles de Chessy, car ce sont les seules dans la région qui ont démontré l'évolution d'un aedificium de la Tène III dans la villa gallo-romaine, évidence stratigraphique et céramologique à l'appui. Nous espérons que l'étude des ossements recueillis lors des fouilles nous apportera quelques éléments sur le rôle de la chasse et de l'élevage dans l'économie domestique du site gaulois.

FIG. 3. CERAMIQUES TROUVEES A CHESSY
        : Céramique indigène
        : Amphores italiques

Les trouvailles de Chessy montrent que jusqu'ici on a sousestimé l'importance de l'occupation gauloise dans la région (fig. 2). Chessy est un site de plaine dont le propriétaire jouit d'un bon niveau de vie. La découverte ancienne de tessons de céramique peinte et d'un cimetière de l'Age du Fer à Pont-Dorieux (Chatillon d'Azergues) laisse supposer l'existence d'autres habitats gaulois dans la vallée de l'Azergues.

Il semble évident que les vallées principales (et donc les voies principales) étaient jalonnées d'habitats. Nicolas (1976) conclut que les sites du Terrail, Mardore et Miolan se trouvent sur l'une des routes pénétrant le Massif Central. Les sites de Ludna, la Glande et Genas indiquent, eux, la présence de sites sur l'axe principal Rhône-Saône. La région d'Anse au confluent de l'Azergues et de la Saône fut sans doute un lieu de passage important, tant par terre que par eau. Perraud (1966, 2, note 19) suggéra une occupation gauloise pour Anse même si Chapotat (1956, 1544) note que "Anse ne semble dater que de l'époque où il a été possible de franchir la zone inondable". La présence de silex néolithiques autour d'Anse et au Bourdelan (Anse) prouve l'ancienneté de l'occupation de cette région. L'importance du gué Anse-St-Bernard est soulignée par les découvertes de l'époque du Bronze dans la Saône (Armand Calliat 1957, 129-38). Plus au sud, vers Vienne, Chapotat (1973) a clairement démontré l'existence d'un gué important sur le Rhône à Grigny, les objets recueillis montrent la variété des influences qui s'exercent sur la vallée du Rhône durant la Protohistoire (et surtout au Bronze Final). Pour Audin (1956, 14-15) et Chapotat (1956), le chemin celtique qui remontait le couloir rhodanien franchissait le fleuve à Vienne.

Le problème de St-Symphorien-Le-Châtel ou St-Symphorien-sur-Coise est intimement lié à celui des chemins gaulois. Pour Guigue (1877, 59) Forum Segusiavorum était situé à St-Symphorien à l'époque celtique, et le nom de Forum Segusiavorum avait été transféré à Feurs au début du l'époque romaine. Guigue cite comme évidence le fait que St-Symphorien fut un carrefour routier au Moyen-Age et que l'appellation Feurs-En-Forez au Moyen-Age impliquerait l'existence d'un autre Feurs ou Forum. Chapotat (1955) s'est rallié à cette thèse. Pour le moment, il faut constater qu'aucun matériel gaulois n'a été trouvé à St-Symphorien, mais un programme de recherches sur l'archéologie rurale devrait comprendre l'élucidation de ce problème parmi ces priorités.

La publication de Chessy qui va paraître bientôt comprend une synthèse complète de nos connaissances sur l'Age du Fer dans la cité des Ségusiaves, (Walker à paraître), il faut maintenant définir un programme de recherches sur l'occupation celtique de notre région. Les priorités d'un tel programme seraient la fouille d'un habitat, la fouille contrôlée d'un site sur une hauteur, et la publication des fouilles de Ludna et de Miolan. Désormais toute fouille devrait comprendre la récupération systématique des ossements et sur certains sites dont le sol s'y prête facilement, il faudrait récupérer les graines, sans un tel programme, nous ne pourrons pas avancer.

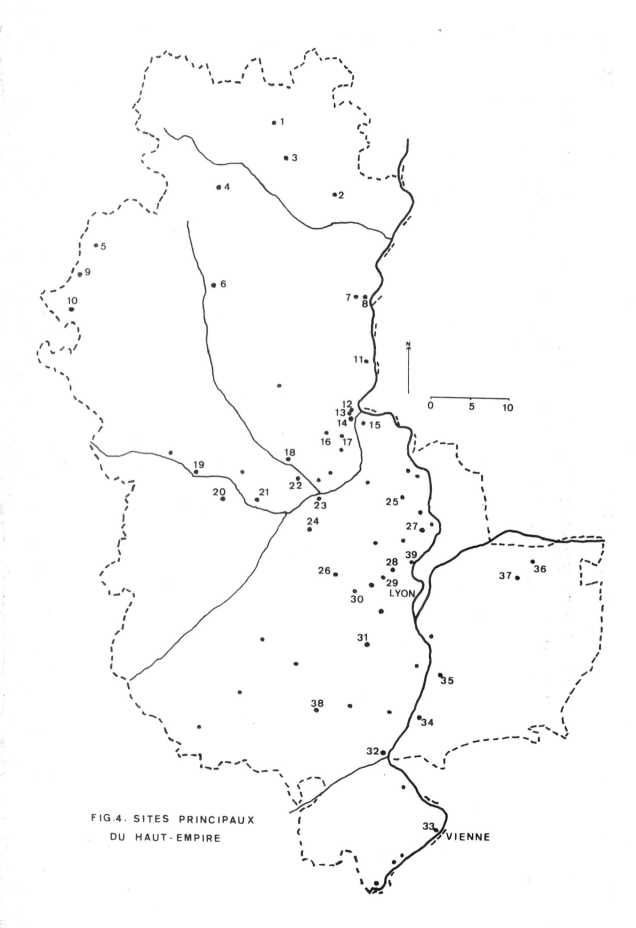

FIG.4. SITES PRINCIPAUX
DU HAUT-EMPIRE

FIG. 4. SITES PRINCIPAUX DU HAUT-EMPIRE.

1 - St-Antoine d'Oroux
2 - Les Verseaux, Villié-Morgon
3 - La Croix Rochefort, Avenas
4 - Mont Tourvéon
5 - Croix Dumont, Cours la Ville
6 - La Pyramide, Lamure-sur-Azergues
7 - Les Tournelles, St-Georges de Reneins
8 - Boitrait
9 - Pont Trambouze
10 - La Condemine, Bourg de Thizy
11 - Beligny, Villefranche
12 - Le Bancillon, Anse
13 - Anse
14 - La Grange du Bief, Anse
15 - Ambérieux d'Azergues
16 - Marcy-sur-Anse
17 - Lucenay
18 - Chessy-les-Mines
19 - Le Miolan, Pontcharra-sur-Turdine
20 - St-Romain de Popey
21 - Bully sur Arbrêsle
22 - Biers, Châtillon d'Azergues
23 - Pont Dorieux, Châtillon d'Azergues
24 - Lentilly
25 - Les Essarts, Poleymieux
26 - Le Quincieu, Ste-Consorce
27 - Collonges au Mont d'Or
28 - Ecully
29 - Pont d'Alaî, Tassin-la-Demi-Lune
30 - St-Genis-les-Ollières
31 - Chaponost-le-Vieux
32 - Givors
33 - St-Cyr-sur-le-Rhône
34 - Serezin-du-Rhône
35 - Feyzin
36 - La Dent, Meyzieu
37 - Décines, Charpieu
38 - Goiffieux, St-Laurent d'Agny
39 - St-Rambert -Ile-Barbe.

LES VILLAE PRINCIPALES (Fig. 4).
        Répartition de l'habitat rural selon les zones géographiques principales.

        VALLEE DE LA SAONE :
        La Grange du Bief (Anse) : il s'agit d'une luxueuse villa située à 2 km environ au sud d'Anse, une villa surtout remarquable pour ses mosaïques qui sont au nombre de cinq (Guey et Duval, 1960 et Stern 1975, Nos 175-86). Malheureusement, les fouilles faites lors de la construction d'une nouvelle route ont été surtout concentrées sur le dégagement rapide et peu étendu des structures. Il manque totalement de coupes stratigraphiques et de relevés architecturaux qui nous auraient permis de mieux comprendre l'évolution des structures différentes de cette villa exceptionnelle (fig. 5). Il s'agit d'une villa à galerie façade (longueur de 175 m) regardant vers la vallée, la villa dans son état final se développe dans trois directions à partir d'un groupe central de cinq pièces. Vers l'ouest trois pièces avec mosaïques avaient été trouvées au siècle dernier, vers le nord et le sud, suivant un long mur qui constituait avec un autre à l'ouest, une galerie à colonnes. Le plan général de la villa nous fait penser à la villa à cour ou "courtyard villa". Il semblerait qu'il y eût deux phases principales dans l'évolution de la villa. Les origines de celle-ci remontent vraisemblablement au début du 1er siècle ou la fin du premier siècle avant J.C., la présence dans la pièce 5 sous le pavement d'un dépotoir du 1er siècle (avec sigillées de la grauferesque) et une fibule qui date de la fin de l'indépendance. Malheureusement cette première période d'occupation est mal connue en raison du manque de toute analyse stratigraphique. La deuxième époque vit la construction de la villa luxueuse avec sa galerie, ses mosaïques et ses enduits peints. Selon Stern (1975, n°175), le grand pavement daterait de l'époque sévérienne, étant donné les parallèles frappants avec la mosaïque du Verbe Incarné à Lyon, mais Larcha (1977, 30) a reculé cette datation au troisième quart du 2e siècle (en tenant compte des exemples viennois), ce qui semble plus probable vu l'abandon constaté à la fin du 2e siècle.

        Boitrait (St-Georges-de-Reneins) : ce site, à proximité du vicus de St-Georges-de-Reneins, est situé sur une éminence pour éviter l'inondation par la Saône. Au siècle dernier (Savoye 1900), on a trouvé un bassin de marbre blanc autour duquel s'étendaient des constructions, des fouilles ont aussi révélé plus loin l'existence d'un cimetière gallo-romain. L'importance de ce secteur à proximité du gué de Grelonges sur la Saône est démontée par la découverte de deux trésors monétaires.

        Le Bancillon (Anse) : site important avec des constructions et une mosaïque (Stern 1968, 187) qui se trouve au nord d'Anse. Ce site est à côté de St-Romain, où se trouvait un important prieuré médiéval.

        Ambérieux d'Azergues : site avec des constructions et un cimetière situé sur la commune très inondable d'Ambérieux. La présence de cubes de mosaïques et d'enduits peints laisse présager l'existence d'un site important.

        Saint-Rambert - Ile Barbe : Découverte d'une villa lors

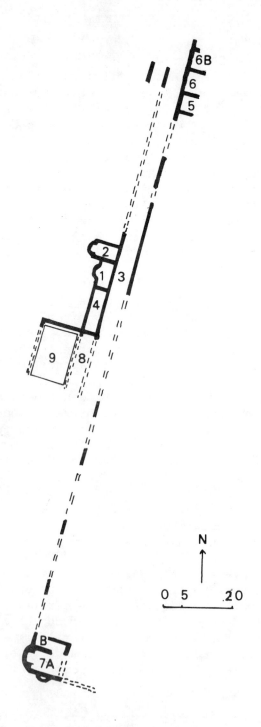

FIG·5·LA GRANGE DU BIEF, ANSE

PERRAUD 1965 & 1968

de la construction de la gare au siècle dernier.

Sur l'Ile Barbe se trouvait une abbaye très importante
avec des possessions territoriales considérables. L'occupation gallo-
romaine de cette île ne fait pas de doute, voir la découverte d'inscriptions funéraires, deux patères de bronze et un vase d'argent
avec quatre monnaies de Probus (dans la Saône).

LA COTE BEAUJOLAISE : L'occupation gallo-romaine se
situe surtout dans la région d'Anse. Il s'est révélé peu de traces
d'occupation gallo-romaine au nord de Villefranche.

Des villae ont été signalées à :

- Lucenay : constructions, canalisations, sols, monnaies.
Les auteurs du 19e siècle se sont beaucoup intéressés au problème
de l'identification du palais de Licinius (légende de Licinius et
d'Auguste), selon Morin et Mercier, on voyait les vestiges du palais au 15e siècle à Lucenay. Perraud (1968, 5) a récemment suggéré
l'existence d'un sanctuaire à Lucenay attaché à la villa de la Grange du Bief, mais il n'y a aucune preuve archéologique pour cette
théorie alléchante.

- Marcy-sur-Anse : constructions qui pourraient faire partie, selon Perraud (1968, 13) d'une ferme dépendante de la villa de
la Grange du Bief. C'est certes une théorie intéressante, mais il
n'existe aucune preuve pour soutenir cette hypothèse.

- Beligny (Villefranche) : tradition d'une mosaïque sur
ce site à proximité de la Saône. La présence de sépultures et de
cippes funéraires indique clairement une occupation importante.

- Ville-sur-Jarnioux : site important , découverte de monnaies s'échelonnant depuis les colonies de Nîmes et Marseille à
Constantin et C. Chlore. Découverte d'un cimetière de datation inconnue, la présence de tombes construites de dalles pourrait indiquer
une datation, soit du bas-empire, soit de l'époque mérovingienne.

Au nord de la ville actuelle de Villefranche, se trouvent les vici de Belleville et de St-Georges-de-Reneins qui étaient
sûrement entourés de villae et d'autres exploitations rurales situées sur les alluvions fertiles de la vallée de la Saône. Mais
l'occupation de la côte beaujolaise est moins importante.

Les Verseaux (Villié-Morgon) : découverte ancienne de
voûtes que l'on croit avoir appartenu à un établissement de bains.
La tradition d'un "vieux château" détruit par les Sarrasins semble
renforcer l'hypothèse d'une villa gallo-romaine.

LA VALLEE DE L'AZERGUES :
Biers (Chatillon d'Azergues) : un petit sondage a mis
au jour un mur d'une villa ainsi que des éléments d'hypocauste, des
cubes de mosaïque et du placage de marbre blanc. Il s'agit d'une demeure du Haut-empire bien située sur le rebord d'un plateau à proximité d'une source.
Gallia 29, 1971, 420.

Le Colombier (Chessy-Les-Mines) : des découvertes anciennes d'une série de cinq antiques et un lot de monnaies s'échelonnant de Tibère à Constantin avaient déjà démontré l'intérêt du site. La présence , au début du siècle d'un bas-relief de Bacchus couronné de raisins et de feuilles de vigne (Espérandieu 1910, 3, 1803) avait également démontré l'importance du site. Nos fouilles avant la construction d'une nouvelle route ont mis au jour un bâtiment rectangulaire gallo-romain construit de blocs de calcaire jaune (Fig. 6). Il est intéressant de constater que ce bâtiment est presque parallèle au fossé gaulois ; cette orientation et le creusement au 1er siècle ap. J.-C. d'un fossé parallèle au fossé gaulois remblayé semblent indiquer la continuité des limites de la propriété.

Il est probable que des murs de briques crues ou de pans de bois hourdés de torchis s'élevaient sur les soubassements en pierre du bâtiment, une technique bien attestée dans la région. Celui-ci fut abandonné à la fin du 2e siècle et dans le remblayage deux fosses étaient creusées, celles-ci contiennent des matériaux de démolition (blocs de calcaire, galets, tuiles) ainsi que certains éléments sans doute étrangers à l'édifice, c'est-à-dire des tuyaux de chaleur d'hypocauste, du mortier de tuileau, et des cubes de mosaïque. Ces éléments, ainsi que la présence d'un dépotoir important du 2e siècle démontre la proximité de l'habitat principal. En effet des labours dans les champs à proximité de notre chantier de fouille ont révélé beaucoup de blocs taillés ainsi que de la céramique et des tegulae et briques, de plus, selon des renseignements oraux, il y aurait "une piscine de marbre blanc" dans le champ.
Walker, à paraître. Les fouilles de Chessy-les-Mines (Rhône) 1979-80.

Pont Dorieux (Chatillon d'Azergues) : l'importance géographique de ce site au confluent de la Brévenne et de l'Azergues est soulignée par la continuité de l'occupation humaine. L'occupation préhistorique est attestée, de même l'occupation gallo-romaine. L'Azergues fut jadis très difficile à traverser à cause des fréquentes crues, un des trois ponts médiévaux se situait surtout à Dorieux près de l'important prieuré du 13e siècle.

LES MONTS DU BEAUJOLAIS :
Saint-Antoine d'Ouroux : site d'une étendue considérable avec des constructions, bases de colonnes et statues. Présence d'urnes funéraires. Découverte d'un trésor monétaire enfoui vers 260. Ce site se trouve sur la voie Lyon-Autun et il y a une tradition d'une villa ancienne. On pourrait se demander, vu ces données s'il ne s'agit pas d'un vicus ou habitat groupé.

Le versant ouest (qui regarde vers Roanne) des Monts du Beaujolais a livré plusieurs indices d'occupation gallo-romaine :

La Condemine (Bourg-de-Thizy) : villa probable -constructions, briques d'hypocauste, tête d'Hercule dont l'authenticité romaine est à douter.

D'autres sites ont été trouvés à Pont-Trambouze, Turins et Cours-la-Ville.

FIG. 6. LE SITE DE CHESSY
        : Edifice gallo-romain
        : Couche de démolition à l'intérieur de l'édifice

Il y avait aussi une occupation limitée des hauteurs, voir la présence de ruines romaines sur le sommet du Tourvéon (990 m) à Chènelette et des débris romains sur la Croix-Rochefort (Avenas).

La Pyramide (Lamure-sur-Azergues). Présence d'un fanum important avec des enduits peints, marbres et statues (trois fragments trouvés) sur le massif de Nuger.

LES MONTS DU LYONNAIS

Bully-sur-Arbresle : Bonnard (1908, 256 et 380-1) avait conclu à l'existence d'un établissement thermal compte-tenu de la découverte de deux piscines près de la voie Lyon-Roanne. Ce site, petit établissement thermal ou villa, semble être assez important car six aurei ont été découverts, ainsi que 22 monnaies s'échelonnant de Tibère à Valentien 1er.

St-Romain-de-Popey : site mal connu, mais le toponyme populaire du camp ou bains de César ainsi que la découverte de constructions et d'un lapin de garenne de bronze laissent supposer l'existence d'un site important.

Goiffieux (St-Laurent-d'Agny) : site important, des ramassages de surface démontrent la grande étendue du site. Le matériel date de la fin du 1er siècle av. J.-C. et le site serait vraisemblablement occupé au bas-empire et à l'époque mérovingienne, car Goiffieux fut chef-lieu d'ager gofiacensis, le site étant abandonné quand Mornant devint plus tard chef-lieu de l'ager.

Lentilly : des fouilles récentes ont mis à jour un sanctuaire rural de tradition celtique du haut-empire (Gallia, 29, 1971, 421, Gallia, 31, 1973, 526 et Gallia 33, 1975, 544). A proximité de ce fanum situé sur le Crêt Mercury, on a trouvé au siècle dernier une villa avec des constructions, des enduits peints et un trésor monétaire avec 210 aurei du 1er siècle (de Tibère à Néron).

LE PLATEAU LYONNAIS

Quincieux (Ste-Consorce) : la découverte d'un trésor monétaire (pièces d'Auguste à Maxime) et des urnes cinéraires démontre l'existence d'une importante villa. Un ramassage de surface a livré du matériel sur une grande étendue. Il est intéressant de noter que (selon Melle Gonon), Quincieux semble être le noyau ancien de Ste-Consorce.

Chaponost-le-Vieux : villa importante avec un matériel du 3e siècle. Présence d'enduits peints, hypocauste, marbre sculpté, anses de vases en bronze. Un cimetière a été découvert à proximité du site. (Artaud 1846, 60).

La région lyonnaise (Fig. 4) a révélé beaucoup de vestiges gallo-romains, mais les compte-rendus qui existent sont ambigüs et le matériel trouvé n'existe plus. Cette raison et la croissance rapide de Lyon font que nous connaissons très mal les villae à proximité de Lugdunum. Il ne nous reste uniquement que quelques indications de valeur archéologique douteuse.

Ecully : présence de plusieurs établissements - La Sauvegarde : riche villa avec des mosaïques et du marbre sculpté (Vaessen et Vingtrinier 1900, 22).

Sites aussi au Tartre et Chalin - Revay   Fontville - villa avec des mosaïques près d'une source renommée.

Collonges-au-Mont-d'Or : les documents du 19e siècle nous font part de la découverte de plusieurs villae avec des bains et des mosaïques.

Les Essarts (Poleymieux) : découverte de fûts de colonnes et de cubes de mosaïque.

Francheville : existence de débris antiques sur toute la commune (Artaud 1846, 62-3). Découverte d'un cimetière.

Ces mentions ambigües sont hélas trop fréquentes et il est évident qu'une grande partie de la signification de ces découvertes est perdue pour toujours. Il est à souligner que nous n'avons pu fouiller aucune villa à proximité de Lyon, on connait mal la chronologie et l'importance de ces villae lyonnaises. Il est donc malheureux de constater la destruction relativement récente de deux villae sans fouille importante.

L'Etoile d'Alaï (Tassin-la-Demi-lune). Des travaux de construction ont révélé la présence de deux bassins construits de mortier de tuileau ainsi qu'une pièce à hypocauste, malheureusement il n'existe ni plan ni stratigraphie de cet ensemble intéressant. Le matériel recueilli comprend une base de colonne en calcaire grossier, du marbre, des enduits peints et un peu de sigillée. Le fouilleur suggéra une datation du 2e siècle ap. J.-C. Il est évident que de site connut deux phases principales de construction et la présence de murs de gneiss à l'intérieur des deux bassins laisse supposer l'existence d'autres remaniements. Le site se trouve dans le vallon de Ménival (riche en sources) qui fut traversé par la voie abrégée de l'Aquitaine ; des tombes, y compris un sarcophage de plomb, ont été découvertes dans ce secteur. Des découvertes anciennes témoignent de même de l'importance archéologique de ce vallon à proximité de Lugdunum.

St-Genis-Les-Ollières. La destruction sans fouille de grande envergure de cette villa importante est à condamner. On ne sait pas quand une telle occasion se présentera à nouveau. Les sondages limités ont démontré l'existence d'une riche villa. La partie fouillée comprenait l'établissement thermal. La présence d'une occupation du bas-empire fut une occasion unique pour les archéologues, car nous connaissons très mal cette époque.

L'occupation (selon M. Turcan) date du 2e siècle jusqu'au 4e même début 5e. L'étude des monnaies semble indiquer une première phase d'occupation qui prend fin vers 240 et une réoccupation à la fin du 4e associée avec des foyers tardifs.

LA PLAINE DE LYON

La Dent (Meyzieu). Au cours de la construction du château au siècle dernier on avait découvert des tegulae, des monnaies, des tombes en dalles de calcaire et une statuette en bronze dédiée aux bronziers de la Diara (Gabut 1899 25-6, CIL 12 2370). Des fouilles récentes ont mis à jour un grand ensemble (Meyzieu 1980) sur une zone archéologique d'environ un hectare. Cet ensemble fait vraisemblablement partie d'une grande villa où seules les zones artisanales ont été fouillées (fig. 7). Les mûrs des bâtiments étaient sans doute de pisé ou de briques crues, construits sur des fondations de gros galets liés au mortier. Quelques sols dallés de gros galets étaient associés aux structures dégagées. Ce site a livré de nombreuses traces de métallurgie ; il y avait beaucoup de tâches noires avec de nombreux charbons de bois, dans ces zones noirâtres, on a trouvé des déchets de plomb, des petites coulées de bronze et plusieurs objets de bronze. Ces objets comprennent un petit buste de Minerve et un socle de statuette. Les débris de plomb ont incité les fouilleurs à suggérer l'existence d'en atelier de récupération. Il y avait aussi sur le site de nombreux débris de laitier de fer ainsi que quelques culots de four. Toutes les structures fouillées appartiennent à une sorte de zone industrielle, mais la présence de cubes de mosaïque et de fragments d'enduits peints suggère la proximité de la villa. Les 71 monnaies recueillies (aucun **aureus**) s'échelonnent du milieu du 1er siècle au 4ème siècle.

A l'ouest du site se trouvait une nécropole avec 47 emplacements de sépultures, le manque de mobilier ne permet pas une datation exacte des tombes mais une datation postérieure au site principal gallo-romain est vraisemblable. L'étude de ce site intéressant est en cours.

Surjou (Genas). Tradition orale d'une ancienne cité. Découverte de trois sarcophages sans mobilier et orientés est-ouest, les trois trouvés au milieu d'une structure de pierre. Des ramassages de surface livrent du matériel gallo-romain à proximité de structures enfouies.

Décines-Charpieu - Gabut (1899 23-4) signale l'existence à Raty (endroit aujourd'hui inconnu) de structures et d'un réservoir en béton avec de l'enduit à l'intérieur. Au Molard, Gabut (1899, 25) signale la découverte de constructions qui seraient celles d'habitations simples.

La commune de Décines-Charpieu est très riche en découvertes archéologiques, sur le chemin de Bron, beaucoup de matériel gallo-romain fut recueilli au siècle dernier. Ce matériel comprend des objets en bronze (y compris une casserole avec l'estampille de Draccius), des tuyaux d'hypocauste, des outils et des sarcophages.

Nous soulignons ici l'intérêt exceptionnel du secteur Décines-Meyzieu où les découvertes font ressortir l'importance de la métallurgie.

LA VALLEE DU RHONE ET LE PLATEAU DE CONDRIEU

La Sarazinière (Sérezin-du-Rhône) : villa avec mosaïques, trois grandes pièces s'ouvraient au sud sur un large portique. Une inscription funéraire (CIL 12 1993) et une urne cinéraire ont été découvertes. Ce site fut découvert lors des travaux de la gare au

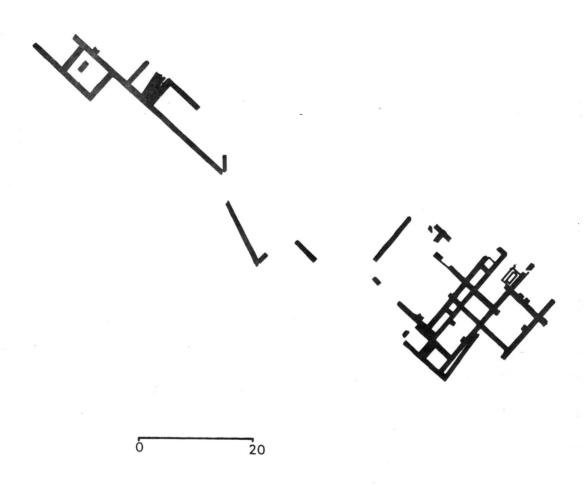

0   20

FIG·7 MEYZIEU (MEYZIEU 1980)

N
↑

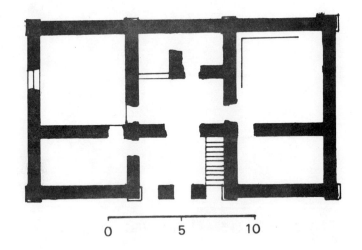

0   5   10

FIG·8· LA CHARRIERE, FEYZIN

STEYERT 1895 FIG 220

19e siècle. En 1972-3 les mosaïques étaient dégagées mais aucune fouille et dégagement de structures n'eut lieu.

Gabut 1899, 29-30, Gallia 31, 1973, 528-9.

La Charrière (Feyzin) - villa importante avec des thermes (fig. 8) découverte au 19e siècle lors de la construction du chemin de fer Lyon-Vienne, la villa fut ensuite oubliée. Cassat (1974) a pu localiser le site de la villa et des travaux récents ont mis à jour des murs de pisé et de schiste. La découverte au lieu-dit voisinant "La Tour" d'un masque funéraire taillé dans du calcaire confirme l'intérêt de cette zone. Trois cippes funéraires sont signalées dans la cour d'une ferme près de la Charrière. Mais nous ne savons pas si celles-ci y ont été trouvées ou si elles ont été transportées de la Guillotière (Lyon).

Gizard (Givors) : villa avec une mosaïque (Stern 1975, 174). Aussi découverte d'une coupe en cuivre, statue de Victoire et monnaies de Vespasien et Constantin. Proximité d'un cimetière au Puy de Montgelas. Abeille (1912 ,17-18) signale la découverte au 19e siècle d'une mosaïque et de constructions lors du creusement de l'écluse Jean Faure dans le bourg de Givors, pour cet auteur, cette découverte était la même que celle de Gizard. Stern (1975, n°174) constate, plus vraisemblablement, qu'il s'agit bien de deux découvertes distinctes.

Saint-Cyr-Sur-le-Rhône : riche villa, découverte d'un mercure en bronze, sarcophages de plomb

Il faut souligner que nous connaissons très mal l'archéologie des sites ruraux dans le sud du département du Rhône. Les villae semblent avoir été riches selon les références brèves trouvées dans les monographies du siècle dernier.

LE VICUS DANS LA REGION LYONNAISE

Dans l'état actuel de nos connaissances nous faisons mal la différence entre les villae et les vici. La pulpart des fouilles régionales se sont limitées à des sondages qui empêchent toute analyse des structures et donc toute tentative de définition du vicus. Les fouilles faites dans la région sur des vici ne sont pas publiées, il serait donc souhaitable de reprendre les fouilles sur un des vici connus pour pouvoir préciser la topographie et l'étendue du site ainsi que son évolution et sa datation.

Wightman (1976) a démontré que les romains utilisaient le terme "vicus" dans un sens souvent pas précis, le mot étant souvent appliqué à toute une échelle d'agglomération. Il existe pourtant une classe distincte de vici, celle des vici routiers qui étaient intimement liés au réseau routier et surtout aux voies importantes ; nous en connaissons quatre dans notre région. Ces vici avaient été associés avec les mansiones et étaient en même temps des marchés ruraux, ils sont indiqués sur l'itinéraire d'Antonin et La Table de Peutinger. Pourtant l'identification de ces vici n'est pas toujours claire, Grenier a eu raison d'écrire (1934, 276-7) que "l'étude de chaque tronçon de la route de la Table de Peutinger ou de l'itinéraire d'Antonin ne fait que trop ressortir l'incertitude à laquelle aboutissent bien souvent les discussions touchant l'identification des noms anciens et des noms modernes".

Notre région n'est point une exception à ce problème d'identification, nous proposons de résumer cette controverse mais en la liant avec l'évidence archéologique.

La Table de Peutinger et l'itinéraire d'Antonin s'accordent à compter le trajet de la route Lyon-Macon pour 30 lieues gauloises. La Table se divise en deux étapes de 16 et 14 lieues par la station intermédiaire de Ludna, l'itinéraire le partage en trois sections égales de dix lieues par les relais d'Anse et de Lunna. Il s'agit donc de trois relais différents : Ludna, Lunna et Anse, mais certains écrivains pensant que Ludna et Lunna devaient se trouver au même endroit et ont essayé de démontrer que les distances de l'itinéraire étaient fausses. Examinons maintenant l'évidence archéologique dont nous disposons.

a) La station de Ludna (Fig; 9) à 16 lieues de Lyon correspond au lieu dit des Tournelles (St-Georges-de-Reneins) situé dans la vallée de la Saône hors de l'atteinte des eaux. La découverte de monnaies et céramiques gauloises démontre l'importance de ce secteur. St-Georges était en effet un carrefour routier important à l'époque gauloise : le carrefour de la voie Marseille-Lyon-Rhin avec deux voies latérales : celle de Genève et les plateaux suisses et celle de la Loire moyenne et Bribacte. A l'est de Ludna se trouve le gué important de Grélonge, la découverte de deux trésors monétaires gallo-romains dans cette région démontre la continuité de l'importance du gué. (Savoye 1899, 74-5; Savage 1906, 8 ; Besançon 1907). La proximité de la colline d'Aiguerarde fait penser au mot celtique "ecoranda" (mot pour frontière), on peut se demander si Ludna n'était pas un bourg situé sur la frontière avec les Eduens.

Ludna fut sans aucun doute utilisé comme relais après la conquête romaine, les monnaies de la Colonie de Nîmes, Auguste, Tibère et Claude attestent la continuité de l'occupation. La présence des sigillées de la Muette et de la Graufesenque démontre également l'occupation romaine. Les découvertes (Treppoz 1974) montrent un site d'une étendue possible de 15 ha, malheureusement il n'existe aucun plan cohérent de cet ensemble. La présence de scories de fer et d'un peson de terre cuite indiquent l'existence d'ateliers. Mais il n'y a pas suffisamment de preuves archéologiques.

La découverte de fûts de colonne et d'une mosaïque montrent un certain niveau de vie ; malgré tout, on ne peut pas dire s'il s'agit d'une maison particulière ou d'une structure officielle. Selon les monnaies, le site serait abandonné vers 249, la mention de Ludna sur la Table de Peutinger semble renforcer cette hypothèse.

b) Le site de Lunna (itinéraire d'Antonin) semble correspondre à la Commanderie de Belleville. (Fig.9). Pourquoi St-Georges fut-il abandonné ? Belleville est au carrefour routier de la voie Marseille-Lyon-Chalon avec celle du compendum d'Autun via le col d'Avenas. En fait, la création d'Autun (et son importance au 3e siècle) et l'abandon de Bribacte entraîne la désaffection de

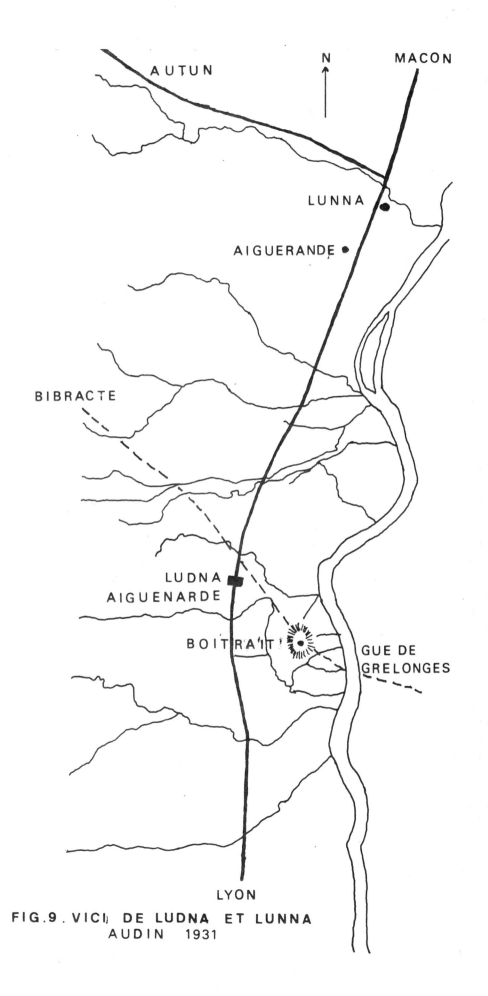

AUTUN

N

MACON

LUNNA

AIGUERANDE

BIBRACTE

LUDNA
AIGUENARDE

BOITRAIT

GUE DE
GRELONGES

LYON

FIG.9. VICI DE LUDNA ET LUNNA
AUDIN 1931

de St-Georges d'où partait la voie de Bibracte. Le nom Lunna du nouveau vicus n'est qu'une latinisation du nom gaulois de Ludna.

Mais la nouvelle station donne moins l'impression d'une agglomération dense que celle de St-Georges. Des fouilles sur le terrain de la Commanderie en bordure de l'Ardières ont mis à jour les restes d'une villa avec mosaïques, enduits peints, etc, la présence de tuyaux de chaleur laisse supposer l'existence d'un établissement de bains. Audin (1931) a suggéré que Lunna serait un relais situé au carrefour routier près d'une riche villa. Cette interprétation semble vraisemblable, mais il faudrait des fouilles étendues pour résoudre une fois pour toutes le problème de Lunna.

Malheureusement la chronologie du vicus est mal connue, les origines du site ne sont pas claires, mais la présence du site sur l'itinéraire d'Antonin et la découverte (dans un contexte peu sûr) d'une monnaie de Constantin indiquent une datation du 3e au 4e siècle. Nous discernons mal s'il y a eu une certaine période de co-existence avec Ludna, seule une étude du matériel trouvé sur les deux sites pourrait résoudre ce problème.
      - Audin 1931 et 1951; Descroix 1937 et 1938 ; Wuillermier 1939 ; Gallia, 1, 1943, 229 ; Treppoz 1974.

c) La station d'Anse est indiquée sur la Table de Peutinger et sur l'itinéraire d'Antonin. Jullian (1924) a déjà examiné les problèmes soulevés par l'identification d'Asa Paulini, aujourd'hui Anse-sur-Saône. Il supposa une origine celtique pour Asa et proposait que Asa eût été un port (Anse se trouvant au confluent de la Saône et de l'Azergues). Paulini pourrait correspondre au nom d'un riche propriétaire tel que celui de la villa de la Grange du Bief, Guey et Duval (1960) semblent accepter cette interprétation.

La découverte de trouvailles préhistoriques prouve la permanence de l'habitat dans cette région ; à 1500 m en amont d'Anse se trouvait le gué de St-Bernard, celui-ci n'a jamais été abandonné. (Armand-Calliat 1957).

En dépit des nombreux sondages à Anse, il n'existe aucune synthèse archéologique, nous espérons vivement que la carte archéologique d'Anse sera bientôt réalisée. La découverte d'une borne militaire de Claude semble indiquer une occupation romaine du site dès le 1er siècle. Le relais d'Anse (du Bas-Empire) mérite d'être plus connu en raison de sa muraille d'enceinte bien conservée, malheureusement il n'existe aucune étude architecturale de cette muraille. L'enceinte est de forme ovale (145 x 90 m) et a été datée du 2ème siècle (Guey et Duval 1960, 84, note 9), mais l'incorporation de matériaux de réemploi dans le mur nous semble indiquer une datation du bas-empire. Ce qui est intéressant, c'est que Anse fut considérée comme assez importante pour justifier de la construction d'une enceinte, Guey et Duval (1960, 84) estiment qu'Anse fut un relais de la poste impériale (ou "forteresse postale") érigé après les invasions (cela semble contredire leur datation proposée du 2e siècle) et pour Jullian (1924), la citadelle (ou village-citadelle) daterait du 4e siècle.

Il est possible qu'il y ait eu des installations portuaires à Anse ; la mosaïque de la Grange du Bief (Stern 1975, 176-8) avec ces motifs nautiques aurait pu appartenir au patron d'une entreprise de navigation sur la Saône.

L'importance de l'épigraphie chrétienne (CIL 13 1655-60) et la formation de l'Ager Ansensis et ensuite de l'Archiprêtre d'Anse montrent la continuité de l'influence de cette ville.

d) Notre quatrième vicus attesté par les sources antiques est celui de Miolan à (Pontcharra-sur-Turdine) près de Tarare. La station de Mediolanum indentifiée par Durand (1874), après une grande controverse qui n'est d'ailleurs pas terminée, ne figure que sur la Table de Peutinger où elle se trouve sur la voie de Lyon à Roanne.

Des fouilles récentes ont révélé une occupation gauloise (céramique peinte et une monnaie), mais le manque de fouille étendue et systématique fait que la nature exacte de cette occupation est mal connue. De même, l'étendue du site n'est pas claire et il n'existe aucun plan cohérent des structures trouvées.

Les fouilles ont révélé plusieurs constructions et des canalisations, la présence de tuyaux de chaleur, enduits peints et marbres ont démontré un certain niveau de vie. La tradition orale d'une "grande mosaïque et des colonnes" semble renforcer l'idée d'une villa à proximité du relais. Les monnaies sont rares sur le site mais elles datent du début du 1er s. après J.-C., les sigillées d'Arrezo (il faudrait étudier ces sigillées pour voir s'il y a des productions de la Muette) et de la Graufesenque ajoutent à cette conclusion. L'évolution du site semble donc être comme celle de celui de Ludna, mais à Miolan il n'y a pas d'éléments du 3e ou 4e siècle. Ce manque de continuité est fort étonnant car la voie d'Aquitaine fut toujours utilisée, de plus, sa localisation avant les monts hostiles du Tararais ajoute à l'importance stratégique du site.

A part ces quatre vici routiers (hélas trop partiellement fouillés et étudiés) nous connaissons mal les vici de notre région ; il est évident que d'autres vici auraient existé pendant le Haut-Empire surtout dans les régions isolées et montagneuses, c'est-à-dire qu'il s'agirait d'un habitat groupé de petites fermes où il y avait peut-être un marché périodique. Seule une étude poussée des voies romaines et du cadastre ancien pourra éclaircir le problème de distinction entre vicus et villa.

L'OCCUPATION RURALE AU BAS-EMPIRE

A partir de la fin du 2e siècle et le début du 3e siècle ap. J.C., nous constatons un bouleversement profond de l'occupation rurale. Des sites sont abandonnés et souvent la présence de couches d'incendie signale une destruction violente du site qui est toujours attribuée aux invasions barbares.

Les vici de Pontcharra-sur-Turdine et de St-Georges-de-Reneins sont abandonnés au milieu du 3e sicèel et le sanctuaire rural de Lentilly est détruit à la même époque. Mais les abandons

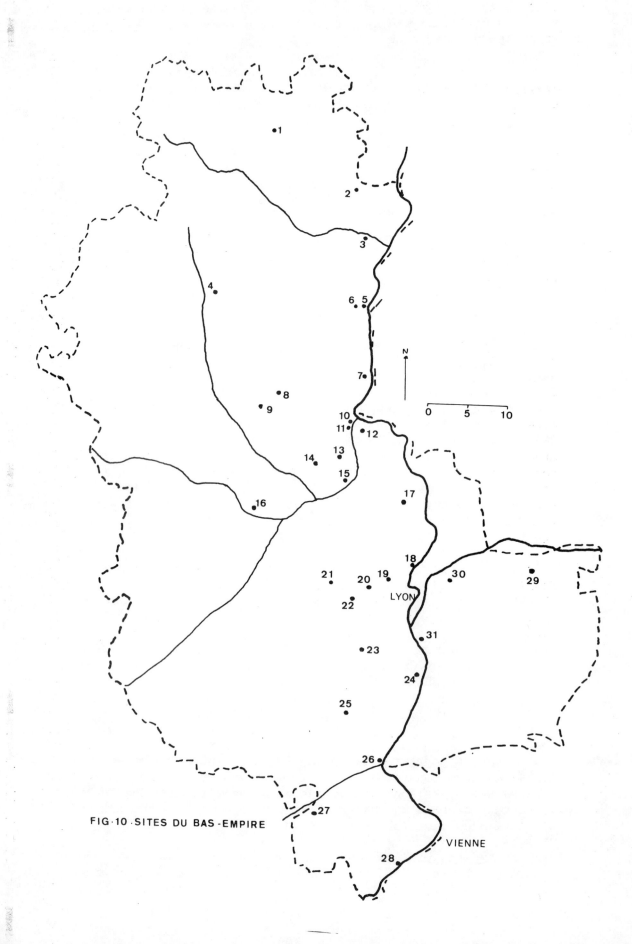

FIG·10·SITES DU BAS-EMPIRE

FIG. 10. SITES DES 3e ET 4e SIECLES

1 - St-Antoine d'Oroux
2 - Lancié
3 - La Commanderie, Belleville (Lunna)
4 - La Pyramide, Lamure-sur-Azergues
5 - Boitrait
6 - Les Tournelles, St-Georges de Reneins (Ludna)
7 - Beligny, Villefranche
8 - Ville-sur-Jarnioux
9 - Oingt
10 - Anse
11 - La Grange-du-Bief, Anse
12 - Ambérieux d'Azergues
13 - Morancé
14 - Charnay
15 - Chazay-d'Azergues
16 - Bully-sur-Arbrêsle
17 - La Glande, Poleymieux
18 - Ile-Barbe
19 - Ecully
20 - Tassin-la-Demi-Lune
21 - Le Quincieux, Ste-Consorce
22 - St-Genis-Les-Ollières
23 - Chaponost-le-Vieux
24 - La Mouche, Irigny
25 - Taluyers
26 - Givors
27 - Trèves
28 - Ampuis
29 - La Dent, Meyzieu
30 - Charpennes, Villeurbanne
31 - St-Fons

sont loin d'être tous contemporains, ils s'échelonnent de la fin du 2e siècle jusqu'à la fin du 3e siècle, il n'y a donc aucune preuve pour une invasion dévastatrice qui aurait totalement ruiné l'économie rurale. Mais ce phénomène d'abandon, voire de destruction, n'est pas unique à la région lyonnaise, car les villae de la Loire attestent aussi d'un abandon au 3e siècle.

Les villae de l'Ain furent elles-aussi abandonnées, mais ici l'occupation continue souvent jusqu'au 4e siècle. L'enfouissement de trésors monétaires est un autre signe de la crise. Les trésors n'appartiennent pas tous à la même époque et, bien que certains datent de 260, il est très difficile de les lier directement avec une invasion barbare quelconque. L'évidence est celle d'un abandon progressif dès le règne de Commode. Nous constatons que le tableau est peut-être exclusivement noir, car le manque d'habitats bien fouillés et de toute étude (sauf la sigillée claire) de la céramique régionale des 3e et 4e siècles, ainsi que la découverte de monnaies et structures vraisemblablement du Bas-Empire sous certains de nos villages nous incite à modifier ce tableau de destruction et d'abandon.

Dans un article récent (Walker, à paraître), nous avons longuement discuté des raisons de ce bouleversement constaté dans le monde rural et urbain (voir l'abandon de la ville haute de Lyon à partir de la fin du 2e siècle).

La guerre civile de 197 eut des conséquences économiques et sociales dans la région, il dut y avoir des confiscations de propriétés des supporters d'Albin et selon Dion Cassius et Hérodien, il y avait beaucoup de pillage. Steyert a écrit (1845, 435) que "l'aristocratie lyonnaise avait été décimée... un grand nombre de seigneurs furent mis à mort". Même si ce tableau plutôt exagéré fut vrai, il reste évident qu'une telle purge ne peut expliquer l'abandon et même la destruction des domaines. La plupart des archéologues régionaux invoquent les invasions barbares pour expliquer les couches d'abandon et de démolition. Or, il est évident que beaucoup de sites furent abandonnés avant les grandes incursions de 260 et il n'est même pas sûr que les barbares aient réellement atteint notre région. Nous estimons qu'il faut plutôt chercher les causes de ces changements dans les conditions d'insécurité (menace d'invasions, constitution de bandes de Bagaudae), les conditions économiques (l'inflation, ralentissement du commerce) et les changements socio-politiques (déclin dans l'importance de la région lyonnaise, migration vers la ville de certains propriétaires ruraux et repli sur les domaines de quelques grands propriétaires). L'évidence disponible dans notre région s'accorde avec celle de Vallat dans le Forez, c'est-à-dire nous voyons la formation de quelques grands domaines, le déclin de la petite propriété et la formation de bourgs fortifiés pour protéger, et les grands axes routiers, et la main d'oeuvre rurale, c'est-à-dire que nous assistons à un changement radical du paysage rural et de la société et l'économie du monde rural.

Notre inventaire des sites des 3e et 4e siècles est loin d'être représentatif et l'évidence concerne surtout les régions les plus romanisées du Haut-Empire.

L'élément de datation le plus commun est monétaire
(soit des pièces isolées, soit des trésors monétaires), il faut donc
souligner le fait que la présence d'une monnaie ne prouve pas l'occupation et l'utilisation des structures, mais étant donné le manque
total de fouilles d'habitats ruraux, nous sommes donc forcés de dé-
pendre excessivement de l'évidence monétaire, sans toutefois pouvoir
l'associer à des céramiques, des couches d'occupation ou des structures. La céramique régionale de cette période n'est guère connue
en raison encore du manque de fouille. la sigillée claire peut-
être une source d'élément de datation valable pour le 3ème siècle
mais cette céramique a été étudiée relativement récemment et n'avait
pas été reconnue au siècle dernier quand la plupart des prospections et sondages archéologiques eurent lieu.

LES SITES PRINCIPAUX :

La grange du Bief (Anse) - Abandon et déclin de la villa
à la fin du 2ème siècle ap. J.-C., mais il existe plusieurs indices
qui nous incitent à modifier cette conclusion. Un petit bronze du
4 ème siècle a été trouvé dans la pièce 10, mais nous avons déjà
souligné le manque total d'analyse stratigraphique sur ce site. Dans
la pièce 7, il y avait quatre squelettes et deux fours tous postérieurs à l'abandon de la villa. Dans la salle 4, les fouilleurs
(Perraud 1968, 5) constatèrent la présence de beaucoup de débris de
démolition et dans l'angle nord-est de la pièce, ils ont mis à jour
une petite construction rudimentaire en pierres non cimentées, malheureusement cette structure n'a pas été datée. L'un des squelettes
de la pièce 7 se trouvait dans un coffre de tuiles dont le fond
était constitué par une porte ou un volet, celui-ci "atteste la
ruine plus ou moins complète de l'édifice" (Perraud 1968, 10).
Percival (1976, 169) a décrit ces mêmes phénomènes, c'est-à-dire des
enterrements dans des pièces abandonnées et la construction de fours
dans des pièces jadis résidentielles. Malheureusement le manque de
fouille systématique n'a pas permis de déceler des remaniements
structuraux au Bas-Empire et le manque de stratigraphie rend difficile toute interprétation du matériel postérieur au 2ème siècle.
Pourtant, il semblerait vraisemblable que le site fût occupé sur
une échelle limitée pendant les 3e et 4e siècles mais il nous manque totalement d'évidence pour la fin de ce site intéressant.

St-Genis-les-Ollières - L'étude des monnaies suggère un
abandon du site vers 240 et une réoccupation vers la fin du 4e siècle (monnaies de Gordien III et Arcadius). Le manque de fouille nous
a privé d'une occasion unique d'analyser l'évolution des structures
d'un site du Bas-Empire à proximité de Lyon, le matériel archéologique n'a pas été étudié et semble être perdu à jamais. La présence
de foyers tardifs est signalée. Il semblerait que ce domaine reste
important au Bas-Empire, mais que les bains ne sont plus utilisés
en tant que bains à partir de Circa 240.

La Commanderie (Taponas) - Villa importante avec des
mosaïques qui pourrait faire partie du vicus de Lunna. Découverte
d'une monnaie de Constantin. Aucune analyse stratigraphique, structu-
rale ou matérielle.

Ambérieux d'Azergues - Monnaie de Gordien trouvée sur

le site d'une villa sur la plaine fertile de la Saône.

Beligny (Villefranche) - Site découvert au siècle dernier, tradition d'une mosaïque ? Monnaie de Constans.

St-Antoine d'Ouroux - Trésor monétaire situé sur la voie de Belleville à Autun enfoui vers 260 (monnaies de Faustine Jeune à Valerianus). A proximité d'un site important avec des constructions, des bases de colonnes et des statues.

Ampuis - Borne milliaire (CIL 12 1807) dédiée à Maximius. Il existait aussi une villa avec des mosaïques (?).

LES ENVIRONS DE LYON

Ecully - Nous avons déjà parlé du manque total de renseignements archéologiques pour les sites à proximité de Lyon, mais nous estimons que compte-tenu de cette proximité et du passage de la voie d'Aquitaine, une occupation du Bas-Empire est fort vraisemblable. La découverte d'une inscription chrétienne du 6e siècle à Ecully pourrait faire partie de cette continuité.

Tassin-la-Demi-Lune - Les sondages archéologiques n'ont révélé aucun indice d'occupation tardive des structures dans ce secteur. Sur la commune, on a découvert un sarcophage de plomb qui a été daté du 4e siècle.

La Pyramide (Lamure sur Azergues) - Découverte d'un fanum dont la deuxième phase de construction comporte un péristyle, le les monnaies s'échelonnent de Faustine à Valens (y compris 12 monnaies de Constantin). Ce site très romanisé est situé dans les montagnes du Beaujolais dans une région où nous avons relevé peu de traces d'occupation gallo-romaine.

Morancé - Trésor monétaire de 1 800 pièces enfoui vers 300 (monnaies de Dioclétien à Maximianus).

Ile-Barbe - Occupation gallo-romaine attestée sur le site de la puissante abbaye. Découverte d'un petit trésor monétaire (4 pièces de Probus) dans un vase d'argent dans la Saône. Nous estimons que la zone Ile-Barbe-St-Rambert fut importante au Bas-Empire.

Gizard (Givors) - Monnaie de Constantin trouvée sur le site d'une villa.

Ville-sur-Jarnioux - Monnaies de Constantius Chlorus et Constantin, On ne peut dire clairement si les pièces proviennent d'un cimetière ou d'un habitat.

La Dent (Meyzieu) - Monnaies de Severus Alexander, Trajan Decius, Valerien, Gallien, Claudius Gothicus, Tetricus, Aurélien, Probus, Constantius Chlorus et Julien 2 (?). Ces pièces furent associées aux structures fouillées mais pour le moment, il n'est pas possible d'affirmer que les ateliers métallurgiques seraient d'une date tardive. Une nécropole se trouvait dans la partie ouest du site, celle-ci est vraisemblablement postérieure à l'occupation gallo-romaine.

Taluyers - Auréus de Valentien II. Aucune structure.

Chaponost le Vieux (Chaponost) - Villa importante qui a livré des monnaies de Constantin, Claudius Gothicus, Magnence et Décence.

La Mouche (Irigny) - Vase avec des monnaies des trente tyrans ; aussi des monnaies de Gordianus III

Champagneux (St-Fons) - Milliaire dédiée à Constantius Gallius et tombes dites du Bas-Empire.

Bully-sur-Arbresle - Etablissement thermal dont l'importance au Bas-Empire est indiquée par la découverte de monnaies (dont quelques aurei) de Claudius Gothicus, Dioclétien, Magnence, Décence et Valentien I.

Ste-Consorce - Trésor monétaire trouvé dans une petite casserole de bronze dont les 700 pièces s'échelonnent d'Auguste à Maximianus I.

La Glande (Poleymieux) - Grand nombre de pièces de Severus Alexander, Constantius Chlorus, Constantin, Constant II, Julien, Theodosius, Arcadius et Constance III. Nous ne savons pas si les monnaies furent associées à des structures ou si elles proviennent de tombes.

Charpennes (Villeurbanne) - Trésor monétaire dans un pot avec des boucles d'oreilles et des monnaies de Tetricus et de Claudius Gothicus. Un deuxième trésor près du Chemin de Villeurbanne fut découvert dans une sépulture, ce trésor comprenait des monnaies de Gordien à Constantin, ainsi qu'un collier d'or et trois anneaux.

Lancié - Trésor monétaire de 1 084 pièces enfoui à la fin du 3e siècle. (Monnaies de Valérien à Carus).

Trèves - Monnaies de Maximien   et Gallien, trouvées près de sépultures romaines.

Les Tournelles (St-Georges-de-Reneins) - Les monnaies (Wuilleumier 1939) suivantes des 3e et 4e siècles ont été trouvées sur le site du vicus de Ludna : Alexander Severus (1), Octalie (1), Philippus (3), Gallien (1), Postumus (1), Claudius II (1), Tetricus (1), Probus (1), Constantin (3), Maxentius (1), Constance II, Magnence (1), Jovianus (1) et Gratian (1). Certains auteurs ont conclu que le vicus de Ludna (Table de Peutinger) fut transféré au site de Lunna à Belleville (l'itinéraire d'Antonin) et Audin (1931) a suggéré une période de co-existence au milieu du 3e siècle, mais l'inventaire des monnaies démontre clairement que l'activité à Ludna continua jusqu'à la deuxième moitié du 4e siècle.

Lunna (Belleville) : Ce site est très mal connu et, mis à part les fouilles de la villa de la Commanderie sur les bords de la rivière Ardières, nous avons peu d'évidence archéologique pour une occupation quelconque. Wuilleumier (1939) a expliqué cela en postulant que Lunna dépendait plus ou moins de l'ancienne station de Ludna, cette dépendance étant illustrée par le fait que la nouvelle station prit le même nom que l'ancienne en le latinisant par l'assimilation de 'd' à 'n'.

L'importance continue de la région de St-Georges-de-
Reneins est illustrée par la découverte de deux trésors monétaires
à Boitrait (St-Georges-de-Reneins). Au Verchère, on a trouvé 564 monnaies qui s'échelonnent d'Auguste à Gordianus III, un vase d'argent,
quatre bagues d'argent, dix bagues d'or et un collier en or avec
trois émeraudes et deux perles. A proximité du trésor se trouvaient
des structures romaines et un bassin de marbre, le tout de date
indéterminée. Le deuxième trésor trouvé au Gentil se composait de
150 deniers, trois bagues en or et sept cuillères d'argent, le
trésor fut enfoui en 284.

Nous reconnaissons que cette liste est loin d'être
représentative de l'occupation rurale pendant les 3e et 4e siècles
ap. J.-C., la plupart des sites se situent dans des régions fertiles,
des régions d'importance stratégique et nous ne connaissons presque
pas du tout l'occupation tardive dans les régions situées en hauteur.
Quelques références du siècle dernier nous incitent à considérer
l'hypothèse d'une réoccupation au 3e siècle de certains sites en
hauteur d'époque préhistorique. Malheureusement, les constructions
romaines dont font état ces références ne sont pas datées et aucun
matériel archéologique n'est signalé.

Nous avons déjà considéré le problème de l'occupation
tardive des quatre vici routiers que nous signalent la Table de
Peutinger et l'Itinéraire d'Antonin, il nous faut maintenant considérer le rôle et le développement du vicus pendant le Bas-Empire.

LE VICUS AU BAS-EMPIRE

Agache (1978, 387) a bien souligné qu'aux 1er et 2e
siècles, c'est le vicus qui dépend du grand domaine, la proximité
du vicus d'Anse ou Asa Paulini de la ville importante de la Grange-
du-Bief est vraisemblablement une manifestation de ce phénomène.
Nous avons déjà vu le manque de connaissances sur les vici du Haut-
Empire, mais au Bas-Empire, ces modestes groupements donnent naissance à de véritables villages, il est probable que ces vici sont
mal connus puisqu'ils n'ont pas été abandonnés au Bas-Empire et
qu'ils sont cachés par nos villages actuels. Le terme "vicus"
désignait de plus en plus un groupement important consacré davantage
au commerce et à l'industrie.

Anse nous fournit un exemple exceptionnel de cette
continuité vicus-vicus fortifié- village et château-fort. Anse était
aussi chef-lieu d'Ager et ensuite chef-lieu d'archiprêtré.

La continuite semble en effet être plus forte en ce qui
concerne les villages avec des châteaux moyennageux précoces. Il y
a trois sortes de châteaux, forteresse stratégique pour la surveillance d'un bourg ou d'un pays, forteresse commandant une voie de
communication, village défendu avec une simple enceinte. Il est
frappant de constater que plusieurs sites remplissant une des conditions énumérées et un château précoce aient livré des indices
d'occupation du Bas-Empire.

316

Charnay est situé au sommet d'une montagne qui contourne l'Azergues et qui domine sa plaine. L'occupation romaine est attestée par des monnaies de Gallérien et Postumus.

Chazay-d-'Azergues se trouve sur une colline qui domine la plaine de la Saône et la voie importante de Lyon à Macon. L'occupation romaine est attestée par des céramiques, monnaies de Gallien et de Postumus ainsi qu'un édifice romain avec colonnes et pierres de taille trouvé sous l'église de St-Pierre. Malheureusement nous ne pouvons pas confirmer la datation romaine de cette structure. Des tombes dites gallo-romaines ont été trouvées à proximité de Chazay. L'importance de cette région est confirmée par la densité d'occupation gallo-romaine ainsi que par des indices d'occupation barbare à Marcilly. Chazay était peut-être le site d'un des rares ponts sur l'Azergues.

Oingt protège la voie Feurs - Anse via la vallée de l'Azergues. Une monnaie de Vérus et des constructions romaines ont été trouvées sous une tour médiévale.

Le travail de Guigue (1877) au siècle dernier avait souligné la continuité des voies principales romaines et médiévales, utilisant l'emplacement des hopitaux médiévaux il put tracer les routes. Il est intéressant de constater qu'il y avait des hopitaux sur nos sites principaux, il y a donc une recherche intéressante à faire sur la chronologie et l'évolution de ces hopitaux.

Il devient donc de plus en plus évident qu'il y a une transition bien documentée entre vicus et village - château. Déjà au 19e siècle, Pagani (1880, 161) avait constaté ce phénomène : "nous pouvons dire qu'un grand nombre de forteresses du moyen-âge ont remplacé des châteaux de l'époque romaine construits pour garder un cours d'eau, surveiller une plaine où l'entrée d'un rapprochement de collines".

LE ROLE DE LA TOPONYMIE

La toponymie "doit aider à reconstituer l'histoire du peuplement et de la mise en valeur du sol", (Dauzat, 196, 39). Plusieurs auteurs ont utilisé le suffice "-acum" pour identifier la présence de domaines antiques (Percival 1976, 172-4), le dépouillement des textes médiévaux et du cadastre fournissant les toponymes et les indices chronologiques de leur évolution. Or l'optimisme de certains chercheurs en ce qui concerne l'identification des domaines à partir des données toponymiques doit être tempéré, les travaux de Roblin et d'autres ont révélé des objections sérieuses telles que le problème de la transplantation des noms ou celui de l'accolation de suffixes considérés traditionnellement comme uniquement possessifs sur des noms autres que celui d'une personne. Roblin a écrit (1971, 6) qu'une "distinction capitale entre les radicaux onomastiques et les simples appellatifs nous a conduits à réduire considérablement le nombre des hypothétiques villae romaines ou mérovingiennes au profit des espaces boisés ou buissonneux". C'est-à-dire le suffixe "-acus" peut-être souvent associé avec des noms communs indiquant le relief, la qualité du terrain, la végétation etc. Par exemple l'article de

Burnand (1966, 64) démontre que Montagny (Rhône) ne provient pas du gentilice Montanius bien attesté dans le sillon rhodanien, mais proviendrait de son environnement montagneux. Lors de la compilation d'une liste de suffixes en "-acus" il convient donc d'éliminer ceux qui décrivent l'environnement.

Mais le problème le plus grave est sûrement celui de la datation des suffixes "-iacum" et "-acum". Il semblerait que la formation des toponymes eût lieu au 3e siècle, époque de la réorganisation administrative et fiscale inaugurée par Dioclétien qui eut pour résultat la fixation du cadastre. Pourtant la continuation entre époques romaine et mérovingienne est telle que la datation des toponymes s'avère être précaire. Nous verrons plus tard que les divisions territoriales romaines semblent être respectées pendant longtemps et les toponymes latinisant des premiers bourgs fortifiés, châteaux-forts du 9e et 10e siècles compliquent davantage la question. Dauzat remarqua à la fin de sa vie que le suffixe "-acum" pouvait être aussi lié à l'époque mérovingienne.

Les ouvrages du siècle dernier donnent souvent des toponymes plutôt fantaisistes, Chasselay viendrait de "Cassilius", lieutenant de César. Dans toute étude toponymique il faut tenir compte des traditions locales. On note souvent la tradition d'une villa écroulée ou brûlée, cf. la villa de la Carrière à St-Martin-en-Haut, ou la tradition d'un endroit jadis important, voir la villa de César au bas du Mont de Mercruy. Le site de St-Romain de Popey fut connu sous le nom de camp ou bains de César, et Bully fut appelé les sources de César. Ces traditions montrent que les villae ont été longtemps visibles et que les paysans en ont vivement gardé le souvenir.

Il est tout de même évident que la toponymie peut nous aider à comprendre le peuplement de notre région. les régions montagneuses et peu fertiles manquent de toponymes avec le suffixe possessif, la majorité se trouve sur les plaines et côtes fertiles ainsi qu'à proximité des villes et vici. Les micro-toponymes qui décrivent l'environnement nous aident à dresser une carte des différentes micro-régions géographiques et agricoles. L'étude du cadastre à travers les âges peut démontrer le déplacement ou l'abandon de certains villages, ceux-ci pourraient être en certains cas d'origine romaine, par exemple le noyau ancien de Ste-Consorce semble être à Quincieux ou un ramassage de surface suggère l'existence d'une importante villa. Un autre exemple d'une villa sur le noyau ancien d'un village est celui de Chaponost-le-Vieux.

L'utilisation de la toponymie dans notre région est rendue plus difficile par le fait que nous ne disposons d'aucun texte original avant l'an mille pour la région lyonnaise. Pour le Lyonnais nous avons plusieurs cartulaires tels que ceux de Savigny, Ile-Barbe, Ainay, Notre-Dame-de-Beaujeu etc, les chercheurs du siècle dernier ont beaucoup utilisé ces cartulaires surtout celui de la puissante abbaye de Savigny à l'ouest de Lyon. Malheureusement le texte publié par A. Bernard (1853) n'est qu'une copie d'un texte compilé en 1573, le plus ancien   texte étant de 1130 et les actes qui datent d'avant l'an mille sont à douter. Selon Neufbourg (1965, 3) il s'agit donc "de la plus ancienne rédaction du prétendu cartulaire de Savigny, mythe plaisantin". Le cartulaire comprend trop d'erreurs pour qu'il soit un témoignage utile : erreurs telles que celles des scribes (mauvais déchiffrage, mauvaise compréhension des termes perdus) ou celles qui sont volontaires par exemple, un acte pour établir la possession depuis longtemps d'un champ ou terroir. Il est même impossible à cause de la confusion et du manque de cohérence d'établir une liste cohérente des divisions territoriales du Lyonnais, les termes ager et pagus sont souvent employés pour désigner le même nom de lieu. Ce manque de textes originaux rend très difficile l'étude des toponymes à suffixe "-acum", car nos premiers actes sont contemporains voire postérieurs à l'expansion des abbayes et la formation du système seigneurial. De ce même fait nous disposons de peu de renseignements sur la formation de la paroisse, aucun document ne donne une liste avant le 11e siècle, de plus, les pouillés de l'Eglise de Lyon ne donnent que les limites des Archiprétrés. Il n'existe pas de liste critique des paroisses primitives du Lyonnais et il est donc difficile d'examiner des problèmes intéressants tels que la continuité de domaine et paroisse ou l'origine romaine de de certaines églises ou chapelles.

Dans son introduction au Castulaire de Savigny, Bernard (1853) tente de démontrer la continuation des divisions territoriales gallo-romaines jusqu'au 12e siècle quand les termes ager, pagus, etc disparaissent lors de l'avènement du féodalisme. De même Dufour, dans son travail magistral sur le Forez (listé comme ager et pagus dans le Cartulaire de Savigny) conclut que "cette division territoriale peut bien remonter à la fin de la domination romaine" (1946, XIII). Selon Bernard, les divisions romaines survivent car les Burgondes n'apportèrent aucune modification au système général des divisions territoriales du pays, seule la féodalité brisa cette unité. Il est même possible que l'Archiprêtré des Suburbes puisse réfléchir une origine romaine, peut-être la limite de la colonie de Lyon, car l'Eglise comprit bien qu'elle avait tout intérêt à conserver le cadre administratif romain. Par exemple le Pagus de Lyon romain est conservé essentiellement par le diocèse de Lyon jusqu'à la Révolution, et plusieurs des archiprêtres adoptèrent le même chef-lieu que les agri qu'ils remplaçaient.

Notre travail a pu révéler quelques exemples de continuité entre des sites gallo-romains et des chef-lieux d'agri, le problème de la continuité des domaines est davantage difficile à déterminer. Le meilleur exemple sans doute est celui d'Anse, relais et castrum romain sur la voie principale de Lyon à Mâcon et ensuite chef-lieu de l'Ager Ansensis. L'importance de l'épigraphie chrétienne et la position stratégique d'Anse sur une plaine fertile au confluent de l'Azergues et de la Saône soulignent cette continuité.

Notre deuxième exemple est celui de Goiffieux (St-Laurent-d'Agny) où des ramassages de surface ont révélé l'existence d'un site important dont la datation n'est malheureusement pas très claire. Goiffieux fut chef-lieu d'un ager, chef-lieu qui fut transféré plus tard à Mornant.

Dans les cartulaires du Lyonnais, nous rencontrons souvent des toponymes à suffixe "-acum", par exemple Chessy viendrait de Chassiacum (Cartulaire de Savigny au 10e siècle) et il est fort tentant d'y voir le nom de Cassius, d'autant qu'à Chessy on a constaté une occupation gallo-romaine (mais il faut dire que cette occupation date du Haut-Empire et que les éléments du Bas-Empire font encore défaut). Nous avons déjà vu que la datation des suffixes "-iacum" et "-acum" est fort difficile, il est possible de dresser une carte de distribution des toponymes à suffixe "-acum", mais sans preuves archéologiques, l'utilisation de la toponymie restera toujours douteuse.

VERS UNE HISTOIRE RURALE.

Malgré le manque de fouille et de prospection systématique ainsi que les déficiences graves dans la datation des sites ruraux nous pouvons tenter d'esquisser les phases de l'évolution de l'habitat rural de la fin de l'indépendance gauloise jusqu'au 5e siècle ap. J.-C.

Nous disposons peu à peu de plus en plus de témoignages de l'époque de la Tène 3, les fouilles de Chessy ont démontré l'existence d'un aedificium important situé sur les alluvions fertiles de la vallée de l'Azergues, dont le propriétaire disposait d'importations et amphores italiques et d'une vaisselle de bonne qualité.

A la fin de l'indépendance, certains sites seront abandonnés, surtout les sites en hauteur, mais les sites de plaine tels que Chessy et St-Georges-de-Reneins témoignent d'une intéressante continuité.

A Chessy le fossé gaulois fut remblayé à l'époque gallo-romaine précoce et un mur de galets fut construit sur toute la longueur du fossé.

L'évidence pour une certaine continuité de l'habitat est donc de plus en plus forte, nous ne voyons pas d'implantation radicale de villae de style méditerranéen dans la région et pour le moment nous ne pouvons pas dire si l'urbanisation intensive de l'époque augustéenne à Lyon fut accompagnée d'un programme intensif de construction de villae. Notre évidence suggère plutôt une évolution lente de quelques villae datant vraisemblablement de l'époque augustéenne (Chessy et Goiffieux), d'autres ayant une origine tibérienne (La Grange du Bief, Francheville, Bully-sur-Arbresle). Mais nos connaissances de la chronologie et l'évolution de la plupart de ces villae sont malheureusement trop partielles. A cause du manque de fouille de villae à proximité de Lyon nous ne pouvons pas dire si celles-ci réfléchissent l'expansion intensive augustéenne que l'on trouve à Lyon même. La première phase de la villa d'Alaï est du premier siècle mais on n'a pas pu dater le bassin de cette époque, nous n'avons également aucun élément de datation pour les villae riches d'Ecully.

Le réseau routier d'Agrippa ne fait que suivre essentiellement le tracé des chemins gaulois, certains sites gaulois tels que St-Gorges-de-Reneins et Pontcharra-sur-Turdine deviennent des vici romains, s'agrandissent et des villae suburbanae sont construites. L'influence indigène continue à se manifester, voir les têtes celtiques sur les antéfixes de Chessy, la construction d'un fanum de style celtique au crêt Mercruy près de Lentilly, de même la céramique commune gallo-romaine précoce témoigne de fortes influences indigènes.

Les fouilles de Chessy parlent pour la permanence des grands domaines de l'aristocratie foncière gauloise. Le fait que les Ségusiaves n'avaient pas pris parti contre Rome a sans doute contribué à la continuation de l'aristocratie terrienne locale. Mais pour affirmer ces conclusions, il faudra mener un programme extensif de fouille et de prospection.

Wightman (1975, 626) a suggéré que ce fut seulement au milieu du 1er siècle ap. J.-C. qu'il y eut un développement considérable de prospérité et de population. C'est de cette époque que date le développement de la villa à galerie-façade. Mais c'est surtout le 2è siècle qui représente l'apogée de la villa à galerie-façade, conclusion bien soulignée par l'embellissement de la villa luxueuse à la Grange du Bief au 2e siècle. Plusieurs villae datent du milieu du 1er siècle, sur le territoire de Lentilly où se trouvait une villa importante, on a trouvé un trésor monétaire dont la datation s'échelonne de Tibère à Néron ; et on a trouvé une monnaie de Néron au Bancillon, près d'Anse. La découverte d'un milliaire de Claude à Anse suggère une origine du 1er siècle pour ce vicus.

Il semble pourtant valable de constater que l'apogée des villae lyonnaises fut au 2e siècle, la majorité des villae riches datent de cette époque. Les mosaïques de la région datent du milieu ou de la fin du 2e siècle, voir les mosaïques de Belleville et de la Grange du Bief ; en effet à cette époque, la région semble être soumise à une romanisation intensive. La villa de Biers (Châtillon-d'Azergues) semble dater du milieu du 2e siècle (monnaies d'Hadrien et de Marc-Aurèle), également, il est vraisemblable que la deuxième phase de Sérézin-du-Rhône avec la construction d'un portique date de cette époque.

Ces conclusions seraient consistantes, avec la permanence jusqu'au milieu du 1er siècle ap. J.-C. de petits propriétaires indépendants d'une part, et, d'autre part, la présence de quelques grands propriétaires disposant d'une main d'oeuvre servile. Malheureusement nous connaissons très mal les domaines des petits propriétaires indépendants, leur chronologie et leur évolution et leur intéraction avec les grands domaines. Les fermes natives étaient sans doute construites en bois et en terre, des travaux en Picardie et Outre-Manche ont révélé un grand nombre de ces fermes. De même nous n'avons que peu de renseignements sur l'occupation des hauteurs et des régions peu fertiles, mais la présence de petits sites peu riches en mobiliers à Cours et à Pont-Trambouze indique sans doute l'existence de petits établissements ruraux de caractère indigène. C'est aussi dans les régions nord et nord-ouest du département à l'écart de Lyon et les grands axes de communication que nous nous attendons à trouver des bourgs ruraux et groupements de fermes natives.

Il est évident que chaque villa ou ferme ne représente pas nécessairement un seul domaine, une partie du domaine aurait pu être louée à un petit propriétaire, de même qu'un domaine pourrait comprendre une grande villa principale, ainsi que plusieurs villae dépendantes. Perraud (1968, 13, note 71) a suggéré que l'établissement à Marcy (Anse) fut une villa dépendante de la grande villa de la Grange du Bief. Nous connaissons très mal l'exploitation agricole du terroir, l'organisation des champs, le lien de la villa principale avec d'autres établissements, la localisation des groupements de travailleurs agricoles, le lien de la villa avec les voies de communication et les vici. Il nous semble tout à fait logique que les vallées de la Saône et du Rhône, ainsi que la plaine de Meyzieu aient été l'objet de centuriation. Chevallier (1961 et 1962) a révélé l'existence d'une centuriation sur la plaine de St-Symphorien-d'Ozon, il signala que la grande route de Feyzin à Vienne semble servir d'axe. Cette centuriation semble se prolonger sur le territoire lyonnais à une ligne de bois anciens à l'est de Mions, non loin d'une voie romaine qui survit comme chemin de terre et limite de commune. Le travail de MM. Chouquer et Favory au Centre d'Histoire Ancienne à Besançon utilise une méthode de filtrage optique pour la recherche du cadastre antique, ainsi ils ont trouvé un système de cadastre le long de la vallée de la Saône, un deuxième sur la plaine de Meyzieu et un troisième pour la plaine de St-Symphorien d'Ozon qui correspondrait à un cadastre de la colonie de Vienne (Chouquer et Favany 1980 15, Fig. 3 et 63). Chouquer et Favory écrivent (1980, 49) que certains toponymes évoquent l'existence du cadastre, par exemple La Lime (Corcelles-en-Beaujolais) et Limas (Limas) et Limites (Feyzin). Une étude détaillée du cadastre antique se révèle donc souhaitable.

La carte de distribution des villae connues montre une forte concentration de riches villae autour de Lyon, malheureusement, aucune de ces villae n'a fait l'objet d'une fouille scientifique. L'urbanisation intensive (à partir de l'époque augustéenne) de Lyon engendra un déplacement de la population indigène vers la ville, ce qui favorisa le développement industriel et commercial de celle-ci, car il faut rappeler qu'il n'y avait pas de ville gauloise sur le site de Lyon. La croissance de la population urbaine aurait attiré sans doute une partie de la main d'oeuvre des domaines gaulois, leur enlevant donc un élément de leur pouvoir. De même, l'institution du cadastre romain aurait sans doute bouleversé en partie, le système de ferme gauloise, basé sur une société hiérarchique. La fortune grandissante des bourgeois de Lyon leur aurait permis d'acquérir des biens fonciers ; il y avait sans doute un processus graduel au 1er siècle de division des grands domaines. Les monuments funéraires de Trion attestent de la fortune grandissante des commerçants et bourgeois de Lyon. Les nautes et d'autres membres des corporations puissantes de Lyon auraient sans doute possédé des villae suburbaines à proximité de la ville. Ces hommes auraient joué un rôle important dans l'administration de la ville, les inscriptions nous font part des fonctions administratives (e.g. les Sacerdos et les délégués à l'autel des Trois Gaules). Malheureusement, les fouilles des villae n'ont livré guère d'inscriptions, et de ce fait, nous connaissons mal les noms, origines et fonctions des propriétaires des villae dans les environs de Lyon. La seule inscription que l'on a trouvé est celle du Chaux à St-Cyr-au-Mont-d'Or (Wuilleumier 1963, n°214) sur un monument funéraire qui porte un nom grec, ce qui souligne le rôle important des orientaux dans l'économie de la Ville de Lyon. Il nous semble raisonnable

de constater que la noblesse terrienne aurait été d'origine bour-
geoise, au lieu de voir (selon la théorie traditionnelle) une di-
vergence entre la noblesse foncière originale et la bourgeoisie
commerçante. Le pouvoir de l'aristocratie foncière gauloise aurait
diminué à cause de la guerre en Gaule, le don de citoyenneté à
certains individus importants et la croissance de la vie urbaine.
Les données archéologiques suggèrent que les Monts d'Or étaient
couverts de villae, de même qu'au 19e siècle les industriels de Lyon
y faisaient construire leurs résidences. Aussi, à proximité, il y
aurait eu beaucoup de petites exploitations surtout aux 1er et
2è siècles pour alimenter le marché urbain.

        Les vallées du Rhône et de la Saône étaient elles
aussi extensivement colonisées, nous voyons une forte concentration
que la plaine d'Anse située sur les côteaux qui dominent les alluvions fertiles de la vallée de la Saône. De même, nous trouvons de
riches villae sur les côteaux dominant le Rhône, nous connaissons
ces villae seulement par des références du siècle dernier et nous
ne disposons d'aucun élément chronologique.

        Nous constatons que l'installation des villae dépend
avant toute chose de la qualité des sols et de la situation géographique. Les régions montagneuses et peu fertiles n'ont livré
que très peu d'indices d'occupation romaine, mais la présence
d'un forum fortement romanisé avec des statues de dieux romains à
Lamure-sur-Azergues montre qu'il ne faut pas conclure que ces régions furent soit désertes, soit très peu romanisées.

        Le troisième siècle fut marqué par un bouleversement
du monde rural, la plupart des villae sont abandonnées pendant le
3e siècle, de même que les vici (à part celui d'Anse). L'explication traditionnelle des invasions ne suffit pas pour tout expliquer,
il faut voir cette réorganisation profonde du monde rural dans le
contexte de l'inflation, insécurité, changements d'ordre économique
et social, etc. Des fouilles récentes à Lyon ont démontré que l'a-
bandon progressif de la ville haute à Fourvière à partir de la
fin du 2e siècle (abandon des quartiers résidentiels de la rue des
Farges et des Hauts de St-Just) mais les articles de Turcan et
Desbat démontrent la nature progressive de l'abandon. La disparition de la marge de prospérité est marquée aussi bien dans les villes que dans les villae d'une diminution des constructions et dépenses sur des objets de luxe. Il y eut une diminution des échanges,
celle-ci nuit à l'importance économique de Lyon, son influence
politique diminue avec les changements sociaux et militaires, le
centre de l'empire devint Trèves et l'importance du Rhône pour l'a-
cheminement des ravitaillements aux armées du Rhin souligne la nouvelle importance des ports et bases navales d'Arles et de Châlon-sur
Saône. Au 4e siècle la diminution de l'importance administrative
et politique de Lyon est démontrée par la scission de la Lyonnaise
en deux et ensuite en quatre, son ancienne rivale Vienne devint
capitale d'un diocèse. En dépit de ses problèmes, Lyon continue
de manifester une certaine prospérité, voir les résidences des
Canabae sur la Presqu'île, au pied de Fourvière et sur les rives
de la Saône où une enceinte est construite autour de la ville rédui
te. On peut même suggérer que certains propriétaires terriens se
seraient réfugiés en ville. En même temps, il y a eu un certain re-
pliement sur les grands domaines, les domaines n'achètent guère à

l'extérieur et ne commercialisent qu'un faible surplus.

Malheureusement, nous connaissons très mal l'occupation rurale au Bas-Empire, mais la réoccupation et continuation
de certaines villae à proximité de Lyon et d'Anse est évidente.
Le Bas-Empire est donc l'époque d'une grande réorganisation du
cadastre avec un regroupement des domaines et un changement radical
de la structure sociale et l'organisation économique.

L'habitat s'est regroupé autour des villae et des vici,
aux points stratégiques tels que les points d'eau, le long des routes et sur des hauteurs faciles à défendre. Ce regroupement de
l'habitat explique l'abandon d'un certain nombre de sites, en
même temps que ce regroupement, il semble probable, vu la présence
de vestiges romains, hélas mal datés, sur des oppida, qu'il y aurait eu une réoccupation des oppida gaulois.

Il est de plus en plus clair que notre manque de
connaissances sur l'habitat du Bas-Empire s'explique par le fait que
les vestiges de cette époque se trouvent sous nos villages actuels.
Certaines villas ont dû survivre en donnant naissance à des villages
qu'elles protégeaient en les dominant, parfois ce sont certainement
les vici qui donnent naissance à de petites citadelles ou châteaux-
forts primitifs. Il serait intéressant de pouvoir fouiller sous
les fortifications médiévales des bourgs tels que Charnay, Chazay,
et Châtillon d'Azergues. Anse est un bon exemple d'un vicus fortifié à proximité d'un domaine important, Anse devint le chef-lieu
d'ager et ensuite chef-lieu d'archiprêtré, la présence du prieuré
de St-Romain (qui date du 5e siècle) au nord d'Anse où furent
tenus plusieurs conciles de l'église médiévale indique l'importance
et l'antiquité d'Anse. Le site de St-Romain semble nous fournier
grâce à un exemple intéressant de continuité entre villa romaine
et site religieux puisque des vestiges gallo-romains ont été trouvés
au Bancillon à proximité de St-Romain et le toponyme de St-Romain
indique une origine ancienne. Sur le site de l'Ile Barbe, on a trouvé des vestiges romains tels que des inscriptions funéraires (CIL
13, 1831, 1837, 1876, 2039, 2171, 2401, 2436) ainsi que des éléments architecturaux, tels qu'un bassin de marbre et des colonnes.
L'Ile Barbe devint une abbaye importante avec des possessions
territoriales considérables. De même , sur le site de l'abbaye de
Savigny on a trouvé un monument funéraire.

Il est de plus en plus évident que le Bas-Empire vit
une restructuration importante du monde rural, accompagnée d'un
certain déclin de vie. Il y eut, sans doute, un certain abandon des
terres, surtout dans les régions marginales, mais il ne convient
pas de voir, comme font certains archéologues locaux, un abandon
presque total et un dépeuplement de notre région.

Nous avons essayé d'esquisser les grandes lignes de
l'évolution de la compagne lyonnaise du 1er siècle av. J.C. au 5e
siècle ap. J.C., beaucoup de nos conclusions sont au niveau d'hypothèses de travail car il est évident qu'il reste beaucoup de
travail à faire au niveau de la fouille, le prospection (en surface
ou aérienne), il faut que l'archéologie rurale devienne une priori-
té dans la politique archéologique de la région lyonnaise, les sites

à fouiller peuvent être choisis en fonction des problèmes principaux soulevés dans notre article et pas uniquement en fonction des
urgences archéologiques.

BIBLIOGRAPHIE

AGACHE, R. 1978. *La Somme pré-romaine et romaine* Mémoires de la Soc.
          des Antiquaires de Picardie n°24

ARTAUD, J. 1846. *Lyon souterrain.* Lyon.

ARMAND-CALLIAT, L. 1957. Trouvailles archéologiques faites dans la
          Saône à Anse et en aval de Chalon-sur-Saône, *Gallia,*
          15, 128-44.

AUDIN, A. 1931. Le problème de Ludna. *Bull. Hist. et Arch. de Lyon,*
          2, 41-50.
AUDIN, A. 1951. *Ludna et son musée.* Villefranche.
AUDIN, A. 1956. *Essai sur la topographie de Lugdunum,* Revue de Géog.
          de Lyon, publication hors série.

BERNARD, A. 1853. (ed). *Cartulaire de l'Abbaye de Savigny, suivi du
          petit cartulaire d'Ainay.* 2 vols. Paris.

BESANCON, A. 1907. *Le trésor de Boistray.* Villefranche.

BLANCHET, A. 1900. *Les trésors de monnaies romaines et les invasions
          germaniques en Gaule.* Paris.
BLANCHET, A. 1905. *Traité de monnaies gauloises.* Paris.

BONNARD, L. 1908. *La Gaule thermale à l'époque gallo-romaine.* Paris.

BOUCHER, S. et TASSINARI, J. 1976. *Bronzes antiques du musée de la
          civilisation gallo-romaine à Lyon.* 2 vols. Lyon.

BOCQUET, A. 1969. L'Isère préhistorique et protohistorique, *Gallia
          Préhistoire,* 12, 273-378.

BEAUVERY, R. 1977. *Les Fouilles de la Glande, Poleymieux.* Maîtrise
          dactylographiée, Université de Lyon III.

BURNAND, Y. 1966. Le problème des faux anthrotoponymes d'époque
          romaine dans le sillon rhodanien in (ed) D.P. BloK ,
          *Proceedings of the Eight International Congress of
          Onomastic Sciences,* 63-69. The Hague, Pays-Bas.

CARRA, J.-A. 1901. Le hameau de St-Clair à Ville-sur-Jarnioux,*Bull.
          de la Société des Sciences et des Arts du Beaujolais,*
          2, 289-99.

CASSAT, R. 1974. La villa gallo-romaine de Feyzin. *Evocations,*
          16e année n°4, 123-8.

CHAMBOST, J. 1974. Première étude sur les vases peints de la région
          de Tarare, *RAC,* 13, 287-99.

CHAPOTAT, G. 1956. La croisée de Vienne, *Evocations*, 11e série
        n°101-2, 1454-63.

CHEVALLIER, R. 1961. Un document fondamental pour l'histoire et
        la géographie agraire : la photographie aérienne,
        Etudes Rurales, 1, 70-80.
CHEVALLIER, R. 1962. Notes sur trois centuriations romaines : Bononia
        Ammaedara, Vienna. *Hommages à A. Grenier*, I, *Latomus*,
        58, 403-18.

CHOUQUER, G. et FAVORY, F. 1980. Contribution à la recherche des
        cadastres antiques, *Annales Littéraires de l'Univ. de
        Besançon*, 236. *Centre de Recherches d'Histoire Ancien-
        ne*, 31.

CLERJON, P. 1829. *Histoire de Lyon*. Lyon.

COCHARD, N. 1815. *Notice historique et statistique. St-Cyr-sur-le-
        Rhône.*Lyon.
COCHARD, N. et AIGUEPERSE, 1829-30. Notice sur le canton de Beaujeu,
        Archives Historiques et Statistiques du Dept. du Rhône,
        11, 241-9. Lyon et Paris.

DAUZAT, A. 1946. *Toponymie Française*. Paris.

DESCROIX, J. 1937. Fouilles de la Commanderie à Taponas, près de
        Belleville-sur-Saône. *Assoc. Lyon. Rech. Arch. Bull.*,
        1936, 10-15.
DESCROIX, J. 1938. Fouilles de Taponas, *Bull. 1937*, 16-19.
DESCROIX, J. 1938. Sur un nouveau milliaire de Claude. *Bull. 1937*,
        11-13.

DION, R. 1959. *Histoire de la vigne et du vin en France, des origines
        au XIXe siècle.*Paris.

DUFOUR, J. 1946. *Dictionnaire topographique du Forez et des paroisses
        du Lyonnais et du Beaujolais formant le département de
        la Loire.* Mâcon.

DURAND, V. 1874. Recherches sur la station gallo-romaine de Medio-
        lanum dans la cité des Lyonnais. *Mémoires de la soc.
        Diana*, n°1, 38-104.

GABUT, F. 1899. Les villas, mas et villages gallo-romains disparus.
        Extrait de la *Construction Lyonnaise*. Lyon.

GALLE, L. et GUIGUE, G. 1903. (eds) *Histoire du Beaujolais. Mémoires
        de Louvet. Manuscrits inédits des XVIIe et XVIIIe s.*
        3 vols. Lyon.

GRENIER, A. 1934. *Manuel d'archéologie gallo-romaine. L'Archéologie
        du sol.* Paris.

GUEY, J. et DUVAL, P.-M., 1960. Les mosaïques de la Grange-du-Bief
        (Rhône). *Gallia*, 18, 83-102.

GUIGUE, M.-C. 1877. *Les voies antiques du Lyonnais*. Lyon.

HARMAND, J. 1951. Sur la valeur archéologique du mot villa. *Rev. Arch.*, 155-8.
HARMAND, J. 1961. Les origines des recherches françaises sur l'habitat rural gallo-romain. *Latomus*, 51. Bruxelles.

HATT, J.-J. 1951. *La tombe gallo-romaine*. Paris.

JULLIAN, C. 1924. Les problèmes d'Anse-sur-Saône. *Rev. Etudes Anciennes*, 26, 68-72.

LANCHA, J. 1977. *Mosaiques géométriques : les ateliers de Vienne, (Isère)*. Rome.

MEYZIEU, 1980. *Fouilles archéologiques du site gallo-romain de Meyzieu*. Groupement d'études historiques du Canton de Meyzieu. Lyon.

NEUFBOURG, Comte de. 1965. *Le cartulaire de l'Aumônerie de Savigny, en marge du tome XVIII des Chartes du Forez*. Lyon.

NICOLAS, A. 1976. Les Civilisations de l'âge du fer dans le sillon rhôdanien, in (ed) Guilaine, J. *La Préhistoire Française vol II : Civilisations Néolithiques et Protohistoriques*, 699-707, Paris.

PAGANI, L. 1889. Chazay-d'Azergues en Lyonnais. *Revue du Lyonnais*, 5e série, 7, 157-63.

PERCIVAL, J. 1976. *The Roman Villa*. London.

PERICHON, R. 1962. Aperçu sur le site du Terrail à Amplepuis (Rhône). *Celticum*, 3, 77-84.
PERICHON, R. 1966. Observations nouvelles sur un site de la Tène : Le Terrail (Amplepuis, Rhône). *Ogam*, 18, 23-34.

PERRAUD, R. 1965. La villa gallo-romaine de la Grange du Bief à Anse (Rhône). *Activités Beaujolaises*, n°22.
PERRAUD, R. 1968. Idem. La Soc. d'Arch. du Beaujolais. *La physiophile*, Montceau-les-Mines.

ROUX, C. et CHAZOT, E. 1936. *La station pré-romaine ou bourgade gauloise des Essarts dans le Mont d'Or Lyonnais*. Vienne.

SAVOYE, C. 1899. *Le Beaujolais préhistorique*. Lyon.
SAVOYE, C. 1906. Recherches préhistoriques en Beaujolais de 1885 à 1905. *Assoc. Française pour l'Avancement des Sciences*. Congrès de Lyon 1906.

STERN, H. et BLANCHARD-LEMELE, M. 1975. *Recueil des mosaïques de la Gaule. Province de Lyonnaise : partie sud-est*, 2e partie, Xe supplément à Gallia.

THEVENOT, E. 1959. En marge d'une histoire de la vigne en France :
        vin de Vienne et vin de Bourgogne, *Rev. Archéol.*
        de l'Est, 10, 303-24.

TREPPOZ, P. 1974. La station de Ludna, *Archeologia* 70, 68.

VACHEZ, A. 1871. *Etude historique sur Riverie et le canton de Mornant*.
        Paris.

VAESEN, J. et VINGTRINIER, J. 1900. *Une commune du Lyonnais : Ecully*.
        Lyon.

WALKER, S. (à paraître) a - Les fouilles de Chessy-les-Mines (Rhône)
        et l'Age du Fer dans le Lyonnais. Communication au
        Congrès sur le 2e Age du Fer, Clermont-Ferrand, 1980.
                b - *Les fouilles de Chessy-les-Mines. Vers*
        une synthèse de l'archéologie du Civitas des Ségusiaves.
                c - The Third Century in the Lyon Region, in
        (eds) A. King et M. Henig, *The Roman West in the Third*
        Century, BAR International Series

WIGHTMAN, E. 1975. Rural settlement in Gaul, in (eds) Temporini
        et Hesse,*Aufstieg und Niedergang der Romischen Welt,*
        11, 4, 584-653.
WIGHTMAN, E. 1976. Le vicus dans le contexte de l'administration et
        de la société Gallo-Romaine : quelques reflexions, in
        Le vicus Gallo-Romain, Caesarodunum, 11, 59-64.

WUILLEUMIER, P. 1939. De Lyon à Mâcon. *Rev. des Etudes Anciennes,*
        41, 245-51.
WUILLEUMIER, P. 1963. *Inscriptions latines des Trois Gaules.* XVIIe
        supplément à Gallia, CNRS.

S. Walker; The History and Organisation of Archaeology in Lyon

The archaeological importance of the colony of Lugdunum on the hill of Fourvière has been clear for centuries. The work of Fabia and Germain de Montauzan at the beginning of this century revealed the immensity and richness of this archaeological heritage. The municipality of Lyon bought the land around the theatre and in 1933 work started on the excavation of the theatre-odeon complex, excavations backed by the civic authorities. Up until the mid 1960s archaeological work concentrated on the excavation of public buildings and monuments, and their subsequent restoration for the purposes of tourism. Elsewhere in the city many sites were being destroyed, and it became increasingly evident that the official organisation of archaeology was not able to fulfil the growing needs of rescue archaeology.

The period 1965-1977 saw a serious archaeological crisis, for the plans for the extensive urbanisation and modernisation of Lyon did not take into account the archaeological heritage. The first 'rescue' digs took place in 1965 and since then many sites have been dug. The destruction of several spectacular sites, including some on the hill of Fourvière, was necessary before the public, and later the civic authorities, realised the serious nature of the threat to Lyon's past. The construction of the Metro on the Presqu'Ile of Lyon, the digging of the tunnel under Fourvière, the building of luxury flats on Fourvière, the digging of an underground car park Place Bellcour are all examples of the extensive destruction of the past.

The period of crisis saw the formation of several full-time archaeological teams in Lyon, the first of which was a group specialising in medieval archaeology.

The rescue crisis in Lyon was accentuated by the absence of any national or local archaeological policy towards the problems of 'rescue archaeology'. The existence of full-time teams in Lyon was the result of individual initiatives and not of any official policy.

Since 1978 the situation has changed and there are grounds for optimism. In 1978 the city council created an archaeological commission with the brief of rethinking the organisation and structure of archaeology in Lyon. The old emphasis on monumental archaeology has been replaced by an emphasis on the problems of domestic architecture, the evolution and dating of ceramic forms, etc. The city authorities have created a full time archaeological team but it is doubtful whether this team will be able to cope efficiently with the needs of rescue archaeology and the programming of long term research sites, not to mention the considerable publication backlog which exists in Lyon.

The other archaeological groups of Lyon are continuing to operate in spite of their disastrous financial situations.

The major conclusion which has emerged from the editing and writing of this volume is that if the important sites, so often mentioned in the various articles, are not published, then the battle to preserve Lyon's archaeological heritage will have been in vain.

A. Desbat and S. Walker: <u>The Origins of Lyon</u>

Historians have ever since the Middle Ages agreed on the ancient origins of Lyon, some historians even went as far as proposing a Greek origin for the city, theory based on a misinterpretation of place-name evidence. The theory of the ancient origins of Lyon was further 'proved' by the legend narrated by Plutarch. The very name of 'Lugdunum' has given rise to much controversy. Most historians and archaeologists, faced with the total lack of material evidence, have made vague remarks about the Celtic origins of the settlement of Lugdunum. Steyert was the first archaeologist to present any material proof, but all the objects mentioned came from the rivers Rhône and Saône.

We have made an inventory of all objects dated to the period prior to the Roman foundation of Lyon. Much of the evidence consists of metallic objects of the Bronze Age dredged from the beds of the rivers Rhône-Saône. Few objects can be dated to the La Tène period, but even these do not come from Celtic contexts for they come from well dated Gallo-Roman contexts.

Certain objects found on the hill of Fourvière have recently been taken as proofs for the Celtic occupation of Lyon. This evidence consists almost entirely of Celtic coins and of Roman coins of the Republic, most of these coins have been found in Gallo-Roman contexts and we emphasise that no coin of the local Aedui-Segusiavae series has been found. What is more, we know that Celtic coins continued to circulate well after the conquest and even into the early first century A.D. The supposed sherds of Celtic pottery correspond in fact to ceramic types of the Gallo-Roman 'précoce' period, ceramics which cannot be dated earlier than 30 B.C. The supposed Campanian wares belong in fact to the series of local black or dark-brown coated wares produced in Lyon (30-15 B.C.). Recent excavations have yielded such groups of material in well dated Gallo-Roman contexts. We emphasise that not a single sherd of Campanian A, B or C wares or of a Dressel IA-IB amphora has been found in Lyon; the early Augustean levels are the earliest archaeological levels which have been found in Lyon.

The inscription (CIL XIII 1670) mentioning the <u>Pagus Condatensis</u> has been taken as showing a Celtic occupation of the Presqu'Ile, territory where the sanctuary of the Three Gauls was later to be established. Yet not a single archaeological level or object of the Celtic period has been found on the Presqu'Ile.

The second problem involved in the study of the origins of Lyon is that of the foundation of the colony by Plancus in 43 B.C. (<u>CIL</u> X 6087) and Dio Cassius), for the location of the ' colony is not known as yet. Some of the Latin texts imply that the colony was situated on the Presqu'Ile at the foot of the hill of the Croix-Rousse, in spite of this reading of the texts most historians have situated the colony on the hill of Fourvière. Unfortunately we are forced to admit that no material dating to the period of the foundation of the colony has been found in Lyon. The oldest known material on the Presqu'Ile dates to the first century A.D. and on Fourvière dates to 30 or perhaps 20 B.C.

An examination of the historical and archaeological evidence for the origis of Lyon has enabled us to define the nature of the problem and to conclude that the theory of a Celtic origin for Lyon is unlikely and is not supported by the available evidence.

A. Desbat: <u>Clay and Timber Buildings in Lyon</u>

Recent excavations in Lyon, and in particular those of the rue des Farges, have yielded many traces of clay and timber built structures. These discoveries show the widespread and extensive use of these building materials in the techniques of local domestic architecture. The extensive use of clay as a building material throughout the Roman period plainly contradicts the widely held opinion that such a "primitive" building technique would not have been used by the Romans.

The good preservation and sheer number of the examples of clay-built structures found on the recent excavations in Lyon have enabled the author to study the different uses of clay as a building material and to analyse the techniques used.

The most frequent use of clay is in the form of a mud brick, either as part of a wall (adobe: Augustan period) or else in the form of the plastering on a timber framed wall (later periods). Another use of clay observed is the construction of mud walls, this technique, along with that of the use of clay as a wall or ceiling plaster, is met with throughout the Roman period. The use of pisé has yet to be demonstrated, though Pliny and Varro mention its use in Spain.

These results, which are similar to those of recent excavations elsewhere in France, lead us to reconsider the prevailing clichés (probablay of a Pompeian origin) concerning the domestic architecture of the Gallo-Roman period.

R. Turcan: <u>Coin moulds from the Verbé Incarné site (Fourvière)</u>

The moulds were first discovered in 1911 during the excavation of a bassin on the Verbé-Incarné site. The author's study of the moulds has shown that most of the mould faces correspond to recognised coin types of the third century, several even bear faces belonging to coins struck at different periods. The large number of moulds discovered on and near the site lead the author to suggest the existence of a workshop producing counterfeit coins. The counterfeit coin moulds are all moulded on a series of about twenty coins which belong to the period 211-225. The author suggests that these twenty coins were possibly part of the pay of a soldier or an official, the coins dating to the period 198/200-222/225.

The activity of the counterfeit coiner took place during the Severan period, and particularly during the reign of Severus Alexander, this ties in with the evidence from elsewhere in Gaul for such activity. An inventory of finds of coin moulds from Lyon shows that such finds are by no means rare in Lyon, a detailed study of the moulds might show whether just one or several workshops were operating. The discovery of coin moulds in Lyon has usually been connected with the Lyon mint, but the fact that the mint ceased to strike coins after the defeat of C. Albinus in 197 (and only started up again in 274) shows that the third century coin moulds are not official issues.

Coin moulds have been found in England, France and Switzerland, usually on sites unconnected with the official mints. The moulds in Gaul come from both rural and urban sites. The production of counterfeit coins helped alleviate the penury of official issues. The constitution of coin hoards during the third century further aggravated the situation and could only lead to the increased production and use of counterfeit coins. It is probable that this extensive casting of coins, particularly in urban areas, was authorised or at least tolerated, after all it was only forbidden to strike coins of the reigning emperor. The activity continued throughout the third century and it was only in 236 that Constantine forbade the casting of coins.

Analytical work has shown that tin was used to give the pale-silver colour found on the mould fragments and the coins of the period.

The article has revealed the important and widespread nature of these semi-official coin productions, the phenomenon can be linked to the economic and monetary situation of Gaul in the third century.

A. Desbat: The abandonment of the settlement on the hill of Fourvière

The abandonment of the settlement on the hill of Fourvière in favour of the area situated on the banks of the River Saône is undoubtedly one of the most important events in the history of Lyon. Audin dated this event to the fourth century and suggested that it was caused by Germanic invaders cutting off Lyon's water supply at the end of the third or beginning of the fourth century.

The results of the recent excavations on Fourvière (study of the coin sequences and the pottery evidence) have led the author to suggest that the abandonment of Fourvière took place between the end of the second century and the middle of the third century. The recent archaeological evidence, along with that from older sites and the epigraphic evidence, suggests that the most recent objects cannot be dated to later than 250 A.D. The most recent inscriptions on Fourvière are of the first quarter of the third century. This evidence is supplemented by Turcan's study of the coin moulds from the Verbé-Incarné site, moulds dated to the reign of Severus Alexander.

All the available evidence indicates that the settlement of Fourvière was abandoned during the early third century, few coins or sherds of the third century have been found on Fourvière. The small number of coins of this period found on sites on Fourvière come from destruction and demolition levels. The only exception is the theatre complex which, not unsurprisingly, has yielded third and fourth century coins.

Excavations and the study of the material evidence have shown that there is no evidence for a permanent occupation of the Fourvière settlement beyond 250 A.D.

Excavations at the foot of the hill of Fourvière on the banks of the River Saône have revealed a settlement which can be dated to the late third and fourth centuries. Likewise the 19th century excavations on the Presqu'Ile had brought to light mosaics and structures of the third century. Recent excavations at the rue de la Martinière, at the foot of the hill of the Croix-Rousse, have shown a permanent occupation of the site from the first to the fourth century.

It is tempting to link the abandonment of the Fourvière settlement with the battle of 197, however there is little evidence to support such a hypothesis. It is certain though that the abandonment had nothing to do with the supposed cutting-off of the water supply by the barbarians. The author concludes that this important event should be related to the contemporary abandonment of many rural sites in the Rhône-Loire region.

J-F. Reynaud: <u>Lugdunum from the fourth to the eighth century</u>

Medieval archaeology, and particularly that of the early Middle-Ages, has developed relatively recently in Lyon. The only real excavations prior to 1970 were those of the apse of the cathedral of St. Jean (excavated in 1935 by the Monuments Historiques) and of the basilica of St. Laurent de Choulans (rescue dig in 1947 by A. Audin).

Three major sites have been dug since 1970, these are: the basilicas of Saint Just and the nearby necropolis of St. Just-St. Irénée; the episcopal group of St. Jean (which involved resuming the study of the cathedral's apse and excavating an area between the cathedral and the Palace of Justice); and the basilica of St. Laurent de Choulans (excavation of a new area). Various other small sites in the city have given details of the structural organisation of the city.

Medieval archaeologists have greatly benefited from the study of the various documentary sources (e.g. Sidonius Apollinaris, Gregory of Tours and Leidrade). The interpretation of these texts and the comparison of the archaeological evidence from Lyon with that from nearby regions (e.g. the work of Charles Bonnet in Geneva) have both greatly aided the interpretation of the archaeological evidence.

The discovery of a large wall near to the banks of the Saône has enabled the archaeologists to locate and determine the importance of the small settlement of Lyon during the fourth and fifth centuries. The large number of regional and imported coins found on the site speaks for the resumption of commercial life during this period.

The existence of an episcopal group in Lyon probably dates back to the fourth century, it was at this period that the baptistery of St. Etienne (with its octagonal cistern) was in all likelihood associated with the <u>maxima ecclesia</u> dedicated to St. John the Baptist and finished in 459. The exact date of construction and the plan of the church of Ste. Croix haven't as yet been precisely determined.

Lyon was surrounded by a ring of basilicas, one of which was that of the Macchabées, later dedicated to St. Just. The original fourth century structure was enlarged in the fifth century by the addition of the following: a projecting transept in the form of a cross, a polygonal apse, crypts at the end of each transept and side aisle, and porticos and underground galleries (dated firmly by the many coins found in the crypts). The basilica of St. Just was described by Sidonius Apollinaris in 469/470.

At the basilica of St. Laurent de Choulans the transept plan was used in the sixth century with the construction of an apse, a transept in the form of a cross, porticos and three naves.

The necropolises of St. Just-St. Irénée (4th-5th century) and St. Laurent contained burials of many different types, the chronology and evolution of which it has been possible to determine. These necropolises contained little archaeological material, apart from the funerary inscriptions, which contrasts sharply with the rural necropolises of the same period.

In ten years we have greatly increased our knowledge of the urban layout of Lyon during the early Middle-Ages, however much remains to be done to increase our knowledge of the life and the living conditions of the Lyonnais during this relatively little known period. We can however conclude that this period was characterised by a continuity of ancient traditions and by the minor but not unimportant part played by the city of Lyon between the fourth and the sixth centuries.

S. Walker: Rural archaeology in the departments of the Rhône and the Loire

This introductory chapter resumes the problems involved in the study of the rural Gallo-Roman settlement of the Rhône-Loire region. Most local archaeologists have tended to call any rural site a villa, even though these sites might archaeologically just be represented by a structure or two, some building materials and several pottery sherds. The majority of our information rarely permits us to say if we are dealing with a villa, a vicus, a small farm, a farm building, or a small habitation etc.

For many archaeologists, past and present, the Roman civilisation was a town based civilisation and this has lead to a concentration of archaeological resources and manpower on urban archaeology.

In the Lyon region few rural sites have been dug and most of our references to rural sites come from 19th century publications, most of which give few archaeological details. Archaeology in the Lyon region has always concentrated on the study of Lugdunum, and only a few archaeologists have worked on rural sites (cf. Artaud, Durand, Gabut during the 19th century, and Descroix, Perichon and Walker during this century). Most rural excavations have been conducted without using the accepted methods of stratigraphy and very few plans of rural sites have been produced. We have already talked of the archaeological crisis in Lyon but few people realised the crisis was just as serious in the Lyon countryside.

In the department of the Loire the Société de la Diana was particularly active during the 19th and early 20th centuries, the transactions of this society contain much useful information. Several archaeological societies are active in the Loire region and their members have published much of their work.

The archaeological problems are the same in the two departments: many sites have been dug, yet not one single site has been entirely dug; likewise too many sites have been dug without using the techniques of stratigraphy and potentially important information has been lost for ever. The author concludes that most of the regional rural archaeological work has been of a very low standard and indeed, alas, continues to be so.

It is to be hoped that the position of the archaeological authorities towards rural archaeology changes and that the interest and importance of rural archaeology be realised. The author sets out a list of priorities to be dealt with if ever a full-time group is set up, such a research programme is necessary if the study of the Gallo-Roman rural settlement of the Rhône-Loire region is ever to advance any further.

J-P. Vallat: The Evolution of the Civitas of the Segusiavae

Vallat introduces his paper by discussing certain problems encountered in his research, notably that of determining the function and archaeological significance of each rural site. The paper's goal is to situate the archaeological material in its local, regional and general context, and at the same time to examine the modification of the economic, social and cultural structures, the emphasis being on the mutual interdependence of town and country.

The city of the Segusiavae occupied most of the modern department of the Loire (42), geographically speaking this consists of the two plains of Roanne and Feurs, which are both crossed by the Loire and surrounded by mountains. Maps relating site distribution to relief and to soil fertility show clearly that the rural settlement is generally semi-dispersed at 250-400 m (location on the best soils); and on the medoicre soils at 450-650 m settlement is clustered (cf. small rural villages). The area of most dense settlement is situated on the left bank of the Loire, a density explained more by the relief and by soil fertility than by the bias of archaeological prospection.

a) Gaulish Settlement; Important sites at Joeuvre, le Cret Chatelard and Essalois. Unfortunately relatively little is known about La Tène 3 sites other than those on hilltops, evidence for Celtic settlement on the plains comes from the sites of Roanne and Chézieu. The Segusiavae were clients of the powerful Eduen tribe and as such had to provide corn to the legions during the siege of Avaricum. this corn levy and the provision of soldiers led to an economic crisis and a subsequent loosening of the traditional social relationships.

b) The Roman Occupation: 1st-3rd centuries: There was a rapid development of villas as from the Augustan period, some villas enjoyed a certain prosperity and this is demonstrated by the import of fine wares, bronze vessels, figurines and by the laying of mosaics. The towns of Moingt, Roanne and Feurs were surrounded by villae urbanae, but the most frequent villas type is that of the villa rustica. On the plateaus and in isolated hilly areas (over 450 m) we find small country villages peopled by modest farmers. Such a study has to consider the role of the towns in the evolution of the countryside, this obviously implies a detailed consideration of the road network.

There had naturally been contact with the Mediterranean world before the Conquest, but it was the road network of Agrippa that really stimulated the rapid romanisation of the region. The roads, such as the important Bolène road to Aquitaine, stimulated new distribution networks. The role of the road network in the distribution of the ceramics of La Graufesenque is evident. Such a commercial traffic led to the emergence of vici as staging posts, sites which were also rural markets and minor manufacturing centres.

337

A study of the coins found in the region indicates the importance of the road network, few coins of the 1st/2nd centuries have been found in the countryside, those found are uniquely distributed along the roads or found in redistribution centres and markets. This lack of coins in rural areas is explained by the fact that the villa owners spent their money in town on municipal works and luxury goods, yet it was the rural productions which permitted the acquisition of such luxuries. The importance of the vicus of Chezieu is explained by its role in the redistribution of La Graufesenque samian ware and of local coarse wares, the site declined in the 3rd century as it was not on the important Allier route. The civitas capital of Feurs (Forum Segusiavorum) illustrates the rapid romanisation of the region. The construction of a theatre indicates a certain wealth, likewise the peak of prosperity during the Hadrianic period sees the construction of luxurious town houses. The thermal centre of Moingt (Aquae Segetae) shows a similar prosperity during the 1st and 2nd centuries A.D.

c) Crisis and decline (3rd-4th centuries): At the beginning of the 3rd century many established urban and rural sites declined and/or were abandoned. Relatively little 3rd or 4th century material is known in the region. This phenomenon is best explained by the prevailing social and political unrest, outbreaks of plague, economic decline and inflation. The third century saw the emigration of rich merchants and local aristocrats either to Lyon (and even to Rome), or to their large villa estates. The burial of hoards during the 3rd century near to these large domaines (above all c. 260, for reasons of civil war, social unrest and the threat of invasion) indicates a certain amount of wealth and activity in the countryside, during a period of total urban decline. The 3rd century saw the formation of large estates such as those of Marclopt and Boisset (2,500 and 3,500 hectares respectively), At St Nizier, for example, the principal villa was at Varenne and there was a subsidiary villa at Chandon, the estate being sited on c. 1500 hectares on land of great geographical and agricultural diversity.

Vallat concludes that it is too easy to attribute the crisis and decline to the invasions of 260/270, the decline had started well before this period.

Social developments: At the end of Gaulish independence the traditional client system broke down and the Segusiavae became a free city in the province of the Lyonnaise. This meant that they were represented at the Council of the Three Gauls and at the federal altar in Lyon. It seems that the local aristocrats became rapidly romanised, for we find inscriptions in Latin and the names are totally romanised. It is probable that the Lyon region was detached from the City of the Segusiavae to form the colony of Lyon and the pagus of Condatensis. It is not clear where the border between the Segusiave City and the territory of Lyon was situated.

An analysis of the inscriptions from the region shows the emergence of very wealthy and important families.

Finally a study of death in the 'Civitas' shows that incineration generally represents the rite of the poorer and socially unimportant levels of society. Burials tend to be richer (e.g. Marclopt) and sometimes are accompanied by rich grave goods: such burials belong to rich and socially important members of society.

S. Walker: Rural settlement in the Lyon region from the 1st century B.C. to the 5th century A.D.

This article resumés the author's work on the rural archaeology of the Rhône-Loire region, but here only the Lyon region is dealt with.

a) Celtic occupation: little work has been carried out on the Celtic settlement of this region and most of our knowledge of the La Tène period comes from sites dug in the 19th century. Several Gallo-Roman sites dug recently have yielded evidence for Gaulish settlement. Recent excavations at Chessy have shown a continuity of occupation from the La Tène III period to the end of the 2nd century A.D., the results of this excavation show that the importance of the Celtic settlement of the Lyon region has been under-estimated. At the end of independence many of the hill-top sites were abandoned but those in the river valleys and on the plains continued to be occupied.

b) Gallo-Roman occupation: Several villas were established during the Augustan period, but it cannot be determined if the intensive urbanisation of Lugdunum during this period, was accompanied by the extensive construction of villas. The available evidence suggests that if some villas are of Augustan origin, most date to the Tiberian period and even to the middle of the 1st century A.D. Unfortunately not one single villa near to Lyon has been properly dug, so our knowledge of the villae suburbanae is somewhat limited.

Agrippa's road network led to the development of vici (road stations, thermal stations etc.), unfortunately none of these sites have been properly excavated.

It is clear that most sites were established by the end of the 1st century A.D. Several date to the middle of the century which was a period of increasing population and prosperity. The second century represents the floruit of the villa in the Lyon region, mosaics were laid during this period and some rich villas were enlarged.

The extensive romanisation of the rivers valleys and the area nearest to Lyon contrasts with the undeveloped nature of the hilly and mountainous regions. In these regions there were probably many native farms but little archaeological work has been carried out on the native rural settlement of the Lyon region.

The period between the end of the 2nd century A.D. and the middle of the 3rd century A.D. was marked by the abandonment of the majority of rural sites, those that survived have yielded little material. This radical change in the archaeological record took place at the same time as the abandonment of the settlement of Lyon on the hill of Fourvière. The traditional explanation of these changes is that of the Germanic invasions, yet the abandonment of rural sites took place before the onset of the invasions. Such a radical change in the structure of the rural world must surely be linked to the economic, political (aftermath of 197, usurpers) and social problems of the 3rd century. The 3rd and 4th centuries saw the total reorganisation of the pattern of rural settlement, it is probable that much of the evidence for this period lies under the present day villages and small towns.